Iwan Turgenjew

Gesammelte Werke in Einzelbänden

Herausgegeben
von Klaus Dornacher

Iwan Turgenjew

Rudin
Ein Adelsnest

Deutsch
von Herbert Wotte

Aufbau-Verlag

Titel der russischen Originalausgabe

Рудин · Дворянское гнездо

Rudin

I

Es war ein stiller Sommermorgen. Die Sonne stand schon ziemlich hoch am klaren Himmel, die Felder aber glänzten noch vom Tau, aus den eben erst erwachten Tälern wehte duftige Frische, und im Wald, der noch feucht und still war, sangen die Vögel lustig ihr frühes Lied. Auf der Höhe eines sanft abfallenden Hügels, der von oben bis unten mit soeben erblühtem Roggen bedeckt war, sah man ein kleines Dörfchen. Auf der schmalen Landstraße, die zu diesem Dörfchen führte, ging eine junge Frau in weißem Musselinkleid und rundem Strohhut, einen Sonnenschirm in der Hand. Ein kleiner Laufbursche in Kosakentracht folgte ihr.

Sie ging ohne Eile, als genieße sie den Spaziergang. Über den hohen, schwankenden Roggen ringsum liefen mit sanftem Rauschen, bald silbrig-grün, bald rötlich flimmernd, lange Wellen; hoch oben schmetterten die Lerchen. Die junge Frau kam aus dem Dorf, das ihr gehörte und das nicht mehr als eine Werst von dem kleinen Dörfchen entfernt lag, zu dem sie ihre Schritte lenkte. Sie hieß Alexandra Pawlowna Lipina. Sie war Witwe, kinderlos und ziemlich reich und lebte mit ihrem Bruder zusammen, dem Stabsrittmeister außer Dienst Sergej Pawlytsch Wolynzew. Er war unverheiratet und verwaltete ihr Gut.

Alexandra Pawlowna hatte das Dörfchen erreicht. Sie blieb an der ersten, sehr baufälligen und niedrigen Hütte stehen, rief ihren Laufburschen heran und befahl ihm, hineinzugehen und nach dem Befinden der Hausfrau zu fragen.

Er kehrte bald zurück, begleitet von einem altersschwachen Bauern mit weißem Bart.

„Nun, wie steht's?" fragte Alexandra Pawlowna.

„Sie lebt noch ...", erwiderte der Alte.

„Darf man eintreten?"

„Warum nicht? Bitte!"

Alexandra Pawlowna trat in die Hütte. Es war eng darin, muffig und rauchig. Auf der Ofenbank regte sich jemand und stöhnte. Alexandra Pawlowna sah sich um und erblickte im Halbdunkel den gelben und runzeligen Kopf einer alten Frau, der mit einem karierten Tuch umwickelt war. Bis über die Brust mit einem schweren Bauernrock zugedeckt, atmete sie mühsam und bewegte schwach die mageren Hände.

Alexandra Pawlowna näherte sich der Alten und berührte mit den Fingern ihre Stirn. Sie glühte nur so.

„Wie fühlst du dich, Matrjona?" fragte sie und beugte sich über die Ofenbank.

„Ach, ach!" stöhnte die Alte, den Blick starr auf Alexandra Pawlowna gerichtet. „Schlecht, schlecht, meine Liebe! Mein Sterbestündchen ist gekommen, Täubchen!"

„Gott ist gnädig, Matrjona. Vielleicht wirst du wieder gesund. Hast du die Arznei eingenommen, die ich dir geschickt habe?"

Die Alte ächzte qualvoll und antwortete nicht. Sie hatte die Frage nicht gehört.

„Sie hat sie eingenommen", sagte der Alte, der an der Tür stehengeblieben war.

Alexandra Pawlowna wandte sich zu ihm.

„Außer dir ist niemand bei ihr?" fragte sie.

„Das Mädelchen ist da – ihre Enkelin; die läuft aber immer fort. Kann nicht stillsitzen; ein Quecksilber ist sie. Der Großmutter einen Schluck Wasser reichen – schon dazu ist sie zu faul. Und ich selber bin alt: Wie kann ich es schaffen!"

„Sollte man sie nicht zu mir ins Krankenhaus bringen?"

„Nein! Wozu ins Krankenhaus! Es ist doch ganz gleich, wo sie stirbt. Sie hat ihre Zeit gelebt; man sieht doch, Gott will es so. Sie kann von der Ofenbank nicht mehr herunter. Wie soll sie denn ins Krankenhaus! Sowie man sie aufhebt, stirbt sie."

„Ach", stöhnte die Kranke auf, „schönste gnädige Frau, laß mein Waisenkindchen nicht im Stich; unsere Herrschaft ist weit weg, aber du ..."

Die Alte verstummte. Das Sprechen ging über ihre Kraft.
„Sorg dich nicht", sagte Alexandra Pawlowna, „es wird alles getan werden. Ich habe dir da Tee und Zucker mitgebracht. Wenn du Lust hast, kannst du trinken. Einen Samowar habt ihr doch?" fügte sie hinzu und blickte den Alten an.

„Einen Samowar? Nein, einen Samowar haben wir nicht, ich kann aber einen beschaffen."

„Dann beschaff dir einen, sonst kann ich dir auch meinen schicken. Und befiehl deiner Enkelin, daß sie nicht fortlaufen soll. Sag ihr, sie soll sich schämen."

Der Alte antwortete nicht, nahm aber den Tee und Zucker mit beiden Händen entgegen.

„Nun, leb wohl, Matrjona!" sprach Alexandra Pawlowna. „Ich komme wieder; verzage nur nicht und nimm die Arznei regelmäßig ein."

Die Alte hob den Kopf ein wenig und reckte sich zu Alexandra Pawlowna hin.

„Gib mir die Hand, Herrin", lallte sie.

Alexandra Pawlowna gab ihr nicht die Hand; sie beugte sich über sie und küßte sie auf die Stirn.

„Gib also acht", sagte sie im Fortgehen zu dem Alten, „sie muß die Arznei unbedingt einnehmen, wie es vorgeschrieben ist. Und gebt ihr auch Tee zu trinken."

Der Alte antwortete abermals nicht und verneigte sich nur.

Alexandra Pawlowna atmete befreit auf, als sie wieder an der frischen Luft war. Sie spannte den Sonnenschirm auf und wollte sich gerade auf den Heimweg machen, als plötzlich um die Ecke der Hütte eine niedrige Reitdroschke bog, in der ein Mann von etwa dreißig Jahren saß, der einen alten Mantel aus grauem Leinen und eine ebensolche Mütze trug. Als er Alexandra Pawlowna erblickte, hielt er sogleich sein Pferd an und wandte ihr sein Gesicht zu. Breit, farblos, mit kleinen blaßgrauen Augen und einem weißblonden Schnurrbart, paßte es gut zur Farbe seiner Kleidung.

„Guten Tag", sagte er mit einem trägen Lächeln, „was machen Sie denn hier, wenn ich fragen darf?"

„Ich habe eine Kranke besucht. Und wo kommen Sie her, Michailo Michailytsch?"

Der Mann, der Michailo Michailytsch hieß, sah ihr in die Augen und lächelte wieder.

„Das ist schön von Ihnen", fuhr er fort, „daß Sie eine Kranke besuchen, aber wäre es nicht besser, Sie ließen sie ins Krankenhaus bringen?"

„Sie ist zu schwach: Man darf sie gar nicht anfassen."

„Sie haben doch nicht die Absicht, Ihr Krankenhaus aufzulösen?"

„Auflösen? Weshalb?"

„Nur so."

„Was für ein sonderbarer Gedanke! Wie kommen Sie darauf?"

„Sie verkehren doch viel mit der Lassunskaja und stehen, wie es scheint, unter deren Einfluß. Und nach deren Worten sind Krankenhäuser, Schulen nichts als Unsinn, unnütze Erfindungen. ‚Die Wohltätigkeit soll persönlich sein, die Bildung ebenfalls: Das alles ist eine Sache des Herzens.' So, glaube ich, drückt sie sich aus. Ich möchte wissen, wem sie das nachsingt."

Alexandra Pawlowna mußte lachen.

„Darja Michailowna ist eine kluge Frau. Ich liebe und achte sie sehr, aber auch sie kann irren, und ich glaube nicht an jedes ihrer Worte."

„Und tun sehr gut daran", erwiderte Michailo Michailytsch, ohne von seiner Droschke hinunterzusteigen, „weil sie selbst nicht recht an ihre Worte glaubt. Übrigens freut es mich sehr, daß ich Ihnen begegnet bin."

„Wieso?"

„Was für eine Frage! Als wenn es nicht immer angenehm wäre, Ihnen zu begegnen. Heute sind Sie genauso frisch und lieblich wie dieser Morgen."

Alexandra Pawlowna lachte wieder.

„Worüber lachen Sie?"

„Worüber? Wenn Sie hätten sehen können, mit welch gleichgültiger und kalter Miene Sie Ihr Kompliment vorbrachten! Es wundert mich, daß Sie beim letzten Wort nicht gegähnt haben."

„‚Mit kalter Miene …', Sie verlangen immer Feuer, aber Feuer taugt zu nichts. Es lodert auf, qualmt und erlischt."

„Und wärmt", setzte Alexandra Pawlowna hinzu.

„Ja! Und verbrennt."

„Nun, und wenn es verbrennt! Auch das ist kein Unglück. Immer noch besser, als ..."

„Ich möchte wirklich sehen, ob Sie noch genauso sprechen, wenn Sie sich einmal tüchtig verbrannt haben", unterbrach Michailo Michailytsch sie ärgerlich und schlug mit den Zügeln auf sein Pferd. „Leben Sie wohl!"

„Michailo Michailytsch, warten Sie!" rief Alexandra Pawlowna. „Wann kommen Sie zu uns?"

„Morgen; grüßen Sie Ihren Bruder."

Und die Droschke rollte davon.

Alexandra Pawlowna sah Michailo Michailytsch nach.

Was für ein Plumpsack! dachte sie. Zusammengehockt, staubbedeckt, die Mütze, unter der gelbe Haarsträhnen unordentlich hervorstarrten, in den Nacken geschoben, war er wirklich einem großen Mehlsack ähnlich.

Alexandra Pawlowna wanderte auf der Straße langsam nach Hause zurück. Sie ging mit gesenktem Blick. Nahes Pferdegetrappel veranlaßte sie, stehenzubleiben und den Kopf zu heben. Ihr Bruder kam ihr entgegengeritten; neben ihm ging ein junger Mensch von mittlerem Wuchs, in einem aufgeknöpften leichten Gehrock, einem leichten Halstuch und leichten grauen Hut, ein Spazierstöckchen in der Hand. Er lächelte schon lange Alexandra Pawlowna zu, obgleich er sah, daß sie in Gedanken versunken dahinschritt, ohne etwas zu bemerken, und sowie sie stehenblieb, trat er an sie heran und sagte freudig, fast zärtlich: „Guten Tag, Alexandra Pawlowna, guten Tag!"

„Ah! Konstantin Diomidytsch! Guten Tag!" antwortete sie. „Sie kommen von Darja Michailowna?"

„Gewiß, gewiß", bestätigte der junge Mann mit strahlendem Gesicht, „von Darja Michailowna. Darja Michailowna hat mich zu Ihnen geschickt; ich zog es vor, zu Fuß zu gehen. Der Morgen ist so wunderschön, und die Entfernung beträgt ja nur vier Werst. Ich komme – Sie sind nicht zu Hause. Ihr Bruder sagt mir, Sie seien nach Semjonowka gegangen und er selbst wolle gerade aufs Feld. Da bin ich mit ihm gegangen, Ihnen entgegen. Ja. Wie angenehm das ist!"

Der junge Mann sprach das Russische rein und richtig, jedoch mit einem ausländischen Akzent, obwohl schwer zu bestimmen war, mit welchem. In seinen Gesichtszügen lag etwas Asiatisches. Die lange, gebogene Nase, die großen, starren, hervorstehenden Augen, die dicken roten Lippen, die fliehende Stirn, das pechschwarze Haar – alles an ihm verriet die orientalische Abstammung; doch der junge Mann nannte sich Pandalewski und gab als seine Heimat Odessa an, obgleich er irgendwo in Weißrußland erzogen worden war, auf Kosten einer wohltätigen reichen Witwe. Eine andere Witwe hatte ihn im Staatsdienst untergebracht. Überhaupt nahmen Konstantin Diomidytsch gern Damen mittleren Alters unter ihre Fittiche: Er verstand es, von ihnen zu bekommen, was er wollte. Auch jetzt lebte er bei einer reichen Gutsbesitzerin, bei Darja Michailowna Lassunskaja, und zwar als Pflegesohn oder Kostgänger. Er war ungemein liebenswürdig, gefällig, gefühlvoll und im geheimen sinnlich; er besaß eine angenehme Stimme, spielte recht ordentlich Klavier und hatte die Angewohnheit, jeden, mit dem er sprach, mit den Augen zu verschlingen. Er kleidete sich sehr sauber und trug seine Anzüge ungewöhnlich lange; sein breites Kinn war sorgfältig rasiert und sein Haar peinlich glatt gekämmt.

Alexandra Pawlowna hörte seine Rede bis zu Ende an und wandte sich dann an ihren Bruder.

„Heute begegne ich immerzu jemandem: Soeben habe ich mich mit Leshnjow unterhalten."

„Ah, mit dem! Er ist irgendwohin gefahren?"

„Ja; und stell dir vor, mit einer Reitdroschke, in so einem sackleinenen Kittel und ganz voll Staub ... Was für ein Sonderling er ist!"

„Ja, kann sein; und doch ist er ein prächtiger Mensch."

„Wen meinen Sie? Herrn Leshnjow?" fragte Pandalewski, als sei er erstaunt.

„Ja, Michailo Michailytsch Leshnjow", erwiderte Wolynzew. „Doch nun leb wohl, Schwester, für mich wird's Zeit, aufs Feld zu reiten: Bei dir wird Buchweizen gesät. Herr Pandalewski wird dich nach Hause bringen."

Und Wolynzew setzte sein Pferd in Trab.

„Mit dem größten Vergnügen!" rief Konstantin Diomidytsch und bot Alexandra Pawlowna den Arm.

Sie reichte ihm den ihrigen, und beide schlugen den Weg zum Gutshaus ein.

Alexandra Pawlowna am Arm zu führen bereitete Konstantin Diomidytsch offensichtlich großes Vergnügen; er machte kleine Schritte, er lächelte, und seine orientalischen Augen wurden sogar feucht, was bei ihm übrigens nicht selten vorkam. Es fiel Konstantin Diomidytsch nicht schwer, in Rührung zu geraten und eine Träne zu vergießen. Und wem wäre es wohl nicht angenehm, eine hübsche, junge, schlanke Frau am Arm zu führen? Von Alexandra Pawlowna sagte das ganze ...er Gouvernement einstimmig, daß sie reizend sei, und das ...er Gouvernement irrte sich nicht. Allein schon ihr gerades, ein klein wenig aufwärts gebogenes Näschen konnte jeden Sterblichen um den Verstand bringen, ganz zu schweigen von ihren samtigen braunen Augen, ihrem goldblonden Haar, den Grübchen auf den vollen Wangen und den anderen Reizen. Aber das Schönste an ihr war der Ausdruck ihres lieblichen Gesichtes: Zutraulich, gutmütig und sanft, war es ebenso rührend wie anziehend. Alexandra Pawlowna hatte den Blick und das Lachen eines Kindes; die Damen ihres Standes fanden sie etwas naiv. Konnte man sich mehr wünschen?

„Darja Michailowna hat Sie zu mir geschickt, sagten Sie?" fragte sie Pandalewski.

„Ja, sie haben mich geschickt", antwortete er, wobei er das s wie das englische th aussprach, „sie wünschen unbedingt und lassen inständig bitten, daß Sie heute zu Ihnen zum Mittagessen kommen. Sie" – wenn Pandalewski von einer dritten Person, zumal von einer Dame, sprach, hielt er sich streng an die Mehrzahl –, „sie erwarten bei sich einen neuen Gast, mit dem sie Sie unbedingt bekannt zu machen wünschen."

„Wer ist es?"

„Ein gewisser Muffel, ein Baron, ein Kammerjunker aus Petersburg. Darja Michailowna haben ihn kürzlich bei dem Fürsten Garin kennengelernt und äußern sich mit hohem Lob über ihn als über einen liebenswürdigen und gebildeten jungen Mann. Der Herr Baron befassen sich auch mit der Literatur oder, besser gesagt ... Ach, was für ein reizender Schmetterling! Belieben Sie ihn Ihrer Aufmerksamkeit zu würdigen ... besser gesagt, mit politischer Ökonomie. Er hat einen Artikel über eine sehr interessante Frage geschrieben und wünscht, ihn Darja Michailownas Urteil zu unterwerfen."

„Einen politisch-ökonomischen Artikel?"

„In Hinsicht auf den Stil, Alexandra Pawlowna, in Hinsicht auf den Stil. Ich glaube, Ihnen ist bekannt, daß auch auf diesem Gebiet Darja Michailowna eine Kennerin sind. Shukowski hat sie zu Rate gezogen, und mein Wohltäter, der in Odessa lebende altehrwürdige Vater Roxolan Mediarowitsch Xandryka ... Der Name dieser Persönlichkeit ist Ihnen sicherlich bekannt?"

„Nein, gar nicht, ich habe ihn noch nie gehört."

„Sie haben von diesem Mann noch nie gehört? Merkwürdig! Ich wollte sagen, daß auch Roxolan Mediarowitsch stets eine sehr hohe Meinung von Darja Michailownas Kenntnissen in der russischen Sprache hatte."

„Und ist dieser Baron auch kein Pedant?" fragte Alexandra Pawlowna.

„Nein, keineswegs; Darja Michailowna erzählen im Gegenteil, daß man in ihm sofort den Mann von Welt erkennt. Über Beethoven hat er so beredt gesprochen, daß sogar der alte Fürst in Entzücken geraten ist. Ich gestehe, ich hätte das gern mit angehört: Das schlägt ja in mein Fach. – Darf ich Ihnen diese herrliche Feldblume anbieten?"

Alexandra Pawlowna nahm die Blume und ließ sie einige Schritte weiter auf den Weg fallen ... Bis zu ihrem Haus waren es noch etwa zweihundert Schritt, nicht mehr. Erst vor kurzem erbaut und weiß getüncht, schaute es mit seinen breiten, hellen Fenstern einladend aus dem dichten Grün der alten Linden und Ahornbäume hervor.

„Was darf ich also Darja Michailowna melden", begann Pandalewski wieder, leicht gekränkt durch das Schicksal, das die von ihm dargebrachte Blume erlitten hatte, „werden Sie zum Essen kommen? Darja Michailowna lassen auch Ihren Bruder bitten."

„Ja, wir werden kommen, bestimmt. Und wie geht es Natascha?"

„Natalja Alexejewna sind Gott sei Dank gesund. Doch wir sind an dem Weg, der zu Darja Michailownas Gut abbiegt, schon vorbei. Gestatten Sie, daß ich mich verabschiede."

Alexandra Pawlowna blieb stehen.

„Wollen Sie denn nicht mit zu uns hereinkommen?" fragte sie unschlüssig.

„Ich möchte herzlich gern, aber ich fürchte, mich zu verspäten. Darja Michailowna wünschen eine neue Etüde von Thalberg zu hören: Da muß ich mich vorbereiten und üben. Außerdem bezweifle ich, offen gestanden, daß meine Unterhaltung Ihnen irgendwelches Vergnügen bereiten kann."

„Aber nein. Warum denn ..."

Pandalewski seufzte und schlug vielsagend die Augen nieder.

„Auf Wiedersehen, Alexandra Pawlowna!" sagte er nach kurzem Schweigen, verbeugte sich und trat einen Schritt zurück.

Alexandra Pawlowna wandte sich um und ging nach Hause.

Auch Konstantin Diomidytsch trat den Heimweg an. Von seinem Gesicht verschwand sofort alles Süßliche: Ein selbstbewußter, fast harter Ausdruck erschien darauf. Sogar der Gang Konstantin Diomidytschs veränderte sich; er schritt jetzt weiter aus und trat fester auf. Als er, lässig sein Stöckchen schwingend, etwa zwei Werst gegangen war, schmunzelte er plötzlich wieder: Er hatte am Weg ein junges, ziemlich hübsches Bauernmädchen erblickt, das Kälber aus dem Hafer jagte. Vorsichtig wie ein Kater näherte sich Konstantin Diomidytsch dem Mädchen und sprach es an. Es schwieg anfangs, errötete und lachte in sich hinein, schließlich bedeckte es den Mund mit dem Ärmel, wandte sich ab und sagte:

„Geh, Herr, wahrhaftig ..."

Konstantin Diomidytsch drohte ihr mit dem Finger und befahl ihr, ihm Kornblumen zu holen.

„Wozu brauchst du Kornblumen? Willst du Kränze winden?" entgegnete das Mädchen. „Also, nun geh schon, wirklich ..."

„Hör mal, mein liebes schönes Kind", begann Konstantin Diomidytsch wieder.

„Also, nun geh", unterbrach ihn das Mädchen, „dort kommen die jungen Herren."

Konstantin Diomidytsch sah sich um. Tatsächlich, auf der Straße kamen Wanja und Petja gelaufen, die Söhne Darja Michailownas; hinter ihnen ging ihr Lehrer, Bassistow, ein junger Mann von zweiundzwanzig Jahren, der eben erst sein Studium beendet hatte. Bassistow war ein hochaufgeschossener Mensch mit biederem Gesicht, einer großen Nase, wulstigen Lippen und Schweinsäuglein; er war häßlich und linkisch, aber gutmütig, ehrlich und gerade. Er kleidete sich nachlässig, ließ sich die Haare nicht schneiden – nicht aus Eitelkeit, sondern aus Trägheit –, aß gern, schlief gern, liebte aber auch ein gutes Buch, einen hitzigen Disput und haßte Pandalewski von ganzer Seele.

Die Kinder Darja Michailownas vergötterten Bassistow und hatten nicht die geringste Furcht mehr vor ihm; mit allen übrigen Hausgenossen stand er auf gutem Fuß, was der Hausherrin nicht ganz gefiel, obgleich sie stets erklärte, für sie gäbe es keine Vorurteile.

„Guten Tag, meine Lieben!" begann Konstantin Diomidytsch. „Wie früh ihr heute spazierengeht! Ich freilich", fügte er, zu Bassistow gewandt, hinzu, „ich bin schon lange unterwegs; meine Leidenschaft ist es, die Natur zu genießen."

„Wir haben gesehen, wie Sie die Natur genießen", brummte Bassistow.

„Sie sind ein Materialist: Sie denken gleich wieder Gott weiß was. Ich kenne Sie!"

Wenn Pandalewski mit Bassistow oder ähnlichen Leuten redete, regte er sich leicht auf und sprach dann das s rein, sogar mit einem leisen Pfeifen aus.

„Was denn, Sie haben dieses Mädchen doch sicher nach dem Weg gefragt?" meinte Bassistow und ließ die Augen bald nach rechts, bald nach links wandern. Er fühlte, daß Pandalewski ihm gerade ins Gesicht starrte, und das war ihm äußerst unangenehm.

„Ich wiederhole: Sie sind ein Materialist und weiter nichts. Sie wollen an allem durchaus nur die prosaische Seite sehen..."

„Kinder", kommandierte plötzlich Bassistow, „seht ihr auf der Wiese den Weidenbusch? Wir wollen mal sehen, wer am schnellsten dort ist. Eins! Zwei! Drei!"

Die Kinder rannten Hals über Kopf zu dem Weidenbusch. Bassistow stürzte ihnen nach.

Bauernlümmel! dachte Pandalewski. Verderben wird er diese Jungen. Ein richtiger Bauernlümmel!

Und nachdem Konstantin Diomidytsch selbstzufrieden seine eigene gepflegte, elegante Gestalt betrachtet hatte, klopfte er ein paarmal mit gespreizten Fingern auf den Ärmel seines Rockes, rückte den Kragen zurecht und ging weiter. In sein Zimmer zurückgekehrt, zog er einen alten Schlafrock an und setzte sich mit sorgenvoller Miene ans Klavier.

2

Darja Michailowna Lassunskajas Haus wurde beinahe für das erste im ganzen ...er Gouvernement angesehen. Riesengroß, aus Stein, nach Entwürfen Rastrellis im Geschmack des achtzehnten Jahrhunderts erbaut, erhob es sich majestätisch auf einem Hügel, an dessen Fuß einer der Hauptflüsse Mittelrußlands vorüberströmte. Darja Michailowna selbst war eine vornehme und reiche Gutsherrin, die Witwe eines Geheimrats. Wenn Pandalewski auch von ihr zu sagen pflegte, sie kenne ganz Europa und auch Europa kenne sie, so kannte Europa sie doch nur wenig, nicht einmal in Petersburg spielte sie eine bedeutende Rolle; dafür kannten sie in Moskau alle und fuhren bei ihr vor. Sie gehörte der höchsten Gesellschaft an und galt als eine etwas sonderbare, nicht allzu gutherzige, jedoch außergewöhnlich kluge Frau. In ihrer Jugend war sie sehr schön gewesen. Dichter hatten ihr Verse gewidmet, junge Leute sich in sie verliebt, hohe Herren ihr den Hof gemacht. Doch seit jener Zeit waren fünfundzwanzig oder dreißig Jahre vergangen, und von den früheren Reizen war auch nicht eine Spur mehr übriggeblieben. Ist es möglich, fragte sich unwillkürlich jeder, der sie zum erstenmal sah, soll diese dürre, gelbliche, spitznasige und dabei noch gar nicht alte Frau wirklich einmal eine Schönheit gewesen sein? Ist sie es wirklich, dieselbe, die einst die Dichter besangen? Und jeder wunderte sich innerlich über die Vergänglichkeit alles Irdischen. Pandalewski allerdings fand, daß sich Darja Michailownas herrliche Augen wunderbar erhalten hätten, aber derselbe Pandalewski behauptete ja auch, daß ganz Europa sie kenne.

Darja Michailowna kam mit ihren Kindern – sie hatte deren drei: eine Tochter, Natalja, siebzehn Jahre alt, und zwei Söhne von zehn und neun Jahren – jeden Sommer auf ihr Gut und führte ein offenes Haus, das heißt, sie empfing Männer, besonders unverheiratete; die Provinzdamen konnte sie nicht ausstehen. Dafür ließen diese Damen aber auch kein gutes Haar an ihr! Nach ihren Worten war Darja Michailowna sowohl hochnäsig wie sittenlos und dazu eine furchtbare Tyrannin; und was die Hauptsache war – sie erlaubte sich solche Freiheiten in der Unterhaltung, daß es ein Greuel war! Darja Michailowna liebte es in der Tat nicht, sich auf dem Lande Zwang anzutun, und in der ungezwungenen Natürlichkeit ihrer Umgangsformen war ein leichter Anflug von der Verachtung der großstädtischen Weltdame für die sie umgebenden, ziemlich ungebildeten und unbedeutenden Wesen spürbar. Sie verhielt sich auch ihren städtischen Bekannten gegenüber sehr frei und sogar spöttisch; doch es fehlte der Anflug von Verachtung.

Nebenbei, lieber Leser, haben Sie nicht auch bemerkt, daß ein Mensch, der im Kreis von Untergebenen stets ungewöhnlich zerstreut ist, höhergestellten Personen gegenüber niemals zerstreut zu sein pflegt? Woran mag das liegen? Übrigens führen derartige Fragen zu nichts.

Als Konstantin Diomidytsch die Thalbergsche Etüde endlich einstudiert hatte, begab er sich aus seiner sauberen und freundlichen Stube in den Salon und fand dort die ganze Hausgemeinschaft bereits versammelt. Der *Salon* hatte schon begonnen. Auf der breiten Couchette hatte sich, die Beine angezogen und eine neue französische Broschüre in den Händen drehend, die Hausherrin niedergelassen; am Fenster saßen vor ihren Stickrahmen auf der einen Seite Darja Michailownas Tochter, auf der anderen Mademoiselle Boncourt, die Gouvernante, eine vertrocknete alte Jungfer von etwa sechzig Jahren, mit einem Toupet aus schwarzem Haar unter der vielfarbigen Haube und Baumwolle in den Ohren; in einer Ecke, nahe der Tür, hatte Bassistow Platz gefunden und las die Zeitung; neben ihm spielten Petja und Wanja Dame, und an den Ofen gelehnt, die Hände auf dem Rücken, stand ein Herr von mittlerem Wuchs mit zerzaustem grauem Haar, bräunlichem Gesicht und unruhigen kleinen, schwarzen Augen – ein gewisser Afrikan Semjonytsch Pigassow.

Ein sonderbarer Mensch war dieser Herr Pigassow. Erbittert gegen alles und alle – besonders gegen die Frauen –, schimpfte er von morgens bis abends, manchmal sehr treffend, manchmal ziemlich plump, aber immer mit Genuß. Seine Reizbarkeit ging bis zur Albernheit; sein Lachen, der Klang seiner Stimme, sein ganzes Wesen schien von Galle durchtränkt. Darja Michailowna empfing Pigassow gern: Er belustigte sie mit seinen Ausfällen. Sie waren auch wirklich ziemlich erheiternd. Es war seine Leidenschaft, alles zu übertreiben. Sprach man zum Beispiel in seiner Gegenwart von irgendeinem Unglück – ob man ihm nun erzählte, daß durch Blitzschlag ein Dorf in Brand geraten sei, daß das Wasser einen Mühldamm durchbrochen oder daß ein Bauer sich mit dem Beil die Hand abgehackt habe –, jedesmal fragte er mit gespannter Erbitterung: „Und wie heißt sie?" – nämlich wie das Weib heiße, von dem das Unglück herrühre, denn nach seinen Beteuerungen war die Ursache jeden Unglücks ein Weib, man brauche der Sache nur auf den Grund zu gehen. Eines Tages hatte er sich vor einer ihm fast unbekannten Gutsherrin, die ihn durchaus bewirten wollte, auf die Knie geworfen und sie unter Tränen, jedoch mit deutlich sichtbarer Wut angefleht, sie möge ihn verschonen, er habe sich ihr gegenüber doch nichts zuschulden kommen lassen und werde sie künftig nie wieder besuchen. Einmal war ein Pferd mit einer der Wäscherinnen Darja Michailownas bergabwärts durchgegangen, hatte die Frau in einen Graben geworfen und hätte sie beinahe getötet. Pigassow nannte seitdem dieses Pferd nie anders als „braves, braves Rößlein", der Berg und der Graben aber dünkten ihn ungewöhnlich malerische Orte. Pigassow hatte im Leben kein Glück gehabt – dadurch war er auf diese Albernheiten verfallen. Er stammte von armen Eltern. Sein Vater hatte verschiedene untergeordnete Stellungen innegehabt, hatte kaum lesen und schreiben können und sich nicht um die Erziehung seines Sohnes gekümmert; er hatte ihn ernährt und gekleidet – das war alles gewesen. Die Mutter hatte ihn verwöhnt, war aber früh gestorben. Pigassow hatte sich selbst um seine Bildung bemüht, sich selbst in die Kreisschule und danach ins Gymnasium aufnehmen lassen, Sprachen erlernt, Französisch, Deutsch und sogar Latein, und, nachdem er das Gymnasium mit einem ausgezeichneten Zeugnis verlassen hatte, sich nach Dorpat begeben, wo er ständig mit der Not kämpfte, jedoch das dreijährige Studium bis zum Schluß durchhielt. Die Fähigkeiten Pigassows überschritten nicht das gewöhnliche Maß; er zeichnete sich durch Geduld und Beharrlichkeit aus, besonders stark war in ihm der Ehrgeiz ausgeprägt, das Verlangen, in die gute Gesellschaft zu kommen, nicht hinter anderen zurückzustehen, dem Schicksal zum Trotz. Aus Ehrgeiz auch hatte er fleißig gelernt und die Dorpater Universität bezogen. Seine Armut ärgerte ihn und entwickelte in ihm Beobachtungsgabe und Verschlagenheit. Er drückte sich eigentümlich aus; von Jugend auf hatte er sich eine besondere Art galliger und gereizter Beredsamkeit zu eigen gemacht. Seine Gedanken erhoben sich nicht über das allgemeine Niveau, doch er sprach so, daß er nicht nur für einen klugen, sondern sogar für einen sehr klugen Menschen gehalten werden konnte. Nachdem er den Grad eines Kandidaten erlangt hatte, beschloß Pigassow, einen Gelehrtenberuf zu ergreifen: Er hatte begriffen, daß er es in keiner anderen Laufbahn mit seinen Kameraden würde aufnehmen können. (Er war bemüht gewesen, sich diese aus den höchsten Kreisen zu wählen, und verstand es, sich ihnen anzupassen, er schmeichelte ihnen sogar, wenngleich er immerzu schimpfte.) Doch es gebrach ihm, kurz gesagt, an Substanz. Autodidakt nicht aus Liebe zur Wissenschaft, wußte Pigassow im Grunde zuwenig. Er fiel bei der Disputation schmählich durch, während ein anderer Student, der mit ihm im selben Zimmer wohnte und über den er sich ständig lustig gemacht hatte, ein äußerst beschränkter Kopf, der aber eine regelmäßige und solide Bildung genossen hatte, einen vollen Triumph davontrug. Dieser Mißerfolg versetzte Pigassow in Wut: Er warf all seine Bücher und Hefte ins Feuer und trat in den Staatsdienst. Anfangs ging die Sache nicht schlecht: Als Beamter machte er sich ausgezeichnet; er war nicht sehr rührig, dafür äußerst selbstbewußt und gewandt. Aber er wollte möglichst schnell emporkommen, verstrickte sich, strauchelte und war genötigt, seinen Abschied zu nehmen. Drei Jahre brachte er auf seinem wohlerworbenen Gütchen zu und heiratete plötzlich eine reiche, halbgebildete Gutsbesitzerin, die er mit seiner Ungezwungenheit und Spottlust geködert hatte. Aber Pigassows Gemüt war schon zu verbittert und versauert – das Familienleben wurde ihm zur Last. Nachdem seine Frau ein paar Jahre mit ihm gelebt hatte, fuhr sie heimlich nach Moskau und verkaufte irgendeinem geriebenen Betrüger ihre Besitzung, auf der Pigassow eben erst ein Gutshaus erbaut hatte. Durch diesen letzten Schlag bis ins Innerste erschüttert, wollte Pigassow einen Prozeß gegen seine Frau anstrengen, kam aber damit nicht durch. Er lebte sein Leben allein weiter, fuhr häufig zu seinen Nachbarn, die er hinter ihrem Rücken und sogar ins Gesicht schmähte und die ihn mit einem gezwungenen Lächeln empfingen, wenn er ihnen auch keine ernsthafte Furcht einflößte, und nahm nie ein Buch in die Hand. Er besaß etwa hundert Leibeigene; seine Bauern litten keine Not.

„Ah! Constantin!" sagte Darja Michailowna, sobald Pandalewski den Salon betreten hatte. „Kommt Alexandrine?"

„Alexandra Pawlowna lassen Ihnen danken und erachten es als ein besonderes Vergnügen", erwiderte Konstantin Diomidytsch, wobei er sich nach allen Seiten gefällig verbeugte und sich mit der dicken, aber weißen Hand, deren Fingernägel dreieckig zugeschnitten waren, über das untadelig gekämmte Haar strich.

„Und Wolynzew kommt auch?"

„Kommen ebenfalls."

„Also, wie ist das, Afrikan Semjonytsch", fuhr Darja Michailowna fort, zu Pigassow gewandt, „Ihrer Meinung nach sind alle jungen Damen unnatürlich?"

Pigassows Mund verzog sich, sein Ellbogen zuckte nervös.

„Ich sage", begann er mit getragener Stimme – gerade in der

heftigsten Anwandlung von Ingrimm pflegte er langsam und deutlich zu sprechen –, „ich sage, daß die jungen Damen im allgemeinen – von den anwesenden spreche ich selbstverständlich nicht ..."

„Das hindert Sie indessen nicht, auch an sie zu denken", unterbrach ihn Darja Michailowna.

„Ich spreche nicht von ihnen", wiederholte Pigassow. „Alle jungen Damen, im allgemeinen, sind im höchsten Grade unnatürlich – unnatürlich im Ausdruck ihrer Gefühle. Erschrickt zum Beispiel eine junge Dame, freut sie sich über etwas oder wird sie traurig – unbedingt vollführt sie zuerst mit ihrem Körper irgend so eine graziöse Biegung" (dabei verrenkte sich Pigassow abscheulich und spreizte die Arme ab), „und erst dann schreit sie: ,Ach!' oder fängt an zu lachen oder zu weinen. Übrigens" (und hierbei lächelte Pigassow selbstgefällig) „ist es mir trotzdem einmal gelungen, eine ganz besonders unnatürliche junge Dame zu einem wahren, unverfälschten Gefühlsausdruck zu veranlassen."

„Auf welche Weise?"

Pigassows Augen funkelten.

„Ich stieß sie von hinten mit einem Espenpfahl in die Seite. Da kreischte sie auf, ich aber rief ihr zu: ,Bravo! Bravo! Das war die Stimme der Natur, das war ein natürlicher Schrei. So sollten Sie sich auch künftig immer verhalten.'"

Alle im Zimmer lachten.

„Was für einen Unsinn Sie reden, Afrikan Semjonytsch!" rief Darja Michailowna. „Als ob ich glauben würde, Sie könnten ein junges Mädchen mit einem Pfahl in die Seite stoßen!"

„Bei Gott, mit einem Pfahl, mit einem mächtigen Pfahl, von der Art, wie sie bei der Verteidigung von Festungen verwendet werden."

„Mais c'est une horreur ce que vous dites là, monsieur", rief Mademoiselle Boncourt weinerlich aus und sah streng die laut lachenden Kinder an.

„Glauben Sie ihm doch nicht", meinte Darja Michailowna, „kennen Sie ihn denn nicht?"

Aber die empörte Französin konnte sich lange nicht beruhigen und brummte immerzu etwas vor sich hin.

„Sie brauchen mir nicht zu glauben", fuhr Pigassow in kaltblütigem Ton fort, „aber ich versichere Ihnen, daß ich die reine Wahrheit gesagt habe. Wer soll es denn wissen, wenn nicht ich? Dann werden Sie wohl auch nicht glauben, daß mir unsere Nachbarin, die Tschepusowa, Jelena Antonowna, selbst – beachten Sie: selbst – erzählt hat, wie sie ihren eigenen Neffen umgebracht hat?"

„Das haben Sie sich auch wieder ausgedacht!"

„Erlauben Sie! Erlauben Sie! Hören Sie zu und urteilen Sie selbst. Beachten Sie, bitte, daß ich sie nicht verleumden will, ich mag sie sogar gern, das heißt, soweit man eine Frau gern haben kann; in ihrem ganzen Haus gibt es kein einziges Buch, außer dem Kalender, und lesen kann sie nicht anders als laut – sie gerät dabei vor Anstrengung in Schweiß und klagt nachher, die Augen wären ihr aus dem Kopf gequollen... Mit einem Wort, sie ist eine gute Frau, und ihre Dienstmädchen sind alle dick. Weshalb sollte ich sie verleumden?"

„Schon gut!" bemerkte Darja Michailowna. „Afrikan Semjonytsch hat sein Steckenpferd bestiegen – jetzt klettert er vor dem Abend nicht mehr hinunter."

„Mein Steckenpferd... Und die Frauen haben deren gleich drei, von denen sie nie hinunterklettern – außer wenn sie schlafen."

„Welche sind denn die drei Steckenpferde?"

„Vorwurf, Anspielung, Anklage."

„Hören Sie, Afrikan Semjonytsch", begann Darja Michailowna, „Sie sind gewiß nicht ohne Grund so böse auf die Frauen. Irgendeine muß Sie einmal..."

„Beleidigt haben, wollen Sie sagen?" unterbrach Pigassow sie.

Darja Michailowna wurde etwas verlegen – sie erinnerte sich der unglücklichen Ehe Pigassows – und nickte nur mit dem Kopf.

„Mich hat tatsächlich einmal eine Frau beleidigt", sagte Pigassow, „obgleich es eine gute, eine sehr gute Frau war."

„Wer war es denn?"

„Meine Mutter", sprach Pigassow, die Stimme senkend.

„Ihre Mutter? Wie konnte Ihre Mutter Sie denn beleidigen?"

„Dadurch, daß sie mich gebar."

Darja Michailowna runzelte die Brauen.

„Mir scheint", sagte sie, „unser Gespräch nimmt eine unerfreuliche Wendung ... Constantin, spielen Sie uns die neue Etüde von Thalberg vor. Vielleicht vermögen die Klänge der Musik Afrikan Semjonytsch zu besänftigen. Orpheus hat ja sogar wilde Tiere besänftigt."

Konstantin Diomidytsch setzte sich ans Klavier und spielte die Etüde ganz zufriedenstellend. Anfangs hörte Natalja Alexejewna aufmerksam zu, dann aber nahm sie ihre Arbeit wieder auf.

„Merci, c'est charmant", äußerte Darja Michailowna, „ich liebe Thalberg. Il est si distingué. Warum sind Sie so nachdenklich geworden, Afrikan Semjonytsch?"

„Ich glaube", begann Pigassow langsam, „es gibt drei Sorten von Egoisten: Egoisten, die selber leben und die andern leben lassen; Egoisten, die selber leben und die andern nicht leben lassen; und schließlich Egoisten, die weder selber leben noch die andern leben lassen ... Die Frauen gehören größtenteils zu der dritten Sorte."

„Wie liebenswürdig von Ihnen! Nur über eines wundere ich mich, Afrikan Semjonytsch: Wie selbstsicher Sie immer urteilen – als könnten Sie sich niemals irren."

„Wer sagt das! Auch ich kann mich irren; auch ein Mann kann sich irren. Aber wissen Sie, worin der Unterschied zwischen einem Irrtum von uns und dem Irrtum eines Weibes besteht? Sie wissen es nicht? Er besteht darin: Ein Mann kann zum Beispiel sagen, zweimal zwei sei nicht vier, sondern fünf oder dreieinhalb, ein Weib aber wird sagen, zweimal zwei ist eine Stearinkerze."

„Ich glaube, das habe ich schon einmal von Ihnen gehört. Aber erlauben Sie mir die Frage, welche Beziehung Ihr Gedanke von den drei Sorten Egoisten zu der Musik hat, die Sie soeben gehört haben?"

„Keine, denn ich habe gar nicht auf die Musik gehört."

„Nun, Väterchen, du bist, ich seh es, unverbesserlich, lassen wir's denn bleiben", erwiderte Darja Michailowna, einen Vers Gribojedows leicht abändernd. „Was lieben Sie denn, wenn Ihnen nicht einmal Musik gefällt? Die Literatur etwa?"

„Ich liebe die Literatur, allerdings nicht die heutige."

„Warum?"

„Ich will Ihnen sagen, warum. Ich fuhr neulich mit einem Herrn auf einer Fähre über die Oka. Die Fähre legte an einer steilen Stelle an: Die Equipagen mußten durch Menschenhand hinaufgeschleppt werden. Der Herr hatte eine außergewöhnlich schwere Kutsche. Während die Fährleute sich unmäßig anstrengten, um die Kutsche ans Ufer zu schleppen, stand der Herr auf der Fähre und ächzte so, daß er einem ordentlich leid tat. Da haben wir, dachte ich, eine neue Anwendung des Systems der Arbeitsteilung! So ist es auch mit der heutigen Literatur: Die andern ziehen und machen die Arbeit, und sie ächzt."

Darja Michailowna lächelte.

„Und das nennt sich Wiedergabe des Gegenwartslebens", fuhr Pigassow unaufhaltsam fort, „tiefe Anteilnahme an den gesellschaftlichen Fragen und noch irgendwie... Ach, wenn ich schon diese hochtrabenden Worte höre!"

„Aber gerade die Frauen, über die Sie so herfallen, die wenigstens gebrauchen keine hochtrabenden Worte."

Pigassow zuckte die Achseln.

„Sie gebrauchen keine, weil sie es nicht verstehen."

Darja Michailowna errötete leicht.

„Sie fangen an, Ungezogenheiten zu sagen, Afrikan Semjonytsch!" bemerkte sie mit gezwungenem Lächeln.

Es wurde still im Zimmer.

„Wo liegt dieses Solotonoscha?" fragte plötzlich einer der Knaben Bassistow.

„Im Gouvernement Poltawa, mein liebes Kind", ergriff Pigassow das Wort, „mitten im Schopfland." Er freute sich über die Gelegenheit, dem Gespräch eine andere Wendung zu geben. „Wir sprachen gerade über Literatur", fuhr er fort. „Wenn ich Geld übrig hätte, ich würde sofort ein kleinrussischer Dichter werden."

„Was soll das wieder? Sie wären ein schöner Dichter!" entgegnete Darja Michailowna. „Können Sie denn Kleinrussisch?"

„Überhaupt nicht; das ist aber auch gar nicht nötig."

„Wieso nicht nötig?"

„Nur so, es ist einfach nicht nötig. Man braucht nur einen Bogen Papier zu nehmen, oben darauf zu schreiben ‚Duma' und dann so anzufangen: ‚Hei, du Schicksal, Schicksal mein!' oder: ‚Saß mal der Kosak Naliwaiko auf dem Kurgan!' oder: ‚Unterm Berge, unterm grünen, graje, graje woropaje, hopp! hopp!' oder irgend etwas anderes in dieser Art. Und schon ist das Ding fertig. Man läßt es drucken und gibt es heraus. Der Kleinrusse wird es lesen, die Wange in die Hand stützen und bestimmt in Tränen ausbrechen – so eine gefühlvolle Seele ist er!"

„Ich bitte Sie!" rief Bassistow aus. „Was reden Sie da? Das stimmt doch gar nicht. Ich habe in Kleinrußland gelebt, ich liebe es und kenne seine Sprache. ‚Graje, graje woropaje' – das ist völliger Unsinn."

„Kann sein, aber der Schopf wird trotzdem in Tränen ausbrechen. Sie sagen: ‚Sprache ...' Gibt es denn überhaupt eine kleinrussische Sprache? Ich bat einmal einen Schopf, mir folgenden Satz, der mir gerade einfiel, zu übersetzen: ‚Die Grammatik ist die Kunst, richtig zu lesen und zu schreiben.' Wissen Sie, wie er das übersetzt hat: ‚Dü Chrammatük üs dü Kunst, rüchtüg zu lesenü und zu schreibenü.' Ist das, nach Ihrer Ansicht, etwa eine Sprache? Eine selbständige Sprache? Ehe ich mich damit einverstanden erkläre, bin ich bereit, meinen besten Freund in einem Mörser zerstampfen zu lassen ..."

Bassistow wollte widersprechen.

„Lassen Sie ihn", meinte Darja Michailowna. „Sie wissen doch, außer Paradoxien bekommt man von ihm nichts zu hören."

Pigassow lächelte höhnisch. Ein Lakai trat ein und meldete die Ankunft Alexandra Pawlownas und ihres Bruders.

Darja Michailowna stand auf, um ihre Gäste zu begrüßen.

„Guten Tag, Alexandrine!" sagte sie, ihr entgegengehend. „Wie vernünftig von Ihnen, daß Sie gekommen sind. Guten Tag, Sergej Pawlytsch!"

Wolynzew drückte Darja Michailowna die Hand und trat auf Natalja Alexejewna zu.

„Nun, und dieser Baron, Ihr neuer Bekannter, wird er heute kommen?" fragte Pigassow.

„Ja, er wird kommen."

„Er soll ein großer Philosoph sein und mit Hegel nur so um sich werfen."

Darja Michailowna antwortete nichts, sie ließ Alexandra Pawlowna auf der Couchette Platz nehmen und setzte sich selbst neben sie.

„Die Philosophie", fuhr Pigassow fort, „ist der höchste Gesichtspunkt! Das ist noch mein Tod, diese höchsten Gesichtspunkte! Was kann man denn von oben sehen? Ich meine, wenn man ein Pferd kaufen will, steigt man nicht erst auf einen Turm, um es sich anzusehen."

„Dieser Baron wollte Ihnen einen Aufsatz bringen?" fragte Alexandra Pawlowna.

„Ja, einen Aufsatz", antwortete Darja Michailowna mit übertriebener Lässigkeit, „einen Aufsatz über die Beziehungen des Handels zur Industrie in Rußland. Aber haben Sie keine Angst: Wir werden ihn hier nicht vorlesen. Ich habe Sie nicht deswegen eingeladen. Le baron est aussi aimable que savant. Und er spricht so gut russisch! C'est un vrai torrent ... il vous entraîne."

„Er spricht so gut russisch", knurrte Pigassow, „daß er ein französisches Lob verdient."

„Knurren Sie nur, Afrikan Semjonytsch, knurren Sie nur. Das paßt sehr gut zu Ihrem zerzausten Haar. Aber warum kommt er denn nicht? Wissen Sie was, messieurs et mesdames", fügte Darja Michailowna hinzu, sich im Kreise umsehend, „gehen wir in den Park. Bis zum Essen bleibt uns noch beinahe eine Stunde, und das Wetter ist herrlich."

Die ganze Gesellschaft erhob sich und begab sich in den Park.

Darja Michailownas Park erstreckte sich bis an den Fluß. Es gab darin viele alte Lindenalleen, golden-dunkel und wohlriechend, mit smaragdgrünen Lichtungen am Ende, und viele Akazien- und Fliederlauben.

Wolynzew wandte sich mit Natalja und Mademoiselle Boncourt den dichtesten Stellen des Parkes zu. Wolynzew ging neben Natalja her und schwieg. Mademoiselle Boncourt folgte in einiger Entfernung.

„Was haben Sie denn heute getan?" fragte endlich Wolynzew und zupfte an den Enden seines schönen dunkelblonden Schnurrbartes.

Seine Gesichtszüge ähnelten sehr denen der Schwester, doch sein Mienenspiel war weniger lebhaft und ausdrucksvoll, und seine schönen und sanften Augen blickten ein wenig schwermütig drein.

„Ach, nichts", antwortete Natalja, „ich habe zugehört, wie Pigassow schimpfte, an meinem Kanevas gestickt und gelesen."

„Und was haben Sie gelesen?"

„Ich las die Geschichte der Kreuzzüge", brachte Natalja ein wenig stockend hervor.

Wolynzew sah sie an.

„Oh!" sagte er endlich. „Das muß interessant sein."

Er riß einen Zweig ab und drehte ihn in der Luft. Sie gingen noch einige zwanzig Schritt weiter.

„Was ist das für ein Baron, den Ihre Mutter kennengelernt hat?" fragte Wolynzew wieder.

„Ein Kammerjunker, ein Fremder; maman lobt ihn sehr."

„Ihre Mutter ist sehr begeisterungsfähig."

„Das beweist, daß ihr Herz noch jung geblieben ist", bemerkte Natalja.

„Ja. Ich werde Ihnen bald Ihr Pferd schicken. Es ist schon fast zugeritten. Ich möchte, daß es sofort in Galopp fällt, und ich werde das auch erreichen."

„Merci. Aber Sie machen mich verlegen. Sie reiten es selbst zu. Das soll sehr schwierig sein."

„Um Ihnen die kleinste Freude zu machen, Sie wissen, Natalja Alexejewna, bin ich bereit ... würde ich ... nicht nur solche Kleinigkeiten ..."

Wolynzew verstummte verwirrt.

Natalja blickte ihn freundlich an und sagte noch einmal: „Merci."

„Sie wissen", fuhr Sergej Pawlytsch nach langem Schweigen fort, „daß es keine Sache gibt ... Doch wozu sage ich das! Sie wissen ja doch alles."

In diesem Augenblick ertönte im Haus die Glocke.

„Ah! La cloche du dîner!" rief Mademoiselle Boncourt. „Rentrons."

Quel dommage, dachte die alte Französin bei sich, während sie hinter Wolynzew und Natalja die Stufen zur Terrasse hinaufstieg, quel dommage que ce charmant garçon ait si peu de ressources dans la conversation, was man etwa so übersetzen könnte: Du bist ganz nett, mein Lieber, aber ein bißchen beschränkt.

Der Baron kam nicht zum Mittagessen. Man wartete eine halbe Stunde auf ihn. Das Gespräch bei Tisch kam nicht recht in Fluß. Sergej Pawlytsch hatte nur Augen für Natalja, neben der er saß, und goß ihr eifrig Wasser ins Glas. Pandalewski bemühte sich vergeblich, seine Nachbarin, Alexandra Pawlowna, zu unterhalten; er floß geradezu über vor Liebenswürdigkeit, sie aber gähnte beinahe.

Bassistow rollte Brot zu kleinen Kugeln und dachte an nichts; sogar Pigassow schwieg, und als Darja Michailowna zu ihm bemerkte, daß er heute sehr unliebenswürdig sei, antwortete er mürrisch:

„Wann bin ich denn schon liebenswürdig? Das liegt mir nicht." Und mit einem bitteren Lächeln setzte er hinzu: „Gedulden Sie sich ein wenig. Ich bin ja nur Kwaß, gewöhnlicher russischer Kwaß, aber Ihr Kammerjunker da ..."

„Bravo!" rief Darja Michailowna. „Pigassow ist eifersüchtig, ist schon im voraus eifersüchtig!"

Aber Pigassow antwortete ihr darauf nicht und sah nur finster vor sich hin.

Es schlug sieben Uhr, und alle versammelten sich wieder im Salon.

„Offenbar kommt er nicht", sagte Darja Michailowna.

Doch da erscholl das Rattern einer Equipage: ein kleiner Reisewagen fuhr in den Hof ein, und nach wenigen Augenblicken trat ein Lakai in den Salon und überreichte Darja Michailowna auf einem silbernen Tablett einen Brief. Sie überflog ihn bis zum Ende und fragte dann, zu dem Lakaien gewandt:

„Und wo ist der Herr, der diesen Brief gebracht hat?"

„Er sitzt im Wagen. Geruhen Sie, ihn zu empfangen?"

„Bitte ihn herein."

Der Lakai ging hinaus.

„Stellen Sie sich vor, so ein Ärger", fuhr Darja Michailowna fort, „der Baron hat die Weisung erhalten, sofort nach Petersburg zurückzukehren. Er schickt mir seinen Aufsatz durch einen Herrn Rudin, seinen Freund. Der Baron wollte ihn mir vorstellen – er rühmte ihn sehr. Wie schade das doch ist! Ich hatte gehofft, der Baron werde hier einige Zeit bleiben ..."

„Dmitri Nikolajewitsch Rudin", meldete der Lakai.

3

Ein Mann von etwa fünfunddreißig Jahren trat ein, hochgewachsen, ein wenig gebeugt, kraushaarig, gebräunt, mit einem unregelmäßigen, aber ausdrucksvollen und klugen Gesicht, einem feuchten Glanz in den lebhaften dunkelblauen Augen, einer geraden, breiten Nase und einem schön geschnittenen Mund. Seine Kleidung war nicht neu und etwas zu eng, als sei er aus ihr herausgewachsen.

Gewandt ging er auf Darja Michailowna zu, grüßte sie mit einer kurzen Verbeugung und sagte ihr, daß er sich schon lange die Ehre gewünscht habe, ihr vorgestellt zu werden, und daß sein Freund, der Baron, es sehr bedaure, sich nicht persönlich verabschieden zu können.

Der feine Klang von Rudins Stimme entsprach nicht seinem Wuchs und seiner breiten Brust.

„Nehmen Sie Platz. Sehr erfreut", sagte Darja Michailowna und fragte, nachdem sie ihn mit der ganzen Gesellschaft bekannt gemacht hatte, ob er aus dieser Gegend oder hier fremd sei.

„Meine Besitzung liegt im T...er Gouvernement", antwortete Rudin, seinen Hut auf den Knien haltend, „ich bin erst seit kurzem hier. Ich bin geschäftlich hergekommen und habe mich einstweilen in Ihrer Kreisstadt niedergelassen."

„Bei wem?"

„Beim Doktor. Er ist ein alter Universitätskamerad von mir."

„Ah! Beim Doktor. Man lobt ihn. Er soll seine Sache verstehen. – Sind Sie mit dem Baron schon lange bekannt?"

„Ich bin ihm vergangenen Winter in Moskau begegnet und habe jetzt ungefähr eine Woche bei ihm verbracht."

„Er ist ein sehr kluger Mann, der Baron."

„Ja."

Darja Michailowna roch an dem mit Kölnischem Wasser getränkten Zipfel ihres Taschentuches.

„Sie stehen im Staatsdienst?" fragte sie.

„Wer? Ich?"

„Ja."

„Nein. Ich habe den Dienst quittiert."

Es trat ein kurzes Schweigen ein. Die allgemeine Unterhaltung wurde wieder aufgenommen.

„Gestatten Sie eine Frage", begann Pigassow, sich an Rudin wendend, „ist Ihnen der Inhalt des Aufsatzes bekannt, den der Herr Baron geschickt hat?"

„Er ist mir bekannt."

„Dieser Aufsatz spricht von den Beziehungen des Handels – oder nein, wie war es doch gleich, der Industrie zum Handel in unserem Vaterland ... So, glaube ich, beliebten Sie sich auszudrücken, Darja Michailowna?"

„Ja, davon spricht er", sagte Darja Michailowna und legte die Hand an die Stirn.

„Ich verstehe mich freilich schlecht auf diese Dinge", fuhr Pigassow fort, „aber ich muß gestehen, daß mir schon der Titel des Aufsatzes außerordentlich – wie soll ich es möglichst taktvoll sagen? –, außerordentlich dunkel und verworren vorkommt."

„Warum kommt er Ihnen denn so vor?"

Pigassow lächelte und warf einen flüchtigen Blick auf Darja Michailowna.

„Ist er denn Ihnen klar?" fragte er und wandte sein Fuchsgesicht erneut Rudin zu.

„Mir? Mir ist er klar."

„Hm... Natürlich, Sie werden das besser wissen."

„Haben Sie Kopfschmerzen?" fragte Alexandra Pawlowna Darja Michailowna.

„Nein. Das ist bei mir so. C'est nerveux."

„Gestatten Sie die Frage", hob mit näselnder Stimme Pigassow abermals an, „Ihr Bekannter, der Herr Baron Muffel ... So heißt er doch wohl?"

„Ganz recht."

„Beschäftigt sich der Herr Baron Muffel speziell mit politischer Ökonomie oder nur so nebenbei, widmet er dieser interessanten Wissenschaft nur die Mußestunden, die ihm zwischen den weltlichen Vergnügungen und den Obliegenheiten des Dienstes verbleiben?"

Rudin sah Pigassow durchdringend an.

„Der Baron ist in diesen Dingen Dilettant", antwortete er, leicht errötend, „aber in seinem Aufsatz steckt viel Wahres und Interessantes."

„Ich kann mit Ihnen nicht streiten, da ich den Aufsatz nicht kenne. Aber, wage ich zu fragen, die Arbeit Ihres Freundes, des Barons Muffel, hält sich doch sicher mehr an allgemeine Erörterungen als an Tatsachen?"

„Sie enthält sowohl Tatsachen als auch Erörterungen, die sich auf Tatsachen gründen."

„Soso. Ich muß Ihnen sagen, daß nach meiner Ansicht – ich darf wohl gelegentlich ein Wort mitreden; ich habe drei Jahre in Dorpat verbracht – all diese sogenannten allgemeinen Erörterungen, diese Hypothesen und Systeme – entschuldigen Sie, ich bin ein Provinzler, ich nehme mir kein Blatt vor den Mund – zu nichts taugen. Das ist alles nur Klugrederei – damit hält man die Menschen nur zum Narren. Gebt uns Tatsachen, meine Herren, weiter verlangen wir nichts von euch."

„Wirklich?" erwiderte Rudin. „Nun, man muß aber doch den Sinn der Tatsachen darlegen?"

„Allgemeine Erörterungen!" fuhr Pigassow fort. „Diese allgemeinen Erörterungen, Betrachtungen, Schlußfolgerungen sind mein Tod! Das gründet sich alles auf sogenannte Überzeugungen; jeder redet von seinen Überzeugungen, fordert auch noch, Achtung davor zu haben, denkt an nichts anderes ... Ach!"

Und Pigassow schüttelte die Faust in der Luft. Pandalewski lachte laut auf.

„Sehr schön!" versetzte Rudin. „Ihrer Ansicht nach gibt es also keine Überzeugungen?"

„Nein, die gibt es nicht."

„Das ist Ihre Überzeugung."

„Ja."

„Wie können Sie dann sagen, daß es keine gibt? Da haben Sie doch schon eine, gleich bei der ersten Gelegenheit."

Alle Anwesenden lächelten und warfen sich Blicke zu.

„Erlauben Sie, erlauben Sie doch mal", wollte Pigassow wieder beginnen.

Doch Darja Michailowna klatschte in die Hände und rief:

„Bravo, bravo, geschlagen, Pigassow ist geschlagen!" Dann nahm sie Rudin sachte den Hut aus der Hand.

„Warten Sie mit Ihrer Freude, gnädige Frau, dazu haben Sie noch Zeit!" sprach Pigassow ärgerlich. „Es genügt nicht, mit überlegener Miene eine witzige Bemerkung zu machen – man muß beweisen, widerlegen ... Wir sind vom Gegenstand unseres Streites abgekommen."

„Gestatten Sie", bemerkte Rudin kaltblütig, „die Sache ist sehr einfach. Sie glauben nicht an den Nutzen allgemeiner Erörterungen, Sie glauben nicht an Überzeugungen ..."

„Nein, ich glaube nicht daran, an nichts glaube ich."

„Sehr gut. Sie sind Skeptiker."

„Ich sehe keine Notwendigkeit, so ein gelehrtes Wort zu gebrauchen. Im übrigen ..."

„Unterbrechen Sie doch nicht!" mischte sich Darja Michailowna ein.

„Los! Los! Los!" sagte in diesem Augenblick Pandalewski vor sich hin und schmunzelte übers ganze Gesicht.

„Dieses Wort drückt meinen Gedanken aus", fuhr Rudin fort. „Sie verstehen es, weshalb sollte man es da nicht gebrauchen? Sie glauben an nichts. Warum glauben Sie dann an Tatsachen?"

„Warum? Das ist gut! Tatsachen sind etwas Bekanntes; jedermann weiß, was Tatsachen sind. Ich urteile über sie aus Erfahrung, nach meinem eigenen Gefühl."

„Aber kann Ihr Gefühl Sie denn nicht täuschen! Ihr Gefühl sagt Ihnen, daß die Sonne um die Erde läuft – oder sind Sie vielleicht mit Kopernikus nicht einverstanden? Glauben Sie auch ihm nicht?"

Wieder überflog ein Lächeln alle Gesichter, und aller Augen richteten sich auf Rudin. Der ist nicht auf den Kopf gefallen, dachte ein jeder.

„Sie gefallen sich in Scherzen", sagte Pigassow. „Das ist natürlich sehr originell, gehört aber nicht zur Sache."

„Das, was ich bis jetzt gesagt habe", erwiderte Rudin, „war leider sehr wenig originell. Das ist alles längst bekannt und schon tausendmal gesagt worden. Nicht darauf kommt es an..."

„Sondern worauf denn?" fragte Pigassow mit einem Anflug von Unverschämtheit.

Wenn er stritt, pflegte er zuerst über seinen Gegner zu spötteln, dann grob zu werden und schließlich schmollend zu verstummen.

„Ich will Ihnen sagen, worauf", fuhr Rudin fort. „Ich gestehe, ich empfinde stets aufrichtiges Bedauern, wenn verständige Menschen in meiner Gegenwart herfallen über..."

„Über Systeme?" unterbrach Pigassow.

„Ja, meinetwegen, über Systeme. Warum erschreckt Sie dieses Wort so? Jedes System beruht auf der Kenntnis der Grundgesetze, der Prinzipien des Lebens..."

„Aber die kann man doch nicht erkennen, nicht aufdecken – ich bitte Sie!"

„Gestatten Sie. Freilich, nicht jedem sind sie zugänglich, und es ist dem Menschen eigen, sich zu irren. Jedoch werden Sie mir wahrscheinlich beipflichten, daß zum Beispiel Newton wenigstens einige dieser Grundgesetze entdeckt hat. Er war ein Genie, zugegeben, aber die Entdeckungen des Genies sind eben dadurch groß, daß sie zum Gemeingut aller werden. Das Bestreben, in den einzelnen Erscheinungen allgemeine Prinzipien aufzufinden, ist eine der Grundeigenschaften des menschlichen Geistes, und unsere ganze Bildung..."

„Darauf wollen Sie hinaus!" unterbrach ihn Pigassow gedehnt. „Ich bin ein praktischer Mensch und lasse mich auf all diese metaphysischen Spitzfindigkeiten nicht ein und will mich auch gar nicht darauf einlassen."

„Schön! Das steht Ihnen frei. Aber beachten Sie, daß allein

Ihr Wunsch, ein ausschließlich praktischer Mensch zu sein, bereits eine Art System oder Theorie ist ..."

„Die Bildung, sagen Sie", fiel Pigassow ein, „jetzt wollen Sie mich auch noch damit verblüffen! Sehr nötig haben wir sie, diese gepriesene Bildung! Keinen kupfernen Groschen gebe ich für Ihre Bildung!"

„Aber wie schlecht Sie streiten, Afrikan Semjonytsch!" bemerkte Darja Michailowna, die innerlich von der Ruhe und ausgesuchten Höflichkeit ihres neuen Bekannten sehr angetan war. C'est un homme comme il faut, dachte sie, während sie mit wohlwollender Aufmerksamkeit Rudins Gesicht betrachtete. Man muß nett zu ihm sein. Diese letzten Worte sagte sie in Gedanken russisch.

„Ich habe nicht die Absicht, die Bildung zu verteidigen", fuhr Rudin nach einer kurzen Pause fort, „sie bedarf meiner Verteidigung nicht. Sie lieben sie nicht ... Jeder hat seinen eigenen Geschmack. Außerdem würde uns das zu weit führen. Gestatten Sie mir nur noch, Sie an einen alten Spruch zu erinnern: ‚Du zürnst, Jupiter, also bist du im Unrecht.' Ich wollte sagen, daß all diese Angriffe auf Systeme, auf allgemeine Erörterungen und so weiter deshalb so besonders bedauerlich sind, weil die Menschen zugleich mit den Systemen das Wissen überhaupt, die Wissenschaft und den Glauben an sie ablehnen, folglich auch den Glauben an sich selbst, an die eigene Kraft. Die Menschen brauchen aber diesen Glauben: Sie können nicht allein von Eindrücken leben, es wäre schlimm für sie, wenn sie das Denken fürchteten, statt ihm zu vertrauen. Den Skeptizismus kennzeichneten immer Unfruchtbarkeit und Ohnmacht ..."

„Das sind alles nur Worte!" brummte Pigassow.

„Mag sein. Doch gestatten Sie mir die Bemerkung, daß wir uns mit dem Einwurf: ‚Das sind alles nur Worte!' oftmals nur der Notwendigkeit zu entziehen wünschen, etwas Gescheiteres zu sagen als nur Worte."

„Wie meinen Sie das?" fragte Pigassow und kniff die Augen zusammen.

„Sie haben verstanden, was ich Ihnen sagen wollte", erwiderte Rudin mit unwillkürlicher, aber sogleich unterdrückter

Ungeduld. „Ich wiederhole, wenn der Mensch keine festen Prinzipien hat, an die er glaubt, keinen Boden, auf dem er sicher steht, wie kann er sich dann Rechenschaft geben über die Bedürfnisse, die Bedeutung, die Zukunft seines Volkes? Wie kann er wissen, was er selbst tun muß, wenn ..."

„Ehre, wem Ehre gebührt!" sagte Pigassow unvermittelt, verneigte sich und trat beiseite, ohne jemanden anzublicken.

Rudin sah ihn an, lächelte leicht und verstummte.

„Aha! Er hat die Flucht ergriffen!" sagte Darja Michailowna. „Seien Sie unbesorgt, Dmitri ... Verzeihung", fügte sie mit freundlichem Lächeln hinzu, „wie ist Ihr Vatersname?"

„Nikolajitsch."

„Seien Sie unbesorgt, lieber Dmitri Nikolajitsch! Er macht niemandem von uns etwas weis. Er möchte sich den Anschein geben, als *wolle* er nicht weiter streiten. Er merkt, daß er mit Ihnen nicht streiten *kann*. Setzen Sie sich lieber etwas näher zu uns heran und lassen Sie uns ein wenig plaudern."

Rudin rückte seinen Sessel neben sie.

„Wie kommt es, daß wir uns nicht schon eher kennengelernt haben?" fuhr Darja Michailowna fort. „Das wundert mich ... Haben Sie dieses Buch gelesen? C'est de Tocqueville, vous savez?"

Darja Michailowna hielt Rudin die französische Broschüre hin.

Rudin nahm das dünne Büchlein in die Hand, blätterte ein wenig darin und antwortete, nachdem er es auf den Tisch zurückgelegt hatte, daß er zwar dieses Werk des Herrn Tocqueville nicht gelesen, aber oft über die darin berührte Frage nachgedacht habe. Das Gespräch war angeknüpft. Anfangs schien es, als zögere Rudin, als könne er sich nicht entschließen, seine Meinung auszusprechen, als finde er nicht die rechten Worte, aber schließlich geriet er in Feuer und begann zu reden. Nach einer Viertelstunde hörte man nur noch seine Stimme im Zimmer. Alle hatten sich um ihn herumgesetzt.

Einzig Pigassow war dem Kreis ferngeblieben, er stand in einer Ecke am Kamin. Rudin sprach klug, mit Wärme und Sachkenntnis; er legte viel Wissen, viel Belesenheit an den Tag. Niemand hatte erwartet, in ihm einen bedeutenden Menschen zu finden. Er war so alltäglich gekleidet; über ihn gingen so wenig Gerüchte um. Allen schien es unbegreiflich und sonderbar, wie solch ein kluger Kopf so unvermutet auf dem Land auftauchen konnte. Um so mehr überraschte und, man kann sagen, bezauberte er alle, bei Darja Michailowna angefangen. Sie war stolz auf ihre Entdeckung und malte sich schon aus, wie sie Rudin in die Gesellschaft einführen werde. Trotz ihres Alters ließ sie sich stets beinahe wie ein Kind beeindrucken. Alexandra Pawlowna begriff, offen gestanden, wenig von alledem, was Rudin sagte, war aber dennoch sehr erstaunt und erfreut: ihr Bruder wunderte sich ebenfalls; Pandalewski beobachtete Darja Michailowna und beneidete Rudin; Pigassow dachte: Wenn ich fünfhundert Rubel springen lasse, schaffe ich eine noch bessere Nachtigall herbei! Doch am meisten überrascht waren Bassistow und Natalja. Bassistow verschlug es fast den Atem – er saß die ganze Zeit mit offenem Mund und weit aufgerissenen Augen da und lauschte, lauschte, wie er zeitlebens noch niemandem gelauscht hatte; Nataljas Gesicht aber hatte sich gerötet, und ihr unverwandt auf Rudin gerichteter Blick war dunkler und zugleich leuchtender geworden.

„Was für wundervolle Augen er hat!" flüsterte Wolynzew ihr zu.

„Ja, sie sind schön."

„Schade ist nur, daß die Hände so groß und rot sind."

Natalja antwortete nicht.

Man reichte den Tee. Die Unterhaltung wurde allgemeiner, doch allein schon daran, daß alle augenblicklich verstummten, sobald Rudin nur den Mund auftat, konnte man erkennen, wie stark der Eindruck war, den er hervorgerufen hatte. Darja Michailowna bekam plötzlich Lust, Pigassow zu necken. Sie trat an ihn heran und sagte halblaut: „Warum schweigen Sie denn und lächeln nur höhnisch? Versuchen Sie doch wieder mit ihm anzubinden." Und ohne seine Antwort abzuwarten, winkte sie Rudin heran.

„Eine Seite kennen Sie an ihm noch nicht", sagte sie zu ihm, auf Pigassow deutend, „er ist ein schrecklicher Weiberfeind; fortwährend greift er sie an. Bitte, bekehren Sie ihn."

Rudin sah Pigassow an – unwillkürlich von oben herab: Er

war um zwei Köpfe größer. Pigassow platzte fast vor Wut, und sein galliges Gesicht erbleichte.

„Darja Michailowna irrt", begann er mit unsicherer Stimme, „ich greife nicht nur die Frauen an, ich habe für das ganze Menschengeschlecht nicht viel übrig."

„Was hat Ihnen denn eine so schlechte Meinung von ihm eingeflößt?" fragte Rudin.

Pigassow blickte ihm gerade in die Augen.

„Vermutlich das Studium des eigenen Herzens, in dem ich mit jedem Tag immer mehr Übles entdecke. Ich schließe von mir auf die andern. Vielleicht ist das ungerecht, vielleicht bin ich viel schlechter als die andern, aber was soll ich machen? Die Gewohnheit!"

„Ich verstehe Sie und fühle mit Ihnen", entgegnete Rudin. „Welche edle Seele hätte nicht schon den Drang verspürt, sich selbst herabzuwürdigen? Doch man darf in dieser ausweglosen Lage nicht verharren."

„Ich danke ergebenst, daß Sie meiner Seele ein Adelsattest ausstellen", erwiderte Pigassow, „aber meine Lage ist ganz leidlich, ist gar nicht übel, und selbst wenn es einen Ausweg daraus gäbe – er kann mir gestohlen bleiben, ich werde ihn nicht suchen."

„Das heißt aber – verzeihen Sie den Ausdruck – die Befriedigung seiner Eigenliebe dem Verlangen, die Wahrheit zu finden und danach zu leben, vorziehen."

„Ja, was denn sonst!" rief Pigassow aus. „Eigenliebe – das verstehe ich und verstehen hoffentlich auch Sie und versteht ein jeder; aber Wahrheit – was ist Wahrheit? Wo ist sie, diese Wahrheit?"

„Sie wiederholen sich, ich mache Sie darauf aufmerksam", bemerkte Darja Michailowna.

Pigassow hob die Schultern.

„Ist das so schlimm? Ich frage: Wo ist die Wahrheit? Sogar die Philosophen wissen nicht, was sie ist. Kant sagt: Das da ist sie; und Hegel sagt: Nein, du lügst, das ist sie."

„Und wissen Sie, was Hegel über sie sagt?" fragte Rudin, ohne die Stimme zu heben.

„Ich wiederhole", fuhr Pigassow erregt fort, „daß ich nicht

begreifen kann, was Wahrheit ist. Meiner Ansicht nach gibt es sie auf der Welt überhaupt nicht – das heißt, das Wort gibt es schon, aber die Sache selbst existiert nicht."

„Pfui! Pfui!" rief Darja Michailowna. „Daß Sie sich nicht schämen, so etwas zu sagen, Sie alter Sünder! Es gibt keine Wahrheit? Wozu soll man dann noch auf der Welt leben?"

„Ich glaube aber doch, Darja Michailowna", entgegnete Pigassow ärgerlich, „daß es Ihnen auf jeden Fall leichter fallen würde, ohne Wahrheit zu leben als ohne Ihren Koch Stepan, der so meisterhaft Bouillons zubereiten kann! Und sagen Sie doch bitte – wozu brauchen Sie die Wahrheit? Man kann doch keine Haube daraus nähen!"

„Ein Scherz ist keine Erwiderung", bemerkte Darja Michailowna, „besonders wenn er in eine Verleumdung ausartet."

„Ich weiß nicht, wie es sich mit der Wahrheit verhält, aber ein wahres Wort zu hören tut offenbar weh", brummte Pigassow und trat zornig beiseite.

Rudin begann über die Eigenliebe zu sprechen, und er sprach darüber sehr treffend. Er bewies, daß ein Mensch ohne Eigenliebe ein Nichts und daß die Eigenliebe der Hebel des Archimedes sei, mit dem man die Welt aus den Angeln heben könne, daß aber gleichzeitig nur der ein Mensch genannt zu werden verdiene, der seine Eigenliebe zu bändigen verstehe wie ein Reiter sein Pferd, der seine Persönlichkeit dem allgemeinen Wohl zum Opfer bringe...

„Selbstsucht", so schloß er, „ist Selbstmord. Ein selbstsüchtiger Mensch verdorrt gleich einem allein stehenden unfruchtbaren Baum; aber die Eigenliebe als tätiges Streben nach Vollkommenheit ist die Quelle alles Großen... Ja! Der Mensch muß den hartnäckigen Egoismus seiner Persönlichkeit brechen, um ihr das Recht zu verschaffen, sich frei zu äußern!"

„Können Sie mir nicht einen Bleistift leihen?" wandte sich Pigassow an Bassistow.

Bassistow begriff nicht gleich, was Pigassow von ihm wollte.

„Wozu brauchen Sie einen Bleistift?" fragte er Pigassow schließlich.

„Ich will mir diesen letzten Ausspruch des Herrn Rudin aufschreiben. Schreibe ich ihn nicht auf, so vergesse ich ihn vielleicht gar! Und Sie werden zugeben – ein solcher Ausspruch kommt einem großen Schlemm im Whist gleich."

„Es gibt Dinge, über die zu lachen und zu spotten eine Sünde ist, Afrikan Semjonytsch!" erwiderte Bassistow voller Eifer und drehte Pigassow den Rücken zu.

Unterdessen war Rudin an Natalja herangetreten. Sie stand auf; ihr Gesicht drückte Verwirrung aus.

Wolynzew, der neben ihr gesessen hatte, erhob sich ebenfalls.

„Ich sehe da ein Klavier", begann Rudin sanft und freundlich wie ein Prinz auf Reisen, „spielen Sie vielleicht darauf?"

„Ja, ich spiele", sagte Natalja, „aber nicht sehr gut. Konstantin Diomidytsch spielt bedeutend besser als ich."

Pandalewski reckte den Hals und bleckte die Zähne.

„Das ist nicht wahr, Natalja Alexejewna, Sie spielen keineswegs schlechter als ich."

„Kennen Sie vielleicht den ‚Erlkönig' von Schubert?" fragte Rudin.

„Er spielt ihn! Er spielt ihn!" nahm Darja Michailowna das Wort. „Setzen Sie sich, Constantin ... Sie lieben die Musik, Dmitri Nikolajitsch?"

Rudin neigte nur leicht den Kopf und fuhr mit der Hand übers Haar, als bereite er sich darauf vor zuzuhören ... Pandalewski begann zu spielen.

Natalja stellte sich ans Klavier, Rudin gerade gegenüber. Schon bei den ersten Tönen nahm sein Gesicht einen wunderbaren Ausdruck an. Seine tiefblauen Augen schweiften langsam umher und blieben bisweilen auf Natalja haften.

Pandalewski endete. Rudin sagte kein Wort und trat an das weit geöffnete Fenster. Dufterfülltes Dunkel lag wie eine weiche Decke über dem Park; die nahen Bäume atmeten schlaftrunkene Frische. Still flimmerten die Sterne. Die Sommernacht gab sich wohliger Ruhe hin und flößte wohlige Ruhe ein. Rudin schaute in den dunklen Park und wandte sich um.

„Diese Musik und diese Nacht", begann er, „erinnern mich an meine Studentenzeit in Deutschland, an unsere Zusammenkünfte, unsere Serenaden ..."

„Sie waren in Deutschland?" fragte Darja Michailowna.

„Ich habe ein Jahr in Heidelberg verbracht und ungefähr ein Jahr in Berlin."

„Und Sie haben sich wie ein Student gekleidet? Die sollen dort so eine eigentümliche Kleidung tragen."

„In Heidelberg habe ich hohe Stiefel mit Sporen und eine Pekesche getragen und mir die Haare lang wachsen lassen, bis auf die Schultern ... In Berlin kleidet sich der Student wie jedermann."

„Erzählen Sie uns etwas aus Ihrem Studentenleben", sagte Alexandra Pawlowna.

Rudin begann zu erzählen. Er war kein sehr gewandter Erzähler. Seine Schilderungen waren nicht farbig genug. Er verstand es nicht, Heiterkeit zu erregen. Übrigens ging Rudin von seinen Erlebnissen im Ausland bald zu allgemeinen Betrachtungen über und sprach von der Bedeutung der Aufklärung und der Wissenschaft, von den Universitäten und dem Universitätsleben überhaupt. Mit breiten und kühnen Strichen entwarf er ein gewaltiges Bild. Alle hörten ihm sehr aufmerksam zu. Er sprach meisterhaft, hinreißend, drückte sich nicht immer ganz klar aus ... Aber gerade diese Unklarheit verlieh seinen Ausführungen einen eigentümlichen Reiz.

Der Gedankenreichtum hinderte Rudin, sich bestimmt und genau auszudrücken. Ein Bild löste das andere ab, ein Vergleich, bald unerwartet kühn, bald erstaunlich treffend, folgte dem andern. Seine ungeduldige Improvisation atmete nicht die selbstgefällige Gewähltheit des geübten Schönredners, sie atmete Begeisterung. Er suchte nicht nach Worten, frei und von selbst flossen sie ihm über die Lippen; jedes Wort schien unmittelbar seiner Seele zu entströmen und von der Glut der Überzeugung in Brand zu geraten. Rudin beherrschte wohl jenes höchste Geheimnis – die Musik der Beredsamkeit. Er verstand es, indem er einige Saiten des Herzens anschlug, zugleich alle anderen unbestimmt mittönen und erzittern zu lassen. Mancher Zuhörer verstand vielleicht nicht ganz, wovon die Rede war, doch auch ihm schwoll die Brust. Schleier öffneten sich vor seinen Augen, und etwas Strahlendes erstand vor ihm.

Alle Gedanken Rudins schienen der Zukunft zugewandt;

das verlieh ihnen etwas Ungestümes und Jugendliches. Am Fenster stehend und niemanden insbesondere anblickend, sprach er und schwang sich, begeistert durch die allgemeine Sympathie und Aufmerksamkeit, die Nähe junger Frauen und die Schönheit der Nacht, auch hingerissen von der Flut der eigenen Empfindungen, bis zu höchster Beredsamkeit, bis zur Poesie auf ... Der Klang seiner festen und ruhigen Stimme verstärkte den Zauber noch; etwas Höheres, ihn selbst Überraschendes schien sich seines Mundes zu bedienen ... Rudin sprach davon, was dem zeitlichen Leben des Menschen ewige Bedeutung verleiht.

„Ich erinnere mich einer skandinavischen Sage", endete er. „Ein König sitzt mit seinen Kriegern in einer langen, dunklen Halle um das Feuer herum. Es ist Nacht und Winter. Auf einmal fliegt ein kleiner Vogel zu einer offenen Tür herein und zu einer anderen hinaus. Der König spricht: ‚Dieses Vögelchen ist wie der Mensch auf Erden: Aus dem Dunkel flog es herbei, und ins Dunkel flog es davon, und nur kurze Zeit weilte es in der Wärme und im Licht.' – ‚König', erwidert der älteste der Krieger, ‚das Vögelchen wird auch in der Finsternis nicht umkommen und sein Nest wiederfinden.' So ist es, unser Leben ist kurz und nichtig, doch alles Große wird durch Menschen vollbracht. Das Bewußtsein, das Werkzeug jener höheren Mächte zu sein, muß dem Menschen alle anderen Freuden ersetzen; noch im Tode wird er sein Leben, sein Nest finden."

Rudin hielt inne und senkte den Blick mit einem Lächeln unwillkürlicher Verwirrung.

„Vous êtes un poète", sagte Darja Michailowna halblaut.

Und alle stimmten ihr innerlich bei, alle, außer Pigassow. Ohne das Ende von Rudins langer Rede abzuwarten, hatte er leise seinen Hut genommen und im Fortgehen dem neben der Tür stehenden Pandalewski erbost zugeflüstert:

„Nein! Da gehe ich lieber zu den Dummköpfen!"

Übrigens hielt ihn niemand zurück, und keiner bemerkte seine Abwesenheit.

Die Bedienten trugen das Abendessen auf, und eine halbe Stunde später trennten sich alle. Darja Michailowna überredete

Rudin, über Nacht zu bleiben. Alexandra Pawlowna, die mit ihrem Bruder in der Kutsche heimfuhr, verwunderte sich einigemal über Rudins ungewöhnlichen Geist. Wolynzew stimmte ihr bei, bemerkte jedoch, daß er sich manchmal etwas dunkel ausdrücke, „das heißt nicht ganz verständlich", setzte er, wohl um seinen Gedanken deutlicher zu formulieren, hinzu; aber sein Gesicht verfinsterte sich, und sein Blick, der auf einen Winkel der Kutsche geheftet war, schien noch schwermütiger.

Pandalewski äußerte, während er sich schlafen legte und seine seidenbestickten Hosenträger abstreifte, laut: „Ein sehr gewandter Mensch!", sah plötzlich seinen Laufburschen und Kammerdiener streng an und befahl ihm hinauszugehen. Bassistow schlief die ganze Nacht nicht und zog sich auch nicht aus – er schrieb bis zum Morgen einen Brief an einen seiner Kameraden in Moskau. Natalja hatte sich zwar ausgekleidet und ins Bett gelegt, konnte aber ebenfalls nicht eine Minute schlafen und schloß nicht einmal die Augen. Den Kopf in die Hand gestützt, blickte sie starr in die Dunkelheit; fieberhaft schlug ihr Puls, und oftmals hob ein schwerer Seufzer ihre Brust.

4

Am nächsten Morgen erschien bei Rudin, kaum daß er sich angekleidet hatte, ein Diener Darja Michailownas mit der Einladung, zu ihr ins Kabinett zu kommen und den Tee mit ihr zu nehmen. Rudin traf sie allein an. Sie begrüßte ihn sehr liebenswürdig, erkundigte sich, ob er die Nacht gut verbracht habe, schenkte ihm selber eine Tasse Tee ein, fragte ihn sogar, ob genug Zucker darin sei, bot ihm eine Zigarette an und sagte wiederum ein paarmal, daß sie sich wundere, ihn nicht schon längst kennengelernt zu haben. Rudin wollte sich etwas entfernt von ihr niederlassen, aber Darja Michailowna wies ihm einen kleinen Hocker an, der neben ihrem Sessel stand, und begann, sich ein wenig zu ihm hinneigend, ihn nach seinen Verwandten, seinen Absichten und Plänen auszufragen. Darja Michailowna sprach nachlässig und hörte zerstreut zu, aber Rudin merkte sehr wohl, daß sie ihm zu gefallen, wenn nicht gar zu schmeicheln suchte. Nicht umsonst hatte sie dieses morgendliche Stelldichein herbeigeführt, nicht umsonst sich einfach, aber geschmackvoll angezogen, à la madame Récamier! Übrigens hörte Darja Michailowna bald auf, ihn auszufragen: Sie fing an, ihm von sich zu erzählen, von ihrer Jugendzeit, von den Menschen, mit denen sie bekannt gewesen war. Rudin hörte sich ihr Gerede aufmerksam an, doch sonderbar! Von wem Darja Michailowna auch sprechen mochte, im Vordergrund blieb immer nur sie, sie allein, und jener andere wurde gleichsam unsichtbar und verschwand. Dafür erfuhr Rudin ganz genau, was Darja Michailowna zu dem und jenem bekannten Würdenträger gesagt und welchen Einfluß sie auf den und jenen berühmten Dichter gehabt hatte. Nach Darja Michailownas Worten konnte man glauben, alle bedeutenden Menschen der letzten zwanzig Jahre hätten einzig und allein danach getrachtet, mit ihr bekannt zu werden und sich ihres Wohlwollens würdig zu erweisen. Sie sprach von ihnen schlicht, ohne überschwengliche Lobeserhebungen, wie von Verwandten, und einige nannte sie sonderbare Käuze. Und während sie von ihnen sprach, legten sich ihre Namen, wie die kostbare Fassung um einen Edelstein, zu einem strahlenden Kranz um den einen – den Namen Darja Michailowna ...

Rudin hörte zu, rauchte seine Zigarette und schwieg. Nur hin und wieder warf er in den Wortschwall der redseligen Dame kurze Bemerkungen ein. Er verstand und liebte es zu sprechen, eine Unterhaltung zu führen war nicht sein Fall, aber er verstand auch zuzuhören. Jeder, den er nicht gleich zu Anfang eingeschüchtert hatte, ging in seiner Gegenwart vertrauensvoll aus sich heraus: So bereitwillig und beifällig folgte er den Erzählungen anderer. Er war sehr gutmütig, so gutmütig wie Menschen, die gewohnt sind, sich anderen überlegen zu fühlen. In Streitgesprächen ließ er seinem Gegner selten das letzte Wort – er überwältigte ihn mit seiner ungestümen und leidenschaftlichen Dialektik.

Darja Michailowna sprach russisch. Sie wollte mit der Kenntnis ihrer Muttersprache glänzen, obgleich ihr oft Gallizismen und französische Wörter unterliefen. Sie gebrauchte mit Absicht einfache, volkstümliche Wendungen, allerdings nicht immer sehr glücklich. Rudins Ohr tat die sonderbare Buntheit von Darja Michailownas Sprache nicht weh, doch hatte er wohl auch kaum ein Ohr dafür.

Darja Michailowna ermüdete endlich, und den Kopf an das Rückenpolster ihres Sessels lehnend, richtete sie die Augen auf Rudin und verstummte.

„Jetzt verstehe ich", begann Rudin langsam, „ich verstehe, warum Sie jeden Sommer aufs Land reisen. Sie brauchen diese Erholung; die ländliche Stille erfrischt und stärkt Sie nach dem Leben in der Hauptstadt. Ich bin überzeugt, daß Sie die Schönheiten der Natur tief empfinden."

Darja Michailowna sah Rudin von der Seite an.

„Die Natur ... Ja, ja, gewiß – ich liebe sie schrecklich, aber wissen Sie, Dmitri Nikolajitsch, auch auf dem Lande kann man nicht ohne Menschen leben. Aber hier gibt es fast niemanden. Pigassow ist der Gescheiteste hier."

„Der zornige alte Mann von gestern?" fragte Rudin.

„Ja, der. Auf dem Lande nimmt man ihn schon hin – er bringt einen wenigstens manchmal zum Lachen."

„Er ist nicht dumm", erwiderte Rudin, „doch er ist auf dem falschen Weg. Ich weiß nicht, ob Sie mir zustimmen werden, Darja Michailowna, aber in der Verneinung, in der völligen und alles umfassenden Verneinung, liegt kein Segen. Verneinen Sie alles, und Sie können sich leicht den Ruf erwerben, ein kluger Kopf zu sein! Das ist ein bekannter Trick. Leichtgläubige Menschen sind sogleich bereit, den Schluß zu ziehen, Sie stünden höher als das, was Sie verneinen. Doch das ist oft nicht wahr. Erstens kann man an allem Mängel finden, und zweitens wäre es, selbst wenn Sie recht hätten, nur um so schlimmer für Sie: Ihr Geist, einzig und allein auf Verneinung gerichtet, würde verarmen und verdorren. Indem Sie Ihre Eigenliebe befriedigen, berauben Sie sich der wahren Genüsse des Erkennens; das Leben, das Wesentliche am Leben, entgleitet Ihrer kleinlichen und galligen Beobachtung, und zuletzt werden Sie sich nur noch herumzanken und andere belustigen. Zu mißbilligen und zu schelten hat nur der das Recht, der liebt."

„Voilà monsieur Pigassoff enterré", meinte Darja Michailowna. „Wie meisterhaft Sie einen Menschen zu charakterisieren verstehen! Übrigens würde Pigassow Sie wahrscheinlich gar nicht begriffen haben. Er liebt ja nur seine eigene Person."

„Und schimpft auf sich selbst, um das Recht zu haben, auch auf andere zu schimpfen", ergänzte Rudin.

Darja Michailowna lachte.

„Die eigene Schuld – wie sagt man da gleich –, die eigene Schuld auf andere abwälzen. Übrigens, was halten Sie von dem Baron?"

„Von dem Baron? Er ist ein vortrefflicher Mensch mit einem guten Herzen, und kenntnisreich ... Aber er hat keinen Charakter. Er wird sein Leben lang ein halber Gelehrter und ein halber Gesellschaftsmensch bleiben, das heißt ein Dilettant, das heißt, ohne Umschweife gesagt, ein Nichts. Schade um ihn!"

„Ich bin derselben Ansicht", erwiderte Darja Michailowna. „Ich habe seinen Aufsatz gelesen. Entre nous, cela a assez peu de fond."

„Wen haben Sie denn noch hier?" fragte Rudin nach kurzem Schweigen.

Darja Michailowna strich mit dem kleinen Finger die Asche von ihrer dünnen Zigarette.

„Sonst ist fast niemand weiter da. Die Lipina, Alexandra Pawlowna, die Sie gestern gesehen haben: Sie ist sehr nett, aber mehr auch nicht. Ihr Bruder ist ebenfalls ein prächtiger Mensch, un parfait honnête homme. Den Fürsten Garin kennen Sie. Das sind auch schon alle. Es gibt noch zwei, drei Nachbarn, aber die sind schlechter als gar keine. Entweder machen sie sich wichtig, stellen schreckliche Ansprüche, oder sie sind menschenscheu oder auch am falschen Platze ungeniert. Die Damen, das wissen Sie, sehe ich nicht. Es gibt da noch einen Nachbarn, einen, wie es heißt, sehr gebildeten, sogar gelehrten Mann, aber er ist ein schrecklicher Sonderling, ein Phantast. Alexandrine kennt ihn, und wie es scheint, ist er ihr nicht gleichgültig ... Mit ihr sollten Sie sich befassen, Dmitri Nikolajitsch: Sie ist ein liebes Geschöpf; man müßte sie nur ein wenig weiterentwickeln, unbedingt müßte man sie weiterentwickeln!"

„Sie ist sehr sympathisch", bemerkte Rudin.

„Durch und durch ein Kind, Dmitri Nikolajitsch, ein richtiges Kind. Sie war verheiratet, mais c'est tout comme. Wenn ich ein Mann wäre, ich würde mich nur in solche Frauen verlieben."

„Wirklich?"

„Unbedingt. Solche Frauen sind wenigstens frisch, und Frische kann man eben nicht vortäuschen."

„Aber alles andere kann man?" fragte Rudin und lachte, was bei ihm sehr selten vorkam. Wenn er lachte, nahm sein Gesicht einen seltsamen, beinahe greisenhaften Ausdruck an – die Augen zogen sich zusammen, die Nase runzelte sich ...

„Und wer ist denn dieser Sonderling, wie Sie sagen, der Frau Lipina nicht gleichgültig ist?" fragte er.

„Ein gewisser Leshnjow, Michailo Michailytsch, ein hiesiger Gutsbesitzer."

Rudin erstaunte und hob den Kopf.

„Leshnjow, Michailo Michailytsch?" fragte er. „Ist er etwa Ihr Nachbar?"

„Ja. Sie kennen ihn?"

Rudin schwieg eine Weile.

„Ich habe ihn einst gekannt – es ist schon lange her. Er ist ja, glaube ich, ein reicher Mann?" fügte er hinzu, während er an den Fransen des Sessels zupfte.

„Ja, reich ist er, obwohl er sich abscheulich kleidet und auf einer Reitdroschke umherfährt wie ein Verwalter. Ich wollte ihn in mein Haus locken: Er soll Verstand haben; ich habe mit ihm ja geschäftlich zu tun ... Sie wissen doch wohl, daß ich mein Gut selbst verwalte?"

Rudin neigte den Kopf.

„Ja, ich verwalte es selbst", fuhr Darja Michailowna fort. „Ich führe keinerlei ausländische Albernheiten ein, ich halte an unserer eigenen, russischen Art fest, und sehen Sie, die Geschäfte gehen, denke ich, nicht schlecht", setzte sie hinzu, mit der Hand einen Kreis beschreibend.

„Ich war immer der Überzeugung", bemerkte Rudin höflich, „daß die Leute völlig im Unrecht sind, die den Frauen praktischen Sinn absprechen."

Darja Michailowna lächelte huldvoll.

„Sie sind sehr nachsichtig", meinte sie. „Doch was wollte ich eben sagen? Wovon sprachen wir? Ja, von Leshnjow. Ich habe mit ihm über die Grenzvermessung zu verhandeln. Schon mehrmals habe ich ihn zu mir eingeladen, und sogar heute erwarte ich ihn, aber weiß Gott, er kommt nicht ... So ein Sonderling!"

Der Vorhang vor der Tür wurde sacht beiseite gezogen, und der Haushofmeister trat ein, ein großer, glatzköpfiger und graubärtiger Mann, der einen schwarzen Frack, eine weiße Halsbinde und eine weiße Weste trug.

„Was willst du?" fragte Darja Michailowna und fügte, sich leicht zu Rudin hinwendend, halblaut hinzu: „N'est-ce pas, comme il ressemble à Canning?"

„Michailo Michailytsch Leshnjow sind vorgefahren", meldete der Haushofmeister. „Geruhen Sie, ihn zu empfangen?"

„Ach, mein Gott!" rief Darja Michailowna aus. „Wenn man vom Wolf spricht, ist er auch schon da. Bitte ihn herein!"

Der Haushofmeister ging hinaus.

„So ein Sonderling! Da kommt er endlich und nun doch zur Unzeit: Er unterbricht unser Gespräch."

Rudin erhob sich von seinem Platz, doch Darja Michailowna hielt ihn zurück.

„Wohin wollen Sie denn? Wir können auch in Ihrer Gegenwart reden. Und dann möchte ich, daß Sie ihn ebenso charakterisieren wie vorhin Pigassow. Wenn Sie sprechen, vous gravez comme avec un burin. Bleiben Sie."

Rudin wollte etwas sagen, überlegte jedoch kurz und blieb.

Michailo Michailytsch, dem Leser bereits bekannt, trat in das Kabinett. Er hatte denselben grauen Mantel an, und in den sonnenverbrannten Händen hielt er dieselbe alte Schirmmütze. Er verneigte sich gelassen vor Darja Michailowna und trat an den Teetisch heran.

„Endlich haben Sie sich einmal zu uns bemüht, Monsieur Leshnjow!" sagte Darja Michailowna. „Bitte, nehmen Sie Platz. – Sie sind miteinander bekannt, habe ich gehört", fuhr sie fort, auf Rudin deutend.

Leshnjow blickte Rudin an und lächelte etwas sonderbar.

„Ich kenne Herrn Rudin", sagte er mit einer leichten Verbeugung.

„Wir waren zusammen auf der Universität", bemerkte Rudin halblaut und senkte den Blick.

„Wir sind uns auch später begegnet", versetzte Leshnjow kalt.

Darja Michailowna sah beide etwas befremdet an und bat Leshnjow, Platz zu nehmen. Er setzte sich.

„Sie wünschten mich zu sehen", begann er. „Betreffs der Grenzvermessung?"

„Ja, betreffs der Grenzvermessung, aber auch abgesehen davon wollte ich Sie gern sehen. Wir sind ja doch Nachbarn und wohl auch miteinander verwandt."

„Ich bin Ihnen sehr verbunden", entgegnete Leshnjow. „Was die Grenzvermessung betrifft, so habe ich diese Angelegenheit mit Ihrem Verwalter zum Abschluß gebracht: Ich gehe auf alle seine Vorschläge ein."

„Das wußte ich bereits."

„Nur sagte er mir, daß ohne eine persönliche Zusammenkunft mit Ihnen die Papiere nicht unterzeichnet werden könnten."

„Ja, das ist bei mir nun einmal so üblich. Übrigens, gestatten Sie die Frage, bei Ihnen sind doch, glaube ich, alle Bauern zinspflichtig?"

„So ist es."

„Und da setzen Sie sich selber für die Grenzvermessung ein? Das ist lobenswert."

Leshnjow schwieg einen Augenblick.

„Und nun bin ich der persönlichen Zusammenkunft wegen erschienen", sagte er.

Darja Michailowna lächelte.

„Ich sehe, daß Sie erschienen sind. Sie sagen das in so einem Ton ... Sie hatten wahrscheinlich sehr wenig Lust, zu mir zu kommen?"

„Ich fahre nirgendwohin", entgegnete Leshnjow Darja Michailowna phlegmatisch.

„Nirgendwohin? Aber zu Alexandra Pawlowna fahren Sie doch?"

„Ich bin mit ihrem Bruder seit langem bekannt."

„Mit ihrem Bruder! Im übrigen, ich nötige niemanden... Doch Sie werden mir verzeihen, Michailo Michailytsch, ich bin um Jahre älter als Sie und darf Sie ein wenig rügen: Was finden Sie schön daran, als so ein Griesgram dahinzuleben? Oder gefällt Ihnen gerade *mein* Haus nicht? Gefalle gerade *ich* Ihnen nicht?"

„Ich kenne Sie nicht, Darja Michailowna, und deshalb können Sie mir auch nicht mißfallen. Ihr Haus ist sehr schön, aber, ich gestehe es Ihnen offen, ich tue mir nicht gern Zwang an. Ich habe auch keinen ordentlichen Frack, keine Handschuhe – und dann gehöre ich auch nicht zu Ihrem Kreis."

„Der Geburt, der Erziehung nach gehören Sie dazu, Michailo Michailytsch! Vous êtes des nôtres."

„Lassen wir Geburt und Erziehung beiseite, Darja Michailowna! Darauf kommt es nicht an."

„Der Mensch soll unter Menschen leben, Michailo Michailytsch! Was hat man davon, wenn man wie Diogenes in einem Faß sitzt?"

„Erstens fühlte er sich darin sehr wohl; und zweitens, woher wissen Sie, daß ich nicht unter Menschen lebe?"

Darja Michailowna biß sich auf die Lippen.

„Das ist etwas anderes! Dann kann ich nur bedauern, daß ich nicht für würdig erachtet worden bin, zu den Leuten zu gehören, mit denen Sie verkehren."

„Monsieur Leshnjow", mischte sich Rudin ein, „übertreibt, wie es scheint; ein äußerst lobenswertes Gefühl – die Liebe zur Freiheit."

Leshnjow antwortete nicht und blickte Rudin nur an. Es trat ein kurzes Schweigen ein.

„Somit", begann Leshnjow und erhob sich, „darf ich unsere Angelegenheit wohl als erledigt betrachten und Ihrem Verwalter sagen, daß er mir die Papiere schicken soll."

„Das können Sie, obgleich Sie, offen gestanden, so unliebenswürdig sind, daß ich es nicht erlauben sollte."

„Aber diese Grenzvermessung ist doch für Sie weit vorteilhafter als für mich."

Darja Michailowna zuckte die Achseln.

„Sie wollen nicht einmal bei mir frühstücken?" fragte sie.

„Ich danke Ihnen ergebenst: Ich frühstücke nie, und dann muß ich auch schnell nach Hause."

Darja Michailowna stand auf.

„Ich halte Sie nicht zurück", sagte sie und trat ans Fenster, „ich wage nicht, Sie zurückzuhalten."

Leshnjow verbeugte sich.

„Leben Sie wohl, Monsieur Leshnjow! Entschuldigen Sie, daß ich Sie belästigt habe."

„Oh, ich bitte Sie, das macht gar nichts", erwiderte Leshnjow und ging.

„Wie gefällt er Ihnen?" wandte sich Darja Michailowna an Rudin. „Ich habe zwar gehört, daß er ein Sonderling sein soll, aber das war doch wirklich die Höhe!"

„Er leidet an derselben Krankheit wie Pigassow", sagte Rudin, „an dem Verlangen, originell zu sein. Jener spielt den Mephistopheles, dieser den Zyniker. In alledem steckt viel Egoismus, viel Eigenliebe und wenig Wahrheit, wenig Liebe, denn das ist doch auch eine Art Berechnung. Es setzt sich einer die Maske der Gleichgültigkeit und Trägheit auf und meint vielleicht, jedermann werde denken: Wieviel gute Anlagen hat dieser Mensch doch in sich verkümmern lassen! Sieht man indessen genauer hin – so sind gar keine guten Anlagen vorhanden."

„Et de deux!" sagte Darja Michailowna. „Sie sind furchtbar, wenn Sie charakterisieren. Vor Ihnen kann man sich nicht verbergen."

„Glauben Sie?" fragte Rudin. „Übrigens", fuhr er fort, „ich sollte eigentlich gar nicht von Leshnjow sprechen. Ich habe ihn geliebt, geliebt wie einen Freund ... Aber dann, infolge verschiedener Mißverständnisse ..."

„Haben Sie sich entzweit?"

„Nein. Aber wir haben uns getrennt, und zwar, wie es scheint, für immer."

„Das habe ich gemerkt. Ihnen schien während seines Besuches nicht wohl zu sein. Dennoch bin ich Ihnen für den heutigen Morgen sehr dankbar. Ich habe die Zeit außerordentlich angenehm verbracht. Aber man muß auch maßhalten können.

Ich lasse Sie bis zum Frühstück allein; ich selbst werde mich jetzt mit geschäftlichen Dingen befassen. Mein Sekretär – Sie haben ihn gesehen, Constantin, c'est lui qui est mon secrétaire – wartet sicher schon auf mich. Ich empfehle ihn Ihnen: Er ist ein prächtiger, überaus gefälliger junger Mensch und ganz entzückt von Ihnen. Auf Wiedersehen, cher Dmitri Nikolajitsch! Wie dankbar bin ich dem Baron, daß er mir Ihre Bekanntschaft vermittelt hat!"

Und Darja Michailowna streckte Rudin die Hand hin. Zuerst drückte er sie, dann führte er sie an die Lippen, ging hinaus in den Saal und trat dann auf die Terrasse. Auf der Terrasse begegnete er Natalja.

5

Die Tochter Darja Michailownas, Natalja Alexejewna, gefiel möglicherweise auf den ersten Blick nicht. Sie war noch nicht voll entwickelt, mager, von bräunlicher Hautfarbe und hielt sich etwas gebückt. Aber ihre Gesichtszüge waren schön und regelmäßig, wenn auch etwas zu grob für ein siebzehnjähriges Mädchen. Besonders hübsch war ihre reine und glatte Stirn über den feinen, in der Mitte gleichsam geknickten Brauen. Sie sprach wenig, hörte lieber zu und blickte aufmerksam, fast starr in die Welt – als wolle sie sich über alles klarwerden. Sie verharrte oft regungslos, ließ die Arme herabhängen und versank in Nachdenken; auf ihrem Gesicht zeigte sich dann, wie angespannt ihre Gedanken arbeiteten. Zuweilen erschien plötzlich ein kaum merkliches Lächeln auf ihren Lippen und verschwand wieder; die großen dunklen Augen hoben sich still ... „Qu'avez-vous?" fragte dann Mademoiselle Boncourt, schalt sie und sagte, es schicke sich nicht für ein junges Mädchen, seinen Gedanken nachzuhängen und zerstreut auszusehen. Aber Natalja war nicht zerstreut, im Gegenteil: Sie lernte fleißig, las und arbeitete gern. Sie fühlte tief und stark, jedoch im verborgenen; schon als Kind hatte sie selten geweint, jetzt seufzte sie sogar selten und erblaßte nur leicht, wenn etwas sie betrübte. Ihre Mutter hielt sie für ein sittsames, vernünftiges Mädchen, nannte sie scherzhaft „mon honnête homme de fille", hatte aber keine allzu hohe Meinung von ihren geistigen Fähigkeiten. „Meine Natascha ist zum Glück kalt", pflegte sie zu sagen, „nicht nach mir geraten ... Um so besser. Sie wird glücklich werden." Darja Michailowna irrte sich. Übrigens versteht selten eine Mutter ihre Tochter.

Natalja liebte Darja Michailowna, vertraute ihr jedoch nicht ganz.

„Du hast nichts vor mir zu verbergen", sagte einmal Darja Michailowna zu ihr, „sonst würdest du heimlichtun; trotzdem hast du deinen Kopf für dich."

Natalja sah ihrer Mutter ins Gesicht und dachte: Weshalb soll man denn nicht seinen Kopf für sich haben?

Als Rudin ihr auf der Terrasse begegnete, wollte sie mit Mademoiselle Boncourt gerade auf ihr Zimmer gehen, um den Hut aufzusetzen und sich dann in den Park zu begeben. Ihre Morgenbeschäftigungen hatte sie bereits beendet. Man behandelte Natalja nicht mehr als Kind; Mademoiselle Boncourt gab ihr schon lange keinen Unterricht mehr in Mythologie und Geographie, doch mußte Natalja jeden Morgen in ihrer Gegenwart historische Bücher, Reisebeschreibungen und andere belehrende Werke lesen. Die Auswahl wurde von Darja Michailowna getroffen, die dabei angeblich ein besonderes, eigenes System einhielt. In Wirklichkeit aber gab sie einfach alles, was ihr ein französischer Buchhändler aus Petersburg schickte, an Natalja weiter, ausgenommen selbstverständlich die Romane von Dumas-fils und Kompanie. Diese Romane las Darja Michailowna selbst. Besonders streng und verdrießlich pflegte Mademoiselle Boncourt durch ihre Brillengläser zu blicken, wenn Natalja historische Bücher las: Der Ansicht der alten Französin nach war die ganze Weltgeschichte voll unerlaubter Dinge, obgleich sie selbst von den großen Männern des Altertums aus irgendwelchen Gründen einzig Kambyses kannte und aus der neueren Zeit Ludwig XIV. und Napoleon, den sie nicht leiden konnte. Aber Natalja las auch solche Bücher, von deren Existenz Mademoiselle Boncourt nichts ahnte: Sie kannte den ganzen Puschkin auswendig ...

Als Natalja Rudin begegnete, errötete sie leicht.

„Sie gehen spazieren?" fragte er sie.

„Ja. Wir gehen in den Park."

„Darf ich mich Ihnen anschließen?"

Natalja blickte Mademoiselle Boncourt an.

„Mais certainement, monsieur, avec plaisir", erwiderte eilfertig die alte Jungfer.

Rudin nahm seinen Hut und ging mit ihnen.

Natalja war es anfangs peinlich, neben Rudin auf demselben Parkweg einherzugehen, aber mit der Zeit fiel es ihr etwas leichter. Er fragte sie, womit sie sich beschäftige und wie ihr das Landleben gefalle. Sie antwortete nicht ohne Scheu, jedoch ohne jene überstürzte Befangenheit, die so oft für Schamhaftigkeit ausgegeben und auch gehalten wird. Ihr Herz hämmerte.

„Langweilen Sie sich nicht auf dem Lande?" fragte Rudin und musterte sie mit einem Seitenblick.

„Wie kann man sich auf dem Lande langweilen? Ich bin sehr froh, daß wir hier sind. Ich bin hier sehr glücklich."

„Sie sind glücklich ... Das ist ein großes Wort. Übrigens ist das begreiflich: Sie sind jung." Rudin sagte dieses letzte Wort in einem etwas sonderbaren Ton – halb, als beneide er Natalja, halb, als bedaure er sie. „Ja! Die Jugend!" fügte er hinzu. „Das ganze Bestreben der Wissenschaft ist, bewußt das zu erreichen, was der Jugend von selbst zufällt."

Natalja sah Rudin aufmerksam an: Sie verstand ihn nicht.

„Ich habe mich heute den ganzen Morgen mit Ihrer Mutter unterhalten", fuhr er fort. „Sie ist eine ungewöhnliche Frau. Ich verstehe, warum alle unsere Dichter auf ihre Freundschaft Wert legten. – Lieben Sie Gedichte?" setzte er nach kurzem Schweigen hinzu.

Er examiniert mich, dachte Natalja und sagte:

„Ja, ich liebe sie sehr."

„Die Poesie ist die Sprache der Götter. Ich liebe Gedichte auch. Doch nicht nur in Gedichten liegt Poesie: Sie ist überall ausgegossen, rings um uns ... Schauen Sie diese Bäume an, diesen Himmel – von allen Seiten strömt Schönheit und Leben auf uns ein; und wo Schönheit und Leben ist, da ist auch Poesie. – Setzen wir uns doch hier auf die Bank", fuhr er fort. „So. Mir scheint – ich weiß nicht, warum –, daß wir, wenn Sie sich erst ein wenig an mich gewöhnt haben" (dabei sah er ihr lächelnd in die Augen), „gute Freunde werden. Was meinen Sie?"

Er behandelt mich wie ein kleines Mädchen, dachte Natalja wieder, und da sie nicht wußte, was sie darauf sagen sollte, fragte sie, ob er lange auf dem Lande zu bleiben gedenke.

„Den ganzen Sommer, den Herbst und vielleicht auch den Winter. Ich bin, wie Sie wissen, nicht sehr reich; meine Vermögensverhältnisse sind zerrüttet, und außerdem bin ich es bereits überdrüssig, von Ort zu Ort zu ziehen. Es ist an der Zeit, sich Ruhe zu gönnen."

Natalja erstaunte.

„Finden Sie wirklich, daß es für Sie an der Zeit ist, sich Ruhe zu gönnen?" fragte sie zaghaft.

Rudin wandte sein Gesicht Natalja zu.

„Was wollen Sie damit sagen?"

„Ich will sagen", erwiderte sie etwas verwirrt, „daß andere sich Ruhe gönnen mögen, Sie aber... Sie müssen sich betätigen, müssen sich bemühen, etwas Nützliches zu tun. Wer denn, wenn nicht Sie..."

„Ich danke Ihnen für die schmeichelhafte Meinung", unterbrach Rudin sie. „Etwas Nützliches tun – leicht gesagt!" Er fuhr sich mit der Hand übers Gesicht. „Etwas Nützliches tun!" wiederholte er. „Selbst wenn das meine feste Absicht wäre – wie kann ich denn etwas Nützliches tun? Selbst wenn ich an meine eigene Kraft glauben würde – wo sollte ich aufrichtige, gleichgestimmte Seelen finden?"

Rudin winkte so hoffnungslos ab und senkte so traurig den Kopf, daß Natalja sich unwillkürlich fragte, ob es wirklich seine begeisterten, Hoffnung ausstrahlenden Reden gewesen waren, die sie am Abend zuvor gehört hatte.

„Übrigens, nein", fügte er hinzu und schüttelte jäh seine Löwenmähne, „das ist Unsinn, und Sie haben recht. Ich danke Ihnen, Natalja Alexejewna, ich danke Ihnen aufrichtig." (Natalja wußte wahrhaftig nicht, wofür er ihr dankte.) „Diese wenigen Worte von Ihnen haben mich an meine Pflicht erinnert und mir meinen Weg gewiesen... Ja, ich muß handeln. Ich darf mein Talent nicht für mich behalten, wenn ich wirklich welches besitze, darf meine Kräfte nicht in bloßem Geschwätz vergeuden, in leerem, nutzlosem Geschwätz, in bloßen Worten..."

Und seine Worte ergossen sich wie ein Strom. Er sprach herrlich, leidenschaftlich, überzeugend – über die Schmach der Kleinmütigkeit und Trägheit, über die Notwendigkeit, Taten zu vollbringen. Er überschüttete sich selbst mit Vorwürfen und bewies, daß es genauso schädlich sei, im voraus darüber zu reden, was man tun wolle, wie eine reifende Frucht mit einer Nadel anzustechen – dies sei nur eine nutzlose Vergeudung der Kräfte und Säfte. Er versicherte, daß es keinen edlen Gedanken gebe, der nicht Anklang finde, daß nur jene Menschen unverstanden blieben, die entweder selbst noch nicht wissen, was sie wollen, oder nicht wert sind, daß man sie versteht. Er sprach lange und schloß damit, daß er Natalja Alexejewna noch einmal dankte, ihr völlig unerwartet die Hand drückte und sagte:

„Sie sind ein wunderbares, edles Wesen!"

Diese Freiheit überraschte Mademoiselle Boncourt sehr, die trotz ihres vierzigjährigen Aufenthaltes in Rußland mit Mühe Russisch verstand und sich nur darüber gewundert hatte, wie schön schnell und flüssig Rudin sprach. Im übrigen war er in ihren Augen so etwas wie ein Virtuose oder Künstler; und von Leuten dieses Schlages konnte man, nach ihren Begriffen, die Beachtung der Anstandsregeln nicht verlangen.

Sie stand auf, strich hastig ihr Kleid zurecht und erklärte Natalja, es sei Zeit, ins Haus zu gehen, um so mehr, als Monsieur Volinsoff (so nannte sie Wolynzew) zum Frühstück kommen wolle.

„Da ist er schon!" fügte sie nach einem Blick in eine der Alleen, die zum Hause führten, hinzu.

Wirklich, Wolynzew war gar nicht mehr weit. Er näherte sich mit unentschlossenen Schritten, verneigte sich schon von weitem vor allen und sagte, mit einem schmerzlichen Ausdruck im Gesicht, zu Natalja gewandt:

„Ah! Sie gehen spazieren?"

„Ja", antwortete Natalja, „doch wir gehen bereits nach Hause."

„Ah!" äußerte Wolynzew. „Nun also, gehen wir."

Und alle gingen dem Hause zu.

„Wie ist das Befinden Ihrer Schwester?" fragte Rudin in besonders herzlichem Ton Wolynzew. Er war auch am Abend vorher zu ihm sehr liebenswürdig gewesen.

„Danke ergebenst. Sie ist wohlauf. Sie wird vielleicht heute kommen. – Sie sprachen, glaube ich, über irgend etwas, als ich kam?"

„Ja, ich unterhielt mich mit Natalja Alexejewna. Sie hat mir ein paar Worte gesagt, die stark auf mich gewirkt haben."

Wolynzew fragte nicht, was für Worte das gewesen waren, und in tiefem Schweigen kehrten alle in Darja Michailownas Haus zurück.

Vor dem Essen fand sich wieder der „Salon" zusammen. Pigassow jedoch kam nicht. Rudin war nicht in Stimmung; er nötigte Pandalewski fortwährend, etwas von Beethoven zu spielen. Wolynzew schwieg und starrte zu Boden. Natalja wich ihrer Mutter nicht von der Seite und war bald in Gedanken versunken, bald mit ihrer Arbeit beschäftigt. Bassistow wandte die Augen nicht von Rudin, immer in der Erwartung, daß dieser irgend etwas Kluges sagen werde. So vergingen drei Stunden ziemlich eintönig. Alexandra Pawlowna war nicht zum Essen gekommen, und Wolynzew ließ, gleich nachdem die Tafel aufgehoben war, seine Kutsche anspannen und verschwand, ohne sich von jemandem zu verabschieden.

Ihm war schwer ums Herz. Schon lange liebte er Natalja und nahm sich immer vor, ihr einen Antrag zu machen. Sie war ihm wohlgesinnt, doch ihr Herz blieb ruhig, das merkte er deutlich. Er hatte die Hoffnung aufgegeben, ihr ein zärtlicheres Gefühl einflößen zu können, und wartete nur noch auf den Augenblick, da sie sich vollkommen an ihn gewöhnt haben und ihm näherstehen würde. Was konnte ihn denn so erregen? Welche Veränderung hatte er in diesen zwei Tagen bemerkt? Natalja verhielt sich zu ihm genauso wie zuvor ...

Hatte sich der Gedanke in ihm festgesetzt, daß er vielleicht Nataljas Wesen gar nicht kenne, daß sie ihm noch fremder sei, als er geglaubt hatte, war die Eifersucht in ihm erwacht, oder hatte er eine dunkle Vorahnung von etwas Ungutem? Was immer es sein mochte, er litt, sosehr er sich auch dagegen wehrte.

Als er zu seiner Schwester ins Zimmer trat, saß Leshnjow bei ihr.

„Warum kommst du so früh zurück?" fragte Alexandra Pawlowna.

„Nur so! Es war zu langweilig."

„War Rudin da?"

„Ja."

Wolynzew warf seine Mütze hin und setzte sich.

Alexandra Pawlowna wandte sich ihm lebhaft zu.

„Bitte, Serjosha, hilf mir, diesen starrsinnigen Menschen" (sie deutete auf Leshnjow) „davon zu überzeugen, daß Rudin ungewöhnlich klug und beredt ist."

Wolynzew murmelte etwas vor sich hin.

„Ich streite doch gar nicht mit Ihnen", begann Leshnjow, „ich zweifle die Klugheit und Beredsamkeit des Herrn Rudin nicht an – ich sage nur, daß er mir nicht gefällt."

„Hast du ihn denn gesehen?" fragte Wolynzew.

„Ich sah ihn heute morgen, bei Darja Michailowna. Jetzt ist ja *er* bei ihr der Großwesir. Es wird zwar die Zeit kommen, da sie sich auch von ihm trennen wird – einzig von Pandalewski wird sie sich nie trennen –, aber jetzt regiert er. Ich habe ihn gesehen, natürlich! Er saß da, und sie zeigte mich ihm: Da, sehen Sie mal, mein Bester, was für Käuze es bei uns gibt. Ich bin kein Zuchtpferd, bin es nicht gewöhnt, vorgeführt zu werden. So bin ich kurzerhand fortgefahren."

„Weshalb warst du überhaupt bei ihr?"

„Wegen der Grenzvermessung. Aber das war dummes Zeug: Sie wollte sich einfach meine Physiognomie mal ansehen. Eine große Dame – das kennt man doch!"

„Seine Überlegenheit kränkt Sie – das ist es!" warf Alexandra Pawlowna voll Eifer ein. „Das ist es, was Sie ihm nicht verzeihen können. Ich bin jedoch überzeugt, daß er nicht nur Geist, sondern auch ein sehr gutes Herz hat. Betrachten Sie nur seine Augen, wenn er..."

„Von hoher Tugend spricht", fiel Leshnjow ihr ins Wort.

„Sie werden mich noch so erzürnen, daß ich anfange zu weinen. Es tut mir in der Seele leid, daß ich mit Ihnen hiergeblieben und nicht zu Darja Michailowna gefahren bin. Sie sind es nicht wert. – Hören Sie auf, mich zu reizen", fügte sie mit klagender Stimme hinzu. „Erzählen Sie mir lieber von seiner Jugendzeit."

„Von Rudins Jugendzeit?"

„Na ja. Sie haben mir doch gesagt, daß Sie ihn gut kennen und schon lange mit ihm bekannt sind."

Leshnjow erhob sich und ging im Zimmer auf und ab.

„Ja", begann er, „ich kenne ihn gut. Sie wollen, daß ich Ihnen etwas von seiner Jugendzeit erzähle? Bitte schön. Er ist in T...w geboren und Sohn eines armen Gutsbesitzers. Sein Vater starb früh, und er blieb mit der Mutter allein. Sie war eine herzensgute Frau und liebte ihn über alles. Sie lebte nur von geröstetem Hafermehl, und das bißchen Geld, das sie besaß, verwendete sie für ihn. Seine Erziehung erhielt er in Moskau, zuerst auf Kosten irgendeines Onkels und danach, als er herangewachsen und flügge war, auf Kosten eines reichen Fürstensöhnchens, mit dem er sich eingelassen hatte – na, entschuldigen Sie, ich werde nicht mehr..., mit dem er sich angefreundet hatte. Dann bezog er die Universität. Auf der Universität lernte ich ihn kennen und befreundete mich sehr eng mit ihm. Von unserem damaligen Leben und Treiben erzähle ich Ihnen später einmal. Jetzt kann ich es nicht. Danach fuhr er ins Ausland..."

Leshnjow schritt immer noch im Zimmer auf und ab; Alexandra Pawlowna folgte ihm mit dem Blick.

„Aus dem Ausland", fuhr er fort, „schrieb Rudin seiner Mutter äußerst selten, und er besuchte sie nur ein einziges Mal, für zehn Tage... Die alte Frau starb denn auch ohne ihn, in fremden Armen, ließ aber bis zu ihrem letzten Atemzug die Augen nicht von seinem Bildnis. Ich habe sie besucht, als ich in T...w lebte. Eine gutherzige Frau war sie und überaus gastfreundlich; mich bewirtete sie immer mit eingemachten Kirschen. In ihren Mitja war sie geradezu vernarrt. Die Herren aus der Schule Petschorins werden Ihnen sagen, daß wir immer diejenigen lieben, die selbst wenig fähig sind zu lieben; *mir* aber scheint, daß alle Mütter ihre Kinder lieben, besonders die, die nicht bei ihnen sind. Später traf ich Rudin im Ausland. Dort hatte sich eine Dame an ihn gehängt, eine von unseren Russinnen, irgend so ein Blaustrumpf, nicht mehr jung und nicht mehr schön, wie es sich für einen Blaustrumpf auch gehört. Er gab sich ziemlich lange mit ihr ab und ließ sie schließlich sitzen – oder nein, wie war es doch gleich, Verzeihung: Sie ließ 'ihn sitzen. Auch ich ließ ihn damals sitzen. Das ist alles."

Leshnjow verstummte, strich sich mit der Hand über die Stirn und ließ sich, gleichsam ermüdet, auf einen Sessel nieder.

„Wissen Sie, Michailo Michailytsch", begann Alexandra Pawlowna, „ich sehe, Sie sind ein böser Mensch; wahrhaftig, Sie sind nicht besser als Pigassow. Ich bin überzeugt, daß alles, was Sie gesagt haben, wahr ist, daß Sie nichts hinzugedichtet haben – aber in welch mißgünstigem Licht haben Sie das alles dargestellt! Diese arme alte Frau, ihre Anhänglichkeit, ihr einsamer Tod, diese Dame ... Wozu das alles? Wissen Sie, daß man das Leben des allerbesten Menschen in solchen Farben schildern kann – ohne etwas hinzuzufügen, wohlgemerkt –, daß jeder sich entsetzen wird! Das ist in seiner Art auch Verleumdung!"

Leshnjow stand auf und ging wieder im Zimmer auf und ab.

„Ich wollte durchaus nicht, daß Sie sich entsetzen, Alexandra Pawlowna", sagte er schließlich. „Ich bin kein Verleumder. Übrigens", fügte er nach kurzem Überlegen hinzu, „in dem, was Sie gesagt haben, steckt wirklich ein Körnchen Wahrheit. Ich habe Rudin nicht verleumdet, aber – wer weiß! – vielleicht hat er sich seitdem verändert. Vielleicht bin ich ungerecht gegen ihn."

„Ah! Sehen Sie! Versprechen Sie mir also, daß Sie die Bekanntschaft mit ihm erneuern, ihn gehörig ergründen und mir erst dann Ihre endgültige Meinung über ihn sagen werden."

„Einverstanden. Doch warum schweigst du, Sergej Pawlytsch?"

Wolynzew zuckte zusammen und hob den Kopf, als hätte man ihn aus dem Schlaf geweckt.

„Was soll ich sagen? Ich kenne ihn nicht. Außerdem habe ich heute Kopfschmerzen."

„Du bist heute wirklich etwas blaß", bemerkte Alexandra Pawlowna. „Bist du etwa krank?"

„Ich habe Kopfschmerzen", wiederholte Wolynzew und ging hinaus.

Alexandra Pawlowna und Leshnjow sahen ihm nach und wechselten einen Blick miteinander, sagten jedoch nichts. Weder für ihn noch für sie war es ein Geheimnis, was im Herzen Wolynzews vorging.

6

Mehr als zwei Monate waren vergangen. Während dieser ganzen Zeit war Rudin fast nicht von Darja Michailowna fortgekommen. Sie konnte ihn nicht mehr entbehren. Ihm von sich zu erzählen, seine Darlegungen anzuhören war ihr zum Bedürfnis geworden. Einmal hatte er abreisen wollen, unter dem Vorwand, daß ihm das Geld ausgegangen sei – sie gab ihm fünfhundert Rubel. Auch von Wolynzew hatte er sich zweihundert Rubel geliehen. Pigassow besuchte Darja Michailowna viel seltener als früher. Rudin bedrückte ihn mit seiner Anwesenheit. Übrigens verspürte nicht allein Pigassow diesen Druck.

„Ich mag diesen Klugredner nicht", pflegte er zu sagen, „er drückt sich unnatürlich aus, genau wie eine Gestalt aus einer russischen Erzählung; mit ‚ich' fängt er an und hält gerührt inne... ‚Ich', sagt er, ‚ich'... Und immerzu gebraucht er solch lange Wörter. Du niest – er wird dir sofort auseinandersetzen, warum du gerade geniest und nicht gehustet hast. Lobt er dich, so klingt es, als beförderte er dich. Schimpft er auf sich selber und zieht sich in den Schmutz, denkst du: Jetzt wird er sich nicht mehr ans Tageslicht wagen. I wo! Er wird nur noch lustiger, als hätte er sich selber mit Bitterschnaps traktiert."

Pandalewski empfand eine gewisse Furcht vor Rudin und machte ihm mit einiger Vorsicht den Hof. Wolynzew befand sich Rudin gegenüber in einer seltsamen Lage. Rudin nannte ihn einen Ritter und rühmte ihn, ob er zugegen war oder nicht, über alle Maßen, doch Wolynzew konnte ihn nicht liebgewinnen und fühlte jedesmal, wie unwillkürlich Widerwillen und Ärger in ihm aufstiegen, wenn jener sich in seinem Beisein anschickte, seine Vorzüge darzulegen. Macht er sich etwa gar über mich lustig? dachte er, und Feindseligkeit regte sich in seinem Herzen. Wolynzew versuchte sich zu bezwingen, aber er war auf Rudin Nataljas wegen eifersüchtig. Doch auch Rudin war, obwohl er Wolynzew stets laut begrüßte, obgleich er ihn einen Ritter nannte und Geld von ihm borgte, ihm wohl kaum gewogen. Es wäre schwer festzustellen gewesen, was in diesen beiden Männern eigentlich vorging, wenn sie einander freundschaftlich die Hand drückten und in die Augen blickten.

Bassistow sah auch weiterhin ehrfurchtsvoll zu Rudin auf und erhaschte jedes seiner Worte im Fluge. Rudin beachtete ihn wenig. Einmal hatte er mit ihm einen ganzen Morgen verbracht, mit ihm über die wichtigsten Weltfragen und -aufgaben geredet und in ihm das lebhafteste Entzücken hervorgerufen, doch danach hatte er ihn links liegenlassen. Offenbar waren es nur Worte, daß er nach reinen und ergebenen Seelen suche. Mit Leshnjow, der Darja Michailowna nun besuchte, ließ Rudin sich niemals in ein Wortgefecht ein – er schien ihm auszuweichen. Leshnjow verhielt sich zu ihm ebenfalls kühl und äußerte im übrigen seine endgültige Meinung über ihn nicht, was Alexandra Pawlowna sehr beunruhigte. Sie verehrte Rudin tief, aber sie glaubte auch Leshnjow. Im Hause Darja Michailownas unterwarfen sich alle Rudins Launen: Seine kleinsten Wünsche wurden erfüllt. Der Tagesablauf hing von ihm ab. Keine partie de plaisir kam ohne ihn zustande. Übrigens war er kein großer Freund solcher plötzlichen Ausfahrten und Unternehmungen und nahm daran teil wie Erwachsene an Kinderspielen, mit einem freundlichen und etwas gelangweilten Wohlwollen. Dafür mischte er sich in alles ein: Er sprach mit Darja Michailowna über Anordnungen, die die Verwaltung des Gutes betrafen, über Kindererziehung, über die Hauswirtschaft, über geschäftliche Dinge überhaupt; er hörte sich ihre Pläne an, achtete selbst Kleinigkeiten nicht für zu gering, schlug Umgestaltungen und Neuerungen vor. Darja Michailowna stimmte ihm begeistert zu – und dabei blieb es. In Wirtschaftsangelegenheiten hielt sie sich an die Ratschläge ihres Verwalters, eines bejahrten, einäugigen Kleinrussen, eines gutmütigen, aber schlauen Spitzbuben. „Das Alte ist fett, das Neue ist mager", pflegte er zu sagen, wobei er gelassen schmunzelte und mit seinem Auge blinzelte.

Nächst Darja Michailowna unterhielt sich Rudin mit niemandem so häufig und so lange wie mit Natalja. Er gab ihr insgeheim Bücher, vertraute ihr seine Vorhaben an und las ihr die ersten Seiten geplanter Aufsätze und Werke vor. Ihr Sinn blieb Natalja oft unverständlich. Übrigens schien Rudin auch nicht sehr darum besorgt zu sein, daß sie ihn verstand – wenn sie ihm nur zuhörte. Sein vertraulicher Umgang mit Natalja war nicht ganz nach Darja Michailownas Sinn. Aber na ja, dachte sie, mag sie mit ihm hier auf dem Lande schwatzen. Sie heitert ihn auf, wie ein kleines Mädchen. Das ist nicht weiter schlimm, und sie kann dabei nur gescheitert werden. In Petersburg werde ich das alles anders einrichten.

Darja Michailowna irrte sich. Natalja schwatzte nicht wie ein kleines Mädchen mit Rudin: Sie lauschte begierig seinen Reden, sie bemühte sich, in ihren Sinn einzudringen, sie unterwarf ihre eigenen Gedanken, ihre Zweifel seinem Urteil; er war ihr Lehrer, ihr Führer. Einstweilen wurde ihr nur der Kopf heiß, aber wenn man jung ist, bleibt es nicht lange dabei, daß allein der Kopf heiß wird. Was für wonnige Augenblicke erlebte Natalja, wenn Rudin im Park auf einer Bank, im leichten, durchsichtigen Schatten einer Esche, anfing, ihr Goethes „Faust", E. T. A. Hoffmann, die Briefe Bettinas oder aus Novalis vorzulesen, wobei er sich immer wieder unterbrach, um ihr das zu erläutern, was ihr dunkel erschien. Sie sprach das Deutsche schlecht, wie fast alle unsere jungen Damen, aber sie verstand es gut, und Rudin war ganz erfüllt von deutscher Dichtung, von der Welt der deutschen Romantik und Philosophie und zog Natalja mit sich in jene höheren Gefilde. Unbekannt und herrlich, erschlossen sie sich ihrem aufmerksamen Blick; aus den Seiten des Buches, das Rudin in den Händen hielt, strömten wunderbare Bilder, neue, lichte Gedanken gleich tönenden Fluten in ihre Seele, und in ihrem Herzen, erschüttert von der edlen Freude erhabener Gefühle, erglomm und entbrannte leise der heilige Funke der Begeisterung.

„Sagen Sie, Dmitri Nikolajitsch", begann sie einmal, als sie am Fenster vor ihrem Stickrahmen saß, „Sie wollen doch den Winter über nach Petersburg fahren?"

„Ich weiß nicht", erwiderte Rudin und ließ das Buch, in dem er gerade geblättert hatte, auf die Knie sinken. „Wenn ich die Mittel dafür aufbringen kann, fahre ich."

Er sprach träge: Er fühlte sich müde und war seit dem frühen Morgen müßig gewesen.

„Mir scheint, die Mittel müßten Sie doch finden?"

Rudin schüttelte den Kopf.

„Das scheint Ihnen so!"

Und er blickte bedeutsam beiseite.

Natalja wollte eigentlich etwas sagen, hielt sich jedoch zurück.

„Schauen Sie", begann Rudin und wies mit der Hand aus dem Fenster, „betrachten Sie diesen Apfelbaum: Er ist unter der Last und der Menge seiner eigenen Früchte gebrochen. Ein getreues Sinnbild des Genies..."

„Er ist gebrochen, weil er keine Stütze hatte", entgegnete Natalja.

„Ich verstehe Sie, Natalja Alexejewna, aber für den Menschen ist es nicht so leicht, sie zu finden, diese Stütze."

„Mir scheint, das Mitgefühl anderer... Die Einsamkeit ist jedenfalls..."

Natalja hatte sich ein wenig verhaspelt und wurde rot.

„Und was wollen Sie im Winter auf dem Lande machen?" fügte sie rasch hinzu.

„Was ich machen will? Ich werde meine große Abhandlung beenden, Sie wissen, die Abhandlung über das Tragische im Leben und in der Kunst – ich habe Ihnen vorgestern meinen Plan dargelegt –, und werde sie Ihnen schicken."

„Und Sie werden sie drucken lassen?"

„Nein."

„Wieso nein? Für wen wollen Sie sich denn die Arbeit machen?"

„Und wenn es für Sie wäre?"

Natalja schlug die Augen nieder.

„Das wäre zuviel für mich, Dmitri Nikolajitsch."

„Gestatten Sie die Frage, wovon handelt der Aufsatz?" fragte bescheiden Bassistow, der etwas entfernt saß.

„Vom Tragischen im Leben und in der Kunst", wiederholte Rudin. „Das wird auch Herr Bassistow lesen. Übrigens bin ich über den Grundgedanken noch nicht ganz mit mir im reinen. Ich habe mir bis jetzt noch nicht genügend die tragische Bedeutung der Liebe klargemacht."

Rudin sprach gern und oft über die Liebe. Anfangs war Mademoiselle Boncourt bei dem Wort Liebe immer zusammengefahren und hatte die Ohren gespitzt wie ein altes Regimentsroß, das die Trompete hört, aber dann hatte sie sich daran gewöhnt; sie preßte nur noch manchmal die Lippen zusammen und schnupfte in Abständen Tabak.

„Mir scheint", bemerkte Natalja schüchtern, „das Tragische in der Liebe, das ist die unglückliche Liebe."

„Keineswegs!" entgegnete Rudin. „Das ist eher die komische Seite der Liebe. Man muß diese Frage ganz anders stellen, muß tiefer schöpfen. Die Liebe!" fuhr er fort. „Alles an ihr ist Geheimnis: Wie sie auftaucht, wie sie sich entwickelt, wie sie verschwindet. Bald kommt sie plötzlich, unbestreitbar und freudig wie der Tag, bald glimmt sie lange, wie die Glut unter der Asche, und lodert die Flamme auf, wenn schon alles zerstört ist; bald kriecht sie ins Herz wie eine Schlange und gleitet unvermutet wieder aus ihm hinaus... Ja, ja, das ist eine wichtige Frage. Und wer liebt denn in unserer Zeit? Wer wagt es zu lieben?"

Und Rudin versank in Gedanken.

„Weshalb läßt sich eigentlich Sergej Pawlytsch schon so lange nicht mehr sehen?" fragte er plötzlich.

Natalja errötete über und über und beugte sich über den Stickrahmen.

„Ich weiß es nicht", flüsterte sie.

„Was ist er doch für ein prachtvoller, edelmütiger Mensch!" sagte Rudin und stand auf. „Eines der besten Beispiele für einen echten russischen Edelmann."

Mademoiselle Boncourt sah ihn mit ihren französischen Äuglein von der Seite an.

Rudin ging im Zimmer auf und ab.

„Haben Sie bemerkt", begann er wieder, indem er sich auf den Absätzen schroff umdrehte, „daß an der Eiche – und die Eiche ist ein starker Baum – die alten Blätter erst dann abfallen, wenn die jungen hervorbrechen?"

„Ja", erwiderte Natalja langsam, „das habe ich bemerkt."

„Genau das gleiche geschieht in einem starken Herzen mit einer alten Liebe: Sie ist schon erkaltet, läßt ihm aber noch immer keine Ruhe; erst eine andere, neue Liebe vermag sie zu verdrängen."

Natalja antwortete nicht.

Was soll das bedeuten? dachte sie.

Rudin blieb eine Weile stehen, schüttelte sein Haar und entfernte sich.

Natalja ging in ihr Zimmer. Lange saß sie unschlüssig auf ihrem Bett, lange sann sie über Rudins letzte Worte nach, und plötzlich rang sie die Hände und fing bitterlich an zu weinen. Worüber sie weinte, das weiß Gott allein! Sie wußte selber nicht, warum ihr so unverhofft die Tränen gekommen waren. Sie wischte sie weg, aber sie flossen von neuem, wie das Wasser aus einer lange aufgestauten Quelle.

An eben jenem Tag hatte Alexandra Pawlowna mit Leshnjow ein Gespräch über Rudin. Zuerst hüllte er sich in Schweigen, aber sie hatte sich vorgenommen, ihn zum Sprechen zu bringen.

„Ich sehe", sagte sie zu ihm, „Dmitri Nikolajewitsch gefällt Ihnen nach wie vor nicht. Ich habe Sie absichtlich bisher nicht befragt, doch jetzt haben Sie genug Zeit gehabt festzustellen, ob in ihm eine Wandlung vor sich gegangen ist. Ich wünsche zu wissen, warum er Ihnen nicht gefällt."

„Bitte schön", versetzte Leshnjow mit seinem gewohnten Phlegma, „wenn Sie es gar nicht mehr erwarten können. Nur, hören Sie, werden Sie nicht böse ..."

„Schon gut, fangen Sie an, fangen Sie an."

„Und lassen Sie mich ausreden, bis zu Ende."

„Schon gut, schon gut, fangen Sie an."

„Also", begann Leshnjow und ließ sich langsam auf den Diwan nieder, „ich muß Ihnen sagen, mir gefällt Rudin wirklich nicht. Er ist ein kluger Mensch ..."

„Allerdings!"

„Er ist ein auffallend kluger Mensch, wenn auch im Grunde hohl ..."

„Das ist leicht gesagt!"

„Wenn auch im Grunde hohl", wiederholte Leshnjow, „doch das wäre nicht weiter schlimm: Wir sind alle hohle Menschen. Ich mache ihm nicht einmal zum Vorwurf, daß er von Natur ein Despot ist, träge, nicht sehr beschlagen ..."

Alexandra Pawlowna schlug die Hände zusammen.

„Nicht sehr beschlagen! Rudin!" rief sie aus.

„Nicht sehr beschlagen", wiederholte Leshnjow in dem gleichen Ton. „Er liebt es, auf fremde Kosten zu leben, spielt gern eine Rolle und so weiter... Das ist alles ganz natürlich. Schlecht ist aber, daß er kalt ist wie Eis."

„Er, diese feurige Seele, kalt!" unterbrach ihn Alexandra Pawlowna.

„Ja, kalt wie Eis, und er weiß das und spielt den Feurigen. Schlecht ist", fuhr Leshnjow, allmählich lebhafter werdend, fort, „daß er ein gefährliches Spiel spielt, gefährlich selbstverständlich nicht für ihn – selber riskiert er keine Kopeke, kein Haar, aber andere riskieren alles."

„Von wem, wovon sprechen Sie? Ich verstehe Sie nicht", sagte Alexandra Pawlowna.

„Schlecht ist, daß er nicht ehrlich ist. Er ist doch ein kluger Mensch: Er muß also den Wert seiner Worte kennen, und doch bringt er sie so vor, als würden sie ihn etwas kosten. Kein Zweifel, er ist beredt; seine Beredsamkeit ist jedoch nicht russischer Art. Nun, und endlich: Einem Jüngling verzeiht man Schönrederei, aber in seinen Jahren ist es eine Schande, sich am Getön der eigenen Rede zu ergötzen, eine Schande, sich so aufzuspielen."

„Mir scheint, Michailo Michailytsch, für den Zuhörer ist es ganz gleich, ob sich einer aufspielt oder nicht..."

„Entschuldigen Sie, Alexandra Pawlowna, das ist nicht ganz

gleich. Jemand sagt mir ein Wort, und es geht mir durch und durch; ein anderer sagt mir dasselbe Wort oder vielleicht ein noch schöneres, und ich wende nicht einmal das Ohr hin. Woher kommt das?"

„Das heißt, *Sie* wenden das Ohr nicht hin", unterbrach ihn Alexandra Pawlowna.

„Ja, ich wende es nicht hin", erwiderte Leshnjow, „obgleich ich vielleicht sogar große Ohren habe. Die Sache ist die, daß Rudins Worte eben nur Worte bleiben und niemals zu Taten werden, und dabei können diese Worte ein junges Herz verwirren und ins Verderben stürzen."

„Von wem, von wem reden Sie eigentlich, Michailo Michailytsch?"

Leshnjow stockte.

„Sie wollen wissen, von wem ich rede? Von Natalja Alexejewna."

Alexandra Pawlowna geriet einen Augenblick in Verwirrung, lächelte aber gleich darauf.

„Wo denken Sie hin", begann sie, „was für sonderbare Einfälle Sie immer haben! Natalja ist noch ein Kind; und schließlich, wenn wirklich etwas wäre – Sie glauben doch nicht etwa, daß Darja Michailowna..."

„Darja Michailowna ist erstens eine Egoistin und lebt nur für sich, und zweitens ist sie so überzeugt von ihrer Fähigkeit, Kinder zu erziehen, daß es ihr gar nicht in den Sinn kommt, sich ihretwegen Sorgen zu machen. Pfui! Das ist doch undenkbar! Ein Wink, ein majestätischer Blick, und alles läuft wie am Schnürchen. So denkt sich das diese Dame, die sich einbildet, eine Mäzenatin zu sein und ein großer Geist und Gott weiß was, und die in Wirklichkeit weiter nichts ist als ein mondänes altes Weib. Natalja ist kein Kind; glauben Sie mir, sie denkt öfter und tiefer nach als wir beide. Und daß eine so ehrliche, leidenschaftliche und glühende Natur auf so einen Schauspieler, auf so eine Kokette stoßen muß! Übrigens ist auch das ganz natürlich."

„Eine Kokette! Ihn nennen Sie eine Kokette?"

„Ja gewiß, ihn... Sagen Sie doch selbst, Alexandra Pawlowna, was für eine Rolle spielt er denn bei Darja Michailowna? Der Abgott, das Orakel des Hauses zu sein, sich in alle Angelegenheiten, in die Familienklatschereien und -streitereien einzumischen, ist das etwa eines Mannes würdig?"

Alexandra Pawlowna sah Leshnjow erstaunt an.

„Ich erkenne Sie nicht wieder, Michailo Michailytsch", sagte sie. „Sie sind ganz rot geworden, Sie sind in Erregung geraten. Wahrhaftig, dahinter muß sich noch etwas anderes verbergen."

„Nun, da haben wir's! Man sagt einer Frau die Wahrheit, nach bester Überzeugung, sie aber wird sich nicht eher beruhigen, als bis sie sich irgendeinen nichtigen, nebensächlichen Grund ausgedacht hat, der einen veranlaßt haben soll, gerade so und nicht anders zu sprechen."

Alexandra Pawlowna wurde böse.

„Bravo, Monsieur Leshnjow! Sie fangen an, den Frauen nicht schlechter zuzusetzen als Herr Pigassow, aber wenn Sie erlauben – wie scharfblickend Sie auch sein mögen, es fällt mir trotzdem schwer zu glauben, daß Sie in so kurzer Zeit alle und alles begreifen konnten. Mir scheint, Sie irren sich. Ihrer Meinung nach ist Rudin so eine Art Tartüff."

„Das ist es ja eben, daß er nicht einmal ein Tartüff ist. Tartüff, der wußte wenigstens, wonach er strebte, aber dieser, bei all seinem Verstand ..."

„Was denn? Was ist denn mit ihm? Reden Sie aus, Sie ungerechter, garstiger Mensch!"

Leshnjow stand auf.

„Hören Sie, Alexandra Pawlowna", begann er, „ungerecht sind Sie, nicht ich. Sie sind mir böse, weil ich so hart über Rudin urteile: Ich habe das Recht, so hart über ihn zu sprechen! Vielleicht habe ich dieses Recht teuer erkauft. Ich kenne ihn gut: Ich habe lange mit ihm zusammen gelebt. Erinnern Sie sich, ich habe versprochen, Ihnen irgendwann einmal von unserem Leben in Moskau zu erzählen. Offenbar muß ich das jetzt tun. Aber werden Sie die Geduld haben, mich bis zu Ende anzuhören?"

„Reden Sie, reden Sie!"

„Nun gut."

Leshnjow begann langsam im Zimmer auf und ab zu gehen, bisweilen aber blieb er stehen und beugte den Kopf vor.

„Sie wissen vielleicht", hob er an, „oder vielleicht wissen Sie auch nicht, daß ich früh verwaiste und schon in meinem siebzehnten Jahr niemanden mehr hatte, der über mich bestimmte. Ich wohnte bei einer Tante in Moskau und tat, was ich wollte. Ich war ein ziemlich hohler und eingebildeter Bursche und liebte es, mich aufzuspielen und großzutun. Als ich die Universität bezogen hatte, führte ich mich auf wie ein Schuljunge und geriet bald in eine unangenehme Geschichte hinein. Ich werde sie Ihnen nicht erzählen: Es lohnt nicht. Ich hatte gelogen, und zwar ziemlich garstig gelogen. Ich wurde dabei ertappt, überführt, beschämt. Ich verlor die Fassung und weinte los wie ein Kind. Das geschah in der Wohnung eines Bekannten, in Gegenwart vieler Kameraden. Alle lachten über mich, alle, ein Student ausgenommen, der sich, beachten Sie das bitte, mehr als die anderen über mich entrüstet hatte, solange ich starrköpfig geblieben war und meine Lüge nicht eingestanden hatte. Vielleicht tat ich ihm leid – jedenfalls nahm er mich am Arm und führte mich zu sich."

„Das war Rudin?" fragte Alexandra Pawlowna.

„Nein, das war nicht Rudin, das war jemand ... Er ist jetzt schon tot. Er war ein ungewöhnlicher Mensch. Er hieß Pokorski. Ihn mit wenigen Worten zu schildern, bin ich nicht imstande; wenn ich erst einmal von ihm zu sprechen begonnen habe, mag ich von keinem anderen mehr reden. Das war eine erhabene, reine Seele – und ein Geist, wie er mir danach nie wieder begegnet ist. Pokorski wohnte in einem kleinen, niedrigen Stübchen, im Zwischenstock eines alten Holzhäuschens. Er war sehr arm und schlug sich kümmerlich mit Stundengeben durch. Zuzeiten konnte er einen Gast nicht einmal mit einer Tasse Tee bewirten, und der Diwan war so durchgesessen, daß er einem Kahn glich. Aber trotz dieser Unbequemlichkeiten kamen eine Menge Leute zu ihm. Alle hatten ihn gern, er gewann sich die Herzen. Sie glauben nicht, wie angenehm und vergnüglich es sich in seinem ärmlichen Stübchen saß! Bei ihm habe ich Rudin kennengelernt. Er hatte damals schon von seinem Fürstensöhnchen abgelassen."

„Was war denn so Besonderes an diesem Pokorski?" fragte Alexandra Pawlowna.

„Wie soll ich Ihnen das sagen? Poesie und Wahrheit – das war es, was alle zu ihm hinzog. Bei einem klaren, weitreichenden Verstand war er lieb und lustig wie ein Kind. Noch jetzt klingt mir sein helles Lachen in den Ohren – und gleichzeitig:

> Wie nachts die Ewige Lampe, brannte
> Er vor des Guten Heiligtum ...

So hat sich ein halbverrückter, aber liebenswerter Dichter unseres Freundeskreises über ihn ausgelassen."

„Und wie sprach er?" fragte Alexandra Pawlowna wieder.

„Er sprach gut, wenn er in Stimmung war, jedoch nicht überragend. Rudin war schon damals zwanzigmal beredter als er."

Leshnjow blieb stehen und verschränkte die Arme.

„Pokorski und Rudin ähnelten einander nicht. An Rudin war weit mehr Glanz und Trara, mehr Phrase und, möglicherweise, mehr Enthusiasmus. Er schien viel begabter als Pokorski zu sein, in Wirklichkeit aber war er ein armer Wicht im Vergleich zu ihm. Rudin entwickelte jeden beliebigen Gedanken hervorragend, er diskutierte meisterhaft, aber seine Gedanken stammten nicht von ihm, er holte sie sich von anderen, besonders von Pokorski. Pokorski war dem Anschein nach still und weich, sogar schwach; er liebte die Frauen abgöttisch, zechte gern und hätte sich von niemandem beleidigen lassen. Rudin schien voll Feuer, Kühnheit, Leben, war jedoch innerlich kalt und vielleicht gar furchtsam, solange seine Eigenliebe nicht verletzt wurde – dann freilich ging er die Wände hoch. Er bemühte sich auf jede Weise, sich die Menschen zu unterwerfen, doch er unterwarf sie im Namen allgemeiner Prinzipien und Ideen und hatte wirklich einen starken Einfluß auf viele. Es ist wahr, niemand liebte ihn; ich war vielleicht der einzige, der sich ihm eng angeschlossen hatte. Sein Joch ertrug man eben. Pokorski ergaben sich alle von selbst. Dafür verzichtete Rudin niemals darauf, mit dem ersten besten zu reden und zu diskutieren. Er hatte nicht allzuviel gelesen, jedenfalls aber bedeutend mehr als Pokorski und als wir alle, außerdem besaß er einen systematischen Verstand und ein ungeheures Gedächtnis, und so etwas wirkt ja auf die Jugend! Ihr muß man Schlußfolgerungen bieten, Ergebnisse, und seien es auch falsche, aber

Ergebnisse müssen es sein! Ein durch und durch gewissenhafter Mensch ist dazu nicht fähig. Versuchen Sie, der Jugend beizubringen, daß Sie ihr die volle Wahrheit nicht sagen können, weil Sie sie selbst nicht wissen. Die Jugend wird Sie gar nicht erst anhören. Aber betrügen können Sie sie auch nicht. Sie müssen selber wenigstens halb daran glauben, daß Sie die Wahrheit kennen. Eben darum wirkte Rudin so stark auf uns. Sehen Sie, ich sagte Ihnen gerade, daß er wenig gelesen hatte, aber es waren philosophische Bücher, die er las, und er war ein Kopf, der aus dem Gelesenen sofort das Allgemeine herausholte, den Kern der Sache erfaßte und erst dann von ihm aus nach allen Seiten klare, gerade Gedankenfäden zog und geistige Perspektiven eröffnete. Unser Kreis bestand damals, offen gesagt, aus Knaben, und zwar halbgebildeten Knaben. Philosophie, Kunst, Wissenschaft, das Leben selbst – alles das waren für uns nur Worte, vielleicht sogar Begriffe, die uns verlockend und herrlich schienen, aber beziehungslos und nicht miteinander verbunden waren. Einen allgemeinen Zusammenhang dieser Begriffe, ein allgemeines Weltgesetz erkannten wir nicht, nahmen wir nicht wahr, obgleich wir verworren darüber redeten und uns mühten, uns darüber klarzuwerden. Als wir Rudin zuhörten, kam es uns zum erstenmal so vor, als erfaßten wir ihn endlich, diesen allgemeinen Zusammenhang, als hätte sich der Vorhang endlich gehoben! Zugegeben, es waren nicht seine eigenen Gedanken, die er aussprach – doch was tat das! Alles, was wir wußten, ordnete sich harmonisch, alles, was losgelöst voneinander schien, fügte sich plötzlich zusammen, nahm Gestalt an und wuchs gleich einem Gebäude vor uns auf; alles erhellte sich, alles bekam Inhalt. Nichts blieb ohne Sinn, zufällig: In allem offenbarte sich vernünftige Notwendigkeit und Schönheit, alles erhielt eine klare und zugleich geheimnisvolle Bedeutung, jede einzelne Lebenserscheinung tönte wie ein Akkord, und wir selbst fühlten uns mit einem heiligen, ehrfürchtigen Schauder, einem süßen Beben des Herzens gleichsam als lebendige Gefäße der ewigen Wahrheit, als ihre Werkzeuge, zu etwas Großem berufen ... Finden Sie das alles nicht lächerlich?"

„Nicht im mindesten", erwiderte Alexandra Pawlowna langsam, „warum denken Sie das? Ich verstehe Sie nicht ganz, aber lächerlich finde ich es nicht."

„Seit jener Zeit sind wir natürlich klüger geworden", fuhr Leshnjow fort. „Alles das mag uns jetzt wie Kinderei vorkommen. Aber, ich wiederhole es, damals hatten wir Rudin viel zu verdanken. Pokorski stand unvergleichlich höher als er, zweifellos; Pokorski hauchte uns allen Feuer und Kraft ein, doch manchmal fühlte er sich müde und schwieg. Er war ein nervöser, kränklicher Mensch. Wenn er aber seine Schwingen entfaltete – Gott! –, wohin trug ihn dann sein Flug! Mitten in das tiefste Blau des Himmels hinein! In Rudin dagegen, diesem schönen und stattlichen Burschen, war viel Kleinliches – er beteiligte sich sogar an Klatschereien. Seine Leidenschaft war es, sich in alles einzumischen, alles zu bestimmen und zu erklären. Seine Geschäftigkeit erlahmte nie – eine politische Natur! Ich spreche von ihm, wie ich ihn damals gekannt habe. Übrigens hat er sich leider nicht verändert. Dafür hat er auch seine Anschauungen beibehalten – mit fünfunddreißig Jahren! Das kann nicht jeder von sich sagen."

„Setzen Sie sich", sagte Alexandra Pawlowna. „Warum pendeln Sie eigentlich dauernd im Zimmer auf und ab?"

„So ist mir wohler", entgegnete Leshnjow. „Nun also, einmal in den Kreis Pokorskis geraten, verwandelte ich mich – ich muß das sagen, Alexandra Pawlowna – von Grund auf: Ich unterwarf mich, ich fragte, lernte, freute mich, ich betete an, mit einem Wort, es war, als wäre ich in einen Tempel getreten. Und in der Tat: Wenn ich an unsere Zusammenkünfte zurückdenke, ja, bei Gott, es war viel Gutes und sogar Rührendes daran. Stellen Sie sich vor, da sind fünf, sechs junge Leute zusammengekommen, ein einziges Talglicht brennt, abscheulicher Tee wird gereicht und dazu alter, ganz alter Zwieback – aber Sie müßten unsere Gesichter sehen, unsere Reden hören! In den Augen eines jeden Begeisterung, die Wangen glühen, das Herz hämmert, und wir reden über Gott, über die Wahrheit, über die Zukunft der Menschheit, über Poesie. Wir reden manchmal Unsinn, geraten über Nichtigkeiten in Entzücken, aber was macht das schon! Pokorski sitzt mit untergeschlagenen Beinen da, stützt die blasse Wange in die Hand, und seine

Augen leuchten nur so. Rudin steht mitten im Zimmer und spricht, spricht wundervoll, jeder Zoll ein junger Demosthenes vor dem rauschenden Meer; Subbotin, der Dichter mit dem zerwühlten Haar, läßt von Zeit zu Zeit und wie im Traum abgerissene Ausrufe hören; ein vierzigjähriger Bursche, der Sohn eines deutschen Pastors, Scheller, der bei uns dank seinem ewigen, durch nichts zu brechenden Schweigen als ein überaus tiefer Denker galt, schweigt auf eine ganz besonders feierliche Weise; selbst der fröhliche Stschitow, der Aristophanes unserer Zusammenkünfte, ist still geworden und schmunzelt nur; zwei, drei Neulinge hören begeistert und mit Genuß zu ... Und die Nacht fliegt leise und leicht dahin wie auf Flügeln. Da graut schon der Morgen, und wir gehen auseinander, gerührt, heiter, redlich und nüchtern (an Wein war bei uns damals gar nicht zu denken), mit einer gewissen angenehmen Müdigkeit im Innern. Ich erinnere mich noch, man geht durch die leeren Straßen, ganz weich gestimmt, und blickt sogar zu den Sternen zutraulich auf, als wären sie einem näher gerückt und verständlicher geworden ... Ach, es war eine wunderbare Zeit damals, und ich mag nicht glauben, daß sie nutzlos verstrichen ist! Und sie ist auch nicht nutzlos verstrichen, nicht einmal für diejenigen, die das Leben später verflacht hat. Wie oft sind mir solche Menschen, frühere Kameraden, begegnet! Mancher schien zum Tier geworden, aber man brauchte in seiner Gegenwart nur den Namen Pokorski auszusprechen, und alles, was an Edelmut noch in ihm vorhanden war, fing an sich zu regen, als hätte man in einem schmutzigen und finstern Zimmer ein vergessenes Fläschchen Parfüm entkorkt..."

Leshnjow verstummte; sein farbloses Gesicht hatte sich gerötet.

„Aber weshalb, wann haben Sie sich denn mit Rudin entzweit?" fragte Alexandra Pawlowna und sah Leshnjow erstaunt an.

„Ich habe mich mit ihm nicht entzweit, ich habe mich von ihm getrennt, als ich ihn im Ausland richtig kennengelernt hatte. Doch schon in Moskau hätte ich mich mit ihm entzweien können. Er hat mir damals schon einen bösen Streich gespielt."

„Wie denn das?"

„Das kam so: Ich ... Wie soll ich sagen? Zu meinem Äußeren paßt das nicht, aber ich war immer sehr geneigt, mich zu verlieben."

„Sie?"

„Ja, ich. Das ist sonderbar, nicht wahr? Und doch ist es so. Nun, ich hatte mich also damals in ein sehr niedliches Mädchen verliebt... Aber was sehen Sie mich denn so an? Ich könnte Ihnen von mir eine noch weit merkwürdigere Sache erzählen."

„Was denn für eine, wenn ich fragen darf?"

„Etwa folgende: In jener Moskauer Zeit ging ich nachts oft zu einem Stelldichein – mit wem, meinen Sie wohl? Mit einer jungen Linde am Ende meines Gartens. Ich umarmte ihren dünnen, schlanken Stamm, und es schien mir, als umarmte ich die ganze Natur; das Herz wurde mir weit und schmolz dahin, als ergösse sich wirklich die ganze Natur hinein ... Ja, so einer war ich! Was! Sie glauben am Ende, ich hätte keine Verse geschrieben? Ich habe welche geschrieben und sogar ein ganzes Drama verfaßt, eine Nachahmung des ‚Manfred'. Unter den handelnden Personen befand sich ein Gespenst mit Blut auf der Brust, und zwar war das nicht sein eigenes Blut, wohlgemerkt, sondern das Blut der Menschheit überhaupt. Ja, ja, Sie brauchen sich also nicht zu wundern. Aber ich hatte angefangen, von meiner Liebe zu erzählen. Ich lernte also ein Mädchen kennen..."

„Und hörten auf, zu dem Stelldichein mit der Linde zu gehen?" fragte Alexandra Pawlowna.

„Und hörte damit auf. Dieses Mädchen war ein herzensgutes, allerliebstes Geschöpf mit lustigen, hellen Augen und einer klingenden Stimme."

„Sie können gut schildern", bemerkte Alexandra Pawlowna mit einem spöttischen Lächeln.

„Und Sie sind ein strenger Kritiker", erwiderte Leshnjow. „Nun, und dieses Mädchen wohnte bei seinem alten Vater. Übrigens will ich mich nicht in Einzelheiten verlieren. Ich will Ihnen nur sagen, daß dieses Mädchen wirklich herzensgut war – stets schenkte sie einem ein dreiviertel Glas Tee ein, wenn man nur um ein halbes gebeten hatte! Am dritten Tag nach der ersten Begegnung mit ihr war ich bereits entflammt, und am siebenten Tag hielt ich es nicht mehr aus und vertraute Rudin alles an. Ein junger Mensch, der verliebt ist, kann das unmöglich für sich behalten, und ich beichtete Rudin ja auch sonst alles. Ich stand damals ganz unter seinem Einfluß, und dieser Einfluß, ich sage es ohne Umschweife, war in vieler Hinsicht wohltuend. Er war der erste, der mich nicht mißachtete, sondern mir den nötigen Schliff gab. Pokorski liebte ich leidenschaftlich, ich empfand aber eine gewisse Scheu vor seiner seelischen Reinheit; Rudin stand mir näher. Als er von meiner Liebe erfuhr, geriet er in eine unbeschreibliche Begeisterung: Er beglückwünschte und umarmte mich und fing sofort an, mich zu belehren, mir die ganze Bedeutung meiner neuen Lage auseinanderzusetzen. Ich war ganz Ohr... Nun, Sie wissen ja, wie er zu reden versteht. Seine Worte hatten auf mich eine ungewöhnliche Wirkung. Ich bekam auf einmal eine erstaunliche Achtung vor mir selbst, nahm eine ernste Miene an und hörte auf zu lachen. Ich weiß noch, ich begann sogar vorsichtiger einherzugehen, als trüge ich in der Brust ein Gefäß, angefüllt mit einer kostbaren Flüssigkeit, die ich zu verschütten fürchtete. Ich war sehr glücklich, um so mehr, als ich unverkennbare Gunstbeweise erhielt. Rudin wünschte mit dem Gegenstand meiner Liebe bekannt zu werden, und wahrscheinlich bestand ich sogar selbst darauf, ihn vorzustellen."

„Nun, ich sehe schon, ich sehe jetzt, worauf das hinauswill", unterbrach ihn Alexandra Pawlowna. „Rudin hat Ihnen Ihren Gegenstand abspenstig gemacht, und Sie können ihm das bis auf den heutigen Tag nicht verzeihen. Ich wette, daß ich mich nicht geirrt habe!"

„Und Sie würden diese Wette verlieren, Alexandra Pawlowna: Sie irren sich. Rudin hat mir meinen Gegenstand nicht abspenstig gemacht, und er wollte ihn mir auch gar nicht abspenstig machen, und trotzdem hat er mein Glück zerstört, obgleich ich, wenn ich kaltblütig überlege, jetzt bereit wäre, ihm dafür zu danken. Aber damals verlor ich beinahe den Verstand. Rudin wollte mir keineswegs schaden – im Gegenteil!

Doch getreu seiner verfluchten Gewohnheit, alle Lebensregungen, eigene wie fremde, mit einem Wort aufzuspießen wie den Schmetterling mit der Nadel, fing er an, uns beiden uns selbst zu erklären, unsere Beziehungen zueinander und wie wir uns verhalten müßten; er zwang uns despotisch, uns Rechenschaft über unsere Gefühle und Gedanken abzulegen, lobte und tadelte uns, trat sogar in einen Briefwechsel mit uns, stellen Sie sich das vor! Kurz, er machte uns ganz irre! Ich hätte mein Fräulein damals wohl kaum geheiratet – soviel gesunder Menschenverstand war mir noch geblieben –, aber wir beide hätten wenigstens ein paar Monate nett verbringen können, in der Art von Paul und Virginie, so aber kam es zu allen möglichen Mißverständnissen und Spannungen – mit einem Wort, es kam ein heilloser Blödsinn dabei heraus. Das Ende vom Liede war, daß sich Rudin eines schönen Morgens zu der Überzeugung verstieg, daß ihm als Freund die heilige Pflicht zukomme, den alten Vater von allem zu unterrichten – und das tat er denn auch."

„Ist das möglich?" rief Alexandra Pawlowna aus.

„Ja, und zwar tat er es, wohlgemerkt, mit meiner Einwilligung – das ist das Seltsame dabei! Ich erinnere mich bis zum heutigen Tag, wie chaotisch es damals in meinem Kopf aussah. Alles drehte und verschob sich darin wie in einer Camera obscura; das Weiße erschien schwarz, das Schwarze weiß, die Lüge schien Wahrheit, die Einbildung Pflicht. Ja, es ist mir selbst jetzt noch peinlich, daran zu denken! Rudin aber – der ließ den Kopf nicht hängen. Warum auch! Er schwebt doch stets hoch über jeglichen Mißverständnissen und Verwirrungen – wie die Schwalbe über dem Teich."

„Und so trennten Sie sich denn von Ihrer Maid?" fragte Alexandra Pawlowna, legte naiv den Kopf auf die Seite und zog die Augenbrauen hoch.

„Ich trennte mich von ihr und trennte mich auf unschöne Art, schmählich, ungeschickt und unnötigerweise öffentlich. Ich weinte, und sie weinte, und weiß der Teufel, was noch geschah... Ein gordischer Knoten hatte sich da zusammengezogen; der mußte durchgehauen werden, und das tat weh! Übrigens pflegt sich alles auf der Welt zum besten zu wenden. Sie hat einen braven Mann geheiratet und lebt jetzt herrlich und in Freuden."

„Aber gestehen Sie, Sie konnten es Rudin trotzdem nicht verzeihen...", warf Alexandra Pawlowna ein.

„Ach wo!" unterbrach sie Leshnjow. „Ich weinte wie ein Kind, als ich vor seiner Abreise ins Ausland Abschied von ihm nahm. Allerdings, um die Wahrheit zu sagen, der Samen ist mir doch schon damals in die Seele gelegt worden. Und als ich ihm später im Ausland begegnete – nun, ich war damals auch schon älter geworden –, da erschien mir Rudin in seinem wahren Licht."

„Was war es denn, was Sie an ihm entdeckten?"

„Eben all das, wovon ich Ihnen seit einer Stunde erzähle. Doch nun genug von ihm. Vielleicht geht alles gut aus. Ich wollte Ihnen nur beweisen, daß ich, wenn ich hart über ihn urteile, es nicht tue, weil ich ihn nicht kenne... Was indessen Natalja Alexejewna betrifft, so will ich keine unnützen Worte verlieren; Sie aber sollten auf Ihren Bruder achtgeben."

„Auf meinen Bruder! Weshalb denn?"

„Sehen Sie ihn doch an. Bemerken Sie denn nichts?"

Alexandra Pawlowna senkte den Kopf.

„Sie haben recht", meinte sie, „wirklich... Mein Bruder – seit einiger Zeit erkenne ich ihn nicht wieder. Aber Sie glauben doch wohl nicht..."

„Still! Mir scheint, er kommt gerade", sagte Leshnjow im Flüsterton. „Aber glauben Sie mir, Natalja ist kein Kind, wenn auch unglückseligerweise unerfahren wie ein Kind. Sie werden sehen, dieses kleine Mädchen wird uns alle noch in Erstaunen setzen."

„Wie sollte das zugehen?"

„Das könnte so zugehen: Wissen Sie, daß gerade solche kleinen Mädchen ins Wasser gehen, Gift nehmen und so weiter? Sie dürfen nicht danach urteilen, daß sie so still ist: Es stecken starke Leidenschaften in ihr, und auch ihr Charakter ist sehr beachtlich!"

„Nun, scheint mir, werden Sie gar noch zum Dichter. Einem solchen Phlegmatiker, wie Sie einer sind, komme vielleicht auch ich noch als ein Vulkan vor."

„O nein!" sagte Leshnjow mit einem Lächeln. „Was Charakter angeht – Sie haben, Gott sei Dank, gar keinen Charakter."

„Was ist das wieder für eine Unverschämtheit?"

„Das? Das ist das allergrößte Kompliment, ich bitte Sie..."

Wolynzew trat ein und sah Leshnjow und die Schwester mißtrauisch an. Er war in der letzten Zeit abgemagert. Beide sprachen ihn an, aber er lächelte kaum zu ihren Scherzen und blickte, wie sich einmal Pigassow über ihn geäußert hatte, wie ein trauriger Hase drein. Übrigens hat es wahrscheinlich auf der Welt noch keinen Menschen gegeben, der nicht wenigstens einmal im Leben noch mutloser dreingeblickt hätte. Wolynzew fühlte, daß sich Natalja von ihm entferne, und ihm war, als verlöre er zugleich mit ihr auch den Boden unter den Füßen.

7

Der folgende Tag war ein Sonntag, und Natalja stand spät auf. Am Tage vorher war sie bis in den Abend hinein sehr schweigsam gewesen; sie schämte sich insgeheim ihrer Tränen und hatte sehr schlecht geschlafen. Halb angekleidet saß sie vor ihrem kleinen Klavier und griff bald ein paar Akkorde, die kaum zu hören waren, damit Mademoiselle Boncourt nicht geweckt werde, bald drückte sie die Stirn an die kalten Tasten und verharrte lange regungslos. Sie sann und sann – nicht über Rudin selbst, sondern über dieses oder jenes Wort, das er gesagt hatte – und versenkte sich ganz in ihr Grübeln. Bisweilen tauchte Wolynzew in ihrer Erinnerung auf. Sie wußte, daß er sie liebte. Aber ihre Gedanken schweiften sogleich wieder von ihm ab. Sie fühlte eine eigentümliche Erregung. Dann kleidete sie sich rasch an, ging hinunter, und nachdem sie ihrer Mutter einen guten Tag gewünscht hatte, nützte sie die Gelegenheit, allein in den Park zu gehen. Der Tag war heiß, es war ein heller, strahlender Tag, trotz der dann und wann niedergehenden Regenschauer. Über den klaren Himmel zogen, ohne die Sonne zu verdecken, niedrige rauchfarbene Wolken und überschütteten die Felder von Zeit zu Zeit mit plötzlichen und rasch vorübergehenden Regengüssen. Die großen funkelnden

Tropfen fielen schnell und mit einem trockenen Geräusch, gleich Diamanten; die Sonne spielte in ihrem aufblitzenden Netz; das Gras, vor kurzem noch vom Winde gewellt, regte sich nicht – gierig trank es das Naß; die Blätter der Bäume zitterten leise unter dem Guß; die Vögel sangen weiter, und ihr geschwätziges Zwitschern war beim frischen Rauschen und Murmeln des vorüberziehenden Regens tröstlich anzuhören. Die staubigen Landstraßen dampften und flimmerten unter den heftig aufschlagenden, dicht fallenden Tropfen. Doch schon ist die Wolke vorübergetrieben, ein leichter Wind flattert auf, smaragden und golden beginnt das Gras zu schillern. Die Blätter der Bäume kleben noch aneinander und lassen Licht durchschimmern. Ein kräftiger Duft steigt von überall auf ...

Der Himmel hatte sich fast gänzlich aufgeklärt, als Natalja in den Park ging. Frische und Stille umfingen sie, jene sanfte und glückselige Stille, auf die das Menschenherz mit der süßen Pein heimlichen Mitgefühls und unbestimmter Wünsche antwortet.

Natalja ging am Teich entlang durch die lange Allee von Silberpappeln; plötzlich stand, wie aus dem Erdboden gewachsen, Rudin vor ihr.

Sie geriet in Verwirrung. Er sah ihr ins Gesicht.

„Sind Sie allein?" fragte er.

„Ja, ich bin allein", antwortete Natalja, „ich bin übrigens nur für eine Minute hinausgegangen. Ich muß gleich wieder ins Haus zurück."

„Ich werde Sie begleiten."

Und er ging neben ihr her.

„Sie sehen traurig aus", meinte er.

„Ich? Und ich wollte Ihnen gerade sagen, daß Sie anscheinend nicht gut gelaunt sind."

„Kann sein. Das geht mir manchmal so. Bei mir ist das verzeihlicher als bei Ihnen."

„Warum? Glauben Sie etwa, ich hätte keinen Anlaß, traurig zu sein?"

„In Ihren Jahren muß man sich des Lebens freuen."

Natalja ging einige Schritte schweigend weiter.

„Dmitri Nikolajewitsch!" begann sie.

„Ja?"

„Erinnern Sie sich des Vergleichs, den Sie gestern zogen? Erinnern Sie sich ... mit der Eiche?"

„Ja, gewiß, ich erinnere mich. Was ist damit?"

Natalja warf verstohlen einen Blick auf Rudin.

„Weshalb haben Sie... Was wollten Sie mit diesem Vergleich sagen?"

Rudin neigte den Kopf und richtete den Blick in die Ferne.

„Natalja Alexejewna!" begann er mit dem ihm eigenen verschlossenen und bedeutungsvollen Ausdruck, der den Zuhörer stets glauben machte, Rudin spreche nicht den zehnten Teil von dem aus, was ihm auf der Seele lag. „Natalja Alexejewna! Sie haben sicherlich bemerkt, daß ich wenig von meiner Vergangenheit spreche. Es gibt gewisse Saiten, die ich überhaupt nicht berühre. Wer braucht zu wissen, was in meinem Herzen vorgegangen ist? Das zur Schau zu stellen, ist mir immer wie ein Frevel erschienen. Doch zu Ihnen bin ich offen: Sie erwekken mein Zutrauen. Vor Ihnen kann ich nicht verbergen, daß auch ich geliebt und gelitten habe wie alle. Wann und wie? Davon zu sprechen, lohnt nicht, aber mein Herz hat viele Freuden und viel Kummer erfahren ..."

Rudin schwieg eine Weile.

„Was ich Ihnen gestern gesagt habe", fuhr er fort, „läßt sich bis zu einem gewissen Grade auf mich anwenden, auf meine jetzige Lage. Aber wieder lohnt es nicht, davon zu sprechen. Diese Seite meines Lebens gibt es für mich bereits nicht mehr. Mir bleibt jetzt nur noch übrig, mich auf schwüler, staubiger Straße von Station zu Station zu schleppen, in einem rüttelnden Wagen ... Wann ich am Ziel ankomme und ob ich überhaupt ankomme – Gott weiß es. Sprechen wir lieber von Ihnen."

„Es ist doch nicht möglich, Dmitri Nikolajewitsch", unterbrach ihn Natalja, „daß Sie nichts mehr vom Leben erwarten?"

„O nein, ich erwarte noch viel, jedoch nicht für mich. Dem Tätigsein, der Freude am Tätigsein werde ich nie entsagen, aber ich habe dem Genuß entsagt. Meine Hoffnungen, meine Träume und mein persönliches Glück haben nichts miteinander gemein. Die Liebe" (bei diesem Wort zuckte er die Achseln), „die Liebe ist nichts für mich; ich bin ihrer nicht wert. Eine Frau, die liebt, hat das Recht, den ganzen Mann zu verlangen, ich aber kann mich nicht mehr ganz hingeben. Außerdem: Gefallen, das ist etwas für junge Männer; ich bin zu alt dazu. Wie sollte ich noch anderen den Kopf verdrehen? Gott gebe, daß ich meinen eigenen auf den Schultern behalte."

„Ich verstehe", sagte Natalja, „wer einem hohen Ziel zustrebt, darf nicht mehr an sich selbst denken. Aber warum sollte eine Frau nicht imstande sein, einen solchen Mann zu würdigen? Mir scheint, eine Frau wird sich im Gegenteil eher von einem Egoisten abwenden. Alle jungen Leute, diese jungen Männer, die Sie meinen, alle sind sie Egoisten, alle sind nur von sich selbst eingenommen, sogar wenn sie lieben. Glauben Sie mir, eine Frau ist nicht nur fähig, Selbstaufopferung zu begreifen: Sie kann sich auch selbst aufopfern."

Nataljas Wangen hatten sich leicht gerötet, und ihre Augen glänzten. Vor ihrer Bekanntschaft mit Rudin hätte sie nie so lange und mit solchem Eifer geredet.

„Sie haben mehr als einmal meine Meinung über die Berufung der Frau gehört", erwiderte Rudin mit nachsichtigem Lächeln. „Sie wissen, daß, meiner Ansicht nach, allein Jeanne d'Arc Frankreich retten konnte. Aber darum geht es nicht. Ich wollte von Ihnen sprechen. Sie stehen an der Schwelle des Lebens. Ihre Zukunft zu bedenken macht Freude und ist auch nicht fruchtlos. Hören Sie mich an: Sie wissen, ich bin Ihr Freund, ich nehme an Ihnen beinahe verwandtschaftlichen Anteil. Darum hoffe ich, Sie werden meine Frage nicht unbescheiden finden: Sagen Sie, ist Ihr Herz bisher immer vollkommen ruhig gewesen?"

Natalja wurde glühendrot und sagte nichts. Rudin blieb stehen, und so blieb auch sie stehen.

„Sie sind mir doch nicht böse?" fragte er.

„Nein", sagte sie, „aber ich hatte nicht erwartet ..."

„Übrigens", fuhr er fort, „brauchen Sie mir nicht zu antworten. Ihr Geheimnis ist mir bekannt."

Natalja sah ihn fast erschrocken an.

„Ja, ja, ich weiß, wer Ihnen gefällt. Und ich muß sagen –

eine bessere Wahl konnten Sie nicht treffen. Er ist ein prächtiger Mensch; er wird Sie zu schätzen wissen. Er ist vom Leben noch nicht zerdrückt worden, sein Wesen ist einfach und klar. Er wird Sie glücklich machen."

„Von wem sprechen Sie, Dmitri Nikolajewitsch?" fragte Natalja.

„Als ob Sie nicht wüßten, von wem ich spreche! Von Wolynzew natürlich. Wie? Ist es etwa nicht so?"

Natalja wandte sich ein wenig von Rudin ab. Sie war ganz außer Fassung.

„Liebt er Sie etwa nicht? Aber erlauben Sie! Er wendet doch kein Auge von Ihnen, folgt jeder Ihrer Bewegungen – ja, und schließlich, läßt sich Liebe denn verbergen? Und sind Sie selbst ihm etwa nicht wohlgeneigt? Soviel ich bemerken konnte, gefällt er auch Ihrer Mutter. Ihre Wahl ..."

„Dmitri Nikolajitsch", unterbrach ihn Natalja und streckte in ihrer Verwirrung die Hand nach einem in der Nähe stehenden Strauch aus, „mir ist es wirklich peinlich, darüber zu sprechen, aber ich versichere Ihnen: Sie irren sich."

„Ich irre mich?" wiederholte Rudin. „Das glaube ich nicht. Ich habe Sie erst vor kurzem kennengelernt, doch ich kenne Sie bereits gut. Was bedeutet denn die Veränderung, die ich an Ihnen gewahre, deutlich gewahre? Sind Sie etwa noch dieselbe, die ich vor sechs Wochen antraf? Nein, Natalja Alexejewna. Ihr Herz ist nicht ruhig."

„Kann sein", antwortete Natalja kaum vernehmlich, „aber Sie irren sich dennoch."

„Wieso?" fragte Rudin.

„Lassen Sie mich, fragen Sie nicht!" entgegnete Natalja und ging mit schnellen Schritten dem Haus zu.

Ihr war selbst angst geworden vor dem Gefühl, das sie plötzlich in sich verspürt hatte.

Rudin eilte ihr nach und hielt sie auf.

„Natalja Alexejewna", begann er, „so darf dieses Gespräch nicht enden: Es ist zu bedeutungsvoll, auch für mich. Wie soll ich Sie verstehen?"

„Lassen Sie mich!" wiederholte Natalja.

„Natalja Alexejewna, um Gottes willen!"

Auf Rudins Gesicht malte sich Erregung. Er war bleich geworden.

„Sie verstehen doch alles, da müssen Sie auch mich verstehen!" sagte Natalja, entriß ihm ihre Hand und ging weiter, ohne sich umzublicken.

„Ein Wort nur noch!" rief Rudin ihr nach.

Sie blieb stehen, drehte sich aber nicht um.

„Sie haben mich gefragt, was ich mit dem gestrigen Vergleich sagen wollte. Sie sollen es wissen, ich will Sie nicht täuschen. Ich sprach von mir, von meiner Vergangenheit – und von Ihnen."

„Wie? Von mir?"

„Ja, von Ihnen. Ich wiederhole es, ich will Sie nicht täuschen. Jetzt wissen Sie, welches Gefühl, welches neue Gefühl ich gemeint habe. Vor dem heutigen Tag hätte ich nie gewagt ..."

Natalja bedeckte plötzlich ihr Gesicht mit den Händen und lief dem Haus zu.

Der unerwartete Ausgang ihres Gespräches mit Rudin hatte sie so erschüttert, daß sie Wolynzew, an dem sie vorüberlief, gar nicht bemerkte. Er stand regungslos, mit dem Rücken an einen Baum gelehnt. Vor einer Viertelstunde war er zu Darja Michailowna gekommen, hatte sie im Besuchszimmer angetroffen, ein paar Worte mit ihr gewechselt und sich unbemerkt entfernt, in der Absicht, Natalja zu suchen. Geleitet von dem Instinkt, der Verliebten eigen ist, war er geradewegs in den Park gegangen und in dem Augenblick auf sie und Rudin gestoßen, als sie diesem ihre Hand entriß. Wolynzew war es schwarz vor Augen geworden.

Er folgte Natalja mit dem Blick, entfernte sich von dem Baum und tat ein paar Schritte, ohne zu wissen, wohin und warum. Rudin erblickte ihn, als er an ihm vorüberkam. Beide sahen einander in die Augen, grüßten und gingen schweigend auseinander.

Damit ist die Sache nicht abgetan, dachten beide.

Wolynzew begab sich an das äußerste Ende des Parkes. Ihm war traurig und elend zumute, sein Herz war schwer wie Blei, und sein Blut wallte von Zeit zu Zeit zornig auf. Es hatte wieder zu tröpfeln begonnen. Rudin kehrte in sein Zimmer zurück. Auch er war nicht ruhig. Seine Gedanken wirbelten. Wen sollte die zutrauliche, unerwartete Berührung einer aufrichtigen jungen Seele auch nicht verwirren!

Bei Tisch ging alles irgendwie daneben. Natalja, die ganz blaß war, hielt sich kaum auf ihrem Stuhl und hob die Augen nicht auf. Wolynzew saß, wie gewöhnlich, neben ihr und richtete dann und wann gezwungen das Wort an sie. Es traf sich, daß Pigasow an diesem Tag bei Darja Michailowna speiste. Von allen sprach er bei Tisch am meisten. Unter anderem versuchte er zu beweisen, daß man die Menschen, wie die Hunde, in Gestutzte und Langschwänzige einteilen könne.

„Gestutzt sind die Menschen", sagte er, „entweder von Geburt oder durch eigene Schuld. Die Gestutzten haben es schlecht: Nichts gelingt ihnen – sie besitzen kein Selbstvertrauen. Ein Mensch aber, der einen langen, buschigen Schweif hat, der ist ein Glückspilz. Er kann schlechter und schwächer als ein Gestutzter sein, aber er ist von sich überzeugt. Wenn er mit dem Schweif wedelt, ergötzen sich alle daran. Und das Verwunderliche dabei ist, daß der Schweif doch ein völlig nutzloser Körperteil ist, das müssen Sie zugeben – wozu ist der Schweif da? Und dennoch beurteilt alle Welt den Wert eines Menschen nach seinem Schweif. – Ich", fügte er mit einem Seufzer hinzu, „gehöre zu den Gestutzten, und das Ärgerlichste dabei ist, ich habe mir den Schweif selber abgehauen."

„Sie wollen damit sagen", warf Rudin achtlos ein, „was übrigens schon lange vor Ihnen La Rochefoucauld gesagt hat: ,Vertraue dir selbst, so werden dir andere vertrauen.' Wozu Sie da aber die Geschichte mit dem Schweif hineinmengen, verstehe ich nicht."

„So lassen Sie doch jeden", bemerkte Wolynzew scharf, und seine Augen flammten auf, „lassen Sie doch jeden sich ausdrücken, wie es ihm gefällt. Man redet von Despotismus... Meiner Meinung nach gibt es keinen schlimmeren Despotismus als den der sogenannten klugen Menschen. Der Teufel soll sie holen!"

Alle waren über den Ausfall Wolynzews aufs äußerste erstaunt; alle verstummten. Rudin sah ihn an, hielt aber seinem

Blick nicht stand. Er wandte sich ab, lächelte und tat den Mund nicht mehr auf.

Aha! Auch du bist also ein Gestutzter! dachte Pigassow. Nataljas Herz aber zog sich vor Angst zusammen. Darja Michailowna maß Wolynzew mit einem langen, erstaunten Blick und nahm schließlich als erste das Wort: Sie fing an, von einem ungewöhnlichen Hund zu erzählen, der ihrem Freund, dem Minister N. N., gehörte.

Wolynzew fuhr gleich nach dem Essen ab. Als er sich von Natalja verabschiedete, hielt er es nicht mehr aus und sagte zu ihr:

„Weshalb sind Sie so verlegen, als wären Sie sich einer Schuld bewußt? Sie können vor niemandem schuldig sein!"

Natalja verstand ihn nicht und sah ihm nur nach. Vor dem Tee näherte sich Rudin ihr, und während er sich über den Tisch beugte, als überflöge er die Zeitungen, flüsterte er ihr zu:

„Das alles ist wie ein Traum, nicht wahr? Ich muß Sie unbedingt allein sehen, wenigstens für eine Minute." Er wandte sich an Mademoiselle Boncourt. „Hier", sagte er zu ihr, „ist das Feuilleton, das Sie suchten." Und sich erneut zu Natalja beugend, fügte er leise hinzu: „Versuchen Sie, gegen zehn Uhr an der Terrasse zu sein, in der Fliederlaube: Ich werde auf Sie warten."

Der Held des Abends war Pigassow. Rudin hatte ihm das Schlachtfeld überlassen. Er gab Darja Michailowna viel zu lachen. Zuerst erzählte er von einem seiner Nachbarn, der, nachdem er dreißig Jahre lang unter dem Pantoffel seiner Frau gestanden hatte, so weibisch geworden war, daß er, als er einmal in Gegenwart Pigassows über eine kleine Pfütze schritt, nach hinten griff und die Schöße seines Gehrocks aufraffte, wie Frauen das mit ihren Röcken tun. Darauf wandte er sich einem anderen Gutsbesitzer zu, der anfangs Freimaurer war, dann Melancholiker wurde und danach Bankier werden wollte.

„Wie haben Sie sich denn als Freimaurer verhalten, Filipp Stepanytsch?" hatte ihn Pigassow gefragt.

„Ganz einfach: Ich habe mir den Nagel am kleinen Finger lang wachsen lassen."

Am meisten aber lachte Darja Michailowna, als Pigassow sich über die Liebe auszulassen begann und beteuerte, auch nach ihm sei geseufzt worden; eine feurige Ausländerin habe ihn sogar ihren „appetitlichen kleinen Afrikan und Krächzer" genannt. Darja Michailowna lachte darüber, Pigassow hatte jedoch nicht gelogen: Er hatte wirklich ein Recht, mit seinen Eroberungen zu prahlen. Er behauptete, nichts sei leichter, als jedes beliebige Frauenzimmer verliebt zu machen. Man brauche ihr nur zehn Tage hintereinander zu wiederholen, auf ihren Lippen liege das Paradies und in ihren Augen die Seligkeit und alle übrigen Frauen seien im Vergleich zu ihr die reinsten Wischlappen, dann werde sie am elften Tage selber sagen, auf ihren Lippen liege das Paradies und in ihren Augen die Seligkeit, und sie werde sich in den Betreffenden verlieben. Auf der Welt kommt alles vor. Wer weiß, vielleicht hatte Pigassow recht.

Um halb zehn Uhr war Rudin bereits in der Laube. Aus der fernen und blassen Tiefe des Himmels traten die ersten Sterne hervor; im Westen schimmerte es noch rot – dort erschien auch der Himmelsrand heller und reiner; der Halbkreis des Mondes glänzte golden durch das schwarze Geflecht einer Trauerbirke. Die anderen Bäume standen entweder wie finstere Riesen da, mit tausend hellen Flecken, die wie Augen aussahen, oder verschmolzen zu kompakten, düsteren Massen. Nicht ein Blättchen regte sich; die Fliederbüsche und Akazien streckten ihre obersten Zweige in die warme Luft, als horchten sie auf etwas. In der Nähe dunkelte das Haus; als Streifen von rötlicher Farbe zeichneten sich darauf die erleuchteten hohen Fenster ab. Mild und still war die Nacht, doch es war, als schwebe ein verhaltener, leidenschaftlicher Seufzer in dieser Stille.

Rudin stand da, die Arme auf der Brust gekreuzt, und lauschte mit angespannter Aufmerksamkeit. Sein Herz klopfte stark, und unwillkürlich hielt er den Atem an. Endlich vernahm er leichte, eilige Schritte, und Natalja trat in die Laube.

Rudin stürzte ihr entgegen und ergriff ihre Hände. Sie waren kalt wie Eis.

„Natalja Alexejewna", flüsterte er mit bebender Stimme, „ich wollte Sie sehen. Ich konnte nicht bis morgen warten. Ich muß Ihnen etwas sagen, was ich selbst heute morgen noch nicht geahnt habe, was mir noch nicht bewußt gewesen ist: Ich liebe Sie."

Nataljas Hände zitterten schwach in den seinigen.

„Ich liebe Sie", wiederholte er. „Wie konnte ich mich nur so lange täuschen, wie konnte ich so lange nicht erraten, daß ich Sie liebe! Und Sie? Natalja Alexejewna, sagen Sie mir, und Sie?"

Natalja vermochte kaum zu atmen.

„Sie sehen, ich bin hergekommen", antwortete sie endlich.

„Nein, sagen Sie, lieben Sie mich?"

„Ich glaube ... Ja!" flüsterte sie.

Rudin preßte ihre Hände noch heftiger und wollte sie an sich ziehen.

Natalja blickte sich hastig um.

„Lassen Sie mich, mir ist bange. Ich glaube, es belauscht uns jemand. Um Gottes willen, seien Sie vorsichtig. Wolynzew ahnt etwas."

„Und wennschon! Sie haben gesehen, ich habe ihm heute mittag nicht einmal geantwortet. – Ach, Natalja Alexejewna, wie glücklich bin ich! Jetzt soll uns nichts mehr trennen!"

Natalja sah ihm in die Augen.

„Lassen Sie mich", flüsterte sie, „es wird Zeit für mich."

„Einen Augenblick noch", bat Rudin.

„Nein, lassen Sie, lassen Sie mich!"

„Es ist, als fürchteten Sie sich vor mir?"

„Nein, aber es ist Zeit für mich."

„So wiederholen Sie wenigstens noch einmal..."

„Sie sagen, Sie sind glücklich?" fragte Natalja.

„Ich? Es gibt auf der Welt keinen glücklicheren Menschen als mich! Sie zweifeln doch nicht daran?"

Natalja hob den Kopf. Wunderschön war ihr bleiches, edles und erregtes junges Gesicht im geheimnisvollen Dunkel der Laube, bei dem schwachen Licht, das vom nächtlichen Himmel fiel.

„So sollen Sie denn wissen", sagte sie, „ich werde die Ihre sein."

„O Gott!" rief Rudin aus.

Natalja aber entzog sich ihm und ging. Rudin blieb noch eine Weile stehen und verließ dann langsam die Laube. Der Mond beschien hell sein Gesicht; auf seinen Lippen schwebte ein Lächeln.

„Ich bin glücklich", sprach er halblaut. „Ja, ich bin glücklich", wiederholte er, als wolle er sich selbst davon überzeugen.

Er richtete sich straff auf, warf sein lockiges Haar zurück und ging rasch in den Park, froh die Arme schwenkend.

Unterdessen aber wurden in der Fliederlaube die Büsche behutsam auseinandergebogen, und Pandalewski tauchte auf. Er blickte sich vorsichtig um, schüttelte den Kopf, preßte die Lippen zusammen, murmelte vielsagend: „So steht es also. Davon wird man Darja Michailowna in Kenntnis setzen müssen" und verschwand.

8

Als Wolynzew nach Hause kam, war er so niedergeschlagen und finster, antwortete er seiner Schwester so unwillig und schloß er sich so schnell in sein Kabinett ein, daß diese sich entschied, einen Boten zu Leshnjow zu schicken. Zu ihm nahm sie in allen schwierigen Fällen Zuflucht. Leshnjow ließ ihr sagen, er werde am folgenden Tag zu ihr kommen.

Wolynzew war auch am nächsten Morgen nicht heiterer geworden. Er hatte sich eigentlich nach dem Tee zu den Feldarbeiten hinausbegeben wollen, blieb aber, legte sich auf den Diwan und schickte sich an, ein Buch zu lesen, was bei ihm nicht oft vorkam. Wolynzew fühlte keine Neigung für die Literatur, und Gedichte fürchtete er geradezu. „Das ist unverständlich wie ein Gedicht", pflegte er zu sagen und führte zur Bekräftigung seiner Worte folgende Zeilen des Dichters Aibulat an:

> „Bis an der trauervollen Tage Rand
> Wird der Verstand, wird die Erfahrung nicht
> Mir brechen dürfen mit der stolzen Hand
> Des Lebens blutiges Vergißmeinnicht."

Alexandra Pawlowna blickte besorgt auf ihren Bruder, quälte ihn jedoch nicht mit Fragen. Ein Wagen fuhr an die Freitreppe heran. Nun, dachte sie, Gott sei Dank!, Leshnjow ... Der Diener trat ein und meldete die Ankunft Rudins.

Wolynzew warf das Buch auf den Fußboden und hob den Kopf.

„Wer ist gekommen?" fragte er.

„Rudin, Dmitri Nikolajitsch", wiederholte der Diener.

Wolynzew stand auf.

„Bitte ihn herein", sagte er, „und du, Schwester", setzte er hinzu, sich an Alexandra Pawlowna wendend, „laß uns allein."

„Aber warum denn?" wandte sie ein.

„Ich weiß, warum", unterbrach er sie gereizt, „ich bitte dich."

Rudin trat ein. Wolynzew, der mitten im Zimmer stand, begrüßte ihn kalt und reichte ihm nicht die Hand.

„Sie haben mich nicht erwartet, gestehen Sie es", begann Rudin und legte seinen Hut auf das Fensterbrett.

Um seine Lippen zuckte es leicht. Ihm war unbehaglich zumute, doch er bemühte sich, seine Verwirrung zu verbergen.

„Ich habe Sie nicht erwartet, in der Tat", erwiderte Wolynzew. „Nach dem gestrigen Tag hätte ich eher jemanden mit einem Auftrag von Ihnen erwartet."

„Ich verstehe, was Sie damit sagen wollen", antwortete Rudin und setzte sich, „und ich bin sehr erfreut über Ihre Offenherzigkeit. So ist es viel besser. Ich selbst bin zu Ihnen gekommen als zu einem Mann von Ehre."

„Geht es nicht ohne Komplimente?" bemerkte Wolynzew.

„Ich möchte Ihnen erklären, warum ich gekommen bin."

„Wir sind miteinander bekannt: Warum sollten Sie nicht zu mir kommen können? Außerdem beehren Sie mich ja nicht zum erstenmal mit Ihrem Besuch."

„Ich bin zu Ihnen gekommen als ein Mann von Ehre zu einem Mann von Ehre", wiederholte Rudin, „und will mich jetzt Ihrem eigenen Urteil unterwerfen. Ich habe volles Vertrauen zu Ihnen."

„Und worum handelt es sich?" fragte Wolynzew, der immer noch in derselben Stellung verharrte, wobei er Rudin finster anblickte und bisweilen an den Enden seines Schnurrbartes zupfte.

„Gestatten Sie ... Ich bin gekommen, um mich zu erklären, das versteht sich; indessen läßt sich das nicht mit ein paar Worten erledigen."

„Warum geht das nicht?"

„Es ist hier noch eine dritte Person im Spiel."

„Was für eine dritte Person?"

„Sergej Pawlytsch, Sie verstehen mich."

„Dmitri Nikolajitsch, ich verstehe Sie durchaus nicht."

„Sie wünschen ..."

„Ich wünsche, daß Sie ohne Umschweife sprechen!" fiel ihm Wolynzew ins Wort.

Er begann ernstlich böse zu werden.

Rudin runzelte die Stirn.

„Meinetwegen. Wir sind allein ... Ich muß Ihnen sagen – übrigens haben Sie es wahrscheinlich schon erraten" (Wolynzew zuckte ungeduldig die Achseln), „ich muß Ihnen sagen, daß ich Natalja Alexejewna liebe und allen Grund habe anzunehmen, daß auch sie mich liebt."

Wolynzew erbleichte, antwortete aber nichts, sondern trat ans Fenster und wandte sich ab.

„Sie verstehen, Sergej Pawlytsch", fuhr Rudin fort. „Wenn ich nicht überzeugt wäre ..."

„Ich bitte Sie!" unterbrach ihn Wolynzew hastig. „Ich bezweifle durchaus nicht ... Nun denn, viel Glück! Ich frage mich nur, welcher Teufel Ihnen den Gedanken eingegeben hat, sich mit dieser Nachricht zu mir zu bemühen. Was soll ich dabei? Was geht es mich an, wen Sie lieben und wer Sie liebt? Ich kann das einfach nicht begreifen."

Wolynzew sah immer noch zum Fenster hinaus. Seine Stimme klang dumpf.

Rudin stand auf.

„Ich will Ihnen sagen, Sergej Pawlytsch, warum ich mich entschlossen habe, zu Ihnen zu kommen, und warum ich mich auch nicht für berechtigt hielt, unsere ... unsere gegenseitige Neigung vor Ihnen zu verbergen. Dafür achte ich Sie zu hoch. Darum bin ich gekommen. Ich wollte nicht ... wir beide wollten nicht Komödie vor Ihnen spielen. Ihr Gefühl für Natalja Alexejewna war mir bekannt. Glauben Sie mir, ich kenne meinen Wert: Ich weiß, wie wenig ich würdig bin, in ihrem Herzen Ihre Stelle einzunehmen, aber wenn es sich nun schon einmal so gefügt hat – wäre es dann wohl besser gewesen, sich der List, der Täuschung, der Verstellung zu bedienen? Wäre es etwa besser, sich Mißverständnissen auszusetzen oder sogar der Möglichkeit eines solchen Auftritts, wie er sich gestern mittag ereignet hat? Sergej Pawlytsch, sagen Sie selbst!"

Wolynzew kreuzte die Arme auf der Brust, als koste es ihn Mühe, sich zu beherrschen.

„Sergej Pawlytsch", fuhr Rudin fort, „ich habe Sie betrübt, ich fühle es. Aber Sie müssen uns verstehen, Sie müssen verstehen, daß wir kein anderes Mittel hatten, Ihnen unsere Achtung zu bekunden, Ihnen zu beweisen, daß wir Ihren geradsinnigen Edelmut zu schätzen wissen. Offenheit, völlige Offenheit wäre jedem anderen gegenüber unangebracht, Ihnen gegenüber wird sie jedoch zur Pflicht. Es ist für uns beruhigend zu wissen, daß unser Geheimnis in Ihren Händen..."

Wolynzew lachte gezwungen auf.

„Vielen Dank für das Vertrauen", rief er aus, „obgleich ich – bitte, nehmen Sie das zur Kenntnis – weder Ihr Geheimnis zu wissen noch das meinige Ihnen preiszugeben wünschte, während Sie darüber verfügen wie über Ihr Eigentum. Doch gestatten Sie, Sie drücken sich so aus, als sprächen Sie zugleich im Namen einer anderen Person. Ich darf also annehmen, daß Natalja Alexejewna Ihr Besuch und der Zweck Ihres Besuches bekannt ist?"

Rudin wurde etwas verlegen.

„Nein, ich habe Natalja Alexejewna meine Absicht nicht mitgeteilt, aber ich weiß, daß sie meine Denkungsart teilt."

„Das ist alles sehr schön und gut", sagte Wolynzew nach kurzem Schweigen und begann mit den Fingern auf der Fensterscheibe zu trommeln, „obwohl es mir, offen gesagt, viel lieber wäre, wenn Sie etwas weniger Achtung vor mir hätten. Um die Wahrheit zu sagen, Ihre Achtung kann mir gestohlen bleiben, doch was wollen Sie jetzt eigentlich von mir?"

„Ich will gar nichts – oder nein! Ich möchte eines: Ich

möchte, daß Sie mich nicht für einen hinterhältigen und schlauen Menschen halten, daß Sie mich verstehen ... Ich hoffe, daß Sie jetzt nicht mehr an meiner Aufrichtigkeit zweifeln werden. Ich möchte, Sergej Pawlytsch, daß wir uns als Freunde trennen, daß Sie mir, wie früher, die Hand reichen."

Rudin näherte sich Wolynzew.

„Entschuldigen Sie, mein Herr", sagte Wolynzew, indem er sich zu Rudin umdrehte und einen Schritt zurücktrat, „ich bin bereit, Ihren Absichten volle Gerechtigkeit widerfahren zu lassen. Das ist alles sehr schön, möglicherweise sogar edel, aber wir sind einfache Leute, wir essen die Lebkuchen unbemalt und sind nicht imstande, dem Flug so großer Geister wie des ihrigen zu folgen. Was Ihnen aufrichtig erscheint, erscheint uns aufdringlich und unbescheiden. Was für Sie einfach und klar ist, ist für uns verwickelt und dunkel. Sie prahlen mit dem, was wir in uns verschließen: Wie sollten wir Sie verstehen können! Entschuldigen Sie: Ich kann Sie weder als meinen Freund betrachten, noch werde ich Ihnen die Hand reichen. Das ist vielleicht kleinlich, aber ich bin eben nun einmal ein kleinlicher Mensch."

Rudin nahm seinen Hut vom Fensterbrett.

„Sergej Pawlytsch", sagte er traurig, „leben Sie wohl. Ich habe mich in meinen Erwartungen getäuscht. Mein Besuch war in der Tat ziemlich ungewöhnlich, ich hatte jedoch gehofft, daß Sie" (Wolynzew machte eine ungeduldige Bewegung) ... „Entschuldigen Sie, ich werde nicht mehr davon sprechen. Wenn ich alles erwäge, sehe ich: Sie haben wirklich recht und konnten nicht anders handeln. Leben Sie wohl, doch erlauben Sie mir wenigstens, Sie noch einmal, ein letztes Mal, der Lauterkeit meiner Absichten zu versichern. Von Ihrer Verschwiegenheit bin ich überzeugt ..."

„Das geht denn doch zu weit!" rief Wolynzew aus, bebend vor Zorn. „Ich habe mich in keiner Weise in Ihr Vertrauen gedrängt, und Sie haben daher keinerlei Recht, mit meiner Verschwiegenheit zu rechnen!"

Rudin wollte noch etwas sagen, doch er breitete nur die Arme aus, verbeugte sich und ging hinaus. Wolynzew aber warf sich auf den Diwan und kehrte das Gesicht zur Wand.

„Kann ich zu dir hineinkommen?" ließ sich an der Tür Alexandra Pawlownas Stimme vernehmen.

Wolynzew antwortete nicht sofort und fuhr sich verstohlen mit der Hand übers Gesicht.

„Nein, Sascha", sagte er mit etwas unsicherer Stimme, „gedulde dich noch ein wenig."

Eine halbe Stunde später näherte sich Alexandra Pawlowna abermals der Tür.

„Michailo Michailytsch ist gekommen", sagte sie, „willst du ihn sehen?"

„Ja", antwortete Wolynzew, "laß ihn herein."

Leshnjow trat ein.

„Was, bist du krank?" fragte er und nahm auf einem Sessel neben dem Diwan Platz.

Wolynzew richtete sich auf, stützte sich auf den Ellbogen, sah seinem Freund lange, lange ins Gesicht und erzählte ihm dann sein ganzes Gespräch mit Rudin, Wort für Wort. Bis dahin hatte er Leshnjow gegenüber seine Gefühle für Natalja nie erwähnt, obgleich er vermutete, daß sie ihm nicht verborgen geblieben waren.

„Da hast du mich ja in Erstaunen versetzt, Bruder", meinte Leshnjow, als Wolynzew seine Erzählung beendet hatte. „Viel Sonderbares habe ich ihm zugetraut, aber das ist denn doch ... Übrigens erkenne ich ihn auch darin wieder."

„Erlaube mal!" sagte Wolynzew aufgeregt. „Das ist doch einfach eine Frechheit! Es fehlte nicht viel, da hätte ich ihn zum Fenster hinausgeworfen. Wollte er nun vor mir prahlen, oder hat er es mit der Angst zu tun bekommen? Was hat er sich nur dabei gedacht? Wie kann man es nur wagen, zu einem Menschen zu gehen ..."

Wolynzew griff sich mit beiden Händen an den Kopf und verstummte.

„Nein, Bruder, so ist das nicht", erwiderte Leshnjow ruhig. „Du wirst es mir nicht glauben, aber er hat das wirklich in guter Absicht getan. Wahrhaftig. Sieh mal, das wirkt so edelmütig und offenherzig, und außerdem bietet sich da eine gute Gelegenheit zu reden, der Beredsamkeit freien Lauf zu lassen – und eben das brauchen wir doch, ohne das können wir einfach nicht leben ... Tja, seine Zunge – die ist sein Feind. Nun, dafür ist sie aber auch sein Diener."

„Mit welcher Feierlichkeit er hereinkam und redete, das kannst du dir nicht vorstellen!"

„Ja, anders geht es bei ihm nicht. Er knöpft seinen Gehrock zu, als erfüllte er eine heilige Pflicht. Ich möchte ihn einmal auf eine unbewohnte Insel versetzen und aus einem Winkel zusehen, wie er sich dort verhält. Und dabei redet er ständig von Einfachheit!"

„Sag mir nur, Bruder, um Himmels willen", fragte Wolynzew, „was ist das, Philosophie etwa?"

„Wie soll ich dir das erklären? Einerseits ist es vielleicht wirklich Philosophie, andererseits ist es ganz und gar keine. Man muß nicht gleich jeden Unsinn auf die Philosophie abwälzen."

Wolynzew blickte ihn an.

„Und er hat mich nicht etwa angelogen, was denkst du?"

„Nein, mein Sohn, er hat dich nicht angelogen. Übrigens, weißt du, wir haben genug darüber geredet. Komm, Bruder, wir wollen unsere Pfeifen anstecken und Alexandra Pawlowna hereinbitten. Wenn sie dabei ist, spricht sich's besser und schweigt sich's leichter. Sie soll uns Tee machen."

„Meinetwegen", erwiderte Wolynzew. „Sascha, komm herein!"

Alexandra Pawlowna trat ein. Er faßte ihre Hand und drückte sie fest an seine Lippen.

Rudin war in einer sonderbar unruhigen Gemütsverfassung nach Hause zurückgekehrt. Er ärgerte sich über sich selbst, warf sich unverzeihliche Übereilung und kindisches Betragen vor. Nicht umsonst hat jemand gesagt: „Es gibt nichts Bedrückenderes als das Bewußtsein, soeben eine Torheit begangen zu haben."

Die Reue nagte an Rudin.

„Der Teufel hat mich geritten", knurrte er durch die Zähne, „zu diesem Gutsbesitzer zu fahren! Auf so einen Gedanken zu kommen! Nur um mir Grobheiten einzuhandeln!"

Im Hause Darja Michailownas ging unterdessen etwas Ungewöhnliches vor. Die Hausherrin selbst ließ sich den ganzen Morgen nicht sehen und erschien auch nicht zum Mittagessen: Sie hatte Kopfweh, wie Pandalewski, die einzige Person, die zu ihr vorgelassen wurde, versicherte. Rudin bekam auch Natalja fast nicht zu sehen: Sie saß mit Mademoiselle Boncourt in ihrem Zimmer. Als er ihr im Speisesaal begegnete, sah sie ihn so traurig an, daß ihm das Herz erbebte. Ihr Gesicht hatte sich verändert, als wäre seit dem gestrigen Tag ein Unglück über sie hereingebrochen. Bange Vorahnungen begannen Rudin zu quälen. Um sich etwas abzulenken, gab er sich mit Bassistow ab, unterhielt sich lange mit ihm und fand in ihm einen feurigen, lebhaften jungen Mann mit überschwenglichen Hoffnungen und einem noch ungebrochenen Glauben. Gegen Abend erschien Darja Michailowna für ein paar Stunden im Salon. Sie war liebenswürdig zu Rudin, hielt sich ihm aber irgendwie fern, lachte ein wenig, wurde wieder ernst, sprach durch die Nase und meist in Anspielungen. Sie gab sich ganz als Hofdame. In der letzten Zeit schien sie gegen Rudin etwas kälter geworden zu sein. Was gibt sie mir nur für ein Rätsel auf? dachte er, während er ihren zurückgeworfenen Kopf betrachtete.

Er brauchte auf die Lösung dieses Rätsels nicht lange zu warten. Als er sich gegen Mitternacht auf sein Zimmer begab und durch einen dunklen Gang schritt, steckte ihm plötzlich jemand einen Zettel in die Hand. Er blickte sich um und sah ein Mädchen sich entfernen, in dem er Nataljas Kammerjungfer zu erkennen glaubte. In seinem Zimmer angelangt, schickte er den Diener fort, entfaltete den Zettel und las folgende von Nataljas Hand geschriebene Zeilen:

„Kommen Sie morgen früh gegen sieben Uhr, nicht später, zu Awdjuchas Teich hinter dem Eichengehölz. Jede andere Zeit ist unmöglich. Wir werden uns dort zum letztenmal sehen, und alles wird zu Ende sein, wenn nicht... Kommen Sie. Es muß ein Entschluß gefaßt werden.

PS: Wenn ich nicht komme, so bedeutet das, daß wir uns nicht mehr sehen werden. Ich werde Sie dann wissen lassen..."

Rudin versank in Nachdenken, drehte den Zettel in den Händen und steckte ihn unter das Kopfkissen; dann kleidete er sich aus und legte sich nieder, konnte jedoch lange nicht einschlafen.

Er schlief unruhig, und es war noch nicht fünf Uhr, als er erwachte.

9

Awdjuschas Teich, an dem sich Natalja mit Rudin treffen wollte, war schon lange kein Teich mehr. Vor dreißig Jahren hatte das Wasser den Damm durchbrochen, und seitdem war er verwahrlost. Nur an dem ebenen Grund des nicht sehr tiefen Beckens, den einst fetter Schlamm überzogen hatte, und an den Überresten des Dammes konnte man erkennen, daß hier einmal ein Teich gewesen war. Auch ein Gutshof hatte dort gestanden. Er war längst verschwunden. Zwei riesige Fichten erinnerten noch daran – ewig rauschte und heulte der Wind im spärlichen Grün ihrer hohen Wipfel. Im Volk gingen geheimnisvolle Gerüchte von einem furchtbaren Verbrechen um, das an ihrem Fuß begangen worden sein sollte; auch raunte man, daß keine von ihnen fallen werde, ohne jemandem den Tod zu bringen, und daß hier früher noch eine dritte Fichte gestanden habe, die während eines Sturmes umgestürzt sei und ein kleines Mädchen erdrückt habe. Die ganze Gegend um den alten Teich galt als nicht geheuer. Öde und kahl und selbst an einem sonnigen Tag leblos und düster, erschien sie noch düsterer und lebloser durch die Nähe eines alten, längst abgestorbenen und verdorrten Eichengehölzes. Vereinzelte graue Gerippe mächtiger Bäume ragten wie trostlose Gespenster über dem niedrigen Gestrüpp der Büsche auf. Unheimlich waren sie anzuschauen – als hätten sich böse Greise versammelt, um einen üblen Plan auszuhecken. Ein schmaler, kaum betretener Pfad wand sich seitlich dahin. Ohne besonderen Anlaß ging niemand an Awdjuchas Teich vorüber. Natalja hatte mit Absicht diesen einsamen Ort gewählt. Er lag vom Hause Darja Michailownas nicht mehr als eine halbe Werst entfernt.

Die Sonne war schon lange aufgegangen, als Rudin an

Awdjuchas Teich kam, aber es war kein heiterer Morgen. Dichtes Gewölk von milchiger Färbung überzog den ganzen Himmel; der Wind trieb es pfeifend und winselnd vor sich her. Rudin begann, auf dem mit anhänglichen Kletten und schwarzgewordenen Nesseln bedeckten Damm hin und her zu gehen. Er war unruhig. Diese Zusammenkünfte, diese neuen Gefühle beschäftigten ihn, erregten ihn aber auch, besonders, seitdem er gestern den Zettel erhalten hatte. Er sah eine Entscheidung herannahen und war innerlich verwirrt und unsicher, obgleich das niemand vermutet haben würde, der gesehen hätte, mit welch gesammelter Entschlossenheit er die Arme auf der Brust gekreuzt hielt und die Augen in die Runde schweifen ließ. Nicht ohne Grund hatte Pigassow einmal von ihm gesagt, bei ihm habe, wie bei den chinesischen Götzenfiguren, der Kopf beständig das Übergewicht. Doch allein mit dem Kopf, wie mächtig er auch sei, wird es dem Menschen schwerfallen, selbst das zu erkennen, was in ihm selber vorgeht. Rudin, der kluge, scharfsinnige Rudin, war nicht imstande, mit Bestimmtheit zu sagen, ob er Natalja liebe, ob er leide, leiden werde, wenn er sich von ihr trennen müßte. Weshalb aber hatte er dann, ohne den Lovelace zu spielen – diese Gerechtigkeit muß man ihm widerfahren lassen –, dem armen Mädchen den Kopf verdreht? Warum erwartete er sie mit geheimem Beben? Darauf gibt es nur eine Antwort: Niemand läßt sich so leicht hinreißen wie ein leidenschaftsloser Mensch.

Er ging auf dem Damm hin und her, und Natalja eilte querfeldein, durch das nasse Gras, gerade auf ihn zu.

„Fräulein! Fräulein! Sie werden sich die Füße naß machen", rief ihr die Kammerjungfer Mascha zu, die kaum mit ihr Schritt zu halten vermochte.

Natalja hörte nicht und lief weiter, ohne sich umzusehen.

„Ach, wenn uns nur niemand sieht!" rief Mascha mehrmals. „Man muß sich sowieso schon wundern, daß wir überhaupt aus dem Haus gekommen sind. Wenn nur die Mamsell nicht aufgewacht ist. Ein Glück, daß es nicht mehr weit ist. Und der Herr warten schon", fügte sie hinzu, nachdem sie plötzlich die stattliche Gestalt Rudins erblickt hatte, der malerisch auf dem

Damm stand, „nur brauchte er nicht so auf dem Präsentierteller zu stehen, er sollte lieber in das Becken hinuntersteigen."

Natalja blieb stehen.

„Warte hier bei den Fichten, Mascha", sagte sie und eilte zu dem Teich hinab.

Rudin ging auf sie zu und blieb verwundert stehen. Einen solchen Ausdruck hatte er noch nie auf ihrem Gesicht bemerkt. Die Brauen waren zusammengezogen, die Lippen aufeinandergepreßt, die Augen blickten offen und streng.

„Dmitri Nikolajitsch", begann sie, „wir haben keine Zeit zu verlieren. Ich bin nur auf fünf Minuten gekommen. Ich muß Ihnen sagen, daß meine Mutter alles weiß. Herr Pandalewski hat uns vorgestern belauscht und ihr von unserer Zusammenkunft erzählt. Er war schon immer Mutters Spion. Sie hat mich gestern zu sich gerufen."

„Mein Gott", rief Rudin aus, „das ist entsetzlich. Was hat Ihre Mutter denn gesagt?"

„Sie war nicht zornig auf mich und hat mich nicht gescholten; sie hat mir nur Vorwürfe über meinen Leichtsinn gemacht."

„Mehr nicht?"

„Ja, und sie hat mir erklärt, sie würde sich eher damit abfinden, daß ich tot wäre, als daß ich Ihre Frau würde."

„Das hat sie wirklich gesagt?"

„Ja, und sie hat noch hinzugefügt, daß Sie mich ja gar nicht heiraten wollten, daß Sie mir nur so, aus Langeweile, den Hof machten und daß sie das von Ihnen nicht erwartet hätte – übrigens sei sie selbst schuld: Warum habe sie mir erlaubt, mit Ihnen so oft zusammenzukommen. Sie hoffe auf meine Einsicht; sie habe sich sehr über mich gewundert ... Ich erinnere mich nicht mehr an alles, was sie zu mir gesagt hat."

Natalja brachte das alles mit ruhiger, fast tonloser Stimme hervor.

„Und Sie, Natalja Alexejewna, was haben Sie ihr geantwortet?" fragte Rudin.

„Was ich ihr geantwortet habe?" wiederholte Natalja. „Was gedenken *Sie* jetzt zu tun?"

„Mein Gott! Mein Gott", erwiderte Rudin, „das ist hart! So schnell! Ein so unerwarteter Schlag! Und Ihre Mutter war derartig empört?"

„Ja, ja, sie will von Ihnen nichts hören."

„Das ist entsetzlich. Es besteht also gar keine Hoffnung?"

„Keine."

„Warum sind wir vom Unglück verfolgt! Dieser gemeine Pandalewski! Sie fragen mich, Natalja Alexejewna, was ich zu tun gedenke? Mir dreht sich alles im Kopf – ich kann keinen Gedanken fassen. Ich fühle nur, daß ich unglücklich bin. Ich wundere mich, daß Sie so kaltblütig bleiben können!"

„Glauben Sie, mir wird es leicht?" sagte Natalja.

Rudin begann wieder auf dem Damm hin und her zu gehen. Natalja ließ die Augen nicht von ihm.

„Ihre Mutter hat Sie nicht weiter ausgefragt?" sagte er schließlich.

„Sie hat mich gefragt, ob ich Sie liebe."

„Nun ... Und Sie?"

Natalja schwieg einen Augenblick.

„Ich habe sie nicht belogen."

Rudin ergriff ihre Hand.

„Immer und in allem edel und großmütig! Oh, ein Mädchenherz, das ist pures Gold! Aber hat sich Ihre Mutter über die Unmöglichkeit unserer Heirat wirklich so entschieden geäußert?" fragte er.

„Ja, ganz entschieden. Ich habe Ihnen schon gesagt, sie ist überzeugt, daß Sie nicht daran denken, mich zu heiraten."

„Sie hält mich also für einen Betrüger! Womit habe ich das verdient?"

Rudin griff sich an den Kopf.

„Dmitri Nikolajitsch", sagte Natalja, „wir vergeuden unsere Zeit. Denken Sie daran, wir sehen uns zum letztenmal. Ich bin nicht hergekommen, um zu weinen und mich zu beklagen – Sie sehen, ich weine nicht –, ich bin gekommen, um mir Rat zu holen."

„Was für einen Rat kann ich Ihnen denn geben, Natalja Alexejewna?"

„Was für einen Rat? Sie sind ein Mann; ich war es gewohnt, Ihnen zu vertrauen, ich werde Ihnen immer und ewig vertrauen. Sagen Sie mir, was beabsichtigen Sie zu tun?"

„Was ich beabsichtige? Ihre Mutter wird mir wahrscheinlich das Haus verbieten."

„Vielleicht. Sie hat mir bereits gestern erklärt, sie werde die Bekanntschaft mit Ihnen abbrechen müssen. Aber Sie antworten nicht auf meine Frage."

„Auf welche Frage?"

„Was, glauben Sie, müssen wir jetzt tun?"

„Was wir tun müssen?" erwiderte Rudin. „Uns fügen, selbstverständlich."

„Uns fügen", wiederholte Natalja langsam, und ihre Lippen wurden blaß.

„Uns dem Schicksal fügen", fuhr Rudin fort. „Was können wir sonst tun! Ich weiß nur zu gut, wie bitter das ist, wie schwer, wie unerträglich, aber bedenken Sie selbst, Natalja Alexejewna, ich bin arm... Freilich, ich kann arbeiten, doch selbst wenn ich ein reicher Mann wäre – könnten Sie die gewaltsame Trennung von Ihren Angehörigen, den Zorn Ihrer Mutter ertragen? Nein, Natalja Alexejewna, daran ist gar nicht zu denken. Es ist uns offenbar nicht beschieden, miteinander zu leben, und jenes Glück, von dem ich geträumt habe, ist mir nicht bestimmt!"

Natalja bedeckte plötzlich das Gesicht mit den Händen und fing an zu weinen. Rudin näherte sich ihr.

„Natalja Alexejewna! Liebe Natalja", sagte er innig, „weinen Sie nicht, um Gottes willen, martern Sie mich nicht, finden Sie sich ab."

Natalja hob den Kopf.

„Sie sagen mir, ich soll mich damit abfinden", begann sie, und ihre Augen glänzten durch die Tränen. „Ich weine nicht über das, was Sie denken. Das schmerzt mich nicht. Mich schmerzt, daß ich mich in Ihnen getäuscht habe... Wie! Ich komme zu Ihnen in einer solchen Stunde um Rat, und Ihr erstes Wort ist: sich fügen, sich fügen! So also verwirklichen Sie Ihre Reden von Freiheit, von Opfern, die..."

Die Stimme versagte ihr.

„Aber, Natalja Alexejewna", begann Rudin bestürzt, „bedenken Sie ... Ich nehme meine Worte nicht zurück, nur ..."

„Sie fragten mich", fuhr sie mit neuer Kraft fort, „was ich meiner Mutter geantwortet habe, als sie mir erklärte, sie würde eher meinen Tod verschmerzen als meine Heirat mit Ihnen: Ich habe ihr geantwortet, daß ich eher sterben als einen anderen heiraten würde. Und Sie sagen: sich fügen! Sie hatte also recht: Sie haben wirklich zum Zeitvertreib, aus Langeweile, Scherz mit mir getrieben."

„Ich schwöre Ihnen, Natalja Alexejewna, ich versichere Ihnen ...", wiederholte Rudin.

Aber sie hörte ihn gar nicht an.

„Warum haben Sie mich dann nicht zurückgehalten? Warum sind Sie selbst ... Oder haben Sie nicht mit Hindernissen gerechnet? Ich schäme mich, davon zu sprechen, aber es ist ja ohnehin alles aus."

„Sie müssen sich beruhigen, Natalja Alexejewna", begann Rudin wieder, „wir müssen gemeinsam überlegen, welche Maßnahmen ..."

„Sie haben so oft von Selbstaufopferung gesprochen", unterbrach sie ihn, „aber wissen Sie auch, daß ich, wenn Sie heute, jetzt zu mir gesagt hätten: Ich liebe dich, aber heiraten kann ich nicht, ich übernehme keine Verantwortung für die Zukunft, reich mir die Hand und folge mir, wissen Sie, daß ich mit Ihnen gegangen wäre, wissen Sie, daß ich zu allem entschlossen war? Aber es ist wahr, vom Wort zur Tat ist es noch weit, und Sie haben jetzt genauso Angst wie vorgestern bei Tisch vor Wolynzew!"

Rudin schoß das Blut ins Gesicht. Der unerwartete Gefühlsausbruch Nataljas hatte ihn überrascht, ihre letzten Worte jedoch verletzten seine Eigenliebe.

„Sie sind jetzt zu aufgeregt, Natalja Alexejewna", begann er. „Sie können nicht begreifen, wie schwer Sie mich beleidigen. Ich hoffe, daß Sie mir mit der Zeit Gerechtigkeit widerfahren lassen; Sie werden dann begreifen, was es mich gekostet hat, auf ein Glück zu verzichten, das, wie Sie selbst sagen, mir keinerlei Verpflichtungen auferlegt hätte. Ihr innerer Frieden ist mir teurer als alles auf der Welt, und ich wäre der gemeinste

Mensch auf Erden, hätte ich mich entschlossen, diese Gelegenheit ..."

„Mag sein, mag sein", unterbrach ihn Natalja, „mag sein, daß Sie recht haben; ich weiß nicht, was ich sage. Aber bis jetzt habe ich Ihnen geglaubt, jedem Ihrer Worte habe ich geglaubt. Bitte, wägen Sie künftig Ihre Worte ab und reden Sie sie nicht in den Wind. Als ich Ihnen sagte, daß ich Sie liebe, wußte ich, was dieses Wort bedeutet: Ich war zu allem bereit. Jetzt bleibt mir nur übrig, Ihnen für die Lektion zu danken und mich zu verabschieden."

„Warten Sie, um Gottes willen, Natalja Alexejewna, ich flehe Sie an. Ich verdiene Ihre Verachtung nicht, ich schwöre es Ihnen. Versetzen Sie sich aber auch in meine Lage. Ich trage die Verantwortung für Sie und für mich. Wenn ich Sie nicht mit so grenzenloser Ergebenheit liebte – ja mein Gott! Ich würde Ihnen sofort selber vorschlagen, mit mir zu fliehen. Früher oder später würde Ihre Mutter uns vergeben, und dann ... Aber bevor ich an mein eigenes Glück denken darf ..."

Er hielt inne. Nataljas Blick, der fest auf ihn gerichtet war, verwirrte ihn.

„Sie bemühen sich, mir zu beweisen, daß Sie ein ehrlicher Mensch sind, Dmitri Nikolajitsch", sagte sie. „Ich zweifle nicht daran. Sie können nicht aus Berechnung so handeln, aber wollte ich mich etwa davon überzeugen, bin ich etwa deswegen hergekommen?"

„Ich hatte nicht erwartet, Natalja Alexejewna ..."

„Ah! Jetzt haben Sie es ausgesprochen! Ja, Sie hatten all das nicht erwartet – Sie kannten mich nicht. Seien Sie unbesorgt – Sie lieben mich nicht, und ich dränge mich niemandem auf."

„Ich liebe Sie!" rief Rudin aus.

Natalja richtete sich auf.

„Vielleicht, aber wie lieben Sie mich? Ich erinnere mich all Ihrer Worte, Dmitri Nikolajitsch. Entsinnen Sie sich, Sie sagten mir, ohne völlige Gleichheit gebe es keine Liebe. Sie stehen zu hoch für mich, ich passe nicht zu Ihnen. Ich habe diese Strafe verdient. Vor Ihnen liegen Betätigungen, die Ihrer würdig sind. Ich werde den heutigen Tag nicht vergessen. Leben Sie wohl."

„Natalja Alexejewna, Sie gehen? Sollen wir wirklich so voneinander scheiden?"

Er streckte ihr die Hände hin. Sie blieb stehen. Sein flehender Ton schien sie wankend zu machen.

„Nein", sagte sie schließlich, „ich fühle, in mir ist etwas zerbrochen. Ich kam hierher, ich sprach mit Ihnen wie im Fieber; ich muß wieder zur Besinnung kommen. Es soll nicht sein – Sie haben es selbst gesagt –, es wird nicht sein. Mein Gott, als ich hierherkam, hatte ich innerlich von meinem Elternhaus, von meiner ganzen Vergangenheit Abschied genommen – und was ist geschehen? Wen habe ich hier getroffen? Einen kleinmütigen Mann. Und woher wußten Sie, daß ich nicht imstande sein würde, die Trennung von meinen Angehörigen zu ertragen? Ihre Mutter ist nicht einverstanden, das ist entsetzlich! Das war alles, was ich von Ihnen zu hören bekam. Sind Sie das, sind Sie das, Rudin? Nein! Leben Sie wohl! Ach! Wenn Sie mich liebten, jetzt, in diesem Augenblick würde ich es spüren. Nein, nein, leben Sie wohl!"

Sie kehrte sich rasch um und lief zu Mascha, die schon lange unruhig geworden war und ihr Zeichen machte.

„*Sie* haben Angst, nicht ich!" schrie Rudin Natalja nach.

Sie schenkte ihm keine Beachtung mehr und eilte über das freie Feld nach Hause. Sie gelangte auch glücklich in ihr Schlafzimmer, doch kaum hatte sie die Schwelle überschritten, da verließen sie ihre Kräfte, und bewußtlos sank sie in Maschas Arme.

Rudin stand noch lange auf dem Damm. Endlich raffte er sich auf, schritt langsam einem Feldweg zu und ging ebenso langsam darauf weiter. Er war tief beschämt und gekränkt. Was für ein Mädchen! dachte er. Mit achtzehn Jahren! Nein, ich kannte sie nicht. Sie ist ein außergewöhnliches Mädchen. Was für eine Willenskraft! Sie hat recht; sie ist einer anderen Liebe wert als der, die ich für sie empfunden habe. Empfunden habe? fragte er sich selbst. Empfinde ich etwa keine Liebe mehr? Ein solches Ende also mußte das alles nehmen! Wie erbärmlich und armselig war ich im Vergleich zu ihr!

Das leichte Rattern einer Reitdroschke zwang Rudin, die Augen zu heben. Ihm entgegengefahren kam mit seinem unvermeidlichen Traber Leshnjow. Rudin tauschte mit ihm einen stummen Gruß, bog, als folge er einer plötzlichen Eingebung, vom Wege ab und ging rasch in Richtung auf Darja Michailownas Haus weiter.

Leshnjow ließ ihn ein Stück gehen, sah ihm nach, wandte nach kurzem Überlegen sein Pferd und fuhr zurück zu Wolynzew, bei dem er die Nacht verbracht hatte. Er fand ihn noch schlafend und ließ ihn nicht wecken, sondern setzte sich in Erwartung des Tees auf die Terrasse und zündete sich eine Pfeife an.

10

Wolynzew stand gegen zehn Uhr auf. Als er erfuhr, daß Leshnjow bei ihm auf der Terrasse saß, wunderte er sich sehr und ließ ihn zu sich bitten.

„Was ist geschehen?" fragte er ihn. „Du wolltest doch nach Hause fahren."

„Ja, ich wollte, ich bin jedoch Rudin begegnet. Er ging allein durch die Felder und machte so ein verstörtes Gesicht. Da bin ich kurzerhand umgekehrt."

„Du bist umgekehrt, weil du Rudin begegnet bist?"

„Das heißt, offen gesagt, ich weiß selber nicht, warum ich umgekehrt bin – wahrscheinlich, weil ich an dich dachte: Ich bekam Lust, noch ein bißchen mit dir beisammenzusitzen; nach Hause komme ich noch früh genug."

Wolynzew lächelte bitter.

„Ja, an Rudin kann man jetzt nicht denken, ohne zugleich auch an mich zu denken. – Heda!" rief er laut dem Diener zu. „Bring uns Tee."

Die Freunde tranken ihren Tee. Leshnjow begann von der Wirtschaft zu sprechen, von einem neuen Verfahren, die Speicher mit Pappe zu decken ...

Plötzlich sprang Wolynzew vom Sessel auf und schlug so heftig auf den Tisch, daß Tassen und Teller klirrten.

„Nein", rief er aus, „ich kann das nicht länger ertragen! Ich werde diesen Klugschwätzer fordern – mag er mich über den Haufen schießen, wenn es mir nicht gelingt, ihm eine Kugel in seine gelehrte Stirn zu jagen."

„Aber, aber, ich bitte dich!" murmelte Leshnjow. „Wie kann man nur so schreien! Ich habe gleich meine Pfeife fallen lassen. Was ist mit dir los?"

„Daß ich seinen Namen nicht gleichmütig anhören kann, das ist mit mir los. Mein ganzes Blut gerät in Wallung."

„Hör auf, Bruder, hör auf! Daß du dich nicht schämst!" entgegnete Leshnjow, während er seine Pfeife vom Boden aufhob. „Denk nicht mehr daran! Soll ihn der ..."

„Er hat mich beleidigt", fuhr Wolynzew fort, im Zimmer auf und ab gehend, „jawohl, er hat mich beleidigt! Das mußt du selbst zugeben. Im ersten Augenblick fand ich mich nicht zurecht: Er hatte mich verblüfft. Wer konnte auch so etwas erwarten? Aber ich werde ihm beweisen, daß ich mit mir nicht spaßen lasse. Ich werde ihn, diesen verdammten Philosophen, zusammenschießen wie ein Feldhuhn."

„Damit hättest du viel gewonnen, allerdings! Von deiner Schwester rede ich schon gar nicht. Freilich, dich hat die Leidenschaft gepackt – wie solltest du da an deine Schwester denken! Und in Hinsicht auf eine andere Person ... Glaubst du, daß du dort deine Lage verbesserst, wenn du den Philosophen tötest?"

Wolynzew warf sich in einen Sessel.

„Dann reise ich fort, irgendwohin! Sonst drückt mir die Qual hier noch das Herz ab; ich weiß einfach nicht mehr, wohin mit mir."

„Du willst fort? Das ist etwas anderes! Damit bin ich einverstanden. Und weißt du, was ich dir vorschlage? Wir wollen zusammen verreisen, in den Kaukasus oder einfach nach Kleinrußland, Mehlklöße essen. Das ist etwas Herrliches, Bruder!"

„Gut, aber wer bleibt bei meiner Schwester?"

„Warum soll Alexandra Pawlowna denn nicht mit uns reisen? Bei Gott, das macht sich ausgezeichnet. Für sie zu sorgen, das nehme ich gern auf mich. An nichts soll es ihr fehlen. Wenn sie will, bringe ich ihr jeden Abend vor ihrem Fenster ein Ständchen; die Postkutscher werde ich mit Kölnischwasser einparfümieren, und an den Straßen werde ich Blumen aufstellen. Und wir beide, Bruder, wir werden uns einfach wie neugeboren fühlen, so werden wir das Leben genießen, und als solche Dickwänste werden wir zurückkommen, daß keine Liebe uns mehr etwas anhaben kann."

„Du mußt immer scherzen, Mischa!"

„Ich scherze durchaus nicht. Das ist ein glänzender Gedanke, der dir da gekommen ist."

„Nein! Unsinn!" rief Wolynzew wieder. „Schlagen, schlagen will ich mich mit ihm!"

„Schon wieder! Du hast ja einen richtigen Koller heute, Bruder!"

Ein Diener kam mit einem Brief in der Hand herein.

„Von wem?" fragte Leshnjow.

„Von Rudin, Dmitri Nikolajewitsch. Ein Bedienter der Lassunskis hat ihn gebracht."

„Von Rudin?" fragte Wolynzew. „An wen?"

„An Sie."

„An mich? Gib her."

Wolynzew nahm den Brief, entsiegelte ihn hastig und begann zu lesen. Leshnjow beobachtete ihn aufmerksam. Ein merkwürdiges, fast freudiges Erstaunen prägte sich auf Wolynzews Gesicht aus; er ließ die Hände sinken.

„Was gibt's?" fragte Leshnjow.

„Lies!" sagte Wolynzew halblaut und reichte ihm den Brief hin.

Leshnjow begann zu lesen.

Rudin schrieb folgendes:

Geehrter Herr, Sergej Pawlowitsch!

Ich verlasse heute das Haus Darja Michailownas, verlasse es für immer. Das wird Sie wahrscheinlich wundern, zumal nach dem gestrigen Vorfall. Ich kann Ihnen nicht auseinandersetzen, was mich veranlaßt, so zu handeln, aber aus gewissen Gründen glaube ich, Sie von meiner Abreise benachrichtigen zu müssen. Sie mögen mich nicht und halten mich sogar für einen schlechten Menschen. Ich habe nicht die Absicht, mich zu rechtfertigen: Die Zeit wird mich rechtfertigen. Meiner Ansicht nach ist es eines Mannes auch unwürdig und außerdem unnütz, einem voreingenommenen Menschen beweisen zu wollen, wie ungerechtfertigt seine Vorurteile sind. Wer mich verstehen will, der wird mich entschuldigen, und wer mich nicht verstehen will oder kann, dessen Beschuldigungen treffen mich nicht. Ich habe mich in Ihnen getäuscht. In meinen Augen bleiben Sie nach wie vor ein edler und ehrenhafter Mensch; ich hatte jedoch angenommen, Sie vermöchten sich über die Umwelt, in der Sie aufgewachsen sind, zu erheben. Ich habe mich getäuscht. Was soll man da machen?! Es ist nicht das erste und wohl auch nicht das letzte Mal. Ich wiederhole Ihnen: Ich reise ab. Ich wünsche Ihnen Glück. Sie werden zugeben, daß dieser Wunsch völlig uneigennützig ist, und ich hoffe, daß Sie jetzt glücklich werden. Vielleicht ändern Sie mit der Zeit Ihre Meinung über mich. Ob wir uns jemals wiedersehen, weiß ich nicht, aber in jedem Fall verbleibe ich der Sie aufrichtig achtende

D. R.

PS Die zweihundert Rubel, die ich Ihnen schulde, sende ich Ihnen, sobald ich auf meinem Gut im T... er Gouvernement angekommen bin. Ferner bitte ich Sie, in Darja Michailownas Beisein von diesem Brief nicht zu sprechen.

PPS Noch eine letzte, aber wichtige Bitte: Da ich jetzt abreise, werden Sie hoffentlich Natalja Alexejewna gegenüber meinen Besuch bei Ihnen nicht erwähnen.

„Nun, was sagst du dazu?" fragte Wolynzew, als Leshnjow den Brief zu Ende gelesen hatte.

„Was soll man da sagen!" erwiderte Leshnjow. „Wie die Muselmänner ‚Allah! Allah!' rufen und vor Staunen den Finger in den Mund stecken – das ist alles, was man tun kann. Er reist ab. Na, dann geh mit Gott, aber geh! Interessant ist aber, daß er es für seine *Pflicht* gehalten hat, diesen Brief zu schreiben, und bei dir ist er ebenfalls aus Pflichtgefühl erschienen... Diese Herren haben auf Schritt und Tritt Pflichten, immerzu Pflichten – und Schulden", fügte Leshnjow hinzu, indem er mit einem spöttischen Lächeln auf das Postskriptum deutete.

„Und was für Phrasen er drischt!" rief Wolynzew. „Er hat sich in mir getäuscht: Er hat erwartet, daß ich mich über eine gewisse Umwelt erheben würde. Herrgott, so ein Gewäsch! Schlimmer als Gedichte!"

Leshnjow antwortete nichts, nur seine Augen lächelten. Wolynzew stand auf.

„Ich will zu Darja Michailowna fahren", sagte er, „ich will wissen, was das alles bedeutet."

„Gedulde dich, Bruder. Laß ihm Zeit, sich aus dem Staube zu machen. Wozu willst du wieder mit ihm zusammenstoßen? Er verschwindet ja, was willst du noch? Leg dich lieber hin und schlaf, denn du hast dich doch vermutlich die ganze Nacht von einer Seite auf die andere gewälzt. Jetzt kommt deine Sache schon in Ordnung."

„Woraus schließt du das?"

„Es kommt mir eben so vor. Wirklich, leg dich schlafen; ich gehe unterdessen zu deiner Schwester und setze mich ein bißchen zu ihr."

„Ich will aber gar nicht schlafen. Weshalb sollte ich schlafen! Ich will lieber ausreiten und die Felder besichtigen", sagte Wolynzew und zog die Schöße seines Überziehers zurecht.

„Auch gut. Reite, Bruder, reite, besichtige die Felder."

Leshnjow begab sich in den von Alexandra Pawlowna bewohnten Flügel des Hauses. Er traf sie im Salon an. Sie begrüßte ihn freundlich. Sie freute sich immer, wenn er kam, aber heute blieb ihr Gesicht traurig. Der gestrige Besuch Rudins beunruhigte sie.

„Sie kommen von meinem Bruder?" fragte sie Leshnjow. „Wie geht es ihm heute?"

„Gut; er ist ausgeritten, um die Felder zu besichtigen."

Alexandra Pawlowna schwieg ein Weilchen.

„Sagen Sie, bitte", begann sie, während sie aufmerksam den Saum ihres Taschentuches betrachtete, „Sie wissen nicht, weshalb ..."

„Rudin gekommen ist?" fiel Leshnjow ihr ins Wort. „Ich weiß es: Er kam, sich zu verabschieden."

Alexandra Pawlowna hob den Kopf.

„Wieso verabschieden?"

„Ja, haben Sie denn nicht davon gehört? Er verläßt Darja Michailownas Haus."

„Er reist ab?"

„Für immer – wenigstens sagt er so."

„Aber erlauben Sie, wie ist das zu verstehen, nach alledem ..."

„Das ist eine andere Sache! Zu verstehen ist das nicht, aber es ist so. Irgend etwas muß dort vorgefallen sein. Er hat wohl die Saite zu straff gespannt, und da ist sie gerissen."

„Michailo Michailytsch", sagte Alexandra Pawlowna, „ich begreife absolut nichts. Mir scheint, Sie machen sich über mich lustig."

„Aber nein, bei Gott nicht. Ich sage Ihnen, er reist ab und unterrichtet seine Bekannten sogar schriftlich davon. Von einem gewissen Gesichtspunkt aus betrachtet, ist das, wenn Sie wollen, gar nicht übel, allerdings verhindert seine Abreise die Verwirklichung eines äußerst merkwürdigen Unternehmens, über das ich mit Ihrem Bruder gerade zu sprechen begonnen hatte."

„Was soll das heißen? Was für ein Unternehmen?"

„Es handelt sich um folgendes: Ich hatte Ihrem Bruder vorgeschlagen, auf Reisen zu gehen, um sich etwas zu zerstreuen, und Sie mitzunehmen. Für Sie im besonderen zu sorgen, hatte ich übernommen."

„Das wäre schön!" rief Alexandra Pawlowna aus. „Ich kann mir vorstellen, wie Sie für mich sorgen würden. Sie ließen mich sicherlich Hungers sterben."

„Das sagen Sie, Alexandra Pawlowna, weil Sie mich nicht kennen. Sie glauben, ich sei ein Tölpel, ein vollkommener Klotz, ein Holzklotz – ist Ihnen aber bekannt, daß ich imstande bin, zu schmelzen wie Zucker und tagelang auf den Knien zu liegen?"

„Das möchte ich wahrhaftig einmal sehen!"

Leshnjow erhob sich plötzlich.

„Nun, heiraten Sie mich, Alexandra Pawlowna, dann werden Sie das alles erleben."

Alexandra Pawlowna errötete bis über die Ohren.

„Was haben Sie da gesagt, Michailo Michailytsch?" fragte sie ganz verwirrt.

„Ich habe das gesagt", antwortete Leshnjow, „was ich schon lange habe sagen wollen und schon tausendmal auf der Zunge hatte. Ich habe es nun endlich ausgesprochen, und Sie können tun, was Sie für richtig halten. Um Sie nicht zu bedrängen, gehe ich jetzt hinaus. Wenn Sie meine Frau werden wollen ... Ich entferne mich. Wenn es Ihnen nicht zuwider ist, brauchen Sie mich nur rufen zu lassen: Ich werde schon verstehen ..."

Alexandra Pawlowna wollte Leshnjow zurückhalten, aber er ging rasch hinaus, begab sich ohne Mütze in den Garten, lehnte sich an die Pforte und starrte vor sich hin.

„Michailo Michailytsch!" erscholl hinter ihm die Stimme der Zofe. „Bemühen Sie sich, bitte, zu der gnädigen Frau. Sie läßt Sie rufen."

Michailo Michailytsch drehte sich um, nahm die Zofe zu ihrem großen Erstaunen mit beiden Händen beim Kopf, küßte sie auf die Stirn und ging zu Alexandra Pawlowna.

II

Als Rudin, gleich nach der Begegnung mit Leshnjow, nach Hause zurückgekehrt war, hatte er sich in seinem Zimmer eingeschlossen und zwei Briefe geschrieben: einen an Wolynzew (er ist dem Leser bereits bekannt) und einen an Natalja. Über diesem zweiten Brief hatte er sehr lange gesessen; er hatte vieles darin ausgestrichen und abgeändert und ihn, nachdem er ihn sorgfältig auf einen Bogen feines Briefpapier übertragen hatte, so klein wie möglich zusammengefaltet und in die Tasche gesteckt. Nun ging er mit kummervollem Gesicht einige Male im Zimmer auf und ab, setzte sich dann in einen Sessel ans Fenster und stützte den Kopf in die Hand; langsam trat eine Träne auf seine Wimpern ... Er stand auf, knöpfte seinen Rock bis oben zu, rief den Diener und befahl ihm, bei Darja Michailowna anzufragen, ob er sie sprechen könne.

Der Diener kam bald zurück und meldete, Darja Michailowna lasse bitten. Rudin ging zu ihr.

Sie empfing ihn im Kabinett, wie das erstemal, vor zwei Monaten. Doch jetzt war sie nicht allein: Pandalewski saß bei ihr, bescheiden, frisch, sauber und rührselig wie immer.

Darja Michailowna empfing Rudin liebenswürdig, und auch Rudin begrüßte sie liebenswürdig, doch jeder auch nur einigermaßen Erfahrene hätte beim ersten Blick auf die lächelnden Gesichter der beiden bemerkt, daß zwischen ihnen etwas Unangenehmes zwar nicht ausgesprochen worden, aber vorgefallen war. Rudin wußte, daß Darja Michailowna ihm zürnte. Darja Michailowna ahnte, daß er schon von allem unterrichtet war.

Pandalewskis Bericht hatte sie sehr verärgert. Der Standesdünkel hatte sich in ihr geregt. Rudin, ein armer Mann ohne Rang und bisher auch ohne Namen, hatte sich erdreistet, ihrer Tochter – der Tochter Darja Michailowna Lassunskajas – ein Stelldichein zu geben!

„Nehmen wir an, er sei klug, ein Genie", hatte sie gesagt, „was will das schon heißen? Da könnte jeder hoffen, mein Schwiegersohn zu werden."

„Ich habe meinen Augen lange nicht getraut", hatte Pandalewski ihr beigepflichtet. „Wie kann man seinen Platz in der Welt so verkennen, frage ich mich!"

Darja Michailowna war sehr aufgebracht, und Natalja hatte von ihr viel auszustehen.

Sie bat Rudin, Platz zu nehmen. Er setzte sich, aber nicht mehr wie der Rudin von einst, der fast der Herr im Hause gewesen war, selbst nicht wie ein guter Bekannter, sondern wie ein Besucher, und nicht einmal wie ein nahestehender Besucher. All das ergab sich in einem Augenblick. So verwandelt sich Wasser jäh in festes Eis.

„Ich komme zu Ihnen, Darja Michailowna", begann Rudin, „um Ihnen für Ihre Gastfreundschaft zu danken. Ich habe heute eine Nachricht von meinem Gut erhalten und muß unbedingt noch heute dorthin reisen."

Darja Michailowna sah Rudin unverwandt an.

Er ist mir zuvorgekommen; er hat also Verdacht geschöpft, dachte sie. Um so besser, er erspart mir eine peinliche Erklärung. Die klugen Köpfe sollen leben!

„Ist es möglich?" sagte sie laut. „Ach, wie unangenehm! Nun, da ist nichts zu machen. Ich hoffe, Sie diesen Winter in Moskau zu sehen. Wir reisen selbst bald von hier ab."

„Ich weiß nicht, Darja Michailowna, ob es mir möglich sein wird, nach Moskau zu kommen, aber wenn es meine Mittel erlauben, werde ich es für meine Pflicht erachten, mich bei Ihnen einzufinden."

Aha, Freundchen! dachte Pandalewski bei sich. Es ist noch gar nicht lange her, daß du dich hier als großer Herr aufgespielt hast, und jetzt mußt du dich so ausdrücken!

„Sie haben also unbefriedigende Nachrichten von Ihrem Gut erhalten?" fragte er mit seiner gewohnten Bedächtigkeit.

„Ja", erwiderte Rudin trocken.

„Eine Mißernte vielleicht?"

„Nein, etwas anderes. – Glauben Sie mir, Darja Michailowna", fügte Rudin hinzu, „ich werde die Zeit, die ich in Ihrem Hause verbracht habe, nie vergessen."

„Auch ich, Dmitri Nikolajitsch, werde mich stets mit Vergnügen meiner Bekanntschaft mit Ihnen erinnern. – Wann reisen Sie?"

„Heute, nach Tisch."

„So bald! Nun, ich wünsche Ihnen eine glückliche Reise. Übrigens, wenn Ihre Geschäfte Sie nicht zu lange aufhalten, würden Sie uns vielleicht noch hier antreffen."

„Ich werde wohl kaum die Zeit finden", erwiderte Rudin. „Verzeihen Sie", setzte er hinzu, „ich kann im Augenblick meine Schulden nicht zurückzahlen, aber sobald ich auf meinem Gut bin ..."

„Lassen Sie doch, Dmitri Nikolajitsch!" unterbrach ihn Darja Michailowna. „Wie können Sie das erwähnen! Aber wie spät ist es eigentlich?" fragte sie.

Pandalewski zog aus seiner Westentasche eine kleine goldene, emaillierte Uhr und sah nach, wobei er sich mit der rosigen Wange vorsichtig auf den steifen weißen Kragen stützte.

„Zwei Uhr und dreiunddreißig Minuten", sagte er.

„Zeit, sich umzukleiden", bemerkte Darja Michailowna. „Auf Wiedersehen, Dmitri Nikolajitsch!"

Rudin stand auf. Die ganze Unterhaltung zwischen ihm und Darja Michailowna hatte ein eigentümliches Gepräge getragen. So repetieren Schauspieler ihre Rollen, so tauschen Diplomaten auf Konferenzen vorher vereinbarte Phrasen aus.

Rudin ging hinaus. Jetzt hatte er am eigenen Leibe erfahren, wie Leute der vornehmen Welt einen Menschen, den sie nicht mehr brauchen, nicht einmal wegwerfen, sondern einfach fallen lassen: wie einen Handschuh nach dem Ball, wie die Papierhülle eines Bonbons, wie ein Tombolalos, das nichts gewonnen hat.

In aller Eile packte er seine Sachen und wartete voll Ungeduld auf den Augenblick der Abreise. Alle im Hause waren sehr erstaunt, als sie von seinem Entschluß erfuhren; sogar die Bedienten sahen ihn verwundert an. Bassistow verhehlte seinen Kummer nicht. Natalja ging offensichtlich Rudin aus dem Wege. Sie bemühte sich, seinen Blicken nicht zu begegnen, dennoch gelang es ihm, ihr seinen Brief in die Hand zu drücken. Bei Tisch wiederholte Darja Michailowna nochmals, sie hoffe, Rudin vor ihrer Abreise nach Moskau wiederzusehen, er antwortete ihr jedoch nicht. Häufiger als alle anderen richtete Pandalewski das Wort an ihn. Mehr als einmal verspürte Rudin Lust, sich auf ihn zu stürzen und ihn in sein blühendes, rosiges Gesicht zu schlagen. Mademoiselle Boncourt sah öfters mit einem seltsam verschmitzten Ausdruck in den Augen zu Rudin hin: An alten und sehr klugen Hühnerhunden kann man manchmal einen solchen Ausdruck bemerken. Sieh mal an, schien sie sagen zu wollen, dich hat's ja schön erwischt!

Endlich schlug es sechs Uhr, und Rudins Reisewagen fuhr vor. Eilig nahm er von allen Abschied. Ihm war abscheulich zumute. Er hatte nicht gedacht, daß er dieses Haus einmal so verlassen würde – als jage man ihn davon. Wie ist das nur alles gekommen? Und wozu diese Eile? Übrigens ist es ja ganz gleich. All das ging ihm durch den Kopf, als er mit gezwungenem Lächeln nach allen Seiten grüßte. Zum letztenmal warf er einen Blick auf Natalja, und sein Herz regte sich: Ihre Augen waren zum Abschied traurig und vorwurfsvoll auf ihn gerichtet.

Rasch lief er die Treppe hinunter und sprang in den Reisewagen. Bassistow hatte sich erboten, ihn bis zur ersten Station zu begleiten, und setzte sich zu ihm.

„Erinnern Sie sich", begann Rudin, als der Wagen aus dem Hof auf die breite, von Tannen gesäumte Landstraße hinausgefahren war, „erinnern Sie sich der Worte, die Don Quijote zu seinem Knappen sagte, als sie aus dem Schloß der Herzogin fortritten? ‚Die Freiheit, Sancho', sagte er, ‚ist eins der köstlichsten Geschenke, welches der Himmel nur immer den Menschen verliehen hat ... Glücklich ist derjenige, welchem der Himmel sein Brot gibt, ohne daß er wem anders als dem Himmel Dank schuldig ist.' Was Don Quijote damals fühlte, das fühle ich jetzt. Gebe Gott, daß auch Sie, mein guter Bassistow, dieses Gefühl einmal erleben!"

Bassistow drückte Rudin fest die Hand, und heftig klopfte dem ehrlichen jungen Mann das Herz in der mitfühlenden Brust. Bis zur Poststation sprach Rudin von der Würde des Menschen, von der Bedeutung der wahren Freiheit – und er sprach leidenschaftlich, erhaben und wahrhaftig –, und als der Augenblick der Trennung gekommen war, konnte Bassistow nicht mehr an sich halten, fiel ihm um den Hals und brach in Schluchzen aus. Auch Rudin kamen die Tränen, aber er weinte nicht, weil er von Bassistow Abschied nehmen mußte, die Tränen, die er vergoß, waren Tränen der Eigenliebe.

Natalja war auf ihr Zimmer gegangen und las Rudins Brief.

Teure Natalja Alexejewna, ich habe mich entschlossen abzureisen. Ein anderer Ausweg bleibt mir nicht. Ich habe mich entschlossen abzureisen, bevor man mir unumwunden sagt, daß ich mich entfernen soll. Mit meiner Abreise hören alle Mißverständnisse auf, und nachtrauern wird mir wohl kaum jemand. Worauf sollte ich noch warten? Das ist nun einmal so; aber wozu schreibe ich Ihnen dann eigentlich noch?

Ich scheide von Ihnen wahrscheinlich für immer, und Ihnen in einer schlechteren Erinnerung zu bleiben, als ich sie verdiene, wäre allzu bitter. Darum schreibe ich Ihnen jetzt. Ich will weder mich rechtfertigen noch irgend jemanden beschuldigen, außer mich selbst: Ich will mich, soweit das möglich ist, erklären. Die Ereignisse der letzten Tage kamen so unerwartet, so plötzlich ...

Die heutige Zusammenkunft wird mir zur unvergeßlichen Lehre dienen. Ja, Sie haben recht: Ich kannte Sie nicht, aber ich glaubte Sie zu kennen! Im Laufe meines Lebens habe ich mit Menschen verschiedenster Art zu tun gehabt, bin ich vielen Frauen und Mädchen nahegekommen, doch in Ihnen fand ich zum erstenmal eine *vollkommen* aufrichtige und gerade Seele. Das war ich nicht gewohnt, und ich wußte Sie nicht zu würdigen. Vom ersten Tage unserer Bekanntschaft an fühlte ich mich zu Ihnen hingezogen, das müssen Sie bemerkt haben. Ich verbrachte mit Ihnen Stunde um Stunde und habe Sie nicht kennengelernt, habe mich nicht einmal richtig bemüht, Sie kennenzulernen. Und ich habe mir einbilden können, Liebe für Sie zu empfinden! Für diese Schuld bin ich jetzt gestraft.

Ich habe früher einmal eine Frau geliebt, und sie liebte mich wieder. Mein Gefühl für sie war kompliziert und ebenso das ihre für mich, aber da sie selbst nicht einfach war, paßten wir eigentlich zueinander. Die Wahrheit wurde mir damals nicht offenbar, und ich habe sie auch jetzt nicht erkannt, als sie vor mir stand. Und als ich sie endlich erkannte, da war es zu spät. Vergangenes kann man nicht zurückholen ... Unser beider Leben hätte in eins verschmelzen können und wird sich nun niemals vereinen. Wie sollte ich Ihnen beweisen, daß ich Sie mit wahrer Liebe – mit der Liebe des Herzens, nicht der Einbildung – lieben könnte, wenn ich selbst nicht weiß, ob ich einer solchen Liebe fähig bin!

Die Natur hat mir viel gegeben. Ich weiß das und werde nicht aus falscher Scham den Bescheidenen vor Ihnen spielen, zumal jetzt, in dieser für mich so bitteren, so schmachvollen Stunde. Ja, die Natur hat mir viel gegeben, aber ich werde sterben, ohne etwas meinen Fähigkeiten Gemäßes vollbracht zu haben und ohne eine segensreiche Spur zu hinterlassen. Mein ganzer Reichtum wird sinnlos verlorengehen: Ich werde keine Frucht von meiner Saat erleben. Mir fehlt ... Ich kann selbst nicht sagen, woran es mir eigentlich fehlt. Mir fehlt es wahrscheinlich an dem, ohne das man ebensowenig die Herzen der Menschen bewegen wie ein Frauenherz erobern kann – aber die Herrschaft allein über die Köpfe, über den Verstand, ist sowohl unsicher wie nutzlos. Sonderbar, beinahe komisch ist mein Schicksal: Ich gebe mich ganz hin, mit wahrer Gier, völlig – und kann mich doch nicht hingeben. Das Ende wird sein, daß ich mich für irgendeinen Unsinn aufopfere, an den ich nicht einmal glaube ... Mein Gott! Sich mit fünfunddreißig Jahren immer noch darauf vorbereiten, etwas zu leisten!

Ich habe mich noch gegen niemanden so ausgesprochen – dies ist meine Beichte.

Doch genug von mir. Ich möchte von Ihnen sprechen, Ihnen einige Ratschläge geben: Zu etwas anderem tauge ich nicht. Sie sind noch jung, doch wie lange Sie auch leben mögen, folgen Sie immer den Eingebungen Ihres Herzens, ordnen Sie sich weder Ihrem eigenen noch einem fremden Verstand unter. Glauben Sie mir, je einfacher, je enger der Kreis ist, in dem das Leben verläuft, desto besser ist es. Es kommt nicht darauf an, dem Leben neue Seiten abzugewinnen, sondern darauf, daß alle Übergänge in ihm zur rechten Zeit geschehen. ‚Glücklich, wer in der Jugend jung war ...' Aber ich merke, daß diese Ratschläge sich weit mehr auf mich beziehen als auf Sie.

Ich gestehe Ihnen, Natalja Alexejewna, mir ist sehr schwer ums Herz. Ich habe mich über die Art des Gefühls, das ich Darja Michailowna eingeflößt habe, nie einer Täuschung hingegeben, aber ich hoffte, wenigstens für einige Zeit einen Zufluchtsort gefunden zu haben. Jetzt muß ich wieder in der Welt umherirren. Was ersetzt mir Ihr Gespräch, Ihre Gegenwart, Ihren aufmerksamen, klugen Blick? Ich bin selbst schuld, doch Sie werden zugeben, daß es scheint, als hätte uns das Schicksal absichtlich genarrt. Vor einer Woche ahnte ich noch kaum, daß ich Sie liebe. Vorgestern abend im Park hörte ich zum erstenmal aus Ihrem Munde ... Doch wozu Sie an das erinnern, was Sie damals sagten? Und heute reise ich schon ab, reise mit Schmach bedeckt ab, nach einer harten Auseinandersetzung mit Ihnen, und ohne die geringste Hoffnung mitzunehmen ... Und dabei wissen Sie noch gar nicht, in welchem Maße ich Ihnen gegenüber schuldig bin. Mir ist eine gewisse törichte Offenheit, eine gewisse Geschwätzigkeit eigen ... Doch wozu darüber reden! Ich reise ja für immer fort.

(Hier hatte Rudin angefangen, Natalja seinen Besuch bei Wolynzew zu schildern, sich dann jedoch anders besonnen, diese ganze Stelle ausgestrichen und in dem Brief an Wolynzew das zweite Postskriptum angefügt.)

Ich bleibe einsam auf Erden, um mich, wie Sie heute morgen mit grausamem Lächeln zu mir sagten, anderen, für mich mehr geeigneten Betätigungen zu widmen. O weh! Wäre ich doch nur imstande, mich wirklich diesen Betätigungen zu widmen, meine Trägheit endlich zu überwinden ... Aber nein! Ich werde dasselbe unfertige Wesen bleiben, das ich bis jetzt war. Schon am ersten Hindernis scheiterte ich; der Vorfall mit Ihnen hat es mir bewiesen. Wenn ich wenigstens meine Liebe meiner künftigen Aufgabe, meiner Berufung zum Opfer gebracht hätte, aber ich bin einfach vor der Verantwortung zurückgeschreckt, die ich auf mich nehmen sollte, und darum bin ich tatsächlich Ihrer nicht würdig. Ich bin es nicht wert, daß Sie sich um meinetwillen von Ihrer Sphäre losreißen. Und im übrigen, vielleicht dient alles das zum besten. Aus dieser Prüfung gehe ich vielleicht reiner und stärker hervor.

Ich wünsche Ihnen viel Glück. Leben Sie wohl! Denken Sie zuweilen an mich. Ich hoffe, Sie hören noch von mir. Rudin

Natalja ließ Rudins Brief auf ihre Knie sinken und saß lange regungslos da, die Augen zu Boden gerichtet. Dieser Brief bewies ihr klarer als alle möglichen Argumente, wie recht sie gehabt hatte, als sie am Morgen bei der Trennung von Rudin unwillkürlich ausrief, er liebe sie nicht! Aber davon wurde ihr nicht leichter. Unbeweglich saß sie da; es war ihr, als schlügen dunkle Wogen lautlos über ihr zusammen und als sänke sie in die Tiefe, erstarrend und stumm. Die erste Enttäuschung ist für jeden schwer zu ertragen, für ein aufrichtiges Gemüt aber, das sich nicht selbst betrügen will und dem Leichtfertigkeit und Übertreibung fremd sind, ist sie fast unerträglich. Natalja gedachte ihrer Kindheit, wie sie bei den abendlichen Spaziergängen stets bemüht gewesen war, auf den hellen Himmelsrand zuzugehen, dorthin, wo das Abendrot glühte, und nicht auf den dunklen. Dunkel stand jetzt das Leben vor ihr, und dem Licht kehrte sie den Rücken zu.

Tränen traten in Nataljas Augen. Nicht immer sind Tränen wohltuend. Tröstlich und heilsam sind sie, wenn sie, lange zurückgehalten, endlich hervorströmen – anfangs noch mühevoll, dann immer leichter, immer süßer; die stumme Qual des Kummers löst sich in ihnen auf... Aber es gibt auch kalte, spärlich fließende Tränen: Tropfenweise preßt sie das Leid aus dem Herzen, auf dem es wie eine schwere und unbewegliche

Bürde lastet. Sie sind nicht tröstlich und bringen keine Erleichterung. Die Not weint solche Tränen, und wer solche Tränen noch nicht vergossen hat, der war noch nicht unglücklich. Natalja lernte sie an diesem Tage kennen.

Einige Stunden waren vergangen. Natalja nahm all ihre Kräfte zusammen, stand auf, trocknete sich die Augen, zündete eine Kerze an, verbrannte in ihrer Flamme Rudins Brief bis auf das letzte Stück und warf die Asche zum Fenster hinaus. Dann schlug sie aufs Geratewohl Puschkin auf und las die ersten Zeilen, auf die ihr Blick fiel: Sie ließ sich oft durch ihn so wahrsagen.

Sie war auf folgende Stelle gestoßen:

> Wer fühlt, dem muß es Schmerz bereiten,
> Wie schnell des Lebens Wahn zerrinnt.
> Er kann dann all den Zauber missen,
> Verzehrt sich in Gewissensbissen
> Und spürt der Reue dumpfe Pein.

Sie blieb eine Weile stehen, sah sich mit kaltem Lächeln im Spiegel an, machte dann mit dem Kopf eine kleine Bewegung von oben nach unten und ging in den Salon hinunter.

Kaum hatte Darja Michailowna sie erblickt, führte sie sie in ihr Kabinett, hieß sie an ihrer Seite Platz nehmen und streichelte ihr zärtlich die Wange, sah ihr dabei aber aufmerksam, fast neugierig in die Augen. Darja Michailowna verspürte eine leise Unsicherheit: Zum erstenmal war ihr der Gedanke gekommen, daß sie ihre Tochter vielleicht im Grunde nicht kenne. Als sie durch Pandalewski von dem Stelldichein mit Rudin gehört hatte, war sie weniger erzürnt als erstaunt darüber gewesen, daß ihre verständige Natalja sich zu einer solchen Handlungsweise hatte entschließen können. Als sie sie aber zu sich gerufen und auszuschelten begonnen hatte – keineswegs so, wie man es von einer gebildeten Frau hätte erwarten können, sondern ziemlich laut und unfein –, da hatten die festen Antworten Nataljas, ihre Entschlossenheit in Blick und Haltung Darja Michailowna verwirrt, ja sogar erschreckt.

Die plötzliche, ebenfalls nicht ganz verständliche Abreise Rudins hatte eine schwere Last von ihrem Herzen genommen, aber sie hatte Tränen und hysterische Anfälle erwartet. Nataljas äußerliche Ruhe brachte sie abermals aus der Fassung.

„Nun, wie ist es, Kind", begann Darja Michailowna, „wie fühlst du dich heute?"

Natalja sah ihre Mutter an.

„Er ist ja nun fort, dein Herr. Weißt du eigentlich, weshalb er so schnell abgefahren ist?"

„Mama", sagte Natalja mit leiser Stimme, „ich gebe Ihnen mein Wort, daß Sie von mir nie wieder etwas über ihn hören werden, wenn Sie nicht selbst von ihm anfangen."

„Du siehst also ein, daß du mir unrecht getan hast?"

Natalja senkte den Kopf und wiederholte:

„Sie werden von mir niemals wieder etwas hören."

„Na, gib nur acht!" erwiderte Darja Michailowna lächelnd. „Ich glaube dir. Vorgestern freilich, erinnerst du dich, als ... Schon gut, ich sage nichts mehr. Erledigt, abgeschlossen und begraben. Nicht wahr? Jetzt erkenne ich dich wieder; ich war wirklich schon ganz irre geworden. Nun, gib mir schon einen Kuß, mein kluges Kind."

Natalja führte Darja Michailownas Hand an ihre Lippen, Darja Michailowna aber küßte ihre Tochter auf den gesenkten Kopf.

„Höre immer auf meine Ratschläge. Vergiß nie, daß du eine Lassunskaja und meine Tochter bist", setzte sie hinzu, „und du wirst glücklich sein. Und nun geh."

Natalja ging schweigend hinaus. Darja Michailowna sah ihr nach und dachte: Sie ist nach mir geraten, sie wird sich noch manchmal hinreißen lassen, mais elle aura moins d'abandon. Und Darja Michailowna versank in Erinnerungen an vergangene Zeiten, an längst vergangene Zeiten.

Danach ließ sie Mademoiselle Boncourt rufen und besprach sich lange unter vier Augen und hinter verschlossenen Türen mit ihr. Nachdem sie sie entlassen hatte, rief sie Pandalewski zu sich. Sie wollte unbedingt den wirklichen Grund der Abreise Rudins erfahren. Pandalewski beruhigte sie jedoch vollkommen. Das schlug in sein Fach.

Am nächsten Tag kam Wolynzew mit seiner Schwester zum Essen. Darja Michailowna war schon immer sehr liebenswürdig zu ihm gewesen, doch diesmal behandelte sie ihn besonders freundlich. Natalja war unerträglich schwer zumute, doch Wolynzew war so zuvorkommend und richtete so schüchtern das Wort an sie, daß sie nicht anders konnte, als ihm innerlich dankbar sein.

Der Tag verlief ruhig und ziemlich langweilig, aber als man sich trennte, hatten alle das Gefühl, wieder ins frühere Geleise gekommen zu sein, und das bedeutet viel, sehr viel.

Ja, alle waren wieder ins frühere Geleise gekommen, alle, außer Natalja. Als sie endlich allein war, schleppte sie sich mit Mühe bis an ihr Bett und sank müde und zerschlagen mit dem Gesicht auf das Kissen. Das Leben kam ihr so bitter, so widerwärtig, so schal vor, und sie schämte sich so sehr ihrer selbst, ihrer Liebe, ihrer Traurigkeit, daß sie in diesem Augenblick wahrscheinlich eingewilligt hätte zu sterben. Viele schwere Tage, viele schlaflose Nächte und qualvolle Aufregungen standen ihr noch bevor, doch sie war jung – das Leben hatte für sie eben erst begonnen, und früher oder später nimmt sich das Leben sein Recht. Was für ein Schlag den Menschen auch treffen mag, noch an demselben Tag, spätestens aber am nächsten – verzeihen Sie die Grobheit des Ausdrucks –, wird er wieder essen, und da haben Sie schon den ersten Trost.

Natalja litt qualvoll, sie litt zum erstenmal. Aber das erste Leid, wie auch die erste Liebe, wiederholt sich bekanntlich nicht – Gott sei Dank!

12

Etwa zwei Jahre waren vergangen. Die ersten Maientage waren angebrochen. Auf der Terrasse ihres Hauses saß Alexandra Pawlowna, jedoch nicht mehr Lipina, sondern Leshnjowa. Über ein Jahr war es her, daß sie Michailo Michailytsch geheiratet hatte. Sie war noch so lieblich wie früher, nur in der letzten Zeit etwas voller geworden. Vor der Terrasse, von der Stufen in den Garten führten, ging eine Amme auf und ab, die ein rotwangiges Kind in einem weißen Mäntelchen und mit einer weißen Bommel am Hütchen auf den Armen trug. Alexandra Pawlowna blickte fortwährend zu dem Kinde hin. Es schrie nicht, sondern lutschte mit ernster Miene an seinem Daumen und schaute ruhig um sich. Es erwies sich bereits als würdiger Sohn Michailo Michailytschs.

Neben Alexandra Pawlowna saß auf der Terrasse unser alter Bekannter Pigassow. Er war, seit wir ihn verlassen haben, merklich ergraut, war krumm und mager geworden und zischte beim Sprechen: Ein Vorderzahn war ihm ausgefallen. Das Zischen verlieh seinen Reden noch mehr Boshaftigkeit. Seine Verbitterung hatte sich mit den Jahren nicht vermindert, aber seine Witze waren stumpf geworden, und er wiederholte sich häufiger als früher. Michailo Michailytsch war nicht zu Hause – er wurde zum Tee erwartet. Die Sonne war schon untergegangen. Dort, wo sie versunken war, zog sich ein blaßgoldener, zitronenfarbener Streifen am Himmelsrand entlang; auf der entgegengesetzten Seite des Himmels waren zwei Streifen sichtbar, unten ein hellblauer und darüber ein rötlich-violetter. Hoch oben zergingen leichte Wölkchen. Alles verhieß anhaltend schönes Wetter.

Plötzlich lachte Pigassow laut auf.

„Worüber lachen Sie, Afrikan Semjonytsch?" fragte Alexandra Pawlowna.

„Nur so. Gestern hörte ich, wie ein Bauer zu seiner Frau sagte – sie war gerade richtig ins Schwatzen geraten: ‚Knarre nicht!' Sehr gut hat mir das gefallen. ‚Knarre nicht!' Ja, und in der Tat, worüber kann eine Frau schon reden? Sie wissen, ich spreche nie über Anwesende. Unsere Vorfahren waren klüger als wir. In ihren Märchen sitzt die Schöne am Fenster, einen Stern auf der Stirn, und ist stumm wie ein Fisch. So gehört es sich auch. Denn sonst – urteilen Sie selbst: Vorgestern schießt mir unsere Adelsmarschallin wie mit der Pistole folgende Worte vor den Kopf: Sie sagt zu mir, ihr gefalle meine *Tendenz* nicht! Tendenz! Wäre es nicht für sie und für alle besser gewesen, wenn sie durch irgendein segensreiches Walten der Natur plötzlich des Gebrauchs der Zunge beraubt worden wäre?"

„Sie bleiben immer derselbe, Afrikan Semjonytsch: Immer

ziehen Sie über uns Ärmste her. Wissen Sie, das ist in seiner Art auch ein Unglück, wirklich. Ich bedaure Sie."

„Ein Unglück? Was belieben Sie da zu sagen! Erstens gibt es meiner Meinung nach auf der Welt nur dreierlei Unglück: Im Winter in einer kalten Wohnung zu leben, im Sommer enge Stiefel zu tragen und in einem Zimmer zu übernachten, wo ein Kind schreit, das man nicht mit Insektenpulver bestreuen darf; und zweitens, erlauben Sie mal, bin ich jetzt der friedfertigste Mensch geworden. Mich kann man geradezu als Muster hinstellen! So gesittet betrage ich mich."

„Schön betragen Sie sich, das muß man sagen! Gestern erst hat sich Jelena Antonowna bei mir über Sie beklagt."

„Sieh mal an! Und was hat sie Ihnen da erzählt, wenn ich fragen darf?"

„Sie hat mir erzählt, Sie hätten einen ganzen Vormittag lang auf all ihre Fragen immer nur ‚Was? Was?' geantwortet, und noch dazu mit so einer schrillen Stimme."

Pigassow lachte.

„Das war aber doch ein guter Gedanke, geben Sie es zu, Alexandra Pawlowna... Wie?"

„Ein bewundernswerter Gedanke! Darf man gegen eine Frau denn so unhöflich sein, Afrikan Semjonytsch?"

„Was? Jelena Antonowna ist in Ihren Augen eine Frau?"

„Was ist sie denn in Ihren Augen?"

„Eine Trommel, weiter nichts, eine gewöhnliche Trommel, auf die man mit Stöcken schlägt."

„Ach ja", unterbrach ihn Alexandra Pawlowna, um dem Gespräch eine andere Wendung zu geben, „wie ich gehört habe, darf man Ihnen gratulieren?"

„Wozu?"

„Zur Beendigung Ihres Prozesses. Die Glinowschen Wiesen sind Ihnen zugesprochen worden..."

„Ja, mir", erwiderte Pigassow finster.

„So viele Jahre haben Sie danach getrachtet, und jetzt scheinen Sie unzufrieden zu sein."

„Ich muß Ihnen sagen, Alexandra Pawlowna", entgegnete Pigassow langsam, „nichts kann schlimmer und kränkender sein als ein Glück, das zu spät kommt. Freude kann es einem doch nicht mehr bringen, dafür raubt es einem aber das Recht, das kostbarste Recht, das Schicksal zu beschimpfen und zu verfluchen. Ja, meine Gnädigste, ein zu spätes Glück ist eine bittere und kränkende Sache."

Alexandra Pawlowna zuckte nur die Achseln.

„Liebe Amme", sagte sie dann, „ich glaube, es ist Zeit für Mischa, schlafen zu gehen. Bring ihn her."

Und Alexandra Pawlowna beschäftigte sich mit ihrem Sohn, während Pigassow sich brummend ans andere Ende der Terrasse zurückzog.

Plötzlich tauchte gar nicht weit weg, auf der Straße, die an dem Garten entlangführte, Michailo Michailytsch auf seiner Reitdroschke auf. Vor seinem Pferd liefen zwei riesige Hofhunde her, der eine gelb, der andere grau; er hatte sie sich erst vor kurzem angeschafft. Sie bissen sich unaufhörlich und waren unzertrennliche Freunde. Aus dem Tor lief ihnen ein kleiner alter Kläffer entgegen und sperrte das Maul auf, als wolle er bellen, er gähnte aber schließlich nur und kehrte, freundlich mit dem Schwanz wedelnd, wieder um.

„Sieh mal, Sascha", schrie Leshnjow schon von weitem seiner Frau zu, „wen ich dir mitbringe."

Alexandra Pawlowna erkannte den Mann, der hinter ihrem Gatten saß, nicht sofort.

„Ah! Herr Bassistow!" rief sie endlich.

„Ja, er ist es, er", antwortete Leshnjow, „und was für angenehme Neuigkeiten er mitbringt! Warte nur, gleich wirst du sie erfahren."

Und er fuhr in den Hof ein.

Einige Augenblicke später erschien er mit Bassistow auf der Terrasse.

„Hurra!" rief er und umarmte seine Frau. „Serjosha heiratet!"

„Wen?" fragte Alexandra Pawlowna aufgeregt.

„Selbstverständlich Natalja. Unser Freund hier hat diese Nachricht aus Moskau mitgebracht – und auch einen Brief an dich. Hörst du, Mischuk", fügte er hinzu und nahm seinen Sohn auf die Arme, „dein Onkel heiratet! – Der hat ja ein Mordsphlegma! Zu so einer Nachricht nur mit den Augen zu blinzeln!"

„Der junge Herr wollen schlafen", bemerkte die Kinderfrau.

„Ja", sagte Bassistow und ging auf Alexandra Pawlowna zu, „ich bin heute aus Moskau gekommen, im Auftrag Darja Michailownas. Ich soll die Gutsrechnungen überprüfen. Und hier ist auch der Brief."

Alexandra Pawlowna entsiegelte eilig den Brief ihres Bruders. Er bestand aus wenigen Zeilen. Im ersten Freudenrausch teilte Wolynzew seiner Schwester mit, daß er Natalja einen Antrag gemacht und sowohl ihre wie auch ihrer Mutter Einwilligung erhalten habe. Er versprach, nächstens mehr zu schreiben, und umarmte und küßte in Gedanken alle. Offensichtlich hatte er in einer Art Taumel geschrieben.

Der Tee wurde gereicht, Bassistow mußte sich setzen. Er wurde mit Fragen überschüttet. Alle, sogar Pigassow, waren über die Nachricht, die er gebracht hatte, erfreut.

„Sagen Sie, bitte", meinte Leshnjow unter anderem, „zu uns sind Gerüchte über einen gewissen Herrn Kortschagin gedrungen. Das ist doch wohl barer Unsinn?"

(Kortschagin war ein schöner junger Mann, ein Salonlöwe, außerordentlich aufgeblasen und von sich eingenommen: Er gab sich ungemein würdevoll – als wäre er kein lebendiger Mensch, sondern sein eigenes Standbild, errichtet aus den Mitteln einer öffentlichen Subskription.)

„Nein, völliger Unsinn ist das nicht", entgegnete Bassistow mit einem Lächeln. „Darja Michailowna war ihm sehr gewogen, Natalja Alexejewna allerdings wollte absolut nichts von ihm wissen."

„Den kenne ich doch", warf Pigassow ein, „das ist doch ein ausgemachter Dummkopf, ein Erzdummkopf. Du meine Güte! Wenn alle Menschen so wären wie er, müßte man mir einen Haufen Geld zahlen, damit ich mich einverstanden erklärte, überhaupt weiterzuleben. Du meine Güte!"

„Kann sein", erwiderte Bassistow, „in der Gesellschaft spielt er jedoch keine unbedeutende Rolle."

„Nun, das ist mir ganz gleich!" rief Alexandra Pawlowna aus. „Gott sei mit ihm! Ach, wie froh bin ich für meinen Bruder! Und Natalja ist heiter, glücklich?"

„Ja. Sie ist ruhig, wie immer – Sie kennen sie ja –, aber anscheinend ist sie zufrieden."

Der Abend verging unter angenehmen und lebhaften Gesprächen. Man setzte sich zum Abendessen.

„Ja, nebenbei", fragte Leshnjow, während er Bassistow Lafitte einschenkte, „wissen Sie, wo Rudin ist?"

„Wo er sich jetzt aufhält, weiß ich nicht mit Bestimmtheit. Vorigen Winter kam er für kurze Zeit nach Moskau, dann fuhr er mit einer Familie nach Simbirsk. Ich habe mit ihm eine Zeitlang in Briefwechsel gestanden: In seinem letzten Brief teilte er mir mit, daß er aus Simbirsk abreise – wohin, sagte er nicht –, und seitdem habe ich nichts mehr von ihm gehört."

„Der geht nicht unter!" warf Pigassow ein. „Der sitzt irgendwo und predigt. Dieser Herr wird immer zwei oder drei Verehrer finden, die ihm mit aufgesperrtem Mund zuhören und ihm Geld pumpen. Passen Sie auf, er wird am Ende irgendwo in einem Provinznest sterben, in den Armen einer uralten Jungfer mit Perücke, für die er zeit ihres Lebens der genialste Mensch der Welt bleiben wird."

„Sie lassen sich sehr scharf über ihn aus", bemerkte Bassistow halblaut und unzufrieden.

„Ganz und gar nicht scharf", entgegnete Pigassow, „sondern so, wie er es verdient. Nach meiner Meinung ist er nichts anderes als einfach ein Speichellecker. Ich habe vergessen, Ihnen zu sagen", fuhr er fort, sich an Leshnjow wendend, „daß ich diesen Terlachow kennengelernt habe, mit dem Rudin im Ausland war. Gewiß! Gewiß! Was der mir von ihm erzählt hat, das können Sie sich nicht vorstellen – einfach zum Totlachen! Merkwürdig, daß alle Freunde und Jünger Rudins mit der Zeit seine Feinde werden."

„Ich bitte, mich aus der Reihe solcher Freunde auszuschließen!" unterbrach ihn Bassistow mit Eifer.

„Ja, Sie – das ist etwas anderes! Von Ihnen ist auch nicht die Rede."

„Und was hat Ihnen Terlachow erzählt?" fragte Alexandra Pawlowna.

„Gar vieles hat er mir erzählt: An alles kann ich mich gar nicht mehr erinnern. Aber die beste Anekdote über Rudin ist folgende. Sich ununterbrochen weiterentwickelnd – diese Herren entwickeln sich fortwährend weiter; während andere, zum Beispiel, einfach schlafen oder essen, befinden sie sich im augenblicklichen Zustand der Entwicklung des Schlafens oder Essens. Ist es nicht so, Herr Bassistow?" Bassistow gab keine Antwort. „Also, sich beständig weiterentwickelnd, war Rudin mittels der Philosophie zu dem Vernunftschluß gelangt, daß er sich verlieben müsse. Er begann nun nach einem Gegenstand zu suchen, der eines so erstaunlichen Vernunftschlusses würdig wäre. Fortuna lächelte ihm. Er machte die Bekanntschaft einer Französin, einer allerliebsten Putzmacherin. Die Geschichte spielte sich in einer deutschen Stadt am Rhein ab, wohlgemerkt. Er fing an, sie zu besuchen, ihr allerlei Bücher zu bringen und mit ihr über die Natur und über Hegel zu sprechen. Können Sie sich die Lage der Putzmacherin vorstellen? Sie hielt ihn für einen Astronomen. Immerhin, er sieht nicht übel aus, dazu war er Ausländer, Russe – er gefiel ihr. Also, schließlich verabredete er mit ihr ein Rendezvous, und zwar ein sehr poetisches Rendezvous: in einer Gondel auf dem Fluß. Die Französin willigte ein: Sie zog sich nett an und fuhr mit ihm in der Gondel. Ein paar Stunden fuhren sie so spazieren. Und was meinen Sie, was hat er die ganze Zeit gemacht? Der Französin den Kopf gestreichelt, tiefsinnig zum Himmel aufgeblickt und etliche Male wiederholt, er fühle für sie eine väterliche Zärtlichkeit. Die Französin kehrte wutentbrannt nach Hause zurück und hat nachher Terlachow alles erzählt. So ein Herr ist das!"

Pigassow brach in ein Gelächter aus.

„Sie sind ein alter Zyniker!" bemerkte Alexandra Pawlowna ärgerlich. „Ich dagegen gewinne mehr und mehr die Überzeugung, daß sogar diejenigen, die auf Rudin schimpfen, ihm nichts Schlechtes nachsagen können."

„Nichts Schlechtes? Aber ich bitte Sie! Und sein ewiges Leben auf fremder Leute Kosten, seine Anleihen. – Michailo Michailytsch! Er hat doch sicherlich auch Sie angepumpt?"

„Hören Sie, Afrikan Semjonytsch!" begann Leshnjow, und sein Gesicht nahm einen ernsten Ausdruck an. „Hören Sie: Sie wissen, und auch meine Frau weiß, daß ich in der letzten Zeit keine besondere Zuneigung für Rudin verspürte und ihn sogar oft verurteilt habe. Trotzdem" (Leshnjow goß Champagner in die Gläser) „möchte ich Ihnen folgenden Vorschlag machen: Wir haben soeben auf die Gesundheit unseres lieben Bruders und seiner Braut getrunken; ich schlage Ihnen vor, nun auf die Gesundheit Dmitri Rudins zu trinken!"

Alexandra Pawlowna und Pigassow sahen Leshnjow voll Erstaunen an, Bassistow aber gab es einen Ruck – er wurde vor Freude rot und riß die Augen auf.

„Ich kenne ihn gut", fuhr Leshnjow fort, „seine Fehler sind mir wohlbekannt. Sie treten um so mehr hervor, als er selbst kein Alltagsmensch ist."

„Rudin ist eine geniale Natur!" warf Bassistow ein.

„Genialität besitzt er wohl", erwiderte Leshnjow, „aber Natur ... Das ist ja gerade sein Unglück, daß ihm Natur eigentlich fehlt. Aber nicht darum geht es. Ich möchte davon sprechen, was gut und selten an ihm ist. In ihm steckt Enthusiasmus, und das, glauben Sie es mir, dem Phlegmatiker, ist die kostbarste Eigenschaft in unserer Zeit. Wir sind alle unausstehlich vernünftig, gleichgültig und träge geworden, wir sind eingeschlafen, wir sind erkaltet und müssen demjenigen dankbar sein, der uns wenigstens für einen Augenblick aufrüttelt und erwärmt! Es ist höchste Zeit! Erinnerst du dich, Sascha, ich habe einmal mit dir über ihn gesprochen und ihm Kälte vorgeworfen. Ich hatte damals recht und unrecht zugleich. Diese Kälte steckt bei ihm im Blut – das ist nicht seine Schuld –, nicht aber im Kopf. Er ist kein Schauspieler, wie ich ihn nannte, kein Betrüger, kein Schurke; er lebt auf fremde Kosten nicht wie ein Gauner, sondern wie ein Kind. Ja, er wird wirklich irgendwo in Elend und Armut sterben, aber darf man deswegen einen Stein auf ihn werfen? Er wird selbst nichts vollbringen, gerade weil es ihm an Natur, an Blut fehlt – aber wer hat das Recht zu sagen, daß er keinen Nutzen bringen wird, daß er noch keinen gebracht hat, daß seine Worte nicht schon viel guten Samen in junge Seelen gelegt haben, denen die Natur nicht, wie ihm, die Tatkraft und die Fähigkeit, die eigenen Pläne auszuführen, versagt hat? Ich selbst, ich als erster habe das an mir erfahren. Sascha weiß, was mir Rudin in meiner Jugend war. Ich erinnere mich, daß ich auch behauptet habe, Rudins Worte vermöchten auf die Menschen nicht zu wirken, aber ich sprach damals von Menschen meines Schlages und meines Alters, von Menschen, die das Leben bereits kennen und vom Leben gezaust worden sind. Ein falscher Ton in einer Rede – und ihre ganze Harmonie ist für uns dahin; bei einem jungen Menschen aber ist zum Glück das Gehör noch nicht so entwickelt, noch nicht so verwöhnt. Wenn ihm der Inhalt dessen, was er hört, schön vorkommt, was kümmert ihn da der Ton! Den Ton wird er schon in sich selber finden."

„Bravo! Bravo!" rief Bassistow aus. „Wie wahr ist das alles! Und was Rudins Einfluß anlangt, ich schwöre Ihnen, dieser Mann verstand nicht nur, einen Menschen aufzurütteln, er trieb ihn auch vorwärts, er erlaubte ihm nicht, stehenzubleiben – er krempelte ihn von Grund auf um, er entflammte ihn!"

„Haben Sie gehört?" fuhr Leshnjow fort, zu Pigassow gewandt. „Was für einen Beweis brauchen Sie noch? Sie ziehen über die Philosophie her; wenn Sie von ihr reden, finden Sie nicht genug verächtliche Worte. Ich selbst schätze sie auch nicht besonders und verstehe nicht viel davon, doch nicht von der Philosophie rühren unsere Hauptgebrechen her. Philosophische Spitzfindigkeiten und Faseleien werden dem Russen nie eingehen: Dazu besitzt er zuviel gesunden Menschenverstand. Man darf jedoch nicht zulassen, daß unter dem Namen Philosophie jedes ehrliche Streben nach Wahrheit und Erkenntnis angegriffen wird. Rudins Unglück besteht darin, daß er Rußland nicht kennt, und das ist tatsächlich ein großes Unglück. Rußland kann ohne einen jeden von uns bestehen, aber keiner von uns kann ohne Rußland bestehen. Wehe dem, der da glaubt, er könne es, doppelt wehe dem, der wirklich ohne Vaterland dahinlebt! Der Kosmopolitismus ist ein Unfug, der Kosmopolit eine Null, schlimmer als eine Null; außerhalb des Volkstums gibt es weder Kunst noch Wahrheit, noch Leben, gibt es nichts. Ohne Physiognomie gibt es nicht einmal ein ideales Gesicht; nur ein gemeines Gesicht ist ohne Physiognomie denkbar. Aber ich muß noch einmal sagen, das ist nicht Rudins Schuld: Es ist sein Los, ein bitteres und schweres Los, das wir ihm nicht noch zum Vorwurf machen dürfen. Es würde uns zu weit führen, wollten wir untersuchen, warum Menschen wie Rudin bei uns vorkommen. Wir wollen ihm lieber für das Gute, das in ihm steckt, danken. Das ist leichter, als ungerecht gegen ihn zu sein, und wir waren gegen ihn ungerecht. Ihn zu strafen, das ist nicht unsere Sache, und es ist auch nicht nötig: Er hat sich selber viel härter bestraft, als er es verdiente. Und gebe Gott, daß das Unglück alles Häßliche in ihm vernichte und nur das Schöne zurücklasse! Ich trinke auf Rudins Wohl! Ich trinke auf das Wohl des Kameraden meiner besten Jahre, ich trinke auf die Jugendzeit, auf ihre Hoffnungen, auf ihr Streben, auf ihre Gläubigkeit und Ehrlichkeit, auf all das, was unsere Herzen mit zwanzig Jahren höher schlagen ließ und was wir besser und schöner nicht wieder erlebt haben und nicht mehr erleben werden. Ich trinke auf dich, goldene Zeit, ich trinke auf das Wohl Rudins!"

Alle stießen mit Leshnjow an. Bassistow zerbrach vor Eifer beinahe sein Glas und leerte es auf einen Zug, Alexandra Pawlowna aber drückte Leshnjow die Hand.

„Ich habe gar nicht geahnt, Michailo Michailytsch, daß Sie so beredt sind", bemerkte Pigassow. „Das gemahnte geradezu an Herrn Rudin selbst, es hat sogar mich gepackt."

„Ich bin keineswegs beredt", entgegnete Leshnjow etwas unwillig, „aber Sie zu packen, ist, glaube ich, nicht leicht. Übrigens, genug von Rudin, sprechen wir von etwas anderem. – Sagen Sie... Wie heißt er doch gleich? Pandalewski, lebt der immer noch bei Darja Michailowna?" fügte er hinzu, sich an Bassistow wendend.

„Aber gewiß, der ist immer noch bei ihr! Sie hat ihm einen sehr einträglichen Posten verschafft."

Leshnjow lächelte.

„Der wird nicht im Elend sterben, dafür kann ich mich verbürgen."

Das Abendessen war beendet. Die Gäste gingen. Als Alexandra Pawlowna mit ihrem Mann allein war, sah sie ihm lächelnd ins Gesicht.

„Wie gut du heute warst, Mischa!" sagte sie und strich ihm mit der Hand zärtlich über die Stirn. „Wie klug und edel du gesprochen hast! Aber gib zu, du hast dich ein wenig zugunsten Rudins hinreißen lassen, wie du dich früher gegen ihn hinreißen ließest."

„Wer am Boden liegt, den schlägt man nicht. Damals fürchtete ich, er könne dir den Kopf verdrehen."

„Nein", erwiderte Alexandra Pawlowna treuherzig, „er war mir immer zu gelehrt, ich hatte Angst vor ihm und wußte nicht, was ich in seiner Gegenwart reden sollte. Aber Pigassow hat sich ja heute ziemlich boshaft über ihn lustig gemacht, hab ich nicht recht?"

„Pigassow?" erwiderte Leshnjow. „Gerade deswegen bin ich auch so warm für Rudin eingetreten – weil Pigassow da war. Er wagt es, Rudin einen Speichellecker zu nennen! Meiner Ansicht nach ist seine Rolle, Pigassows Rolle, hundertmal schlimmer. Er hat eine unabhängige Stellung, spottet über alles, und wie scharwenzelt er doch um die Vornehmen und Reichen herum! Weißt du, daß dieser Pigassow, der mit solcher Bosheit auf alle und alles schimpft und über die Philosophie und die Frauen herzieht, weißt du, daß er, als er im Staatsdienst stand, Bestechungsgelder genommen hat – und nicht zu knapp! Ja! So steht es mit ihm!"

„Ist das möglich?" rief Alexandra Pawlowna aus. „Das hätte ich nie erwartet! – Hör mal, Mischa", fügte sie nach einer kleinen Pause hinzu, „ich möchte dich fragen ..."

„Nun?"

„Was meinst du? Ob mein Bruder mit Natalja glücklich werden wird?"

„Wie soll ich dir das sagen ... Aller Wahrscheinlichkeit nach, ja. Kommandieren wird sie – wir brauchen das voreinander nicht zu verheimlichen –, sie ist klüger als er. Aber er ist ein prächtiger Mensch und liebt sie von Herzen. Was willst du mehr? Wir beide lieben einander ja auch und sind glücklich, nicht wahr?"

Alexandra Pawlowna lächelte und drückte Michailo Michailytsch fest die Hand.

Am selben Tag, an dem sich das soeben Erzählte im Hause Alexandra Pawlownas zutrug, schleppte sich in einem der entlegensten Gouvernements Rußlands, bei drückender Hitze, ein schlechter, mit Bastmatten überdeckter und von drei Gutspferden gezogener Wagen auf der großen Landstraße dahin. Auf dem vorderen Wagenrand hockte, die Beine schräg gegen das Strangholz gestemmt, ein grauhaariger Bauer in einem durchlöcherten Rock, zog in einem fort an den aus Stricken gemachten Zügeln und schwenkte eine kleine Peitsche; im Wagen aber, unter dem Verdeck, saß auf einem armseligen Mantelsack ein hochgewachsener Mann, der einen alten, staubigen Umhang und eine Mütze trug. Es war Rudin. Er saß gesenkten Kopfes da und hatte den Mützenschirm bis auf die Augen heruntergezogen. Die ungleichmäßigen Stöße des Wagens warfen ihn von einer Seite auf die andere; er schien jedoch davon gar nichts zu merken – als sei er in einen Halbschlaf verfallen. Schließlich richtete er sich auf.

„Wann werden wir denn endlich die Station erreichen?" fragte er den Bauern, der auf dem Wagenrand saß.

„Na ja, Väterchen", antwortete der Bauer und zog noch heftiger an den Leinen, „wenn wir auf den Hügel hinaufgekommen sind, bleiben noch an die zwei Werst, nicht mehr. – Na, du! Paß auf! Ich werde dich lehren", setzte er mit Fistelstimme hinzu und schickte sich an, auf das rechte Beipferd einzupeitschen.

„Mir scheint, du fährst sehr schlecht", bemerkte Rudin. „Seit dem frühen Morgen schleppen wir uns dahin und kommen nicht ans Ziel. Du könntest wenigstens etwas singen."

„Was will man da machen, Väterchen! Die Pferde, Sie sehen ja selbst, sind ganz ausgemergelt, und dazu die Hitze. Und singen, das können wir nicht: Wir sind doch keine Postkutscher. – Freundchen, he, Freundchen", rief plötzlich der Bauer einem Vorübergehenden zu, der einen braunen Bauernkittel und ausgetretene Bastschuhe anhatte, „mach Platz, Freundchen."

„Sieh mal einer an, ein Kutscher!" brummte ihm der Vorübergehende nach und blieb stehen. „Moskauer Schlag!" fügte er in vorwurfsvollem Ton hinzu, schüttelte den Kopf und humpelte weiter.

„Wo willst du denn hin?" rief der Bauer bedächtig und riß an der Leine des Mittelpferdes. „Ach, du hinterlistiges Biest! Wahrhaftig, ein hinterlistiges ..."

Mit Müh und Not hatten sich die gequälten Pferde endlich bis zur Poststation geschleppt. Rudin kletterte aus dem Wagen, bezahlte den Bauern (der sich nicht vor ihm verneigte und das Geld lange auf der flachen Hand springen ließ – das Trinkgeld war ihm wohl zu niedrig) und trug seinen Mantelsack selber in die Stationsstube.

Einer meiner Bekannten, der in seinem Leben viel in Rußland herumgekommen ist, machte einmal die Bemerkung, daß man schnell Pferde bekommen könne, wenn in der Stationsstube Bilder hingen, die Szenen aus dem „Gefangenen im Kaukasus" oder russische Generäle darstellten; sei jedoch auf den Bildern das Leben des bekannten Spielers Georges de Germanie dargestellt, so dürfe der Reisende nicht auf eine baldige Abfahrt hoffen: Er werde dann Zeit haben, sich an der aufgewirbelten Haartolle des Spielers satt zu sehen, an der aufknöpfbaren weißen Weste, an den außerordentlich engen und kurzen Beinkleidern, die er in jungen Jahren trug, und an seiner von Leidenschaft verzerrten Physiognomie, als er, nun schon ein alter Mann geworden, einen Stuhl hoch emporschwingt und in einer Hütte mit steilem Dach dann den eigenen Sohn erschlägt. In der Stube, in die Rudin eintrat, hingen gerade diese Bilder aus „Dreißig Jahre oder Das Leben eines Spielers".

Auf seinen Ruf erschien der Postmeister mit verschlafenem Gesicht (nebenbei – hat schon jemand einen Postmeister erlebt, der nicht verschlafen ausgesehen hätte?) und erklärte, ohne überhaupt Rudins Frage abzuwarten, mit träger Stimme, es seien keine Pferde da.

„Wie können Sie sagen, es seien keine Pferde da", erwiderte Rudin, „dabei wissen Sie noch nicht einmal, wohin ich reise. Ich bin mit Privatpferden hierhergekommen."

„Wir haben nirgendwohin Pferde", antwortete der Postmeister. „Wohin reisen Sie denn?"

„Nach ...sk."

„Es sind keine Pferde da", wiederholte der Postmeister und ging hinaus.

Rudin trat ärgerlich ans Fenster und warf seine Mütze auf den Tisch. Er hatte sich in den letzten zwei Jahren nicht viel verändert, sah aber krankhaft bleich aus, hier und da schimmerten silberne Fäden in seinem lockigen Haar, und die immer noch schönen Augen schienen etwas an Glanz verloren zu haben; feine Runzeln, die Spuren bitterer und aufregender Erlebnisse, hatten sich um seinen Mund, auf seine Wangen und Schläfen gelegt.

Seine Kleidung war abgetragen und alt, von Wäsche war nirgends etwas zu sehen. Seine Blütezeit war offensichtlich vorbei: Er war, wie die Gärtner sagen, ins Kraut geschossen.

Er fing an, die Aufschriften an den Wänden zu lesen, die bekannte Zerstreuung Reisender, die sich langweilen. Plötzlich knarrte die Tür, und der Postmeister kam herein.

„Pferde nach ...sk gibt es keine und wird es noch lange keine geben", sagte er, „aber nach ...ow sind Retourpferde da."

„Nach ...ow?" erwiderte Rudin. „Aber ich bitte Sie! Das liegt doch gar nicht an meinem Wege. Ich reise nach Pensa, und ...ow liegt, soviel ich weiß, in Richtung Tambow."

„Na und? Von Tambow aus können Sie dann weiterfahren, wenn Sie nicht schon in ...ow irgendwie abbiegen können."

Rudin überlegte.

„Nun, meinetwegen", meinte er schließlich, „lassen Sie anspannen. Mir ist es gleich; dann fahre ich eben nach Tambow."

Die Pferde wurden bald gebracht. Rudin trug seinen Mantelsack hinaus, kletterte auf den Wagen, setzte sich und ließ wie vorher den Kopf hängen. Es lag etwas Hilfloses und Traurig-Ergebenes in seiner gebeugten Gestalt... Das Dreigespann trabte unter abgerissenem Schellengeläut gemächlich davon.

Epilog

Wieder waren einige Jahre vergangen.

Es war ein kalter Herbsttag. Vor der Freitreppe des Hauptgasthofes der Gouvernementsstadt S... hielt eine Reisekalesche. Aus ihr kletterte, leise ächzend und sich ein wenig rekkend, ein Herr, der zwar noch nicht alt war, aber bereits jene Leibesfülle erlangt hatte, die man respektabel zu nennen pflegt. Nachdem er die Treppe zum ersten Stock hinaufgestiegen war, blieb er vor einem breiten Korridor stehen und verlangte, da er niemanden sah, mit lauter Stimme ein Zimmer. Irgendwo klappte eine Tür; hinter einem niedrigen Wandschirm sprang ein langer Lakai hervor und eilte herbei. Er schob sich seitwärts nach vorn, und im Halbdunkel des Korridors sah man seinen blankgewetzten Rücken und seine aufgekrempelten Ärmel schimmern. Als der Reisende in sein Zimmer trat, warf er sogleich Mantel und Schal ab, setzte sich auf den Diwan und schaute zuerst, die Fäuste auf die Knie gestützt, wie schlaftrunken um sich, dann befahl er, seinen Diener zu rufen. Der Lakai machte eine ausweichende Bewegung und verschwand. Dieser Reisende war niemand anders als Leshnjow. Die Rekrutenaushebung hatte ihn veranlaßt, von seinem Gut nach S... zu fahren.

Leshnjows Diener, ein krausköpfiger und rotwangiger junger Bursche in einem grauen, mit einem blauen Stoffgürtel umschlungenen Mantel und weichen Filzstiefeln, trat ins Zimmer.

„Na also, mein Lieber, nun sind wir doch angekommen", sagte Leshnjow, „und du hattest die ganze Zeit Angst, der Reifen werde vom Rad abspringen."

„Ja, wir sind wirklich angekommen!" erwiderte der Diener und bemühte sich, aus dem hochgeschlagenen Mantelkragen heraus zu lächeln. „Weshalb aber der Reifen nicht abgesprungen ist..."

„Ist niemand hier?" erscholl eine Stimme auf dem Korridor.

Leshnjow fuhr zusammen und horchte auf.

„Heda! Ist dort jemand?" wiederholte die Stimme.

Leshnjow stand auf, ging zur Tür und öffnete sie schnell.

Vor ihm stand ein hochgewachsener, fast ganz ergrauter und gebeugter Mann in einem alten Plüschrock mit bronzenen Knöpfen. Leshnjow erkannte ihn sofort.

„Rudin!" rief er bewegt.

Rudin drehte sich um. Er konnte die Gesichtszüge Leshnjows, der mit dem Rücken zum Licht stand, nicht erkennen und sah ihn zweifelnd an.

„Erkennen Sie mich nicht?" fragte Leshnjow.

„Michailo Michailytsch!" rief Rudin und streckte die Hand aus, geriet aber in Verwirrung und wollte sie wieder zurückziehen.

Leshnjow ergriff sie rasch mit beiden Händen.

„Kommen Sie herein, kommen Sie herein zu mir!" sagte er zu Rudin und führte ihn ins Zimmer.

„Wie Sie sich verändert haben!" sprach Leshnjow nach kurzem Schweigen und senkte dabei unwillkürlich die Stimme.

„Ja, das höre ich oft!" erwiderte Rudin und ließ den Blick im Zimmer umherschweifen. „Die Jahre... Aber Sie, Sie sind noch wie früher. Wie geht es Alexandra... Ihrer Gattin?"

„Danke, gut. Doch welcher Zufall führt Sie hierher?"

„Mich? Das ist eine lange Geschichte. In dieses Haus bin ich eigentlich ganz zufällig gekommen. Ich suchte einen Bekannten. Übrigens freue ich mich sehr..."

„Wo essen Sie?"

„Ich? Ich weiß nicht. Irgendwo in einem Gasthaus. Ich muß heute noch von hier abreisen."

„Sie müssen?"

Rudin lächelte bedeutsam.

„Ja, ich muß. Man hat mir mein Gut als Aufenthaltsort angewiesen."

„Essen Sie mit mir."

Rudin blickte zum erstenmal Leshnjow gerade in die Augen.

„Sie schlagen mir vor, mit Ihnen zu essen?" fragte er.

„Ja, Rudin, nach alter Weise, kameradschaftlich. Wollen Sie? Ich hatte nicht erwartet, Sie hier zu treffen, und Gott weiß, wann wir uns wiedersehen werden. So können wir doch nicht auseinandergehen!"

„Gut, ich bin einverstanden."

Leshnjow drückte Rudin die Hand, rief seinen Diener, bestellte das Essen und ließ eine Flasche Champagner auf Eis stellen.

Während des Essens unterhielten sich Leshnjow und Rudin, wie auf Verabredung, nur von ihrer Studentenzeit; sie erinnerten sich an vieles und viele, an Tote und Lebende. Anfangs sprach Rudin unfrei, als er aber ein paar Glas Wein getrunken hatte, erhitzte sich sein Blut. Endlich trug der Bediente die letzte Schüssel hinaus. Leshnjow stand auf, verschloß die Tür, setzte sich, an den Tisch zurückgekehrt, Rudin gerade gegenüber und stützte still das Kinn in beide Hände.

„Und jetzt", begann er, „müssen Sie mir alles erzählen, was Sie erlebt haben, seit ich Sie nicht mehr gesehen habe."

Rudin sah Leshnjow an.

Mein Gott! dachte Leshnjow wieder, wie er sich verändert hat, der arme Kerl!

Die Züge Rudins hatten sich wenig verändert, besonders seit der Zeit, da wir ihn auf der Poststation trafen, obwohl das herannahende Alter ihnen bereits seinen Stempel aufgedrückt hatte, aber sein Gesichtsausdruck war ein anderer geworden. Die Augen blickten anders; aus seinem ganzen Wesen, seinen bald bedächtigen, bald unvermittelt hastigen Bewegungen, aus der erkalteten, gleichsam gebrochenen Redeweise sprach endgültige Müdigkeit, geheimer, stiller Gram, grundverschieden von jener halb gespielten Schwermut, die er früher zur Schau getragen hatte und die die Jugend, die noch Hoffnungen und Selbstvertrauen besitzt, überhaupt gern zur Schau trägt.

„Ich soll Ihnen alles erzählen, was ich erlebt habe?" fragte er. „Alles läßt sich nicht erzählen, und es lohnt sich auch nicht. Ich habe mich redlich abgeplagt und bin viel herumgeirrt – nicht nur körperlich, auch seelisch habe ich gelitten. Wer und was hat mich nicht alles enttäuscht, mein Gott! Mit wem habe ich nicht alles Freundschaft geschlossen! Ja, mit wem!" wiederholte Rudin, da er merkte, daß Leshnjow ihm mit besonderer Teilnahme ins Gesicht sah. „Wie oft sind mir meine eigenen Worte zuwider geworden, nicht nur in meinem eigenen Munde, sondern auch im Munde von Menschen, die meine Ansichten teilten! Wie oft bin ich aus der Reizbarkeit eines Kindes in die stumpfe Gefühllosigkeit eines Pferdes verfallen, das nicht einmal mehr mit dem Schweif zuckt, wenn die Peitsche es trifft. Wie oft habe ich mich umsonst gefreut, wie oft vergebens gehofft, gekämpft und mich erniedrigt! Wie oft bin ich wie ein Falke ausgeflogen und kriechend zurückgekehrt wie eine Schnecke, der das Haus zertreten wurde! Wo bin ich nicht überall gewesen, welche Wege nicht gegangen! Und es gibt schmutzige Wege", fügte Rudin hinzu und wandte sich ein wenig ab. „Sie wissen ...", fuhr er fort.

„Hören Sie", unterbrach ihn Leshnjow, „wir haben einstmals du zueinander gesagt. Willst du? Erneuern wir den alten Brauch! Trinken wir auf das *Du*!"

Rudin fuhr zusammen, dann richtete er sich auf, und in seinen Augen leuchtete etwas, das Worte nicht wiederzugeben vermögen.

„Trinken wir", sagte er, „ich danke dir, Bruder, trinken wir."

Leshnjow und Rudin leerten ihre Gläser.

„*Du* weißt", begann Rudin wieder und betonte lächelnd das Wort du, „in mir sitzt ein Wurm, der an mir nagt und frißt und mich bis an mein Ende nicht zur Ruhe kommen lassen wird. Er treibt mich auf die Menschen zu. Erst unterwerfen sie sich meinem Einfluß, dann aber ..."

Rudin fuhr mit der Hand durch die Luft.

„Seit ich Sie, dich das letztemal sah, habe ich viel durchlebt und viel durchlitten. Wohl zwanzigmal habe ich ein neues Leben angefangen, etwas Neues begonnen, und du siehst ja, was daraus geworden ist!"

„Du hattest keine Ausdauer", sagte Leshnjow wie zu sich selbst.

„Wie du sagst, ich hatte keine Ausdauer! Etwas aufbauen, das habe ich nie gekonnt; es ist aber auch nicht leicht, etwas zu bauen, Bruder, wenn man keinen Boden unter den Füßen hat, wenn man sich sein eigenes Fundament selber schaffen muß! Ich will dir nicht alle meine Abenteuer, das heißt, genaugenommen, alle meine Mißerfolge, beschreiben. Ich werde dir zwei, drei Vorfälle schildern, und zwar jene Vorfälle aus meinem Leben, wo mir der Erfolg bereits zu lächeln schien, oder nein, wo ich auf einen Erfolg zu hoffen begann, was nicht ganz ein und dasselbe ist."

Rudin warf sein graues und schon gelichtetes Haar mit der

gleichen Handbewegung zurück, mit der er einstmals seine dunklen und dichten Locken zurückgeworfen hatte.

„Also, hör zu", begann er. „In Moskau kam ich mit einem ziemlich sonderbaren Herrn zusammen. Er war sehr reich und besaß ausgedehnte Ländereien; im Staatsdienst stand er nicht. Seine Hauptleidenschaft, seine einzige Leidenschaft überhaupt, war die Liebe zur Wissenschaft, zur Wissenschaft im allgemeinen. Bis zum heutigen Tag kann ich nicht begreifen, warum diese Leidenschaft in ihm erwacht war! Sie paßte zu ihm wie der Sattel zur Kuh. Nur mit Mühe hielt er sich geistig auf der Höhe, und reden konnte er fast gar nicht; er rollte stets nur ausdrucksvoll die Augen und schüttelte bedeutsam den Kopf. Nie, Bruder, bin ich einer weniger begnadeten und ärmeren Natur begegnet... Im Smolensker Gouvernement gibt es solche Gegenden – Sand, nichts als Sand ist dort, nur hier und da etwas Gras, das kein Tier fressen mag. Nichts glückte ihm; alles glitt ihm gleichsam aus den Händen, dabei war er geradezu darauf versessen, alles Leichte schwer zu machen. Wenn es nach ihm gegangen wäre, hätten seine Leute mit den Fersen essen müssen – wahrhaftig. Er arbeitete, schrieb und las unermüdlich. Mit einer gewissen eigensinnigen Beharrlichkeit, einer schrecklichen Geduld umwarb er die Wissenschaft; sein Ehrgeiz war ungeheuer und sein Charakter eisern. Er lebte allein und galt als Sonderling. Ich lernte ihn kennen und... Nun, ich gefiel ihm. Ich muß gestehen, ich hatte ihn bald durchschaut, doch sein Eifer rührte mich. Außerdem verfügte er über riesige Mittel; soviel Gutes konnte man durch ihn tun, soviel wirklichen Nutzen bringen! Ich nahm bei ihm Wohnung und fuhr mit ihm schließlich auf sein Gut. Ich hatte gewaltige Pläne, Bruder: Ich träumte von allerhand Verbesserungen, Neuerungen..."

„Wie bei der Lassunskaja, erinnerst du dich?" bemerkte Leshnjow mit gutmütigem Lächeln.

„Ach wo! Dort wußte ich im Innern, daß meinen Worten keine Taten folgen würden; hier aber, hier eröffnete sich mir ein ganz anderes Feld. Ich schleppte einen Haufen agronomischer Bücher mit – allerdings habe ich nicht ein einziges bis zu Ende gelesen –, nun, und dann machte ich mich an die Arbeit. Anfangs ging es nicht, wie ich erwartet hatte, aber dann schien es gehen zu wollen. Mein neuer Freund schwieg zu allem und schaute nur zu, er hinderte mich nicht, das heißt, bis zu einem gewissen Grade hinderte er mich nicht. Er nahm meine Vorschläge an und führte sie aus, jedoch starrsinnig, widerstrebend, mit einem geheimen Mißtrauen, und bog alles nach seinem Sinn um. Jeden seiner eigenen Gedanken schätzte er ungemein hoch. Er klammerte sich daran wie der Marienkäfer an die Spitze des Grashalms, den er erklettert hat und auf dem er nun sitzt und sitzt, als wolle er jeden Augenblick die Flügel ausbreiten, um davonzufliegen. Plötzlich aber fällt er hinunter und klettert von neuem an dem Halm hoch. Wundere dich nicht über all diese Vergleiche. Sie haben sich schon damals in mir angehäuft. So schlug ich mich ein paar Jahre herum. Die Sache ging schlecht voran, all meinen Bemühungen zum Trotz. Ich begann ihrer überdrüssig zu werden. Mein Freund wurde mir lästig; ich fing an, ihn zu bespötteln. Er lastete auf mir wie ein Fels. Sein Mißtrauen ging in eine dumpfe Gereiztheit über. Ein feindseliges Gefühl nahm in uns beiden überhand, wir konnten miteinander über nichts mehr reden. Verstohlen, aber unaufhörlich bemühte er sich, mir zu beweisen, daß er sich meinem Einfluß nicht unterwerfe; meine Anordnungen wurden entweder nicht richtig oder gar nicht ausgeführt. Ich merkte schließlich, daß ich von dem Herrn Gutsbesitzer nur als Kostgänger ausgehalten wurde, weil er sich geistig an mir üben wollte. Es erbitterte mich, Zeit und Kraft nutzlos vergeudet zu haben; mit Bitterkeit erkannte ich, daß ich mich wieder einmal in meinen Erwartungen getäuscht hatte. Ich wußte sehr wohl, was ich verlor, wenn ich abreiste, aber ich konnte mich mit meiner Lage nicht abfinden, und eines Tages, nach einem heftigen und empörenden Auftritt, dessen Zeuge ich wurde und der mir meinen Freund von einer gar zu ungünstigen Seite zeigte, zerstritt ich mich endgültig mit ihm, reiste ab und gab den pedantischen, aus Steppenmehl und deutschem Sirup gekneteten Krautjunker auf..."

„Das heißt, du gabst dein Stück täglich Brot auf", sagte Leshnjow und legte beide Hände auf Rudins Schultern.

„Ja, und befand mich wieder nackt und bloß im leeren Raum. Nun, flieg, wohin du willst ... Ach was, trinken wir!"

„Auf deine Gesundheit!" sprach Leshnjow, erhob sich etwas und küßte Rudin auf die Stirn. „Auf deine Gesundheit und auf das Andenken Pokorskis. Er hat es ebenfalls verstanden, arm zu bleiben."

„Das war also Nummer eins meiner Abenteuer", begann Rudin nach einer Weile wieder. „Wie ist es, soll ich weitererzählen?"

„Bitte, erzähle weiter."

„Ach! Das Reden macht mir keine Freude mehr. Ich bin des Redens müde, Bruder, doch, gut, ich werde erzählen. Nachdem ich mich noch an verschiedenen Orten herumgetrieben hatte – nebenbei gesagt, ich könnte dir erzählen, wie ich Sekretär bei einer wohlgesinnten hohen Persönlichkeit wurde und was dabei herauskam, aber das würde uns zu weit führen –, nachdem ich mich also noch an verschiedenen Orten herumgetrieben hatte, entschloß ich mich schließlich – bitte, lache nicht –, Geschäftsmann, ein praktischer Mensch zu werden. Es bot sich eine Gelegenheit dazu: Ich kam mit einem gewissen – du hast vielleicht schon von ihm gehört –, mit einem gewissen Kurbejew zusammen. Nein?"

„Nein, ich habe den Namen noch nie gehört. Aber ich bitte dich, Rudin, wie konntest du, mit deinem Verstand, nicht voraussehen, daß es nicht dein Geschäft ist – entschuldige das Wortspiel –, Geschäftsmann zu sein?"

„Ich weiß, Bruder, daß das nicht meine Sache ist, aber was ist denn überhaupt meine Sache? Du hättest Kurbejew sehen sollen! Stelle dir ihn, bitte, nicht als irgendeinen hohlen Schwätzer vor. Man sagt, ich sei einstmals beredt gewesen. Im Vergleich zu ihm war ich ganz unbedeutend. Er war ein erstaunlich gelehrter, kenntnisreicher Mann, ein schöpferischer Kopf, der geborene Mann für Industrie- und Handelsunternehmungen. Die kühnsten, überraschendsten Projekte schossen ihm nur so durchs Hirn. Wir taten uns zusammen und beschlossen, unsere Kräfte auf ein gemeinnütziges Werk zu verwenden."

„Auf welches, gestatte die Frage."

Rudin schlug die Augen nieder.

„Du wirst lachen."

„Warum denn? Nein, ich werde nicht lachen."

„Wir beschlossen, einen Fluß im Gouvernement K... schiffbar zu machen", sagte Rudin mit einem verlegenen Lächeln.

„Sieh mal an! Dieser Kurbejew war also ein Kapitalist?"

„Er war ärmer als ich", erwiderte Rudin und senkte langsam seinen ergrauten Kopf.

Leshnjow lachte laut auf, hielt jedoch plötzlich inne und ergriff Rudins Hand.

„Bitte, verzeih mir, Bruder", sagte er, „aber das hatte ich wirklich nicht erwartet. Nun, und euer Unternehmen blieb also nur auf dem Papier?"

„Nicht ganz. Ein Anfang wurde gemacht. Wir stellten Arbeiter ein, und dann gingen wir ans Werk. Aber wir stießen gleich auf allerlei Hindernisse. Erstens wollten die Mühlenbesitzer uns durchaus nicht begreifen; außerdem konnten wir ohne eine Maschine mit dem Wasser nicht fertig werden – zu einer Maschine aber langte das Geld nicht. Sechs Monate hausten wir in Erdhütten. Kurbejew ernährte sich nur von Brot, ich konnte mich ebenfalls nicht satt essen. Ich bedaure das Ganze übrigens nicht: Die Landschaft dort ist wunderschön. Wir mühten und quälten uns ab, suchten die Kaufleute zu überreden, verfaßten Briefe und Rundschreiben. Es endete damit, daß ich meinen letzten Groschen bei diesem Projekt zusetzte."

„Nun", bemerkte Leshnjow, „ich glaube, es war nicht schwer, deinen letzten Groschen zuzusetzen."

„Es war nicht schwer, das stimmt."

Rudin blickte zum Fenster hinaus.

„Aber das Projekt war, bei Gott, nicht übel und hätte riesigen Gewinn bringen können."

„Was ist denn aus diesem Kurbejew geworden?" fragte Leshnjow.

„Aus ihm? Er ist jetzt in Sibirien; Goldgräber ist er geworden. Und du wirst sehen, er wird sich ein Vermögen erwerben; der geht nicht unter."

„Mag sein. Aber du wirst dir bestimmt kein Vermögen erwerben."

„Ich? Was kann man da machen! Ich weiß ja, in deinen Augen war ich schon immer ein wertloser Mensch."

„Du? Nun hör aber auf, Bruder! Es gab allerdings eine Zeit, wo mir nur deine Schattenseiten in die Augen fielen, aber jetzt, glaube mir, habe ich dich schätzen gelernt. Du wirst dir kein Vermögen erwerben – gerade deswegen liebe ich dich. Ja, so ist es!"

Rudin lächelte matt.

„Wirklich?"

„Ich achte dich deswegen!" wiederholte Leshnjow. „Kannst du mich verstehen?"

Beide schwiegen eine Weile.

„Wie ist es, soll ich zu Nummer drei übergehen?" fragte Rudin.

„Tu mir den Gefallen."

„Na schön. Die dritte und letzte Nummer. Diese Nummer habe ich gerade erst hinter mich gebracht. Aber langweile ich dich auch nicht?"

„Sprich nur, sprich."

„Siehst du", begann Rudin, „einmal in einer Mußestunde – Muße habe ich ja immer mehr als genug gehabt –, da dachte ich mir: Kenntnisse besitze ich genügend, der Wille zum Guten ... Sag mal, du wirst mir doch den Willen zum Guten nicht absprechen?"

„Das fehlte noch!"

„Auf allen anderen Gebieten habe ich mehr oder weniger Schliff gebacken. Weshalb sollte ich nicht Pädagoge werden oder, einfach gesagt, Lehrer? Besser, als so unnütz dahinzuleben..."

Rudin hielt inne und seufzte.

„Besser, als unnütz dahinzuleben, wäre doch, wenn ich mich bemühte, das, was ich weiß, an andere weiterzugeben: Vielleicht würden sie aus meinem Wissen einigen Nutzen ziehen. Meine Fähigkeiten sind doch schließlich keine alltäglichen; ich meistere die Sprache ... Und so beschloß ich denn, mich dieser neuen Aufgabe zu widmen. Es kostete mich Mühe, eine Stelle zu finden: Privatunterricht wollte ich nicht erteilen; Grundschulen waren nicht das Richtige für mich. Endlich gelang es mir, die Stelle eines Lehrers am hiesigen Gymnasium zu erlangen."

„Eines Lehrers wofür?" fragte Leshnjow.

„Eines Lehrers für russische Literatur. Ich sage dir, an keine Sache bin ich mit solchem Feuereifer herangegangen wie an diese. Der Gedanke, auf die Jugend zu wirken, begeisterte mich. Drei Wochen saß ich und faßte meine Antrittsvorlesung ab."

„Hast du sie bei dir?" unterbrach ihn Leshnjow.

„Nein, sie ist mir irgendwo abhanden gekommen. Sie geriet nicht übel und gefiel. Noch jetzt sehe ich die Gesichter meiner Zuhörer vor mir – gute junge Gesichter mit dem Ausdruck treuherziger Aufmerksamkeit und Anteilnahme, ja sogar des Erstaunens. Ich bestieg das Katheder und hielt meine Vorlesung wie im Fieber. Ich hatte geglaubt, sie würde reichlich eine Stunde dauern, aber ich war in zwanzig Minuten damit fertig. Der Inspektor saß auch dabei – ein trockener Greis mit silberner Brille und zu kurzer Perücke – und neigte bisweilen den Kopf zu mir hin. Als ich geendet hatte und von meinem Stuhl aufsprang, sagte er zu mir: ‚Gut, nur ein wenig zu hoch und zu unklar, und über das eigentliche Thema ist zuwenig gesagt worden.' Die Gymnasiasten jedoch begleiteten mich mit achtungsvollen Blicken – wahrhaftig. Eben das ist ja an der Jugend so wertvoll! Die zweite Vorlesung brachte ich schriftlich mit und ebenso die dritte. Danach begann ich zu improvisieren."

„Und du hattest Erfolg?" fragte Leshnjow.

„Ich hatte großen Erfolg. Die Zuhörer kamen in Scharen. Ich gab ihnen alles, was ich in mir trug. Unter ihnen waren drei, vier wirklich beachtliche Jungen; die übrigen verstanden mich nur wenig. Übrigens muß ich gestehen, daß auch diejenigen, die mich verstanden, mich manchmal durch ihre Fragen in Verlegenheit brachten. Aber ich verlor den Mut nicht. Liebten sie mich doch alle, denn ich gab bei den Überprüfungen gute Zensuren. Aber da begann man gegen mich zu intrigieren. Oder nein! Man intrigierte nicht gegen mich – ich war einfach in eine Umgebung geraten, in die ich nicht paßte. Ich war den andern unbequem, und sie waren mir unbequem. Ich hielt

Gymnasiasten Vorlesungen, wie man sie selbst Studenten nicht hält. Meine Zuhörer nahmen aus meinen Vorlesungen zuwenig mit. Fakten wußte ich selber nicht viele. Außerdem begnügte ich mich mit dem Wirkungskreis nicht, der mir angewiesen war. Du weißt, das war schon immer meine schwache Seite. Ich wollte gründliche Reformen, und ich schwöre dir, diese Reformen wären vernünftig und leicht ausführbar gewesen. Ich hoffte, sie über den Direktor in die Tat umzusetzen, einen guten und ehrlichen Mann, auf den ich anfangs Einfluß hatte. Seine Frau half mir. Ich bin in meinem Leben nicht oft solchen Frauen begegnet, Bruder. Sie war schon an die Vierzig, aber sie glaubte an das Gute und liebte alles Schöne, wie ein fünfzehnjähriges Mädchen; und sie scheute sich nicht, ihre Überzeugungen vor jedermann, wer es auch sein mochte, offen auszusprechen. Ich werde ihre edle Begeisterung und Lauterkeit nie vergessen. Auf ihren Rat hatte ich schon einen Plan niedergeschrieben, doch da begann man gegen mich zu wühlen und schwärzte mich bei ihr an. Besonders schadete mir der Mathematiklehrer, ein kleiner, bissiger, galliger Mensch, der an nichts glaubte; er ähnelt Pigassow, ist nur bei weitem tüchtiger als er. Nebenbei, was macht Pigassow, lebt er noch?"

„Er lebt noch, und stell dir vor, er hat eine Kleinbürgerin geheiratet, die ihn prügelt, wie man sagt."

„Das geschieht ihm recht! Und Natalja Alexejewna, geht es ihr gut?"

„Ja."

„Ist sie glücklich?"

„Ja."

Rudin schwieg eine Weile.

„Wovon sprach ich doch gleich ... Ja, von dem Mathematiklehrer. Er haßte mich, verglich meine Vorlesungen mit einem Feuerwerk, griff flugs jeden nicht ganz klaren Ausdruck auf und setzte mich einmal sogar mit einem Literaturdenkmal des sechzehnten Jahrhunderts in Verlegenheit. Die Hauptsache aber war, er verdächtigte meine Absichten. Meine letzte Seifenblase stieß an ihn wie an einer Nadel und zerplatzte. Der Inspektor, mit dem ich von Anfang an auf keinem guten Fuß gestanden hatte, hetzte den Direktor gegen mich auf. Es kam zu einem Auftritt. Ich wollte nicht nachgeben, ereiferte mich, und die Sache wurde der vorgesetzten Behörde hinterbracht. Ich mußte kündigen. Ich fand mich damit nicht ab – ich wollte zeigen, daß man so mit mir nicht umspringen könne. Aber man konnte mit mir eben doch nach Belieben umspringen. Jetzt muß ich diese Stadt verlassen."

Es trat Schweigen ein. Beide Freunde saßen mit gesenktem Kopf da.

Als erster nahm Rudin wieder das Wort.

„Ja, Bruder", begann er, „ich kann jetzt mit Kolzow sagen: ,Wohin hast du, meine Jugendzeit, mich geführt, mich getrieben, daß ich nun nicht mehr ein noch aus weiß ...' Bin ich denn wirklich zu gar nichts nütze, gibt es für mich wirklich keinerlei Aufgabe auf Erden? Oft habe ich mir diese Frage gestellt, und wie sehr ich mich auch bemühte, mich in meinen eigenen Augen herabzusetzen, ich konnte dennoch nicht leugnen, daß in mir Kräfte stecken, wie sie nicht jedem gegeben sind! Weshalb aber bleiben diese Kräfte unfruchtbar? Und dann noch eins: Erinnerst du dich, als wir zusammen im Ausland waren, da war ich überheblich und gab mich der Selbsttäuschung hin ... Gewiß, damals erkannte ich noch nicht klar, was ich wollte; ich berauschte mich an Worten und glaubte an Hirngespinste, jetzt aber, ich schwöre es dir, kann ich laut und vor aller Welt aussprechen, was ich ersehne. Ich habe wirklich nichts zu verbergen: Ich bin durch und durch und im wahrsten Sinn des Wortes ein Mensch guten Willens; ich gebe mich zufrieden, will mich den Umständen anpassen, erstrebe wenig, will nur nahe Ziele erreichen und wenigstens einen geringen Nutzen bringen. Aber nein! Es gelingt mir nicht! Was bedeutet das? Was hindert mich, so zu leben und zu wirken wie die andern? Mehr erträume ich mir jetzt gar nicht. Doch kaum ist es mir geglückt, eine bestimmte Stellung einzunehmen, auf einem bestimmten Punkt Fuß zu fassen, da stößt mich das Schicksal auch schon wieder hinweg. Ich fange an, es zu fürchten – mein Schicksal. Woher kommt das alles? Löse mir dieses Rätsel!"

„Rätsel!" wiederholte Leshnjow. „Ja, es ist wahr. Du warst auch für mich immer ein Rätsel. Sogar in unserer Jugend, wenn du manchmal nach irgendeiner kleinlichen Auseinandersetzung plötzlich zu reden begannst, daß einem das Herz erbebte, und dann wieder anfingst – nun, du weißt schon, was ich sagen will –, selbst damals verstand ich dich nicht: Deswegen habe ich auch aufgehört, dich zu lieben. Du hast soviel Kraft in dir, ein so unermüdliches Streben nach Idealen..."

„Worte, nichts als Worte! Die Taten fehlen!" unterbrach ihn Rudin.

„Die Taten fehlen! Was denn für Taten?" entgegnete Leshnjow.

„Was für Taten? Eine blinde Großmutter samt ihrer ganzen Sippe durch eigene Arbeit ernähren, wie Prjashenzew, erinnerst du dich... Da hast du eine Tat."

„Ja, aber ein gutes Wort ist auch eine Tat."

Rudin sah Leshnjow schweigend an und schüttelte still den Kopf.

Leshnjow wollte etwas sagen, strich sich aber nur mit der Hand übers Gesicht.

„Du fährst also auf dein Gut?" fragte er schließlich.

„Ja, auf mein Gut."

„Ist dir denn dein Gut geblieben?"

„Etwas davon ist mir geblieben. Zweieinhalb Seelen. Ein Winkel, wo ich sterben kann. Du denkst vielleicht in diesem Augenblick: Nicht einmal jetzt kann er das Phrasendreschen lassen! Es ist wahr, das Phrasendreschen hat mich zugrunde gerichtet; es hat an mir gezehrt – bis zum Schluß habe ich mich nicht davon frei machen können. Aber was ich soeben gesagt habe, war keine Phrase. Keine Phrase, Bruder, sind diese weißen Haare, diese Runzeln; diese durchgewetzten Ellbogen, auch sie sind keine Phrase. Du warst immer streng gegen mich, und du warst gerecht, aber nicht um Strenge geht es jetzt mehr, wo alles zu Ende ist, wo kein Öl mehr in der Lampe und die Lampe selbst zerbrochen ist und jeden Augenblick der Docht ausglimmen kann. Der Tod, Bruder, muß endlich aussöhnen."

Leshnjow sprang auf.

„Rudin!" rief er. „Warum sagst du mir das? Womit habe ich das von dir verdient? Wie kann ich dein Richter sein, und was wäre ich für ein Mensch, wenn mir beim Anblick deiner eingefallenen Wangen, deiner Runzeln das Wort Phrase hätte in den Sinn kommen können? Du willst wissen, was ich von dir denke? Nun gut! Ich denke: Dieser Mann hier – was hätte er mit seinen Fähigkeiten nicht alles erreichen können; welche irdischen Güter besäße er jetzt, wenn er gewollt hätte! Und ich finde ihn hungrig und ohne Obdach..."

„Ich erwecke dein Mitleid", äußerte Rudin dumpf.

„Nein, du irrst dich. Achtung flößt du mir ein – so ist es. Wer hinderte dich, Jahre um Jahre bei diesem Gutsbesitzer, deinem Freunde, zuzubringen? Ich bin überzeugt, hättest du nur die geringsten Anstalten gemacht, dich ihm anzupassen, er hätte dir eine sichere Existenz gewährt. Weshalb konntest du dich in dem Gymnasium nicht einleben? Mit was für Absichten du eine Sache auch immer anfingst, weshalb – du sonderbarer Mensch! – mußte es jedesmal damit enden, daß du deinen persönlichen Vorteil opfertest, nicht Wurzel schlugst in schlechtem Boden, wie fett er auch sein mochte?"

„Ich bin als Windwirbel geboren", fuhr Rudin mit schwermütigem Lächeln fort. „Ich kann nicht stillstehen."

„Das ist wahr, du kannst nicht stillstehen, aber nicht, weil ein Wurm in dir sitzt, wie du vorhin sagtest. Es ist kein Wurm, was in dir sitzt, nicht ein Geist müßiger Unruhe: Die Liebe zur Wahrheit glüht in dir, und offenbar glüht sie, all deiner inneren Zerrissenheit zum Trotz, in dir stärker als in vielen anderen, die sich selber nicht einmal für Egoisten halten und dich vielleicht gar einen Intriganten nennen. Ich wäre der erste, der an deiner Stelle diesen Wurm in sich schon längst zum Schweigen gebracht und sich mit allem ausgesöhnt hätte; du aber hast nicht einmal Verbitterung in dir aufkommen lassen, und ich bin überzeugt, du wärst heute noch, in diesem Augenblick, bereit, dich abermals an eine neue Arbeit zu machen, wie ein Jüngling."

„Nein, Bruder, ich bin jetzt müde", sagte Rudin. „Ich habe genug."

„Müde! Ein anderer wäre längst gestorben. Du sagst, der Tod söhnt aus. Meinst du, das Leben söhnt nicht aus? Wer gelebt hat und nicht nachsichtig gegen andere geworden ist, der verdient selbst keine Nachsicht. Wer aber kann sagen, er bedürfe keiner Nachsicht? Du hast getan, was du konntest, hast gekämpft, solange du konntest. Was willst du mehr? Unsere Wege gingen auseinander..."

„Du, Bruder, bist ein ganz anderer Mensch als ich", unterbrach ihn Rudin mit einem Seufzer.

„Unsere Wege gingen auseinander", fuhr Leshnjow fort, „vielleicht gerade deshalb, weil mich, dank meinem Vermögen, meinem kalten Blut und anderen glücklichen Umständen, nichts hinderte, zu Hause zu sitzen, die Hände in den Schoß zu legen und Zuschauer zu bleiben, während du hinaus mußtest aufs Feld, die Ärmel aufkrempeln, dich plagen, arbeiten mußtest. Unsere Wege gingen auseinander, doch sieh, wie nahe wir einander sind. Wir reden miteinander fast die gleiche Sprache; schon durch eine halbe Andeutung verstehen wir einander; wir sind mit den gleichen Gefühlen aufgewachsen. Es sind ja nur noch wenige von uns übrig, Bruder. Du und ich, wir sind die letzten der Mohikaner! In früheren Jahren, als das Leben noch vor uns lag, konnten wir verschiedener Meinung sein und einander sogar befehden, jetzt aber, da die Schar rings um uns sich lichtet, da neue Generationen an uns vorüberziehen, anderen Zielen als den unsrigen entgegen, müssen wir fest zusammenhalten. Stoßen wir an, Bruder, und singen wir wie einst: Gaudeamus igitur!"

Die Freunde stießen mit ihren Gläsern an und sangen in gerührtem und falschem, echt russischem Tonfall das alte Studentenlied.

„Du fährst nun also auf dein Gut", nahm Leshnjow wieder das Wort. „Ich glaube nicht, daß du dort lange bleiben wirst, und kann mir nicht vorstellen, wo, wie und auf welche Weise es einmal mit dir zu Ende gehen wird. Doch denke immer daran: Was dir auch widerfahren möge, du hast immer einen Platz, ein Nest, wo du Zuflucht finden kannst. Das ist mein Haus, hörst du, alter Junge? Auch das Denken hat seine Invaliden, und auch sie müssen ein Obdach haben."

Rudin stand auf.

„Ich danke dir, Bruder", sagte er. „Habe Dank! Ich werde dir das nicht vergessen. Doch ein Obdach verdiene ich nicht. Ich habe mein Leben verpfuscht und dem Denken nicht so gedient, wie es sich gebührte."

„Schweig still!" unterbrach ihn Leshnjow. „Ein jeder bleibt das, wozu die Natur ihn gemacht hat; mehr kann man von ihm nicht verlangen! Du hast dich einmal den Ewigen Juden genannt. Wie kannst du wissen – vielleicht ist es gerade deine Aufgabe, ewig zu wandern, vielleicht erfüllst du damit eine höhere, dir selbst unbekannte Bestimmung. Die Volksweisheit sagt nicht umsonst, daß wir alle in Gottes Hand stehen ... Du willst fahren", unterbrach sich Leshnjow, als er sah, daß Rudin nach seiner Mütze griff. „Du bleibst nicht über Nacht?"

„Ich fahre! Leb wohl. Hab Dank. Mit mir nimmt es kein gutes Ende."

„Das weiß nur Gott. – Du fährst bestimmt?"

„Ja. Leb wohl. Behalte mich nicht in schlechtem Andenken."

„Nun, behalte auch du mich in gutem Andenken, und vergiß nicht, was ich dir gesagt habe. Leb wohl!"

Die Freunde umarmten sich. Rudin ging schnell hinaus.

Leshnjow schritt lange im Zimmer auf und ab, blieb am Fenster stehen, dachte nach und sagte halblaut: „Armer Kerl!" Dann setzte er sich an den Tisch und begann einen Brief an seine Frau zu schreiben.

Draußen hatte sich ein Wind erhoben und schlug mit unheilverkündendem Heulen heftig und wütend an die klirrenden Scheiben. Eine lange Herbstnacht war hereingebrochen. Wohl dem, der in solchen Nächten ein Dach über dem Kopf hat und in einem warmen Winkel sitzt. Gott aber möge allen obdachlosen Wanderern helfen.

Am glühendheißen Mittag des 26. Juni 1848 stürmte in Paris, als der Aufstand der „Nationalwerkstätten" schon beinahe unterdrückt war, in einer der engen Quergassen der Vorstadt St. Antoine ein Bataillon Linientruppen eine Barrikade. Einige Kanonenschüsse hatten diese bereits zertrümmert. Die am Leben gebliebenen Verteidiger zogen sich zurück und dachten nur noch an ihre eigene Rettung, als plötzlich auf der höchsten Erhebung der Barrikade, dem eingedrückten Wagenkasten eines umgestürzten Omnibusses, ein hochgewachsener Mann auftauchte, der einen alten, mit einer roten Schärpe umgürteten Gehrock und auf dem grauen, zerzausten Haar einen Strohhut trug. In der einen Hand hielt er eine rote Fahne, in der anderen einen krummen und stumpfen Säbel. Er schrie etwas mit gepreßter, hoher Stimme, während er hinaufkletterte und Fahne und Säbel schwenkte. Ein Schütze aus Vincennes zielte auf ihn und schoß. Der hochgewachsene Mann ließ die Fahne fallen und stürzte wie ein Sack vornüber aufs Gesicht, als fiele er jemandem zu Füßen. Die Kugel war ihm mitten durchs Herz gegangen.

„Tiens!" sagte einer der geflohenen Insurgenten zu einem anderen. „On vient de tuer le Polonais."

„Bigre!" antwortete der andere, und beide warfen sich in den Keller eines Hauses, an dem alle Fensterläden geschlossen waren und dessen Wände überall Spuren von Gewehr- und Kanonenkugeln aufwiesen.

Dieser „Polonais" war – Dmitri Rudin.

Ein Adelsnest

I

Ein heller Frühlingstag neigte sich dem Abend zu, kleine rosige Wölkchen standen hoch am klaren Himmel, und es schien, als schwebten sie nicht vorüber, sondern zögen in die lasurblaue Tiefe davon.

Am offenen Fenster eines schönen Hauses in einer der abgelegenen Straßen der Gouvernementsstadt O... – es war im Jahre 1842 – saßen zwei Frauen: Die eine war etwa fünfzig Jahre alt, die andere eine Greisin von siebzig.

Die erste hieß Marja Dmitrijewna Kalitina. Ihr Mann, einstmals Gouvernementsstaatsanwalt und seinerzeit als Geschäftemacher bekannt, ein rühriger und entschlossener, reizbarer und eigensinniger Mensch, war vor zehn Jahren gestorben. Er hatte eine vortreffliche Erziehung genossen und die Universität besucht; da er aber aus ärmlichen Verhältnissen stammte, hatte er schon früh die Notwendigkeit erkannt, sich selbst einen Weg zu bahnen und zu Geld zu kommen. Marja Dmitrijewna hatte ihn aus Liebe geheiratet, denn er sah nicht übel aus, war klug und, wenn er wollte, sehr liebenswürdig. Marja Dmitrijewna, eine geborene Pestowa, hatte bereits als Kind ihre Eltern verloren. Sie verbrachte einige Jahre in Moskau in einem Pensionat und lebte, nachdem sie von dort zurückgekehrt war, mit ihrer Tante und ihrem älteren Bruder auf ihrem Stammgut Pokrowskoje, das fünfzig Werst von O... entfernt liegt. Der Bruder siedelte bald nach Petersburg über, trat dort in den Staatsdienst und hielt Schwester und Tante sehr kurz, bis sein plötzlicher Tod seine Laufbahn beendete. Marja Dmitrijewna erbte Pokrowskoje, wohnte aber nicht lange dort; schon im zweiten Jahr nach ihrer Hochzeit mit Kalitin, der in wenigen Tagen ihr Herz erobert hatte, wurde Pokrowskoje gegen ein anderes Gut eingetauscht, das bedeutend einträglicher, aber nicht schön war und kein Herrenhaus hatte. Zur gleichen Zeit erwarb Kalitin das Haus in der Stadt O..., das er für sich und seine Frau zum ständigen Aufenthaltsort wählte. Zu dem Haus gehörte ein großer Garten, der auf der einen Seite an das freie Feld außerhalb der Stadt grenzte. Folglich – entschied Kalitin, der gar kein Freund ländlicher Stille war – bestehe keine Veranlassung, aufs Land zu fahren. Marja Dmitrijewna sehnte sich oft nach ihrem hübschen Pokrowskoje mit dem lustigen Flüßchen, den weiten Wiesen und grünen Hainen, doch sie widersprach ihrem Mann in keiner Weise und beugte sich ehrfürchtig seinem Verstand und seiner Weltkenntnis. Als er dann nach fünfzehnjähriger Ehe starb, einen Sohn und zwei Töchter hinterlassend, hatte Marja Dmitrijewna sich schon so an ihr Haus und an das Stadtleben gewöhnt, daß sie selber O... nicht mehr verlassen wollte.

Marja Dmitrijewna hatte in ihrer Jugend als eine niedliche Blondine gegolten, und auch jetzt noch, mit fünfzig Jahren, waren ihre Züge angenehm, wenngleich ein wenig aufgequollen und verschwommen. Sie war mehr empfindsam als gutherzig und hatte bis in ihre reifen Jahre ihre Pensionatsallüren beibehalten. Sie verwöhnte sich, regte sich leicht auf und konnte sogar weinen, wenn etwas gegen ihre Gewohnheiten ging; dafür aber war sie sehr sanft und liebenswürdig, wenn alle ihre Wünsche erfüllt wurden und niemand ihr widersprach. Ihr Haus gehörte zu den angenehmsten in der Stadt. Ihr Vermögen, nicht so sehr das ererbte wie das von ihrem Manne wohlerworbene, war recht ansehnlich. Die beiden Töchter lebten bei ihr, der Sohn jedoch wurde in einer der besten staatlichen Anstalten von Petersburg erzogen.

Die alte Dame, die mit Marja Dmitrijewna am Fenster saß, war eben jene Tante, die Schwester ihres Vaters, mit der sie einst die einsamen Jahre in Pokrowskoje verbracht hatte. Sie hieß Marfa Timofejewna Pestowa und galt als ein Original. Sie besaß einen sehr eigenwilligen Charakter, sagte allen die Wahrheit ins Gesicht und trat bei äußerst bescheidenen Mitteln so auf, als verfüge sie über Tausende. Sie hatte den verstorbenen

Kalitin nicht leiden können und sich, gleich nachdem ihre Nichte ihn geheiratet hatte, in ihr Dörfchen zurückgezogen. Dort wohnte sie volle zehn Jahre bei einem Bauern in einer Hütte, die nicht einmal einen Rauchfang besaß. Marja Dmitrijewna fürchtete sich ein wenig vor ihr. Marfa Timofejewna war klein und spitznasig und hatte noch im Alter schwarzes Haar, flinke Augen und einen raschen Gang; sie hielt sich gerade und sprach schnell und deutlich, mit einer feinen, klangvollen Stimme. Sie trug stets eine weiße Haube und eine kurze weiße Jacke.

„Was hast du?" fragte sie plötzlich Marja Dmitrijewna. „Weshalb seufzt du, meine Liebe?"

„Nur so", erwiderte diese. „Was für wunderbare Wolken heute sind!"

„Sie tun dir wohl leid, wie?"

Marja Dmitrijewna antwortete nichts.

„Wo bleibt denn Gedeonowski?" fragte Marfa Timofejewna, während sie emsig mit ihren Stricknadeln klapperte. Sie strickte einen langen wollenen Schal. „Er könnte mit dir zusammen seufzen oder uns etwas vorschwindeln."

„Wie hart Sie immer über ihn urteilen! Sergej Petrowitsch ist ein achtbarer Mensch."

„Achtbar!" wiederholte die alte Dame vorwurfsvoll.

„Und wie ergeben er meinem verstorbenen Mann war!" fuhr Marja Dmitrijewna fort. „Noch heute kann er nicht ohne Rührung an ihn denken."

„Ja, freilich! Der hat ihn ja auch an den Ohren aus dem Dreck gezogen", knurrte Marfa Timofejewna, und die Stricknadeln in ihren Händen klapperten noch heftiger.

„Er sieht so sanft aus", begann sie von neuem. „Sein Kopf ist schon ganz grau, wenn er aber den Mund auftut, lügt er oder klatscht. Und das nennt sich Staatsrat! Na ja, er ist eben ein Popensohn!"

„Wer ist denn ohne Fehler, Tantchen? Diese Schwäche hat er, allerdings. Sergej Petrowitsch hat allerdings keine Erziehung genossen – er spricht auch nicht Französisch, aber – sagen Sie doch selbst – ein netter Mensch ist er."

„Ja, weil er dir immer die Händchen leckt. Er spricht nicht

Französisch – was ist das schon für ein Unglück! Ich bin selber nicht stark im französischen ‚Dialekt'. Das beste wäre, er spräche überhaupt keine Sprache, dann würde er wenigstens nicht lügen. Da kommt er übrigens; malt man den Teufel an die Wand, dann kommt er auch schon", fügte Marfa Timofejewna hinzu, nachdem sie einen Blick auf die Straße geworfen hatte. „Da kommt er angestelzt, dein netter Mensch. So ein langes Laster, wie ein Storch!"

Marja Dmitrijewna ordnete ihre Locken. Marfa Timofejewna sah ihr mit spöttischem Lächeln zu.

„Was hast du da, meine Liebe? Wohl gar ein graues Haar? Du mußt deine Palaschka mal ordentlich hernehmen. Wo hat sie nur ihre Augen!"

„Ach, Tantchen, daß Sie auch immer...", murmelte Marja Dmitrijewna ärgerlich und trommelte mit den Fingern auf die Armlehne ihres Sessels.

„Sergej Petrowitsch Gedeonowski!" piepste ein kleiner rotwangiger Bedienter, der zur Tür hereingeschlüpft war.

2

Ein hochgewachsener Mann trat ein, der einen tadellosen Gehrock, etwas zu kurze Beinkleider, graue Wildlederhandschuhe und zwei Halsbinden trug – eine schwarze obenauf und eine weiße darunter. Alles an ihm atmete Anstand und Schicklichkeit, von dem wohlgeformten Gesicht und dem glattgekämmten Schläfenhaar bis zu den absatzlosen, nicht knarrenden Stiefeln. Er verbeugte sich zuerst vor der Hausherrin, dann vor Marfa Timofejewna und näherte sich, nachdem er langsam seine Handschuhe abgestreift hatte, Marja Dmitrijewna. Er küßte ihr ehrerbietig und gleich zweimal hintereinander die Hand, ließ sich gemächlich in einem Sessel nieder und sagte lächelnd, indem er die Fingerspitzen aneinanderrieb:

„Ist Jelisaweta Michailowna wohlauf?"

„Ja", antwortete Marja Dmitrijewna, „sie ist im Garten."

„Und Jelena Michailowna?"

„Lenotschka ist auch im Garten. – Gibt es nichts Neues?"

„Gewiß doch, gewiß doch", erwiderte der Gast blinzelnd und gemächlich die Lippen vorschiebend. „Hm! Da wäre zum Beispiel schon eine Neuigkeit – und sogar eine ganz erstaunliche: Fjodor Iwanowitsch Lawrezki ist wieder im Lande."

„Fedja!" rief Marfa Timofejewna aus. „Aber hast du dir das auch nicht etwa nur so ausgedacht, mein Lieber?"

„Durchaus nicht, ich habe ihn selber gesehen."

„Nun, das ist noch kein Beweis."

„Er hat sich sehr gut erholt", fuhr Gedeonowski fort, wobei er sich den Anschein gab, als habe er Marfa Timofejewnas Bemerkung überhört. „In den Schultern ist er noch breiter geworden, und richtig rote Backen hat er bekommen."

„Erholt", sagte Marfa Timofejewna gedehnt, „wovon soll er sich denn erholt haben?"

„Ja", entgegnete Gedeonowski, „ein anderer an seiner Stelle hätte sich geniert, sich in der Öffentlichkeit zu zeigen."

„Warum eigentlich?" unterbrach ihn Marfa Timofejewna. „Was ist das für ein Unsinn? Der Mann ist in seine Heimat zurückgekehrt. Wohin sollte er sich denn deiner Meinung nach verkriechen? Als träfe ihn die Schuld!"

„Der Mann ist immer schuld, meine Gnädige, wage ich zu behaupten, wenn die Frau sich schlecht aufführt."

„Das sagst du nur, mein Bester, weil du selbst nie verheiratet warst."

Gedeonowski lächelte gezwungen.

„Verzeihen Sie meine Neugier", fragte er nach kurzem Schweigen, „für wen ist dieser reizende Schal bestimmt?"

Marfa Timofejewna warf ihm einen Blick zu.

„Er ist für jemanden bestimmt", erwiderte sie, „der nie klatscht, nie krumme Wege geht und sich nie Lügengeschichten ausdenkt – falls es auf der Welt einen solchen Menschen überhaupt gibt. Fedja kenne ich gut; er ist nur insofern schuld, als er seine Frau zu sehr verwöhnt hat. Nun, er hat zwar aus Liebe geheiratet, aber bei diesen Liebesheiraten kommt niemals etwas Gescheites heraus", fügte die alte Dame mit einem Seitenblick auf Marja Dmitrijewna hinzu und stand auf. „Und jetzt, mein Bester, kannst du deine Zähne wetzen, an wem du willst, meinetwegen auch an mir; ich will nicht länger stören, ich gehe." Und Marfa Timofejewna entfernte sich.

„So ist sie immer", sagte Marja Dmitrijewna, indem sie ihrer Tante mit den Augen folgte, „immer!"

„Das sind die Jahre! Da kann man nichts machen!" bemerkte Gedeonowski. „Da beliebte es ihr zu sagen: Wer keine krummen Wege geht. Aber wer geht heutzutage keine krummen Wege? Unsere Zeit ist nun mal so. Ein Freund von mir, ein hochangesehener Mann und, wie ich Ihnen versichern kann, ein Mann von nicht geringem Rang, pflegte zu sagen, daß sich heutzutage selbst ein Huhn mit List einem Korn nähert und immer darauf aus ist, von der Seite heranzukommen. Wenn ich dagegen Sie ansehe, meine Gnädigste, Sie haben wahrhaftig das Wesen eines Engels. Gestatten Sie mir, Ihr schneeweißes Händchen..."

Marja Dmitrijewna lächelte matt und streckte Gedeonowski ihre rundliche Hand hin, wobei sie den kleinen Finger abspreizte. Er drückte seine Lippen auf die Hand, und sie rückte ihren Sessel näher an ihn heran, beugte sich ein wenig vor und fragte ihn halblaut:

„Sie haben ihn also gesehen? Ist er wirklich unverändert, gesund und munter?"

„Munter, unverändert ist er", erwiderte Gedeonowski im Flüsterton.

„Und haben Sie nicht gehört, wo seine Frau jetzt ist?"

„In der letzten Zeit war sie in Paris; jetzt aber soll sie in einen italienischen Staat übergesiedelt sein."

„Fedjas Lage ist wirklich furchtbar. Ich weiß nicht, wie er das aushält. Zwar kann jedem einmal ein Unglück zustoßen, aber das seine hat sich ja, man kann sagen, in ganz Europa herumgesprochen."

Gedeonowski seufzte.

„Ja, ja. Sie hat sich ja, sagt man, mit Artisten und Pianisten und, wie es dort Sitte ist, mit Salonlöwen und Modenarren abgegeben. Sie hat alle Scham verloren..."

„Sehr, sehr bedauerlich", meinte Marja Dmitrijewna, „aus verwandtschaftlichen Gründen. Er ist doch, wissen Sie, Sergej Petrowitsch, ein Großneffe von mir."

„Freilich, freilich. Wie sollte ich nicht alles wissen, was sich auf Ihre Familie bezieht? Ich bitte Sie."

„Wird er zu uns kommen? Was meinen Sie?"

„Man sollte es annehmen. Übrigens heißt es, er habe die Absicht, auf sein Gut zu ziehen."

Marja Dmitrijewna hob die Augen zum Himmel auf.

„Ach, Sergej Petrowitsch, Sergej Petrowitsch, wenn ich bedenke, wie vorsichtig wir Frauen doch in unserem Verhalten sein müssen!"

„Eine Frau ist nicht wie die andere, Marja Dmitrijewna. Leider gibt es solche – von unbeständigem Charakter. Auch die Jahre sprechen da mit; und manchen hat man von Kindheit an keine Grundsätze beigebracht." Sergej Petrowitsch holte ein blaukariertes Tuch aus der Tasche und begann es zu entfalten. „Solche Frauen gibt es natürlich." Sergej Petrowitsch führte einen Zipfel des Tuches erst an das eine, dann an das andere Auge. „Aber allgemein gesprochen, wenn man bedenkt, das heißt... Ungemein staubig ist es in der Stadt", schloß er.

„Maman, maman", rief, ins Zimmer stürzend, ein hübsches Mädchen von etwa elf Jahren, „Wladimir Nikolajitsch kommt zu uns geritten!"

Marja Dmitrijewna erhob sich; Sergej Petrowitsch stand ebenfalls auf und verbeugte sich. „Ergebenster Diener, Jelena Michailowna", sagte er und zog sich der Schicklichkeit halber in eine Ecke zurück, wo er seine lange, ebenmäßige Nase schneuzte.

„Was für ein wundervolles Pferd er hat!" fuhr das Mädchen fort. „Er war eben an der Gartenpforte und sagte Lisa und mir, daß er zur Freitreppe reitet."

Man vernahm Hufgetrappel, und ein schlanker Reiter auf einem schönen braunen Pferd erschien auf der Straße und hielt vor dem offenen Fenster.

3

„Guten Tag, Marja Dmitrijewna!" rief mit volltönender und angenehmer Stimme der Reiter. „Wie gefällt Ihnen meine Neuerwerbung?"

Marja Dmitrijewna trat ans Fenster.

„Guten Tag, Woldemar! Oh, was für ein prächtiges Pferd! Von wem haben Sie es gekauft?"

„Von einem Remonteur. Ein Heidengeld hat er genommen, der Gauner."

„Und wie heißt es?"

„Orland. Aber der Name ist dumm, ich will es umbenennen ... Eh bien, eh bien, mon garçon. So ein unruhiges Tier!"

Das Pferd schnaubte, stampfte mit den Hufen und schwenkte das schaumbedeckte Maul.

„Streicheln Sie es nur, Lenotschka, haben Sie keine Angst."

Das Mädchen streckte die Hand aus dem Fenster, aber Orland bäumte sich plötzlich und sprang zur Seite. Der Reiter verlor nicht den Kopf. Er nahm das Pferd zwischen die Schenkel, zog ihm mit der Gerte eins über den Hals und brachte es trotz seinem Widerstand abermals vor dem Fenster zum Stehen.

„Prenez garde, prenez garde!" wiederholte Marja Dmitrijewna mehrmals.

„Streicheln Sie es nur, Lenotschka", entgegnete der Reiter. „Ich will ihm seinen Übermut schon austreiben."

Das Mädchen streckte wieder die Hand aus und berührte zaghaft die bebenden Nüstern Orlands, der unaufhörlich zusammenzuckte und auf die Kandare biß.

„Bravo!" rief Marja Dmitrijewna. „Aber jetzt steigen Sie ab und kommen Sie zu uns herein."

Der Reiter wendete keck sein Pferd, gab ihm die Sporen, sprengte in kurzem Galopp die Straße entlang und ritt in den Hof. Eine Minute später eilte er, die Reitgerte schwingend, durch die Vorzimmertür in den Salon. Gleichzeitig erschien auf der Schwelle einer anderen Tür ein schlankes, hochgewachsenes, schwarzhaariges Mädchen von etwa neunzehn Jahren, die ältere Tochter Marja Dmitrijewnas – Lisa.

4

Der junge Mann, mit dem wir den Leser soeben bekannt gemacht haben, hieß Wladimir Nikolajitsch Panschin. Er war im Innenministerium in Petersburg Beamter zur besonderen Verwendung. In die Stadt O ... war er gekommen, um einen zeitweiligen Regierungsauftrag auszuführen, und er stand hier dem Gouverneur, General Sonnenberg, zur Verfügung, von dem er ein entfernter Verwandter war. Der Vater Panschins, ein Stabsrittmeister a. D. und ein bekannter Spieler, war ein Mann mit süßlichen Augen, zerknittertem Gesicht und einem nervösen Zucken um den Mund gewesen. Er hatte sein ganzes Leben lang in adligen Kreisen verkehrt, war ein ständiger Gast in den englischen Klubs beider Hauptstädte gewesen und hatte im Ruf eines gewandten, nicht sehr verläßlichen, aber netten und gemütvollen Menschen gestanden. Ungeachtet all seiner Gewandtheit hatte er sich fast ständig hart am Rande der Armut befunden und seinem einzigen Sohn nur ein kleines und zerrüttetes Vermögen hinterlassen. Dafür hatte er sich, freilich auf seine Art, seiner Erziehung angenommen: Wladimir Nikolajitsch sprach ausgezeichnet Französisch, gut Englisch, schlecht Deutsch. So gehört es sich auch: Für anständige Leute ist es eine Schande, gut Deutsch zu sprechen. Aber bei gewissen, meist komischen Anlässen ein deutsches Wort einzuflechten ist statthaft – c'est même très chic, wie sich die Petersburger Pariser ausdrücken. Wladimir Nikolajitsch konnte schon mit fünfzehn Jahren, ohne verlegen zu werden, jeden Salon betreten, sich mit Anstand darin bewegen und zur rechten Zeit entfernen. Vater Panschin hatte dem Sohn viele Beziehungen verschafft. Wenn er zwischen zwei Robbern oder nach einem geglückten „Großschlemm" die Karten mischte, ließ er sich nie die Gelegenheit entgehen, diesem oder jenem einflußreichen Herrn und Liebhaber kommerzieller Spiele gegenüber ein Wörtchen über seinen „Wolodja" fallenzulassen. Wladimir Nikolajitsch seinerseits machte während seines Studiums an der Universität, die er mit dem Grad eines „wirklichen Studenten" verließ, die Bekanntschaft einiger vornehmer junger Leute und erhielt Zutritt zu den besten Häusern. Man nahm ihn überall gern auf, denn er sah sehr gut aus, war ungezwungen, unterhaltsam, immer gesund und zu allem aufgelegt, wo es angebracht war – ehrerbietig, wo er sich's erlauben konnte – frech, ein ausgezeichneter Kamerad, un charmant garçon. Ein Land der Verheißung erschloß sich ihm. Rasch erfaßte Panschin die Geheimnisse der Wissenschaft von der großen Welt: Er lernte es, ihren Gesetzen wirkliche Achtung entgegenzubringen, sich mit halb spöttischer Ernsthaftigkeit mit Unsinn zu befassen und dabei den Anschein zu erwecken, als hielte er alles Ernsthafte für Unsinn; er tanzte hervorragend und kleidete sich nach englischer Mode. In kurzer Zeit erwarb er sich den Ruf, einer der liebenswürdigsten und weltgewandtesten jungen Männer von Petersburg zu sein. Panschin war tatsächlich sehr gewandt – nicht weniger als sein Vater, aber er war auch sehr talentiert. Alles fiel ihm leicht: Er sang recht hübsch, zeichnete ansprechend, schrieb Gedichte und spielte gar nicht übel Theater. Mit achtundzwanzig Jahren war er bereits Kammerjunker und hatte einen sehr beachtlichen Rang inne. Panschin glaubte fest an sich, an seinen Verstand, an seinen Scharfsinn; keck, heiter und voll Schwung schritt er vorwärts; in seinem Leben ging alles glatt. Er war es gewöhnt, allen zu gefallen, alt und jung, und bildete sich ein, die Menschen zu kennen, besonders die Frauen; und ihre üblichen Schwächen kannte er allerdings gut. Als ein Mensch, der Sinn für Kunst hatte, verspürte er in sich auch Feuer und eine gewisse Begeisterung und Leidenschaftlichkeit und erlaubte sich infolgedessen allerhand Abweichungen von den allgemeinen Regeln: Er zechte gern, unterhielt Bekanntschaften mit Personen, die nicht zur guten Gesellschaft gehörten, und gab sich überhaupt sehr frei und einfach; im Grunde seines Wesens aber war er kalt und schlau, und auch beim ausgelassensten Zechgelage belauerte und erspähte sein kluges braunes Auge alles. Dieser kühne, dieser freie junge Mann konnte sich niemals ganz vergessen und ganz hingeben. Zu seiner Ehre muß gesagt werden, daß er nie mit seinen Siegen prahlte. In das Haus Marja Dmitrijewnas war er gleich nach seiner Ankunft in O… geraten und darin bald vollkommen heimisch geworden. Marja Dmitrijewna vergötterte ihn geradezu.

Panschin verbeugte sich liebenswürdig vor allen Anwesenden, drückte Marja Dmitrijewna und Lisaweta Michailowna die Hand, klopfte Gedeonowski leicht auf die Schulter und erhaschte, sich auf den Absätzen umdrehend, Lenotschkas Kopf und küßte sie auf die Stirn.

„Und Sie fürchten sich gar nicht, ein so wildes Pferd zu reiten?" fragte ihn Marja Dmitrijewna.

„Ich bitte Sie, es ist lammfromm; aber ich will Ihnen sagen, wovor ich mich fürchte: Ich fürchte mich, mit Sergej Petrowitsch Preference zu spielen. Gestern, bei den Belenizyns, hat er mich gerupft, daß die Federn flogen."

Gedeonowski ließ ein dünnes, unterwürfiges Lachen hören: Er suchte sich bei dem jungen glänzenden Beamten aus Petersburg, dem Liebling des Gouverneurs, einzuschmeicheln. In seinen Gesprächen mit Marja Dmitrijewna erwähnte er oft die bemerkenswerten Fähigkeiten Panschins. Wie sollte man ihn auch nicht loben? pflegte er zu überlegen. Selbst in den höchsten Sphären des Lebens hat der junge Mann Erfolg, im Dienst ist er musterhaft, und dabei ist er nicht im geringsten hochmütig. Übrigens hielt man auch in Petersburg Panschin für einen tüchtigen Beamten. Die Arbeit ging ihm flott von der Hand; er sprach von ihr nur in scherzhaftem Ton, wie sich das für einen Mann von Welt geziemt, der seiner beruflichen Tätigkeit keine besondere Bedeutung beimißt; dennoch war er überaus pflichtbewußt. Die Vorgesetzten lieben solche Untergebenen. Er selbst zweifelte nicht daran, daß er, wenn er wollte, mit der Zeit Minister werden würde.

„Sie beliebten zu sagen, daß ich Sie gerupft hätte", meinte Gedeonowski, „aber wer hat mir denn vorige Woche zwölf Rubel abgewonnen? Und dann noch ..."

„Sie Bösewicht, Sie Bösewicht!" unterbrach ihn Panschin mit freundlicher, aber ein wenig verächtlicher Lässigkeit und trat, ohne ihn weiter zu beachten, zu Lisa heran.

„Ich habe die Ouvertüre zu ‚Oberon' hier nicht auftreiben können", begann er. „Die Belenizyna hat nur geprahlt, als sie sagte, sie besäße die ganze klassische Musik; in Wirklichkeit hat sie nichts als Polkas und Walzer. Aber ich habe schon nach Moskau geschrieben, und in einer Woche werden Sie die

Ouvertüre haben. Nebenbei bemerkt", fuhr er fort, „habe ich gestern eine neue Romanze komponiert, und der Text ist auch von mir. Wenn Sie wollen, singe ich sie Ihnen vor. Ich weiß nicht, was dabei herausgekommen ist. Die Belenizyna fand sie wunderschön, aber ihr Urteil besagt nichts, ich möchte Ihre Meinung wissen. Übrigens, glaube ich, heben wir uns das lieber für später auf."

„Warum für später?" mischte sich Marja Dmitrijewna ein. „Weshalb nicht jetzt?"

„Zu Befehl", sagte Panschin mit dem heiteren, süßlichen Lächeln, das bei ihm stets ganz plötzlich erschien und auch wieder verschwand. Er schob mit dem Knie einen Stuhl heran, setzte sich an den Flügel, griff einige Akkorde und sang, die Worte deutlich formend, folgende Romanze:

> „Es schwebt der Mond so hoch am Himmel droben
> > Durch Wolken fahl;
> Tief rührt die Meereswogen auf von oben
> > Sein Zauberstrahl.
>
> Dich fühlt die Meeresflut in meinem Herzen
> > Wie Mondenschein
> Und wird bewegt, in Freuden wie in Schmerzen,
> > Durch dich allein.
>
> Nur Liebessehnsucht mir und stummes Schmachten
> > Im Herzen wohnt.
> Ich leide ... Aber dir ist fremd solch Trachten
> > Wie dort dem Mond."

Die zweite Strophe wurde von Panschin mit besonderem Ausdruck und besonderer Kraft gesungen; in der stürmischen Begleitung war das Auf und Ab der Wellen zu hören. Nach den Worten „Ich leide ..." seufzte er leise, schlug die Augen nieder und senkte die Stimme – morendo. Als er geendet hatte, lobte Lisa die Melodie, Marja Dmitrijewna sagte: „Entzückend!", und Gedeonowski rief sogar: „Bezaubernd! Poesie und Harmonie sind gleichermaßen bezaubernd!" Lenotschka schaute mit kindlicher Ehrfurcht den Sänger an. Mit einem Wort, allen Anwesenden hatte das Werk des jungen Dilettanten sehr gefallen;

vor der Tür des Salons aber, im Vorzimmer, stand ein soeben dort eingetretener, schon bejahrter Mann, dem, nach dem Ausdruck seines gesenkten Gesichtes und den Bewegungen seiner Schultern zu urteilen, Panschins Romanze, so reizend sie war, kein Vergnügen bereitet hatte. Nachdem er eine Weile gewartet und mit einem groben Taschentuch seine Stiefel abgestaubt hatte, kniff er mit einemmal die Augen zusammen, preßte mürrisch die Lippen aufeinander, krümmte seinen ohnehin gebeugten Rücken noch mehr und trat langsam in den Salon.

„Ah! Christophor Fjodorytsch, guten Tag!" rief Panschin als erster und sprang rasch von seinem Stuhl auf. „Ich hatte keine Ahnung, daß Sie hier sind – in Ihrer Gegenwart hätte ich bestimmt nicht gewagt, meine Romanze zu singen. Ich weiß, Sie sind kein Freund von leichter Musik."

„Ich habe nicht zugehört", versetzte der Eingetretene in schlechtem Russisch und blieb, nachdem er sich vor allen Anwesenden verbeugt hatte, unbeholfen mitten im Zimmer stehen.

„Sie sind gekommen, um Lisa eine Musikstunde zu geben, Musje Lemm?" fragte Marja Dmitrijewna.

„Nein, nicht Lisabet Michailowna, sondern Jelene Michailowna."

„Ach so. Nun, sehr schön. Lenotschka, geh mit Herrn Lemm nach oben."

Der Alte wollte dem Mädchen folgen, doch Panschin hielt ihn zurück.

„Gehen Sie nach der Stunde nicht fort, Christophor Fjodorytsch", sagte er, „Lisaweta Michailowna und ich werden eine Beethovensonate vierhändig spielen."

Der Alte brummte etwas vor sich hin, aber Panschin fuhr deutsch fort, wobei er die Worte schlecht aussprach:

„Lisaweta Michailowna hat mir eine geistliche Kantate gezeigt, die Sie ihr überreicht haben – eine herrliche Sache! Glauben Sie bitte nicht, ich verstünde ernste Musik nicht zu schätzen – im Gegenteil: Sie ist zwar manchmal langweilig, aber dafür sehr nützlich."

Der Alte errötete bis über die Ohren, warf Lisa einen scheelen Blick zu und verließ eilig das Zimmer.

Marja Dmitrijewna bat Panschin, die Romanze noch einmal zu singen, aber er erklärte, er wolle die Ohren des gelehrten Deutschen nicht beleidigen, und schlug Lisa vor, die Beethovensonate zu spielen. Da seufzte Marja Dmitrijewna und schlug ihrerseits Gedeonowski vor, mit ihr ein wenig im Garten spazierenzugehen. „Ich möchte mich mit Ihnen noch über unseren armen Fedja aussprechen und beraten", sagte sie. Gedeonowski schmunzelte, verneigte sich, nahm mit zwei Fingern seinen Hut mit den sorgfältig auf die Krempe gelegten Handschuhen und entfernte sich mit Marja Dmitrijewna. Panschin und Lisa blieben im Zimmer zurück. Sie holte die Sonate und schlug sie auf; beide setzten sich schweigend an den Flügel. Von oben waren schwach die Klänge der Tonleitern zu vernehmen, die Lenotschkas unsichere Finger spielten.

5

Christophor Theodor Gottlieb Lemm wurde im Jahre 1786 zu Chemnitz im Königreich Sachsen als Sohn armer Musiker geboren. Sein Vater blies Waldhorn, die Mutter spielte Harfe; er selbst übte sich schon seit seinem fünften Lebensjahr auf drei verschiedenen Instrumenten. Mit acht Jahren wurde er Waise, und als er zehn Jahre alt war, begann er sich mit seiner Kunst sein Brot selbst zu verdienen. Lange Zeit führte er ein Wanderleben und spielte überall – in Schenken und auf Jahrmärkten, auf Bauernhochzeiten und auf Bällen; schließlich aber wurde er in einem Orchester angestellt und erlangte, immer höher aufrückend, den Posten des Dirigenten. Er spielte ziemlich schlecht, besaß aber ein tiefes Musikverständnis und große musikalische Kenntnisse. In seinem achtundzwanzigsten Lebensjahr wanderte er nach Rußland aus. Ein großer Herr, der selber Musik nicht ausstehen konnte, sich aber aus Großtuerei ein Orchester hielt, hatte ihn zu sich gerufen. Lemm brachte bei ihm sieben Jahre als Kapellmeister zu und verließ ihn mit leeren Händen: Der Herr hatte sich ruiniert. Er wollte ihm zwar einen Wechsel ausstellen, verweigerte ihm jedoch später auch diesen – kurzum, er zahlte ihm nicht eine Kopeke. Man riet ihm abzureisen, aber er wollte nicht als Bettler aus Rußland heimkehren, aus dem großen Rußland, diesem goldenen Boden für Künstler. Er entschloß sich, zu bleiben und sein Glück zu versuchen. Zwanzig Jahre lang versuchte der arme Deutsche sein Glück: Er kam bei verschiedenen Herren unter, lebte in Moskau und in Provinzstädten, erduldete und ertrug vieles, lernte die Armut kennen und zappelte wie ein Fisch auf dem Trocknen – doch niemals verließ ihn inmitten all des Elends, dem er ausgesetzt war, der Gedanke, in die Heimat zurückzukehren; er allein hielt ihn aufrecht. Das Schicksal versagte ihm jedoch dieses letzte und zugleich erste Glück. Mit fünfzig Jahren blieb er, krank und vorzeitig gealtert, in der Stadt O... hängen und siedelte sich für immer hier an, nachdem er alle Hoffnung, das ihm verhaßte Rußland je verlassen zu können, verloren hatte. Mit Müh und Not fristete er durch Stundengeben sein kärgliches Dasein. Lemms äußere Erscheinung sprach nicht zu seinen Gunsten. Er war klein, ging krumm, hatte hervorstehende Schulterblätter, einen eingesunkenen Leib, große Plattfüße und an den harten, ungelenken Fingern seiner sehnigen roten Hände blaßbläuliche Nägel; sein Gesicht durchfurchten Falten, die Wangen waren eingefallen, die zusammengekniffenen Lippen kauten unaufhörlich, was bei seiner gewohnten Schweigsamkeit einen fast unheimlichen Eindruck machte. Die grauen Haare hingen ihm in Strähnen in die niedrige Stirn; die winzigen starren Augen glommen wie erlöschende Kohlen. Sein Gang war schwerfällig – bei jedem Schritt schwankte der plumpe Körper. Manchmal erinnerten seine Bewegungen an das unbeholfene Sichputzen einer Eule im Käfig, die merkt, daß sie beobachtet wird, aber mit ihren großen gelben, furchtsam und schläfrig blinzelnden Augen selbst kaum etwas sieht. Der ewige, unerbittliche Kummer hatte dem armen Musikus seinen unauslöschlichen Stempel aufgedrückt, hatte seine ohnehin schon unansehnliche Gestalt noch mehr gekrümmt und entstellt, aber für den, der sich über die ersten Eindrücke hinwegzusetzen vermochte, offenbarte sich in diesem halbzerstörten Wesen etwas Gütiges, Ehrliches, ja etwas Ungewöhnliches. Als ein Verehrer Bachs und Händels, als ein Kenner seines Fachs, begabt mit einer lebhaften

Einbildungskraft und jener Kühnheit des Gedankens, die nur der germanischen Rasse eigen ist, wäre Lemm mit der Zeit – wer weiß? – in die Reihe der großen Komponisten seines Vaterlandes getreten, wenn das Schicksal ihn anders geführt hätte. Aber er war unter keinem glücklichen Stern geboren! Er hatte in seinem Leben viel geschrieben, und doch war es ihm nicht vergönnt, auch nur eines seiner Werke veröffentlicht zu sehen. Er verstand es nicht, die Sache richtig anzupacken, im rechten Augenblick zu katzbuckeln und zur rechten Zeit für sich selbst einzutreten. Vor langer, langer Zeit hatte einmal ein Verehrer und Freund von ihm, gleichfalls ein Deutscher und gleichfalls arm, auf eigene Kosten zwei seiner Sonaten herausgegeben, aber sie blieben sämtlich in den Kellern der Musikalienhandlungen liegen. Stumm und spurlos verschwanden sie, als hätte sie jemand nachts in einen Fluß geworfen. Lemm wurde schließlich gleichgültig gegen alles, und die Jahre taten das Ihre dazu: Er wurde hölzern und steif, so steif wie seine Finger. Allein mit einer alten Köchin, die er aus dem Armenhaus zu sich genommen hatte (er war nie verheiratet gewesen), lebte er in O... in einem kleinen Häuschen, nicht weit vom Kalitinschen Hause entfernt. Er ging viel spazieren, las die Bibel, daneben eine Sammlung protestantischer Psalmen, außerdem Shakespeare in der Schlegelschen Übersetzung. Er hatte schon lange nichts mehr komponiert, doch Lisa, seine beste Schülerin, hatte ihn anscheinend aufzurütteln vermocht: Er schrieb für sie die Kantate, die Panschin erwähnt hatte. Der Text dieser Kantate war seiner Psalmensammlung entlehnt; einige Verse hatte er selbst hinzugedichtet. Sie wurde von zwei Chören gesungen – dem Chor der Glücklichen und dem Chor der Unglücklichen. Beide vereinten sich zum Schluß und sangen gemeinsam: „Barmherziger Gott, sei uns Sündern gnädig und nimm von uns alle bösen Gedanken und irdischen Hoffnungen." Auf dem äußerst sorgfältig geschriebenen und sogar ausgemalten Titelblatt stand: „Nur die Gerechten werden bestehen. Eine geistliche Kantate. Komponiert und der Jungfrau Jelisaweta Kalitina, meiner liebenswürdigen Schülerin, gewidmet von ihrem Lehrer Ch. T. G. Lemm." Die Worte „Nur die Gerechten werden bestehen" und „Jelisaweta Kalitina" waren von Strahlen umgeben. Unten war noch hinzugefügt: *„Für Sie allein"**. – Eben deshalb war Lemm errötet und hatte er Lisa scheel angesehen; es hatte ihm weh getan, daß Panschin in seiner Gegenwart von der Kantate sprach.

6

Panschin schlug laut und energisch die ersten Akkorde der Sonate an – er spielte die Begleitung –, aber Lisa begann mit ihrer Partie nicht. Er hielt inne und blickte sie an. Aus Lisas Augen, die auf ihn gerichtet waren, sprach Unzufriedenheit; ihre Lippen lächelten nicht; ihr ganzes Gesicht sah streng, fast traurig aus.

„Was haben Sie?" fragte er.

„Warum haben Sie Ihr Wort nicht gehalten?" fragte sie. „Ich habe Ihnen Christophor Fjodorytschs Kantate nur unter der Bedingung gezeigt, daß Sie mit ihm nicht darüber sprechen."

„Verzeihung, Lisaweta Michailowna. Es ist mir so herausgefahren."

„Sie haben ihn gekränkt – und mich auch. Jetzt wird er auch mir nicht mehr vertrauen."

„Was soll ich machen, Lisaweta Michailowna! Von Kindesbeinen an kann ich nicht gleichgültig bleiben, wenn ich einen Deutschen sehe: Immer reizt es mich, ihn ein bißchen zu necken."

„Was reden Sie da, Wladimir Nikolajitsch! Dieser Deutsche ist ein armer, einsamer, geschlagener Mann – und er tut Ihnen nicht leid? Ihn wollen Sie noch necken?"

Panschin wurde verlegen.

„Sie haben recht, Lisaweta Michailowna", sagte er. „An allem ist meine ewige Unbesonnenheit schuld. Nein, widersprechen Sie mir nicht; ich kenne mich selbst gut genug. Meine Unbesonnenheit hat mir schon viel Ärger bereitet. Durch sie bin ich in den Ruf eines Egoisten gekommen."

Panschin schwieg eine Weile. Womit er auch immer ein Ge-

* Die mit einem Sternchen versehenen Kursivstellen sind auch im Original deutsch.

spräch begann, regelmäßig endete es damit, daß er von sich selbst sprach, aber das klang bei ihm irgendwie nett, harmlos und herzlich, so, als käme es unbewußt heraus.

„So ist es auch in Ihrem Hause", fuhr er fort. „Ihre Mutter ist mir natürlich wohlgesinnt – sie ist so gütig; und Sie ... Ihre Meinung über mich kenne ich übrigens nicht; dafür aber kann mich Ihr Tantchen einfach nicht ausstehen. Wahrscheinlich habe ich auch sie durch irgendein unbedachtes, dummes Wort gekränkt. Denn sie hat mich nicht gern, nicht wahr?"

„Ja", sagte Lisa ein wenig zögernd, „Sie gefallen ihr nicht."

Panschins Finger huschten über die Tasten; ein kaum wahrnehmbares spöttisches Lächeln glitt über seine Lippen.

„Nun, und Sie?" fragte er. „Halten auch Sie mich für einen Egoisten?"

„Ich kenne Sie noch zuwenig", entgegnete Lisa, „aber ich halte Sie nicht für einen Egoisten – im Gegenteil, ich muß Ihnen dankbar sein ..."

„Ich weiß, ich weiß, was Sie sagen wollen", fiel Panschin ihr ins Wort und ließ wieder die Finger über die Tasten gleiten, „für die Noten, für die Bücher, die ich Ihnen mitbringe, für die schlechten Zeichnungen, mit denen ich Ihr Album schmücke, und so weiter und so weiter. Ich kann das alles tun und trotzdem ein Egoist sein. Ich wage anzunehmen, daß Sie sich mit mir nicht langweilen und daß Sie mich nicht für einen schlechten Menschen halten, und doch glauben Sie, daß ich – wie soll ich sagen? – um eines witzigen Wortes willen weder Vater noch Freund schonen würde."

„Sie sind zerstreut und vergeßlich wie jeder Mann von Welt", erwiderte Lisa, „weiter nichts."

Panschin runzelte ein wenig die Stirn.

„Hören Sie", sagte er, „wir wollen nicht mehr von mir sprechen, lassen Sie uns unsere Sonate spielen. Nur um eines bitte ich Sie", fügte er hinzu, während er mit der Hand die Blätter des auf dem Notenpult liegenden Heftes glattstrich, „denken Sie von mir, was Sie wollen, nennen Sie mich sogar einen Egoisten – meinetwegen! Aber nennen Sie mich nicht einen Mann von Welt – das kann ich nicht hören. Anch'io sono pittore. Auch ich bin ein Künstler, wenn auch ein schlechter, und dies, nämlich daß ich ein schlechter Künstler bin, werde ich Ihnen sogleich durch die Tat beweisen. Fangen wir also an."

„Gut, fangen wir an", sagte Lisa.

Das erste Adagio klappte ganz leidlich, obwohl Panschin mehrmals danebengriff. Seine eigenen Sachen und das, was er einstudiert hatte, spielte er sehr hübsch, aber das Notenlesen fiel ihm schwer. Dagegen ging der zweite Satz der Sonate, ein ziemlich schnelles Allegro, völlig daneben: Beim zwanzigsten Takt hielt es Panschin, der um zwei Takte zurückgeblieben war, nicht länger aus und schob lachend seinen Stuhl beiseite.

„Nein", rief er aus, „ich kann heute nicht spielen. Nur gut, daß Lemm uns nicht gehört hat, er wäre in Ohnmacht gefallen."

Lisa stand auf, schloß das Klavier und wandte sich zu Panschin um.

„Was wollen wir jetzt tun?" fragte sie.

„An dieser Frage erkenne ich Sie wieder! Sie können einfach nicht stillsitzen und die Hände in den Schoß legen. Nun, wenn Sie wollen, können wir zeichnen, solange es noch nicht völlig dunkel geworden ist. Vielleicht ist eine andere Muse, die Muse der Malerei – wie hieß sie doch gleich?, ich habe es vergessen – mir mehr gewogen. Wo ist Ihr Album? Ich erinnere mich, meine Landschaft darin ist noch nicht fertig."

Lisa ging in ein anderes Zimmer, um das Album zu holen, und Panschin zog, sobald er allein war, ein Batisttüchlein aus der Tasche, polierte damit die Fingernägel und betrachtete, den Kopf ein wenig zur Seite geneigt, seine Hände. Sie waren sehr schön und weiß; am Daumen der linken Hand trug er einen spiralförmigen goldenen Ring. Lisa kehrte zurück; Panschin setzte sich ans Fenster und schlug das Album auf.

„Aha!" rief er aus. „Ich sehe, Sie haben angefangen, meine Landschaft abzuzeichnen – und zwar vortrefflich. Sehr gut! Nur hier – geben Sie mir mal den Bleistift – sind die Schatten nicht kräftig genug. Schauen Sie."

Und schwungvoll warf Panschin einige lange Striche hin. Er zeichnete stets ein und dieselbe Landschaft: im Vordergrund große zerzauste Bäume, in der Ferne eine Lichtung und gezackte Berge am Horizont. Lisa blickte über seine Schulter auf die Arbeit.

„In einer Zeichnung, wie überhaupt im Leben", sprach Panschin, während er den Kopf bald nach rechts, bald nach links bog, „sind Leichtigkeit und Kühnheit die Hauptsache."

In diesem Augenblick trat Lemm ins Zimmer, verbeugte sich steif und wollte sich entfernen, aber Panschin warf Album und Stift beiseite und vertrat ihm den Weg.

„Wohin denn, mein lieber Christophor Fjodorytsch? Bleiben Sie denn nicht zum Tee?"

„Ich muß nach Hause", versetzte Lemm in mürrischem Ton, „ich habe Kopfschmerzen."

„Na, das wird nicht so schlimm sein, bleiben Sie nur. Ich möchte mich mit Ihnen ein bißchen über Shakespeare streiten."

„Ich habe Kopfschmerzen", wiederholte der Alte.

„Wir wollten uns ohne Sie die Beethovensonate vornehmen", fuhr Panschin fort und faßte ihn dabei mit heiterem Lächeln vertraulich um die Taille, „aber es ist völlig schiefgegangen. Stellen Sie sich vor, ich konnte nicht zwei Töne hintereinander richtig anschlagen."

„Sie hätten lieber wieder Ihre Romanze singen sollen", entgegnete Lemm, sich Panschins Arm entziehend, und ging hinaus.

Lisa eilte ihm nach. Sie holte ihn auf der Freitreppe ein.

„Christophor Fjodorytsch, hören Sie mich an", sagte sie auf deutsch zu ihm, während sie ihn über das kurze grüne Gras, das überall auf dem Hof wuchs, zum Tor begleitete. „Ich fühle mich schuldig vor Ihnen, verzeihen Sie mir."

Lemm antwortete nichts.

„Ich habe Wladimir Nikolajewitsch Ihre Kantate gezeigt. Ich war überzeugt, er werde sie zu schätzen wissen, und sie hat ihm auch wirklich sehr gefallen."

Lemm blieb stehen.

„Das macht nichts", sagte er auf russisch und fügte dann in seiner Muttersprache hinzu: „Er kann doch nichts davon verstehen, sehen Sie das denn nicht? Er ist ein Dilettant – damit ist alles gesagt!"

„Sie sind ungerecht gegen ihn", entgegnete Lisa, „er versteht alles und kann selbst fast alles."

„Ja, alles ist zweitrangig, leichte Ware, flüchtige Arbeit. Das gefällt, und er gefällt auch und ist damit zufrieden – nun, soll er. Ich bin gar nicht böse; diese Kantate und ich – wir sind beide alte Narren. Ich schäme mich nur ein bißchen, aber das macht nichts."

„Verzeihen Sie mir, Christophor Fjodorytsch", sagte Lisa von neuem.

„Macht nichts, macht nichts", wiederholte er nochmals auf russisch. „Sie sind ein gutes Mädchen ... Aber da kommt jemand zu Ihnen. Leben Sie wohl. Sie sind ein sehr gutes Mädchen."

Und mit beschleunigtem Schritt ging Lemm zum Tor, durch das gerade ein ihm unbekannter Herr in grauem Überzieher und breitem Strohhut trat. Lemm verneigte sich höflich vor ihm (er grüßte alle Personen, die in O... fremd waren; von Bekannten hingegen wandte er sich auf der Straße stets ab – das hatte er sich bereits zur Regel gemacht), ging an ihm vorbei und verschwand hinter dem Zaun. Der Unbekannte blickte ihm verwundert nach, sah darauf Lisa an und ging geradeswegs auf sie zu.

7

„Sie erkennen mich nicht", sagte er, den Hut ziehend, „aber ich habe Sie erkannt, obwohl schon acht Jahre verflossen sind, seit ich Sie das letztemal gesehen habe. Sie waren damals noch ein Kind. Ich bin Lawrezki. Ist Ihre Mutter zu Hause? Kann man sie sehen?"

„Meine Mutter wird sich sehr freuen", erwiderte Lisa, „sie hat bereits von Ihrer Ankunft gehört."

„Sie heißen doch Jelisaweta, nicht wahr?" fragte Lawrezki, während er die Stufen der Freitreppe hinaufstieg.

„Ja."

„Ich erinnere mich Ihrer noch gut. Sie hatten schon damals ein Gesicht, das man nicht vergißt. Ich brachte Ihnen damals immer Bonbons."

Lisa errötete und dachte: Was für ein sonderbarer Mensch! Lawrezki blieb ein Weilchen im Vorzimmer zurück. Lisa trat in den Salon, wo die Stimme und das Lachen Panschins zu hören waren – er teilte gerade Marja Dmitrijewna und Gedeonowski, die bereits aus dem Garten zurückgekehrt waren, irgendeinen Stadtklatsch mit und lachte selber laut über das, was er erzählte. Bei dem Namen Lawrezki fuhr Marja Dmitrijewna auf, erblaßte und ging ihm entgegen.

„Guten Tag, guten Tag, mein lieber Cousin!" rief sie gedehnt, fast weinerlich. „Wie ich mich freue, Sie hier zu sehen!"

„Guten Tag, meine gute Cousine", erwiderte Lawrezki und drückte freundschaftlich die Hand, die sie ihm hinstreckte. „Wie geht es Ihnen?"

„Setzen Sie sich, setzen Sie sich, mein teurer Fjodor Iwanytsch. Ach, wie ich mich freue! Gestatten Sie zuerst, daß ich Ihnen meine Tochter Lisa vorstelle."

„Ich habe mich Lisaweta Michailowna bereits selbst vorgestellt", unterbrach Lawrezki sie.

„Monsieur Panschin ... Sergej Petrowitsch Gedeonowski. Aber so setzen Sie sich doch! Ich sehe Sie an und traue wahrhaftig meinen Augen nicht. Wie ist Ihr Befinden?"

„Wie Sie sehen: Ich blühe und gedeihe. Aber auch Sie, Cousine, haben sich – unberufen – in diesen acht Jahren nicht zu Ihrem Nachteil verändert."

„Wenn man bedenkt, wie lange wir uns nicht gesehen haben", sagte Marja Dmitrijewna versonnen. „Woher kommen Sie jetzt? Wo ließen Sie, das heißt, ich wollte sagen", unterbrach sie sich rasch, „ich wollte fragen, ob Sie für längere Zeit hergekommen sind?"

„Ich komme jetzt aus Berlin", erwiderte Lawrezki, „und morgen fahre ich aufs Land, wahrscheinlich für längere Zeit."

„Sie werden natürlich in Lawriki wohnen?"

„Nein, nicht in Lawriki. Ich habe, ungefähr fünfundzwanzig Werst von hier, ein kleines Gut – dorthin fahre ich."

„Ist es das Gütchen, das Ihnen Glafira Petrowna hinterlassen hat?"

„Eben das."

„Aber ich bitte Sie, Fjodor Iwanytsch! Sie haben in Lawriki ein so wunderschönes Haus!"

Lawrezki runzelte ein wenig die Brauen.

„Ja, aber auch zu jenem kleinen Gut gehört ein Wohnhaus; und mehr brauche ich vorläufig nicht. Dieser Ort ist für mich jetzt der geeignetste."

Marja Dmitrijewna geriet abermals derartig in Verwirrung, daß sie sich aufrichtete und die Arme ausbreitete. Panschin kam ihr zu Hilfe und knüpfte mit Lawrezki ein Gespräch an. Marja Dmitrijewna beruhigte sich wieder, lehnte sich in den Sessel zurück und warf nur dann und wann ein Wörtchen ein; doch dabei sah sie ihren Gast so mitleidig an, seufzte so bedeutungsvoll und schüttelte einige Male so bekümmert den Kopf, daß es jenem endlich zuviel wurde und er sie ziemlich schroff fragte, ob sie sich nicht wohl fühle.

„Doch, Gott sei Dank!" entgegnete Marja Dmitrijewna. „Warum fragen Sie?"

„Es kam mir so vor, als sei Ihnen nicht gut."

Marja Dmitrijewna setzte eine würdevolle und etwas beleidigte Miene auf. Wenn du mir so kommst, dachte sie, dann ist mir alles ganz gleich. Von dir, mein Bester, läuft anscheinend alles ab wie von der Gans das Wasser; ein anderer wäre vor Kummer vergangen, aber du hast noch Fett angesetzt. – Wenn Marja Dmitrijewna mit sich selbst sprach, nahm sie kein Blatt vor den Mund; laut drückte sie sich gewählter aus.

Lawrezki glich tatsächlich nicht einem Opfer des Schicksals. Sein rotwangiges, echt russisches Gesicht mit der großen weißen Stirn, der etwas zu dicken Nase und dem breiten, regelmäßigen Mund strahlte die Gesundheit der Steppe und eine starke, unverwüstliche Kraft aus. Er war prachtvoll gebaut, und sein blondes, lockiges Haupthaar wucherte üppig wie bei einem Jüngling. Nur seine blauen, hervorstehenden und ein wenig starr blickenden Augen sahen irgendwie nachdenklich oder müde drein, und seine Stimme klang ein wenig zu gelassen.

Panschin hielt unterdessen das Gespräch weiter in Fluß. Er brachte die Rede auf die Vorteile des Zuckersiedens, über das er unlängst zwei französische Broschüren gelesen hatte, deren

Inhalt er nun mit ruhiger Bescheidenheit darzulegen begann, ohne sie übrigens mit einem einzigen Wort zu erwähnen.

„Aber das ist doch Fedja!" ertönte plötzlich durch die halb offene Tür des Nebenzimmers die Stimme Marfa Timofejewnas. „Fedja, wahrhaftig!" Und hurtig trat die alte Dame in den Salon. Ehe sich Lawrezki noch vom Stuhl erhoben hatte, umarmte sie ihn schon. „Laß dich mal anschauen, laß dich mal anschauen", sagte sie, bog sich zurück und sah ihm ins Gesicht. „Ei, prächtig siehst du aus! Älter bist du geworden, aber keineswegs häßlicher, wirklich nicht. Doch warum küßt du mir die Hände; küß mich doch richtig, wenn dir meine runzligen Wangen nicht zuwider sind. Nach mir hast du wohl nicht gefragt? Hast nicht gefragt, ob die Tante noch am Leben ist? Dabei bist du unter meinen Händen aufgewachsen, du Schlingel, du! Na ja, das ist schließlich einerlei – wieso solltest du auch an mich denken! Aber gescheit ist es von dir, daß du gekommen bist. Wie steht's", fügte sie, zu Marja Dmitrijewna gewandt, hinzu, „hast du ihm etwas vorgesetzt?"

„Danke, ich brauche nichts", beeilte sich Lawrezki zu sagen.

„Na, trink wenigstens eine Tasse Tee, mein Junge. Herr mein Gott! Da kommt er wer weiß woher, und sie bieten ihm nicht einmal ein Täßchen Tee an. Lisa, geh und kümmere dich darum, aber mach schnell. Ich entsinne mich, als kleines Kind war er ein schrecklicher Freßsack, und jetzt ißt er wahrscheinlich auch noch gern."

„Meine Verehrung, Marfa Timofejewna", sagte Panschin, während er sich der in Eifer geratenen alten Dame von der Seite näherte und sich tief verbeugte.

„Entschuldigen Sie, mein Herr", erwiderte Marfa Timofejewna, „ich habe Sie vor lauter Freude gar nicht bemerkt. Deiner Mutter bist du ähnlich geworden, dem guten Kind", fuhr sie fort, sich wieder Lawrezki zuwendend, „nur die Nase war die deines Vaters, und sie ist es auch geblieben. Nun, du bleibst doch längere Zeit bei uns?"

„Morgen fahre ich, Tantchen."

„Wohin?"

„Nach Hause, nach Wassiljewskoje."

„Morgen?"

„Ja, morgen."

„Nun, wenn es denn morgen sein soll, dann eben morgen. Reise mit Gott, du mußt es am besten wissen. Aber daß du dich vorher verabschieden kommst, hörst du?" Die alte Frau tätschelte ihm die Wange. „Ich hätte nicht geglaubt, daß ich dich noch einmal wiedersehen würde, nicht, weil ich ans Sterben gedacht hätte – nein, so an die zehn Jahre mache ich schon noch mit, wir Pestows haben alle ein zähes Leben; dein seliger Großvater hat uns immer die Zweilebigen genannt –, aber du hättest dich ja noch Gott weiß wie lange in der Fremde herumtreiben können. Ja, ein Prachtjunge bist du, ein Prachtjunge. Du stemmst sicher noch wie früher deine zehn Pud mit einer Hand. Dein seliger Vater, so verdreht er sonst auch war – verzeih –, hat gut daran getan, daß er den Schweizer für dich anstellte. Erinnerst du dich noch, wie ihr euch mit den Fäusten bearbeitet habt, du und er? Gymnastik nennt man das, nicht wahr? Aber was gackere ich da zusammen, ich störe nur Herrn Panschín" (sie nannte ihn nie, wie es eigentlich richtig war, Pánschin) „in seinen Ausführungen. Übrigens, wir wollen lieber Tee trinken und dazu auf die Terrasse gehen; wir haben eine sehr gute Sahne – nicht solche wie in eurem London oder Paris. Kommt mit, kommt, und du, Fedjuscha, reich mir den Arm. Oh, was für einen starken Arm du hast! Wenn man mit dir geht, fällt man bestimmt nicht hin."

Alle standen auf und begaben sich auf die Terrasse, mit Ausnahme Gedeonowskis, der sich unbemerkt entfernte. Während sich Lawrezki mit der Frau des Hauses, Panschin und Marfa Timofejewna unterhalten hatte, saß er die ganze Zeit in einer Ecke, aufmerksam blinzelnd und in kindlicher Neugier die Lippen spitzend; und jetzt beeilte er sich, die Nachricht von dem neuen Gast in der Stadt zu verbreiten.

Am selben Tag, um elf Uhr abends, trug sich im Hause der Frau Kalitina folgendes zu. Unten, auf der Schwelle des Salons, verabschiedete sich Wladimir Nikolajitsch, einen günstigen Augenblick abpassend, von Lisa und sagte zu ihr, während er ihre Hand in der seinen hielt: „Sie wissen, was mich hierher zieht, Sie wissen, weshalb ich beständig in Ihr Haus komme – wozu da noch Worte, wenn auch so alles klar ist." Lisa gab ihm keine Antwort; ohne zu lächeln, hob sie die Augenbrauen ein wenig und blickte errötend zu Boden, zog aber ihre Hand nicht zurück. Oben aber, in Marfa Timofejewnas Zimmer, saß beim Schein des Lämpchens, das vor den verblaßten, altertümlichen Heiligenbildern hing, Lawrezki in einem Lehnstuhl, die Ellbogen auf die Knie gestützt und das Gesicht in den Händen vergraben; die alte Frau stand vor ihm und strich ihm bisweilen schweigend übers Haar. Mehr als eine Stunde brachte er bei ihr zu, nachdem er sich von der Frau des Hauses verabschiedet hatte. Er erzählte seiner guten alten Freundin fast nichts, und sie fragte ihn nicht aus ... Was hätte er ihr auch sagen und wonach hätte sie fragen sollen? Sie verstand auch so alles, fühlte auch so mit, was sein Herz bewegte.

8

Fjodor Iwanowitsch Lawrezki (wir müssen den Leser um die Erlaubnis bitten, den Gang unserer Erzählung für eine Weile zu unterbrechen) entstammte einem alten Adelsgeschlecht. Der Ahnherr der Lawrezkis war zur Regierungszeit Fürst Wassilis des Geblendeten aus Preußen gekommen und mit zweihundert Vierteln Land in der Gegend von Beshezk belehnt worden. Viele seiner Nachkommen hatten verschiedene Ämter innegehabt und unter Fürsten und anderen Großen auf entlegenen Wojewodschaften gesessen, aber keiner von ihnen war zu einer höheren Würde als der eines Truchseß aufgestiegen, und keiner hatte ein bedeutendes Vermögen erworben. Der reichste und bemerkenswerteste unter den Lawrezkis war Fjodor Iwanytschs leiblicher Urgroßvater Andrej, ein grausamer und roher, aber kluger und verschlagener Mensch. Noch heutigentags erzählt man sich von seiner Willkür, seiner wilden Gemütsart, seiner unsinnigen Freigebigkeit und seiner unersättlichen Habgier. Er war sehr dick und sehr groß, sein Gesicht sonnverbrannt und bartlos; er machte einen verschlafenen Eindruck und schnarrte beim Sprechen, aber je leiser er sprach, desto mehr zitterten alle um ihn herum. Er hatte sich auch eine Frau gesucht, die zu ihm paßte. Glotzäugig, mit einer Habichtsnase und einem runden gelblichen Gesicht, der Abstammung nach Zigeunerin, jähzornig und rachsüchtig, stand sie in nichts ihrem Manne nach, der sie fast zu Tode gequält hatte und den sie auch nicht überlebte, obwohl sie sich ewig mit ihm zankte und ständig mit ihm stritt.

Andrejs Sohn Pjotr, Fjodors Großvater, glich seinem Vater nicht. Er war ein einfacher, ziemlich wunderlicher Steppenjunker, ein Schreier und Trödler, grob, aber nicht bösartig, sehr gastfrei und ein Liebhaber von Hetzjagden. Er war schon über die Dreißig, als er von seinem Vater zweitausend Seelen, die sich in bester Verfassung befanden, erbte, doch er ließ sie bald frei, verkaufte einen Teil seines Besitztums und verwöhnte das Gesinde. Wie Schaben kamen von allen Seiten allerlei bekanntes und unbekanntes geringes Volk in sein geräumiges und warmes, aber unordentliches Haus gekrochen. Es fraß, was ihm in die Hände kam, bis der Bauch voll war, trank, bis es besoffen war, schleppte alles mit fort, was es erwischen konnte, und pries und rühmte den gastfreien Hausherrn. Der Hausherr wiederum titulierte seine Gäste, wenn er schlechter Laune war, Schmarotzer und Spitzbuben, doch ohne sie langweilte er sich. Pjotr Andrejitschs Frau war ein demütiges Weib; er hatte sie sich nach seines Vaters Wahl und auf sein Geheiß aus einer Nachbarsfamilie geholt. Sie hieß Anna Pawlowna. Sie mischte sich in nichts ein, nahm die Gäste freundlich auf und fuhr selbst gern auf Besuch, obwohl, nach ihren eigenen Worten, das Pudern für sie der Tod war. „Da stülpen sie dir", so erzählte sie im Alter, „eine Filzkappe auf den Kopf, kämmen alle Haare nach oben, schmieren sie mit Fett ein, streuen Mehl darauf und stecken sie mit eisernen Nadeln voll – das läßt sich nachher kaum wieder abwaschen, aber ungepudert Besuche machen, das ging nicht – da wären sie beleidigt gewesen. Das war eine Qual!" Sie liebte es, mit einem Trabergespann auszufahren, war stets bereit, von morgens bis abends Karten zu spielen, und pflegte den ihr angeschriebenen geringfügigen Gewinn mit der Hand zu verdecken, wenn ihr Mann an den Spieltisch trat; dabei hatte sie ihm ihre gesamte Mitgift, all ihr

Geld, zu unumschränkter Verfügung überlassen. Sie hatte ihm zwei Kinder geboren: einen Sohn namens Iwan, Fjodors Vater, und eine Tochter Glafira.

Iwan wurde nicht zu Hause erzogen, sondern bei einer reichen alten Tante, der unverheirateten Fürstin Kubenskaja. Sie hatte ihn zu ihrem Erben bestimmt – sonst hätte ihn der Vater nicht fortgelassen. Sie kleidete ihn wie eine Puppe, stellte für ihn Lehrer aller Art an und gab ihm als Erzieher einen Franzosen, einen ehemaligen Abbé und späteren Schüler von Jean-Jacques Rousseau, einen gewissen Monsieur Courtin de Vaucelles, einen gewandten, gerissenen Schleicher – eine wahre fine fleur der Emigration, wie sie sich ausdrückte. Es endete damit, daß sie, fast siebzigjährig, diese fine fleur heiratete, ihr ganzes Vermögen auf seinen Namen umschreiben ließ und bald darauf, rot geschminkt, mit Ambra à la Richelieu parfümiert, umringt von Mohrenknaben, dünnbeinigen Hündchen und kreischenden Papageien, auf einem geschweiften kleinen Seidensofa aus der Zeit Ludwigs XV. starb, eine emaillierte Tabaksdose, eine Arbeit von Petitot, in der Hand. Sie starb, verlassen von ihrem Mann: Der geschmeidige Herr Courtin hatte es vorgezogen, sich mit ihrem Geld nach Paris abzusetzen. Iwan stand im zwanzigsten Lebensjahr, als dieser unerwartete Schlag – wir meinen die Heirat der Fürstin, nicht ihren Tod – ihn wie ein Blitz aus heiterem Himmel traf. Er wollte nicht im Hause der Tante bleiben, wo er aus einem reichen Erben jählings zu einem Gnadenbrotempfänger geworden war; in Petersburg war ihm die Gesellschaft, in der er aufgewachsen war, nunmehr verschlossen; gegen den mühseligen und tristen Dienst in den unteren Rangstufen empfand er Widerwillen (all das geschah zu Beginn der Regierungszeit des Kaisers Alexander), und so mußte er notgedrungen aufs Land zurückkehren, zu seinem Vater. Schmutzig, armselig und elend erschien ihm das heimatliche Nest; von der Öde und Unsauberkeit des Steppenlebens fühlte er sich auf Schritt und Tritt abgestoßen; die Langeweile plagte ihn; dazu hatte niemand im Hause, außer seiner Mutter, einen freundlichen Blick für ihn übrig. Dem Vater mißfielen seine großstädtischen Manieren, seine Fräcke und Jabots, seine Bücher, seine Flöte und seine Ordnungsliebe, in der er nicht zu Unrecht einen verhaltenen Abscheu witterte – beständig klagte und murrte er über den Sohn. „Nichts ist ihm hier gut genug", pflegte er zu sagen. „Bei Tische mäkelt er, ißt nichts; Menschengeruch, stickige Luft kann er nicht vertragen; der Anblick von Betrunkenen verstimmt ihn; prügeln darf man sich in seiner Gegenwart auch nicht; in den Staatsdienst will er nicht – dafür sei er nicht gesund genug. Pfui doch, so ein Weichling! Und alles nur, weil ihm der Voltaire im Kopfe steckt." Gegen Voltaire und ebenso gegen den „Fanatiker" Diderot hatte der Alte eine besondere Abneigung, obwohl er nie auch nur eine Zeile aus ihren Werken gelesen hatte – Lesen war überhaupt nicht sein Fall. Pjotr Andrejitsch irrte sich nicht: Seinem Sohn steckten wirklich sowohl Diderot wie Voltaire im Kopf, und nicht nur sie, auch Rousseau und Raynal und Helvétius und viele andere Schriftsteller ihrer Art steckten ihm im Kopf – aber eben nur im Kopf. Der einstige Erzieher Iwan Petrowitschs, der gewesene Abbé und Enzyklopädist, hatte sich damit begnügt, seinem Zögling die gesamte Weisheit des achtzehnten Jahrhunderts einzutrichtern, so daß dieser ganz damit angefüllt war; aber sie steckte in ihm, ohne ihm in Fleisch und Blut überzugehen, ohne seine Seele zu durchdringen, ohne sich als eine feste Überzeugung zu äußern. Und konnte man denn vor fünfzig Jahren von einem jungen Mann Überzeugungen verlangen, wo wir doch selbst jetzt noch nicht reif dafür sind? Den Besuchern des väterlichen Hauses war Iwan Petrowitsch ebenfalls lästig. Er verabscheute sie, und sie fürchteten ihn. Mit seiner Schwester Glafira aber, die zwölf Jahre älter war als er, vertrug er sich überhaupt nicht.

Diese Glafira war ein sonderbares Wesen. Sie war häßlich, bucklig, mager und hatte weit aufgerissene, strenge Augen und einen zusammengekniffenen schmalen Mund. In Gesicht und Stimme und in ihren eckigen, hastigen Bewegungen erinnerte sie an ihre Großmutter, die Zigeunerin, die Frau Andrejs. Starrsinnig und herrschsüchtig, wie sie war, wollte sie nichts vom Heiraten wissen. Die Rückkehr Iwan Petrowitschs paßte ihr gar nicht in den Kram. Solange er bei der Fürstin Kubenskaja war, hoffte sie, wenigstens die Hälfte des väterlichen Besitzes zu bekommen – auch in ihrem Geiz war sie nach der Großmutter geraten. Außerdem beneidete Glafira ihren Bruder: Er war so gebildet, sprach so gut Französisch, mit Pariser Akzent, während sie kaum „bongschur" und „kommang wu porteh wu?" sagen konnte. Freilich, ihre Eltern konnten überhaupt nicht Französisch, aber davon wurde ihr das Herz nicht leichter. Iwan Petrowitsch wußte nicht, was er vor Trübsinn und Langeweile machen sollte; noch kein volles Jahr hatte er auf dem Lande zugebracht, aber ihm kam es wie ein Jahrzehnt vor. Nur seiner Mutter konnte er sein Herz ausschütten. Stundenlang saß er oft in ihren niedrigen Gemächern, hörte dem einfältigen Geplauder der gutherzigen Frau zu und aß unentwegt eingemachtes Obst.

Der Zufall wollte es, daß sich unter den Stubenmädchen Anna Pawlownas ein sehr hübsches Mädchen namens Malanja befand. Sie hatte klare, sanfte Augen, feine Gesichtszüge und war klug und bescheiden. Sie hatte Iwan Petrowitsch auf den ersten Blick gefallen, und er verliebte sich in sie: Er liebte ihren schüchternen Gang, ihre verschämten Antworten, ihr leises Stimmchen, ihr stilles Lächeln. Mit jedem Tag erschien sie ihm lieblicher. Auch sie gewann Iwan Petrowitsch lieb und hing mit der ganzen Kraft ihres Herzens an ihm, wie das nur russische Mädchen vermögen – und sie gab sich ihm hin. In einem Gutsbesitzerhaus auf dem Lande kann ein Geheimnis nicht lange gewahrt bleiben: Bald wußten alle von dem Verhältnis des jungen Herrn mit Malanja, und die Kunde von diesem Verhältnis drang schließlich auch zu Pjotr Andrejitsch. Zu anderer Zeit hätte er wahrscheinlich einer so belanglosen Angelegenheit keine Beachtung geschenkt, aber er grollte seinem Sohn schon lange und freute sich über die Gelegenheit, den Petersburger Besserwisser und Gecken bloßzustellen. Es erhob sich ein großes Geschrei und Geschimpfe; Malanja wurde in eine Rumpelkammer gesperrt, Iwan Petrowitsch aber zu seinem Erzeuger befohlen. Auch Anna Pawlowna eilte auf den Lärm hin herbei. Sie versuchte ihren Mann zu beschwichtigen, doch Pjotr Andrejitsch hörte sie gar nicht an. Wie ein Habicht stürzte er sich auf den Sohn und warf ihm Sittenlosigkeit, Gottlosigkeit und Heuchelei vor; dabei ließ er zugleich seinen ganzen aufgespeicherten Ärger über die Fürstin Kubenskaja an ihm aus und überhäufte ihn mit beleidigenden Ausdrücken. Anfangs schwieg Iwan Petrowitsch und nahm sich zusammen; als es sich der Vater jedoch einfallen ließ, ihm mit einer schimpflichen Bestrafung zu drohen, konnte er nicht länger an sich halten. Der Fanatiker Diderot kommt wieder aufs Tapet, dachte er. So will denn auch ich ihn ins Treffen führen – wartet nur, ich werde euch alle in Erstaunen setzen. Und in ruhigem, gelassenem Ton, wenn auch innerlich am ganzen Leibe bebend, erklärte Iwan Petrowitsch seinem Vater, daß er ihn zu Unrecht der Sittenlosigkeit bezichtige; obgleich er nicht die Absicht habe, seinen Fehltritt zu rechtfertigen, sei er doch bereit, seine Schuld wiedergutzumachen, und das um so lieber, als er sich über alle Vorurteile erhaben fühle – und zwar sei er bereit, Malanja zu heiraten. Mit diesen Worten hatte Iwan Petrowitsch unstreitig seinen Zweck erreicht: Pjotr Andrejitsch war dermaßen verblüfft, daß er die Augen weit aufriß und für einen Augenblick die Sprache verlor. Doch er kam sehr schnell wieder zur Besinnung und stürzte mit geballten Fäusten, so wie er war, in einem Fehpelz und barfuß in Pantoffeln, auf Iwan Petrowitsch los, der an diesem Tag, wie mit Absicht, à la Titus frisiert war und einen neuen blauen englischen Frack, Stiefel mit Quasten und enganliegende, stutzerhafte elchlederne Hosen trug. Anna Pawlowna schrie wie am Spieß und bedeckte das Gesicht mit den Händen; ihr Sohn aber lief durch das ganze Haus, sprang auf den Hof, rannte in den Gemüsegarten und in den Park und aus dem Park auf die Landstraße. Er lief und lief, ohne sich umzusehen, bis er endlich die schweren Trampelschritte des Vaters und sein lautes, abgehacktes Schimpfen nicht mehr hinter sich vernahm. „Halt, du Schurke", hatte er geschrien, „halt! Ich werde dich verfluchen!"

Iwan Petrowitsch verbarg sich bei einem benachbarten Freisassen, Pjotr Andrejitsch indessen kehrte völlig erschöpft und in Schweiß gebadet nach Hause zurück und erklärte, mühsam nach Luft schnappend, daß er dem Sohn seinen Segen und sein Erbteil entziehe. Darauf befahl er, alle seine verrückten Bücher zu verbrennen und die Dirne Malanja unverzüglich in ein abgelegenes Dorf zu bringen. Es fanden sich jedoch brave Leute, die Iwan Petrowitsch aufsuchten und von allem unterrichteten. Vor Scham und Wut tobend, schwor er, an seinem Vater Rache zu nehmen. Noch in derselben Nacht lauerte er dem Bauernwagen auf, in dem Malanja fortgebracht wurde, entführte sie mit Gewalt, galoppierte mit ihr in die nächste Stadt und ließ sich mit ihr trauen. Mit Geld versorgte ihn ein Nachbar, ein ewig betrunkener, aber herzensguter abgemusterter Seemann, der ein leidenschaftlicher Liebhaber jeder – wie er sich ausdrückte – edlen Affäre war. Am nächsten Tag schrieb Iwan Petrowitsch einen giftig-kalten, doch höflichen Brief an seinen Vater; er selber begab sich auf das Gut eines weitläufigen Vetters, Dmitri Pestow, der dort mit seiner Schwester, der dem Leser bereits bekannten Marfa Timofejewna, wohnte. Er erzählte ihnen alles, erklärte, daß er nach Petersburg zu fahren beabsichtige, um sich eine Stellung zu suchen, und bat sie, seiner Frau wenigstens für einige Zeit Obdach zu gewähren. Bei dem Wort „Frau" vergoß er ein paar bittere Tränen und fiel vor seinen Verwandten, trotz seiner hauptstädtischen Bildung und seiner Philosophie, demütig wie ein armes Bäuerlein auf die Knie und berührte sogar mit der Stirn den Fußboden. Die Pestows, mitleidige und gutherzige Menschen, willigten gern in seine Bitte ein. Er blieb etwa drei Wochen bei ihnen wohnen, denn er erwartete insgeheim eine Antwort von seinem Vater, doch es kam keine Antwort, und es konnte auch keine kommen. Als Pjotr Andrejitsch von der Heirat seines Sohnes erfuhr, mußte er sich ins Bett legen und verbot, in seiner Gegenwart den Namen Iwan Petrowitschs auch nur zu erwähnen; die Mutter indessen borgte sich heimlich, hinter dem Rücken ihres Mannes, vom Propst fünfhundert Rubel in Banknoten und schickte sie nebst einem Heiligenbildchen der jungen Frau. Zu schreiben wagte sie nicht, aber sie ließ Iwan Petrowitsch durch einen Boten, ein hageres Bäuerlein, das am Tag seine sechzig Werst zurückzulegen vermochte, sagen, er solle sich nicht gar zu sehr grämen, mit Gottes Hilfe werde sich alles wieder einrenken und des Vaters Zorn sich in Gnade umwandeln; auch ihr wäre eine andere Schwiegertochter lieber gewesen, aber Gott habe es offenbar so gewollt, und sie sende Malanja Sergejewna ihren mütterlichen Segen. Das hagere Bäuerlein bekam einen Rubel, bat um die Erlaubnis, die neue gnädige Frau, deren Pate er sei, einmal zu sehen, küßte ihr die Hand und trabte heimwärts.

Leichten Herzens begab sich Iwan Petrowitsch nun nach Petersburg. Eine ungewisse Zukunft erwartete ihn – vielleicht drohte ihm Armut, aber er kehrte endlich dem verhaßten Landleben den Rücken und hatte, was die Hauptsache war, seine Lehrmeister nicht preisgegeben, hatte wirklich Rousseau, Diderot und la Déclaration des droits de l'homme in die Tat umgesetzt und gerechtfertigt. Ein Gefühl erfüllter Pflicht, ein Gefühl des Triumphes, des Stolzes schwellte seine Brust, Selbst die Trennung von seiner Frau schreckte ihn nicht sonderlich, eher hätte ihn die Notwendigkeit, ständig mit ihr zusammen leben zu müssen, beunruhigt. Diese Sache war abgetan, jetzt galt es, sich mit anderen Dingen zu befassen. In Petersburg hatte er, entgegen seinen Erwartungen, Glück: Die Fürstin Kubenskaja – von Monsieur Courtin bereits verlassen, aber damals noch am Leben – empfahl ihren Neffen, um das Unrecht, das sie ihm angetan hatte, einigermaßen wiedergutzumachen, allen ihren Freunden und schenkte ihm fünftausend Rubel, beinahe ihr letztes Geld, und eine Uhr von Lepic mit seinem Monogramm in einer Girlande von Amoretten. Es waren noch keine drei Monate vergangen, als er eine Anstellung bei der russischen Gesandtschaft in London erhielt und mit dem ersten abgehenden englischen Segelschiff (an Dampfer dachte man dazumal noch nicht) in See stach. Einige Monate später bekam er einen Brief von Pestow. Der wackere Gutsbesitzer beglückwünschte Iwan Petrowitsch zur Geburt eines Sohnes, der am 20. August des Jahres 1807 auf dem Gut Pokrowskoje zur Welt gekommen war und dem heiligen Märtyrer Theodor Stratilatos zu Ehren den Namen Fjodor erhalten hatte. Malanja Sergejewna hatte, da sie noch sehr schwach war, nur einige Zeilen hinzugefügt, aber schon diese wenigen Zeilen setzten Iwan Petrowitsch in Erstaunen: Er hatte nicht gewußt, daß Marfa Timofejewna seiner Frau das Schreiben beigebracht hatte. Übrigens gab sich Iwan Petrowitsch nicht lange der süßen Regung väterlicher Gefühle hin, denn er machte gerade einer der berühmten Phrynen oder Laïs jener Zeit den Hof (klassische Namen standen dazumal noch in Blüte). Der Friede von Tilsit war soeben geschlossen worden, alle Welt beeilte sich, das Leben zu genießen, alles drehte sich wie in einem tollen Wirbel; die schwarzen Augen einer flotten Schönen hatten auch ihm den Kopf verdreht. Geld besaß er sehr wenig, aber er hatte Glück im Kartenspiel, knüpfte Bekanntschaften an, nahm an allen möglichen Lustbarkeiten teil, mit einem Wort, er fuhr mit vollen Segeln.

9

Der alte Lawrezki konnte seinem Sohn die Heirat lange nicht verzeihen. Wäre Iwan Petrowitsch nach einem halben Jahr schuldbewußt vor ihn hingetreten und ihm zu Füßen gefallen, hätte er ihm vermutlich vergeben, nachdem er ihn zuvor tüchtig ausgescholten und zur Einschüchterung ein bißchen mit dem Krückstock geklopft hätte, aber Iwan Petrowitsch lebte im Ausland und ließ sich offenbar keine grauen Haare wachsen. „Schweig! Untersteh dich!" herrschte Pjotr Andrejitsch jedesmal seine Frau an, wenn sie versuchte, ihn zur Milde zu bewegen. „Der Bengel sollte ewig Gott danken, daß ich ihn nicht verflucht habe. Mein seliger Vater hätte ihn eigenhändig totgeschlagen, den Taugenichts, und er hätte gut daran getan." Bei solchen schrecklichen Reden bekreuzigte sich Anna Pawlowna nur verstohlen.

Was Iwan Petrowitschs Frau anbelangte, so wollte Pjotr Andrejitsch anfangs nicht einmal von ihr hören, und auf einen Brief von Pestow, in dem dieser die Schwiegertochter erwähnte, ließ er sogar antworten, daß er von einer Schwiegertochter, die er angeblich habe, nichts wisse, daß es aber gesetzlich verboten sei, entlaufene Mägde aufzunehmen, wovor ihn zu warnen er für seine Pflicht halte. Später jedoch, als er von der Geburt eines Enkels erfuhr, wurde er milder gestimmt, befahl, unterderhand Erkundigungen über die Gesundheit der Wöchnerin einzuholen, und schickte ihr – wiederum so, als käme es nicht von ihm – etwas Geld. Fedja war noch kein Jahr alt, da wurde Anna Pawlowna von einer tödlichen Krankheit befallen. Einige Tage vor ihrem Ende, als sie das Bett bereits nicht mehr verlassen konnte, erklärte sie, schüchterne Tränen in den erlöschenden Augen, ihrem Mann in Gegenwart ihres Beichtvaters, sie habe den Wunsch, ihre Schwiegertochter zu sehen, um von ihr Abschied zu nehmen, und ihren Enkel zu segnen. Der bekümmerte alte Mann beruhigte sie und schickte sofort seine eigene Equipage nach der Schwiegertochter, wobei er sie zum erstenmal Malanja Sergejewna nannte. Sie kam mit ihrem Sohn und mit Marfa Timofejewna, die sie unter keinen Umständen hatte allein fortlassen wollen – sie sollte keinen Kränkungen ausgesetzt werden. Halbtot vor Angst, betrat Malanja Sergejewna das Kabinett Pjotr Andrejitschs. Die Kinderfrau trug Fedja hinter ihr her. Pjotr Andrejitsch sah Malanja schweigend an. Sie näherte sich ihm und ergriff seine Hand; ihre bebenden Lippen vermochten kaum einen lautlosen Kuß darauf zu drücken.

„Nun, angeheiratete Edelfrau", sagte er schließlich, „guten Tag; komm mit zur gnädigen Frau." Er stand auf und beugte sich über Fedja. Das Kind lächelte und streckte ihm seine blassen Händchen entgegen. Dem Alten drehte es das Herz um. „Ach, du verwaistes Kind!" murmelte er. „Du bittest mich für deinen Vater; ich werde dich nicht verlassen, armes Vögelchen."

Malanja Sergejewna fiel, sobald sie das Schlafzimmer von Anna Pawlowna betreten hatte, gleich an der Tür auf die Knie. Anna Pawlowna winkte sie an ihr Bett, umarmte sie und segnete ihren Sohn; dann wandte sie das von der schweren Krankheit abgezehrte Gesicht ihrem Manne zu und wollte etwas sagen.

„Weiß schon, weiß schon, worum du bitten willst", sagte Pjotr Andrejitsch. „Sorg dich nicht, sie soll bei uns bleiben, und Wanja will ich um ihretwillen verzeihen."

Anna Pawlowna ergriff mit Anstrengung die Hand ihres Mannes und drückte ihre Lippen darauf. Am selben Abend verschied sie.

Pjotr Andrejitsch hielt sein Wort. Er teilte seinem Sohne mit, daß er ihm um des Todes seiner Mutter und um des kleinen Fjodor willen aufs neue seinen Segen gebe und Malanja Sergejewna bei sich im Hause behalte. Im Zwischengeschoß wurden ihr zwei Zimmer überlassen; er stellte sie seinen angesehensten Gästen vor, dem einäugigen Brigadegeneral Skurjochin und dessen Frau, und schenkte ihr zwei Mägde und einen kleinen Laufburschen. Marfa Timofejewna verabschiedete sich von ihr. Sie haßte Glafira und war im Laufe eines einzigen Tages dreimal mit ihr in Streit geraten.

Schwer und bedrückend war anfangs das Leben für die arme Frau, aber dann lernte sie es ertragen und gewöhnte sich an ihren Schwiegervater. Auch er gewöhnte sich an sie, er gewann sie sogar lieb, obgleich er fast nie mit ihr sprach und obwohl selbst in seinen Freundlichkeiten ihr gegenüber eine gewisse unbeabsichtigte Geringschätzung lag. Am meisten hatte Malanja Sergejewna unter ihrer Schwägerin zu leiden. Noch zu Lebzeiten der Mutter hatte Glafira es verstanden, allmählich das ganze Hauswesen in ihre Hand zu bekommen. Alle, beim Vater angefangen, unterwarfen sich ihr. Ohne ihre Erlaubnis durfte kein Stück Zucker herausgegeben werden. Sie wäre lieber gestorben, als daß sie ihre Macht mit einer anderen Hausfrau geteilt hätte – und noch dazu mit einer solchen Hausfrau! Die Heirat des Bruders hatte sie noch mehr erbost als ihren Vater. Sie nahm sich vor, dem Emporkömmling eine Lehre zu erteilen, und so wurde Malanja Sergejewna von der ersten Stunde an ihre Sklavin. Wie hätte sie auch den Kampf mit der eigenwilligen, hochmütigen Glafira aufnehmen können, sie, die Demütige, beständig Verlegene und Eingeschüchterte mit ihrer schwachen Gesundheit? Es verging kein Tag, an dem Glafira sie nicht an ihre Herkunft erinnerte oder sie dafür lobte, daß sie nicht vergaß, was sie früher gewesen war. Malanja Sergejewna hätte sich gewiß mit diesen Sticheleien und Lobsprüchen abgefunden, so bitter sie auch waren, aber man hatte ihr Fedja weggenommen. Das war der Schmerz, der am meisten an ihr zehrte. Unter dem Vorwand, sie sei nicht in der Lage, sich mit seiner Erziehung zu befassen, ließ man sie fast nicht mehr zu ihm; Glafira hatte diese Sache in die Hand genommen, und das Kind geriet völlig in ihre Gewalt. Vor Kummer begann Malanja Sergejewna in ihren Briefen Iwan Petrowitsch flehentlich zu bitten, er möge doch recht bald heimkehren; auch Pjotr Andrejitsch wünschte seinen Sohn wiederzusehen. Dieser aber machte immer nur Ausflüchte, dankte dem Vater dafür, daß er sich seiner Frau angenommen habe, und für das übersandte Geld, versprach, bald zu kommen, und kam nicht. Das Jahr 1812 rief ihn endlich aus der Fremde zurück. Als sich Vater und Sohn nach sechsjähriger Trennung zum erstenmal wiedersahen, umarmten sie sich und erwähnten mit keinem Wort die einstige Zwietracht. Damals ging es um andere Dinge: Ganz Rußland erhob sich gegen den Feind, und beide fühlten, daß russisches Blut in ihren Adern floß. Pjotr Andrejitsch kleidete auf seine Kosten ein ganzes Regiment Landwehrmänner ein. Doch der Krieg ging zu Ende, die Gefahr war vorüber, und Iwan Petrowitsch fing wieder an sich zu langweilen. Wieder zog es ihn in die Ferne, in jene Welt, mit der er verwachsen war und in der er sich zu Hause fühlte. Malanja Sergejewna konnte ihn nicht halten; sie bedeutete ihm zuwenig. Nicht einmal ihre Hoffnungen erfüllten sich: Auch ihr Mann fand, daß es viel besser sei, Fedjas Erziehung Glafira anzuvertrauen. Iwan Petrowitschs arme Frau überstand diesen Schlag nicht, überstand auch nicht die abermalige Trennung: Ergeben in ihr Schicksal, erlosch sie in wenigen Tagen. Ihr ganzes Leben lang hatte sie nicht verstanden, sich zur Wehr zu setzen, und auch gegen die Krankheit kämpfte sie nicht an. Sie konnte schon nicht mehr sprechen, die Schatten des Todes lagen schon auf ihrem Gesicht, aber aus ihren Zügen sprach noch immer geduldige Verwunderung und unwandelbare sanfte Demut. Mit derselben stummen Ergebenheit wie sonst ruhte ihr Blick auf Glafira, und so wie Anna Pawlowna auf dem Sterbebett Pjotr Andrejitschs Hand geküßt hatte, drückte sie nun ihre Lippen auf Glafiras Hand und vertraute ihr, Glafira, ihren einzigen Sohn an. So beschloß es seinen irdischen Weg, das stille, gute Geschöpf, das, Gott weiß, warum, aus seinem Heimatboden gerissen und gleich darauf beiseite geworfen worden war wie ein herausgerissenes Bäumchen, die Wurzeln der Sonne zugekehrt. Es war verwelkt, war spurlos vergangen, dieses Geschöpf, und niemand grämte sich darum. Nur die beiden Stubenmädchen trauerten Malanja Sergejewna nach – und auch Pjotr Andrejitsch. Der alte Mann vermißte ihre stumme Gegenwart. „Verzeih, leb wohl, mein sanftes Kind!" flüsterte er, als er sich in der Kirche zum letztenmal vor ihr verneigte. Und als er die Handvoll Erde in ihr Grab warf, weinte er.

Er überlebte sie nicht lange, nur um fünf Jahre. Im Winter des Jahres 1819 verschied er friedlich in Moskau, wohin er mit Glafira und seinem Enkel übergesiedelt war. Er hatte die Verfügung getroffen, neben Anna Pawlowna und „Malascha" bestattet zu werden. Iwan Petrowitsch befand sich damals in Paris und lebte seinem Vergnügen – er hatte bald nach 1815 den Dienst aufgegeben. Als Iwan Petrowitsch vom Tode seines Vaters erfuhr, entschloß er sich, nach Rußland zurückzukehren. Er mußte sich um die Regelung der Gutsangelegenheiten kümmern; außerdem hatte Fedja, wie Glafira schrieb, das zwölfte Lebensjahr vollendet. Es war also an der Zeit, sich ernstlich mit seiner Erziehung zu beschäftigen.

10

Iwan Petrowitsch kehrte als Anglomane nach Rußland zurück. Das kurzgeschorene Haar, das gestärkte Jabot, der langschößige, erbsenfarbene Gehrock mit den vielen Krägelchen, die saure Miene, eine gewisse Schroffheit, aber auch Gleichgültigkeit im Umgang, das Sprechen durch die Zähne, das plötzliche hölzerne Lachen, das völlige Fehlen eines Lächelns, Gespräche ausschließlich politischen oder politisch-ökonomischen Inhalts, die Leidenschaft für blutige Roastbeefs und Portwein – alles an ihm atmete den Geist Großbritanniens; er schien ganz davon durchdrungen. Aber merkwürdig! Während Iwan Petrowitsch sich in einen Anglomanen verwandelt hatte, war er gleichzeitig auch Patriot geworden, wenigstens nannte er sich so, obgleich er Rußland wenig kannte, an keinem einzigen russischen Brauch festhielt und sich sonderbar ausdrückte, wenn er russisch sprach. Unterhielt er sich über Alltägliches, strotzte seine an sich schwerfällige und fade Sprechweise von Gallizismen, sobald das Gespräch jedoch wichtige Dinge berührte, verwendete Iwan Petrowitsch Ausdrücke wie: „neue Versuche von Selbstbeflissenheit anstellen", „dies steht nicht im Einklang mit der eigentlichen Natur des Umstands" und dergleichen mehr. Iwan Petrowitsch hatte einige handschriftliche Entwürfe mitgebracht, die den Aufbau und die Verbesserung des Staatswesens betrafen. Er war mit allem, was er sah, sehr unzufrieden, besonders aber erregte seinen Ärger, daß in nichts System lag. Als er seine Schwester wiedersah, erklärte er ihr von vornherein, daß er die Absicht habe, grundlegende Reformen durchzuführen, daß künftig bei ihm alles nach einem neuen System gehen werde. Glafira Petrowna gab ihrem Bruder darauf keine Antwort; sie biß nur die Zähne zusammen und dachte: Und was wird aus mir? Als sie mit ihm und ihrem Neffen auf dem Gut angekommen war, beruhigte sie sich übrigens bald wieder. Im Hause traten wirklich einige Veränderungen ein: Die Gnadenbrotempfänger und Schmarotzer wurden unverzüglich verbannt. Unter denen, die dieses harte Los traf, befanden sich zwei alte Frauen, die eine blind, die andere gelähmt, sowie ein altersschwacher Major aus der Zeit der Eroberung von Otschakow, den man wegen seiner erstaunlichen Gefräßigkeit nur mit Schwarzbrot und Linsen gefüttert hatte. Auch erging ein Befehl, die früheren Gäste nicht mehr einzulassen: Sie alle ersetzte ein entfernter Nachbar, ein blondhaariger, skrofulöser Baron, ein sehr wohlerzogener und sehr dummer Mensch. Aus Moskau kamen neue Möbel; es wurden Spucknäpfe, Klingeln, Waschtische angeschafft; das Frühstück wurde anders serviert; ausländische Weine verdrängten die Schnäpse und Fruchtliköre; für die Bedienten wurden neue Livreen angefertigt, und dem Familienwappen ward die Inschrift „in recto virtus" beigefügt. Im Grunde aber verringerte sich Glafiras Macht in keiner Weise: Alle Ausgaben und Käufe hingen nach wie vor von ihr ab. Ein aus dem Ausland mitgebrachter elsässischer Kammerdiener unternahm den Versuch, ihr den Rang abzulaufen, und verlor seine Stellung, obwohl ihn der Herr in Schutz nahm. Und was die Wirtschaft, die Verwaltung der Güter betraf (Glafira Petrowna mischte sich auch in diese Angelegenheiten), so blieb, trotz der von Iwan Petrowitsch wiederholt geäußerten Absicht, diesem

Chaos neues Leben einzuhauchen, alles beim alten, nur wurden die Abgaben der Bauern hier und da erhöht und der Frondienst etwas erschwert; auch wurde den Bauern verboten, sich unmittelbar an Iwan Petrowitsch zu wenden, denn der Patriot verachtete seine Mitbürger gar sehr. Nur auf Fedja wurde Iwans Petrowitschs System in voller Stärke angewandt. Seine Erziehung wurde in der Tat einer „grundlegenden Reform" unterzogen: Der Vater befaßte sich ausschließlich damit.

II

Bevor Iwan Petrowitsch aus dem Ausland zurückgekehrt war, hatte sich Fedja, wie schon gesagt, in Glafira Petrownas Obhut befunden. Er war noch keine acht Jahre alt gewesen, als seine Mutter starb. Er hatte sie nicht jeden Tag gesehen und sie leidenschaftlich geliebt. Die Erinnerung an sie, an ihr stilles, blasses Gesicht, ihre traurigen Augen und ihre scheuen Liebkosungen, hatte sich für immer in sein Herz eingeprägt, aber er begriff schon damals, wenn auch nur dunkel, ihre Stellung im Hause; er fühlte, daß zwischen ihm und ihr eine Schranke stand, die niederzureißen sie weder den Mut noch die Kraft hatte. Dem Vater ging er aus dem Weg, und Iwan Petrowitsch liebkoste ihn auch nie; der Großvater strich ihm bisweilen über den Kopf und reichte ihm die Hand zum Kuß, nannte ihn jedoch einen Popanz und hielt ihn für einen kleinen Dummkopf. Nach dem Tode Malanja Sergejewnas bekam ihn die Tante völlig in ihre Gewalt. Fedja fürchtete sich vor ihr; er fürchtete sich vor ihren hellen scharfen Augen und ihrer schrillen Stimme – er wagte in ihrer Gegenwart nicht zu mucksen. Er brauchte sich nur auf seinem Stuhl zu rühren, so zischte sie schon: „Wohin? Sitz still!" Sonntags, nach dem Morgengottesdienst, erlaubte man ihm zu spielen, das heißt, man gab ihm ein dickes Buch, ein geheimnisvolles Buch, das Werk eines gewissen Maximowitsch-Ambodik mit dem Titel „Symbole und Embleme". Dieses Buch enthielt etwa tausend höchst rätselhafte Zeichnungen mit ebenso rätselhaften Erläuterungen in fünf Sprachen. Ein nackter, molliger Kupido spielte eine große Rolle in diesen Zeichnungen. Zu einer davon, die „Safran und Regenbogen" benannt war, gehörte die Erläuterung: „Seine Wirkung ist größer", und neben einer anderen, die einen „fliegenden Reiher mit einem Veilchen im Schnabel" darstellte, stand zu lesen: „Du kennst sie alle". „Kupido und der Bär, der sein Junges leckt", wurde erklärt mit: „Nach und nach". Fedja betrachtete diese Zeichnungen – sie waren ihm alle bis in die kleinsten Einzelheiten bekannt. Einige, und zwar immer dieselben, regten ihn zum Nachdenken an und weckten seine Einbildungskraft – andere Zerstreuungen kannte er nicht. Als es an der Zeit war, ihn in Sprachen und Musik unterrichten zu lassen, stellte Glafira Petrowna für ein Spottgeld eine alte Jungfer ein, eine Schwedin mit Augen wie ein Hase, die notdürftig Französisch und Deutsch sprach, schlecht und recht Klavier spielte und obendrein ausgezeichnet Gurken einzusalzen verstand. In der Gesellschaft dieser Erzieherin sowie seiner Tante und eines alten Stubenmädchens namens Wassiljewna brachte Fedja volle vier Jahre zu. Meistens saß er mit seinen „Emblemen" in einem Winkel – saß und saß. In der niedrigen Stube roch es nach Geranien; trübe brannte eine Talgkerze; ein Heimchen zirpte eintönig, als langweilte es sich; an der Wand tickte eilig die kleine Uhr; verstohlen scharrte und nagte eine Maus hinter der Tapete; die drei alten Jungfern aber, den Parzen gleichend, saßen schweigend da und klapperten emsig mit ihren Stricknadeln. Die Schatten ihrer Hände huschten im Halbdunkel hin und her oder blieben seltsam zitternd stehen, und seltsam und halbdunkel waren auch die Gedanken, die dem Kind durch den Kopf schwirrten. Niemand hätte Fedja ein hübsches Kind genannt: Er war ziemlich blaß, aber dick, von plumpem Körperbau und unbeholfen – ein richtiger Bauer, wie Glafira Petrowna sich ausdrückte. Die Blässe wäre bald von seinen Wangen geschwunden, hätte man ihn öfter ins Freie gelassen. Er lernte recht ordentlich, obwohl er häufig faul war; er weinte nie; dafür überkam ihn zuzeiten ein wilder Trotz – dann wurde niemand mit ihm fertig. Fedja liebte niemanden aus seiner Umgebung... Wehe dem Herzen, das in seiner Jugend nicht geliebt hat!

So fand Iwan Petrowitsch ihn vor, und ohne Zeit zu verlieren, ging er daran, sein System auf ihn anzuwenden. „Ich will vor allem einen Mann aus ihm machen, un homme", sagte er zu Glafira Petrowna, „und nicht nur einen Mann, sondern einen Spartaner." Sein Vorhaben begann Iwan Petrowitsch damit in die Tat umzusetzen, daß er seinen Sohn nach schottischer Art kleidete. Der zwölfjährige Junge lief von nun an mit nackten Waden und mit einer Hahnenfeder am Barett herum. Die Schwedin wurde durch einen jungen Schweizer ersetzt, der die Gymnastik vollendet beherrschte, und die Musik wurde als eine des Mannes unwürdige Beschäftigung für immer verbannt. Naturwissenschaften, Völkerrecht, Mathematik, das Tischlerhandwerk – nach dem Rat Jean-Jacques Rousseaus – und Heraldik, zur Förderung des ritterlichen Sinnes, das war es, womit sich der zukünftige „Mann" beschäftigen sollte. Um vier Uhr morgens wurde er geweckt, sofort mit kaltem Wasser übergossen und gezwungen, an einer Leine um einen hohen Pfahl herumzulaufen; nur einmal am Tag bekam er zu essen, und jedesmal nur ein einziges Gericht; er mußte reiten und Armbrust schießen und bei jeder passenden Gelegenheit, nach dem Vorbild des Vaters, seine Willenskraft üben. Jeden Abend trug er in ein besonderes Buch einen Bericht über den vergangenen Tag und seine Eindrücke ein, und Iwan Petrowitsch seinerseits verfaßte für ihn Vorschriften in französischer Sprache, in denen er ihn mon fils nannte und mit vous anredete. Wenn sie russisch sprachen, duzte Fedja seinen Vater, durfte sich jedoch in seiner Gegenwart nicht setzen. Das „System" brachte den Jungen ganz aus dem Gleichgewicht; es stiftete Verwirrung in seinem Kopf und bedrückte ihn. Dafür wirkte sich aber die neue Lebensweise auf seine Gesundheit sehr günstig aus. Zwar bekam er gleich zu Anfang hohes Fieber, aber er erholte sich bald wieder und wurde ein kräftiger Bursche. Der Vater war stolz auf ihn und nannte ihn in seiner sonderbaren Ausdrucksweise „Sohn der Natur, mein Werk". Als Fedja sechzehn Jahre alt geworden war, hielt Iwan Petrowitsch es für seine Pflicht, ihm bereits jetzt Verachtung für das weibliche Geschlecht einzuflößen, und so mühte sich denn der junge Spartaner, Schüchternheit im Herzen, den ersten Flaum auf den Lippen, voller Saft, Kraft und Blut, schon gleichgültig, kalt und roh zu erscheinen.

Unterdessen ging die Zeit hin. Iwan Petrowitsch verbrachte den größten Teil des Jahres in Lawriki (so hieß das bedeutendste seiner Erbgüter), im Winter aber reiste er nach Moskau, und zwar allein, wohnte in einem Gasthof, besuchte fleißig den Klub, hielt in den Salons Reden und entwickelte seine Pläne und spielte sich mehr denn je als Anglomane, Nörgler und Staatsmann auf. Aber da brach das Jahr 1825 an und brachte viel Kummer mit sich. Nahe Bekannte und Freunde Iwan Petrowitschs machten schwere Prüfungen durch. Er selbst zog sich eilends auf sein Gut zurück und schloß sich in seinem Hause von allem ab. Nach einem Jahr jedoch begann Iwan Petrowitsch mit einemmal zu kränkeln; er wurde schwach und hinfällig – seine Gesundheit schwand dahin. Der Freidenker fing an, in die Kirche zu gehen und Messen zu bestellen; der Europäer schwitzte im russischen Dampfbad, speiste um zwei Uhr zu Mittag, legte sich um neun zu Bett und ließ sich von seinem alten Haushofmeister in den Schlaf schwatzen; der Staatsmann verbrannte alle seine Entwürfe, seinen ganzen Briefwechsel, zitterte vor dem Gouverneur und liebedienerte vor dem Kreispolizeichef; der Mann mit dem gestählten Willen jammerte und klagte, wenn sich auf seiner Haut ein Pickel bildete oder wenn ihm ein Teller kalt gewordener Suppe vorgesetzt wurde. Glafira Petrowna beherrschte wieder das ganze Haus; wieder kamen durch die Hintertür Verwalter, Gutsvögte und einfache Bauern zu dem „alten Drachen" – so wurde sie vom Gesinde genannt. Die Veränderung, die mit Iwan Petrowitsch vor sich ging, machte einen tiefen Eindruck auf seinen Sohn. Er stand nun im neunzehnten Lebensjahr und begann nachzudenken und sich von dem Druck der auf ihm lastenden Hand zu befreien. Er hatte auch früher schon den Widerspruch zwischen den Worten und den Taten des Vaters, zwischen seinen weitreichenden liberalen Theorien und seinem engherzigen, kleinlichen Despotismus bemerkt, aber eine so schroffe Wandlung hatte er nicht erwartet. Der eingefleischte Egoist trat plötzlich unverhüllt zutage.

Der junge Lawrezki schickte sich gerade an, nach Moskau zu

gehen, um sich auf die Universität vorzubereiten, da brach ein neues, unerwartetes Unglück über Iwan Petrowitsch herein: Er erblindete, erblindete hoffnungslos, und zwar innerhalb eines Tages.

Da er zu der Kunst der russischen Ärzte kein Vertrauen hatte, suchte er um die Erlaubnis nach, ins Ausland zu reisen. Sie wurde ihm nicht erteilt. Da machte er sich mit seinem Sohn auf, zog drei Jahre lang in Rußland umher, von einem Arzt zum andern, aus einer Stadt in die andere, und brachte die Ärzte, den Sohn und die Dienerschaft durch seinen Kleinmut und seine Ungeduld zur Verzweiflung. Vollkommen gebrochen, einem weinerlichen und launischen Kinde ähnlich, kehrte er nach Lawriki zurück. Es kamen schlimme Tage; alle hatten unter ihm zu leiden. Iwan Petrowitsch war nur still, wenn er aß – niemals hatte er so gierig und so viel gegessen –, die ganze übrige Zeit gönnte er weder sich noch den anderen Ruhe. Er betete, murrte über sein Schicksal, schimpfte auf sich selbst, schimpfte auf die Politik, auf sein System, schimpfte auf alles, womit er früher geprahlt und sich gebrüstet hatte, auf alles, was er einst seinem Sohn als Vorbild hingestellt hatte, wiederholte ständig, daß er an nichts glaube, und betete von neuem. Er ertrug es nicht, auch nur einen Augenblick allein zu sein, und verlangte von seinen Hausgenossen, daß sie unausgesetzt, Tag und Nacht, an seinem Lehnstuhl saßen und ihn mit Erzählungen unterhielten, die er fortwährend durch Ausrufe unterbrach wie: „Alles erlogen!" – „So ein Blödsinn!"

Am meisten hatte Glafira Petrowna von ihm auszustehen. Ohne sie konnte er überhaupt nicht auskommen, und sie ging bis zuletzt auf alle Launen des Kranken ein, obgleich sie sich manchmal nicht getraute, ihm sofort zu antworten, um nicht durch den Ton ihrer Stimme zu verraten, wie es in ihr kochte. So siechte er noch zwei Jahre dahin. Er starb in den ersten Maitagen, als man ihn gerade auf den Balkon in die Sonne getragen hatte. „Glascha, Glaschka! Meine Bouillon, Bouillon. Alte, dumm...", lallte er mit erstarrender Zunge und verstummte, ohne den letzten Satz zu beenden, für immer. Glafira Petrowna, die soeben die Tasse mit der Bouillon dem Haushofmeister aus der Hand gerissen hatte, hielt inne, sah ihrem Bruder ins Gesicht, bekreuzigte sich langsam und nachdrücklich und entfernte sich schweigend. Der gleichfalls anwesende Sohn sagte auch nichts; er stützte sich auf das Geländer des Balkons und schaute lange in den dufterfüllten, grünen Garten, der in den Strahlen der goldenen Frühlingssonne herrlich leuchtete. Er war dreiundzwanzig Jahre alt. Wie erschreckend, wie unmerklich rasch waren diese dreiundzwanzig Jahre verflogen! Das Leben tat sich vor ihm auf.

12

Nachdem der junge Lawrezki seinen Vater begraben und die Leitung der Wirtschaft und die Aufsicht über die Verwalter der unwandelbaren Glafira Petrowna übertragen hatte, begab er sich nach Moskau, wohin ihn ein dunkles, aber starkes Gefühl zog. Er war sich der Mängel seiner Erziehung bewußt und hatte sich vorgenommen, das Versäumte nachzuholen. In den letzten fünf Jahren hatte er viel gelesen und allerhand erlebt; viele Gedanken waren ihm durch den Kopf gegangen. Um einige seiner Kenntnisse hätte ihn mancher Professor beneidet, aber gleichzeitig wußte er vieles nicht, was jedem Gymnasiasten längst bekannt war. Lawrezki war sich seiner Unfreiheit bewußt und hatte insgeheim das Gefühl, ein Sonderling zu sein. Der Anglomane hatte seinem Sohn einen bösen Streich gespielt; die launenhafte Erziehung trug ihre Früchte. Lange Jahre hatte sich der Sohn dem Willen des Vaters blindlings gefügt; als er ihn dann endlich durchschaut hatte, war das Unheil schon geschehen, waren die Gewohnheiten bereits eingewurzelt. Er wußte nicht mit Menschen umzugehen: Dreiundzwanzig Jahre alt, einen unbezähmbaren Hunger nach Liebe im scheuen Herzen, hatte er noch keiner einzigen Frau in die Augen zu blicken gewagt. Bei seinem klaren und gesunden, aber etwas schwerfälligen Verstand, bei seiner Neigung zu Eigensinn, Beschaulichkeit und Trägheit hätte er eigentlich schon in frühen Jahren in den Strudel des Lebens gehört, doch er war bewußt von allem ferngehalten worden. Zwar war der Zauberkreis nun gesprengt, doch er blieb immer noch auf derselben Stelle stehen, verschlossen und in sich gekehrt. Es war lächerlich, in seinem Alter noch die Studentenuniform anzuziehen, aber er fürchtete sich nicht vor Gespött. Seine spartanische Erziehung hatte wenigstens vermocht, ihn fremdes Gerede geringschätzen zu lassen, und so zog er denn, ohne sich beirren zu lassen, die Studentenuniform an. Er ließ sich bei der physikalisch-mathematischen Fakultät einschreiben. Gesund, rotwangig, mit schon kräftigem Bartwuchs und schweigsam, machte er auf seine Kameraden einen sonderbaren Eindruck. Sie ahnten nicht, daß dieser rauhe Mann, der in einem breiten, zweispännigen ländlichen Schlitten stets pünktlich zu den Vorlesungen kam, fast noch ein Kind war. Sie hielten ihn für einen verschrobenen Pedanten. Sie brauchten ihn nicht und wollten nichts von ihm, und er ging ihnen aus dem Wege. In den ersten zwei Jahren, die er auf der Universität verbrachte, freundete er sich nur mit einem einzigen Studenten an, bei dem er Lateinstunden nahm. Dieser Student, mit Namen Michalewitsch, ein Enthusiast und Versemacher, gewann Lawrezki aufrichtig lieb und wurde ganz zufällig zum Anlaß einer bedeutsamen Wende in seinem Schicksal.

Eines Abends erblickte Lawrezki im Theater (Motschalow stand damals auf der Höhe seines Ruhmes, und Lawrezki versäumte keine Vorstellung) in einer Loge des ersten Ranges ein junges Mädchen, und obgleich noch keine Frau an seiner düsteren Gestalt vorübergegangen war, die sein Herz nicht hätte erbeben lassen, so hatte es doch noch nie so heftig geschlagen. Die Ellbogen auf den Samt der Logenbrüstung gestützt, saß das Mädchen regungslos da. Zartes junges Leben spielte in jedem Zug ihres bräunlichen, runden, lieblichen Gesichtes; Geschmack und Geist sprachen aus den schönen Augen, die aufmerksam und sanft unter den feinen Brauen hervorschauten, sprachen aus dem flüchtigen, spöttischen Lächeln der ausdrucksvollen Lippen, aus der ganzen Haltung des Kopfes, der Hände, des Halses; außerdem war sie entzückend gekleidet. Neben ihr saß eine runzlige, gelbhäutige Dame von etwa fünfundvierzig Jahren, dekolletiert, in einer schwarzen Toque und mit einem zahnlosen Lächeln auf dem angespannt-bekümmerten, nichtssagenden Gesicht. In der Tiefe der Loge sah man einen ältlichen Herrn in weitem Gehrock und hoher Halsbinde, mit dem Ausdruck borniertcn Dünkels und einer Art kriecherischen Argwohns in den kleinen Augen, mit gefärbtem Schnurr- und Backenbart, einer unbedeutenden mächtigen Stirn und welken Wangen, allen Anzeichen nach ein General a. D. Lawrezki wandte kein Auge von dem jungen Mädchen, das einen so tiefen Eindruck auf ihn gemacht hatte. Plötzlich öffnete sich die Logentür, und Michalewitsch trat ein. Das Erscheinen dieses Menschen, des fast einzigen Bekannten, den er in ganz Moskau hatte, sein Erscheinen in der Gesellschaft des einzigen Mädchens, das seine ganze Aufmerksamkeit auf sich gezogen hatte, kam Lawrezki bedeutungsvoll und merkwürdig vor. Er blickte immer wieder nach der Loge hin und bemerkte, daß alle Personen, die sich darin befanden, Michalewitsch wie einen alten Freund behandelten. Die Vorgänge auf der Bühne verloren ihr Interesse für Lawrezki; selbst Motschalow – obwohl er an diesem Abend „in Form" war – übte nicht die gewohnte Wirkung auf ihn aus. An einer besonders pathetischen Stelle warf Lawrezki unwillkürlich einen Blick auf seine Schöne: Sie hatte sich weit vorgebeugt; ihre Wangen glühten. Unter seinem beharrlichen Blick wandten sich ihre Augen, die auf die Bühne gerichtet waren, langsam ihm zu und blieben auf ihm haften ... Die ganze Nacht sah er diese Augen vor sich. Der künstlich aufgerichtete Damm war endlich gebrochen. Lawrezki zitterte, er stand in Flammen, und am nächsten Tag begab er sich zu Michalewitsch. Von ihm erfuhr er, daß die Schöne Warwara Pawlowna Korobjina hieß, daß der alte Herr und die alte Dame, die mit ihr in der Loge gesessen hatten, ihr Vater und ihre Mutter waren und daß er selbst, Michalewitsch, sie vor einem Jahr kennengelernt hatte, als er in seinen Ferien in der Nähe von Moskau bei dem Grafen N. als Hauslehrer tätig gewesen war. Für Warwara Pawlowna fand der Enthusiast Worte höchsten Lobes. „Dieses Mädchen, mein lieber Freund", rief er in dem ihm eigenen überschwenglichen Tonfall aus, „ist ein erstaunliches, geniales Wesen, eine Künstlerin im wahren Sinn des Wortes, und dabei seelensgut." Als er aus Lawrezkis Fragen merkte, welchen Eindruck Warwara Pawlowna auf ihn gemacht hatte, bot er ihm an, ihn mit ihr bekannt zu machen, und fügte hinzu, daß er bei ihnen verkehre, als gehörte er zur Familie, daß der General ganz und gar nicht stolz sei, die Mutter aber so dumm wie ein neugeborenes Kind. Lawrezki errötete, murmelte etwas Unverständliches und lief fort. Volle fünf Tage rang er mit seiner Schüchternheit; am sechsten Tag zog der junge Spartaner eine nagelneue Uniform an und stellte sich Michalewitsch zur Verfügung, der sich, da er so gut wie zur Familie gehörte, darauf beschränkte, sich die Haare zu kämmen – und beide begaben sich zu den Korobjins.

13

Der Vater Warwara Pawlownas, Pawel Petrowitsch Korobjin, ein Generalmajor a. D., hatte sein ganzes Leben in Petersburg gedient. In seiner Jugend hatte er in dem Ruf gestanden, ein gewandter Tänzer und guter Soldat zu sein, war seiner Armut wegen Adjutant bei zwei oder drei unbedeutenden Generälen gewesen, hatte die Tochter eines von ihnen geheiratet und dabei eine Mitgift von fünfundzwanzigtausend eingesteckt und sich die hohe Weisheit des Exerzierens und der Paraden bis in die letzten Feinheiten angeeignet. Er mühte und plagte sich in der Tretmühle des Dienstes, bis er es nach zwanzig Jahren endlich zum Generalmajor brachte und ein Regiment erhielt. Nun hätte er sich eigentlich etwas Ruhe gönnen und in aller Beschaulichkeit seinen Wohlstand sichern können, und das hatte er auch im Sinn, aber er ging dabei ein bißchen unvorsichtig zu Werke. Er ersann ein neues Verfahren, Staatsgelder in Umlauf zu bringen. Das Verfahren erwies sich auch als vortrefflich, doch er knauserte dort, wo er hätte freigebig sein müssen, und so wurde er denunziert; es wurde eine mehr als unangenehme, es wurde eine schlimme Geschichte daraus. Mit Müh und Not wand sich der General aus der Affäre heraus, aber mit seiner Karriere war es vorbei. Man riet ihm, seinen Abschied zu nehmen. An die zwei Jahre lief er sich noch in Petersburg die Hacken ab, in der Hoffnung, es werde für ihn im Zivildienst ein warmes Plätzchen herausspringen, doch es sprang kein Platz für ihn heraus. Seine Tochter verließ damals gerade das Pensionat, und die Ausgaben wurden von Tag zu Tag größer. Schweren Herzens entschloß er sich, nach Moskau überzusiedeln, wo man billiger lebte, mietete in der Alten Stallstraße ein winziges, niedriges Haus mit einem riesengroßen Wappenschild am Dach und begann das Dasein eines Moskauer Generals a. D. zu führen, der im Jahr zweitausendsiebenhundertfünfzig Rubel zu verleben hat. Moskau ist eine gastfreie Stadt und nimmt mit Freuden jedermann auf, und Generäle erst recht; die massige Gestalt Pawel Petrowitschs, die noch immer eine gewisse militärische Haltung bewahrte, tauchte bald in den besten Moskauer Salons auf. Sein kahler Nacken mit den spärlichen, gefärbten Haarsträhnen und dem fettglänzenden Band des Annenordens auf der rabenschwarzen Halsbinde war bald all den blasierten und bleichen Jünglingen wohlbekannt, die, wenn getanzt wurde, griesgrämig um die Spieltische herumlungerten. Pawel Petrowitsch hatte es verstanden, sich eine Stellung in der Gesellschaft zu verschaffen. Er sprach wenig, wenn er aber sprach, dann nach alter Gewohnheit – durch die Nase, allerdings tat er das nicht mit höhergestellten Personen; er spielte vorsichtig Karten; zu Hause aß er maßvoll, war er aber eingeladen, dann aß er für sechs. Über seine Frau läßt sich so gut wie nichts sagen. Sie hieß Kalliopa Karlowna. Aus ihrem linken Auge sickerte beständig eine Träne, weswegen sich Kalliopa Karlowna (sie war obendrein deutscher Herkunft) für eine gefühlvolle Frau hielt. Sie war fortwährend in Angst, gleichsam als hätte sie sich nicht satt gegessen, trug enge Samtkleider, eine Toque und matt glänzende hohle Armbänder. Die einzige Tochter Pawel Petrowitschs und Kalliopa Karlownas, Warwara Pawlowna, war gerade siebzehn Jahre alt geworden, als sie das ... sche Pensionat verließ, wo sie, wenn nicht als die schönste, so doch gewiß als die gescheiteste und musikbegabteste Schülerin gegolten und eine Auszeichnung bekommen hatte. Als Lawrezki Warwara Pawlowna zum erstenmal sah, war sie noch keine neunzehn Jahre alt.

14

Die Beine versagten dem Spartaner den Dienst, als Michalewitsch ihn in den ziemlich schlecht ausstaffierten Salon der Korobjins führte und den Herrschaften vorstellte. Doch bald schwand die Schüchternheit, die sich seiner bemächtigt hatte, denn bei dem General gesellte sich zu der allen Russen angeborenen Gutmütigkeit noch jene besondere Art von Zuvorkommenheit, die allen Leuten eigen ist, die keine ganz saubere Weste haben. Die Generalin trat bald in den Hintergrund, und was Warwara Pawlowna betraf, so war sie so ruhig, so selbtbewußt-freundlich, daß sich ein jeder in ihrer Gegenwart sogleich wie zu Hause fühlte. Von ihrer ganzen hinreißenden Gestalt, von ihren lächelnden Augen, den unschuldig-sanft abfallenden Schultern und rosigen Armen, dem leichten und zugleich scheinbar müden Gang, vom Klang ihrer etwas schleppenden, angenehmen Stimme ging zudem ein verführerischer Zauber aus, unfaßbar wie ein feiner Duft, eine weiche, vorerst noch verschämte Zärtlichkeit, etwas, das mit Worten schwer wiederzugeben ist, das rührte und erregte, aber gewiß keine Schüchternheit einflößte. Lawrezki lenkte das Gespräch auf das Theater, auf die Vorstellung des vorangegangenen Tages. Sie fing sofort an, von Motschalow zu sprechen, und begnügte sich nicht mit Ausrufen und Seufzern, sondern äußerte einige treffende, weiblich-scharfsichtige Bemerkungen über sein Spiel. Michalewitsch kam auf die Musik zu sprechen; ohne sich zu zieren, setzte sie sich ans Klavier und spielte sehr sauber einige Masurkas von Chopin, die damals gerade in Mode gekommen waren. Die Stunde des Mittagessens rückte heran. Lawrezki wollte sich entfernen, doch man hielt ihn zurück. Bei Tisch bewirtete ihn der General mit einem guten Lafitte, den der Lakai des Generals mit einer Droschke schnell von Depret hatte holen müssen. Spätabends kehrte Lawrezki nach Hause zurück. Er saß lange da, ohne sich auszukleiden, die Augen mit der Hand bedeckend, in starrer Verzauberung. Ihm war, als begreife er erst jetzt, wofür es sich zu leben lohnt. All seine Pläne und Vorhaben, dieser ganze Unsinn, waren mit einemmal verflogen; seine ganze Seele erfüllte nur ein einziges

Gefühl, ein einziges Verlangen, das Verlangen nach Glück, Besitz, Liebe, süßer Frauenliebe. Von jenem Tag an ging er oft zu den Korobjins. Nach einem halben Jahr gestand er Warwara Pawlowna seine Liebe und hielt um ihre Hand an. Sein Antrag wurde angenommen. Der General hatte sich längst, anscheinend schon am Abend vor Lawrezkis erstem Besuch, bei Michalewitsch erkundigt, wieviel Seelen Lawrezki besitze, und auch Warwara Pawlowna, die die ganze Zeit über, da der junge Mann sie umwarb, und sogar während seiner Liebeserklärung ihre gewohnte Seelenruhe und ihren klaren Blick bewahrt hatte, auch Warwara Pawlowna wußte sehr wohl, daß ihr Freier reich war. Kalliopa Karlowna aber dachte: *Meine Tochter macht eine schöne Partie** und kaufte sich eine neue Toque.

15

Sein Antrag wurde also angenommen, jedoch mit gewissen Bedingungen. Erstens sollte Lawrezki unverzüglich die Universität verlassen: Wer heiratet denn einen Studenten, und was war das für eine sonderbare Idee, daß ein reicher Gutsbesitzer mit sechsundzwanzig Jahren Stunden nahm wie ein Schulknabe? Zweitens nahm Warwara Pawlowna die Mühe auf sich, die Aussteuer zu bestellen und einzukaufen und sogar die Geschenke des Bräutigams auszuwählen. Sie besaß viel praktischen Sinn, viel Geschmack, dazu eine äußerst große Vorliebe für Komfort und viel Geschick, sich mit diesem Komfort zu umgeben. Über dieses Geschick staunte Lawrezki besonders, als er sich gleich nach der Hochzeit mit seiner Frau in einer bequemen, von ihr gekauften Kutsche nach Lawriki begab. Wie war da alles, was ihn umgab, von Warwara Pawlowna durchdacht, vorausgeahnt, vorausgesehen! Was für reizende Reisebestecke kamen in verschiedenen behaglichen Eckchen zum Vorschein, was für entzückende Toilettenkästchen und Kaffeegeschirre, und wie anmutig kochte Warwara Pawlowna selber morgens den Kaffee! Übrigens stand Lawrezki der Sinn damals nicht danach, Beobachtungen anzustellen: Er war selig; er berauschte sich an seinem Glück; er gab sich ihm hin wie ein

Kind ... Er war ja auch unschuldig wie ein Kind, dieser junge
Alkide. Nicht umsonst strömte das ganze Wesen seiner jungen
Frau Liebreiz aus, nicht umsonst versprach sie den Sinnen
heimliches Schwelgen in ungekannten Wonnen – sie hielt
mehr, als sie versprach.

Als sie mitten im Hochsommer in Lawriki ankam, fand sie
das Haus schmutzig und dunkel, das Gesinde lächerlich und
altmodisch, doch sie hielt es nicht für notwendig, ihrem Mann
dies auch nur anzudeuten. Wäre es ihre Absicht gewesen, sich
in Lawriki für immer niederzulassen, dann hätte sie dort alles
verändert, das Haus selbstverständlich zuerst, aber der Gedanke, in diesem gottverlassenen Steppennest zu bleiben, kam
ihr nicht einen Augenblick in den Sinn. Sie wohnte dort wie in
einem Zelt, ertrug sanftmütig alle Unbequemlichkeiten und
machte sich in erheiternder Weise darüber lustig. Marfa Timofejewna kam, um ihren Zögling wiederzusehen. Sie gefiel Warwara Pawlowna sehr, doch Warwara Pawlowna gefiel ihr nicht.
Auch mit Glafira Petrowna kam die neue Hausherrin nicht aus.
Sie selbst hätte Glafira in Ruhe gelassen, aber den alten Korobjin gelüstete es, seine Finger in die Angelegenheiten des
Schwiegersohnes zu stecken: Das Gut eines so nahen Verwandten zu verwalten, sagte er, sei selbst für einen General
keine Schande. Man darf aber annehmen, daß Pawel Petrowitsch sich nicht gescheut hätte, auch das Gut eines ihm völlig
fremden Menschen zu bewirtschaften. Warwara Pawlowna
führte ihren Angriff äußerst geschickt: Ohne selbst hervorzu-
treten, dem Anschein nach ganz in die Seligkeit des Honig-
mondes versunken, in die Stille des Landlebens, in Musik und
Lektüre, brachte sie Glafira allmählich so weit, daß diese eines
Morgens wie eine Rasende in Lawrezkis Arbeitszimmer
stürzte, das Schlüsselbund auf den Tisch schleuderte und erklärte, sie sei außerstande, noch länger die Wirtschaft zu führen, sie wolle nicht auf dem Gut bleiben. Lawrezki, der ent-
sprechend vorbereitet worden war, willigte sofort in ihre
Abreise ein. Das hatte Glafira Petrowna nicht erwartet. „Gut",
sagte sie, und ihr Blick verfinsterte sich, „ich sehe, daß ich hier
überflüssig bin! Ich weiß, wer mich von hier vertreibt, aus meinem angestammten Nest. Du aber denke an meine Worte,

Neffe: Auch du sollst dir nirgendwo ein Nest bauen können. Umherirren sollst du dein Leben lang. Das ist mein Vermächtnis an dich." Noch am selben Tag zog sie sich auf ihr Gütchen zurück, und eine Woche darauf traf General Korobjin ein und nahm mit einer sympathischen Melancholie in Blicken und Gebärden die Verwaltung des gesamten Besitztums in seine Hände.

Im September entführte Warwara Pawlowna ihren Mann nach Petersburg. Zwei Winter verlebten sie in Petersburg (im Sommer siedelten sie nach Zarskoje Selo über), in einer schönen, hellen, elegant möblierten Wohnung. Sie knüpften in den mittleren und sogar in den höheren Gesellschaftskreisen viele Bekanntschaften an, machten und empfingen viele Besuche und gaben die entzückendsten Musik- und Tanzabende. Warwara Pawlowna zog die Gäste an wie das Licht die Falter. Fjodor Iwanytsch behagte dieses mit Zerstreuungen ausgefüllte Leben nicht so recht. Seine Frau riet ihm, in den Staatsdienst zu treten. Im Gedenken an seinen Vater und auch aus eigener Überzeugung wollte er nicht dienen, doch blieb er Warwara Pawlowna zu Gefallen in Petersburg. Übrigens hatte er bald herausgefunden, daß niemand ihn daran hinderte, sich abzusondern, daß er nicht umsonst das ruhigste und gemütlichste Arbeitszimmer in ganz Petersburg besaß, ja daß seine fürsorgliche Gattin sogar bereit war, ihm dabei behilflich zu sein, sich abzusondern – und von da an ging alles vortrefflich. Er nahm seine eigene, nach seiner Ansicht unvollendete Erziehung wieder auf, fing wieder an zu lesen und ging sogar daran, Englisch zu lernen. Seltsam war er anzusehen: die mächtige, breitschultrige Gestalt beständig über den Schreibtisch gebeugt, das volle, bärtige, rotwangige Gesicht halb verdeckt von den Blättern eines Wörterbuches oder Heftes. Jeden Vormittag brachte er mit Arbeit zu, speiste dann ausgezeichnet zu Mittag (Warwara Pawlowna war eine Hausfrau, wie man sie selten findet), und abends trat er in eine bezaubernde, dufterfüllte, lichte Welt voll junger, fröhlicher Gesichter – und der Mittelpunkt dieser Welt war eben jene umsichtige Hausfrau, seine Gattin. Sie erfreute ihn mit der Geburt eines Sohnes, doch das arme Kind lebte nicht lange. Es starb im Frühjahr, und im Sommer brachte Lawrezki auf den Rat der Ärzte seine Frau ins Ausland, in verschiedene Bäder. Nach einem solchen Unglück bedurfte sie der Zerstreuung, auch verlangte ihr Gesundheitszustand ein warmes Klima. Den Sommer und den Herbst verbrachten sie in Deutschland und in der Schweiz, und den Winter über fuhren sie, wie nicht anders zu erwarten, nach Paris. In Paris blühte Warwara Pawlowna auf wie eine Rose. Sie wußte sich hier ebenso rasch und geschickt ihr Nestchen zu bauen wie in Petersburg. In einer der stillen und doch eleganten Straßen von Paris fand sie eine wunderhübsche Wohnung. Sie stickte ihrem Mann einen Schlafrock, wie er noch nie einen getragen hatte, stellte eine kokett herausgeputzte Zofe, eine tüchtige Köchin und einen gewandten Lakaien ein und kaufte eine entzückende Kutsche und ein prachtvolles Pianino. Noch war keine Woche vergangen, als sie bereits wie eine echte Pariserin die Straße überquerte, ihren Schal trug, ihren Sonnenschirm aufspannte und sich die Handschuhe anzog. Auch Bekannte hatte sie sich bald angeschafft. Anfangs kamen nur Russen zu ihr, dann stellten sich auch Franzosen ein, überaus liebenswürdige, höfliche, unverheiratete Männer mit tadellosen Manieren und wohlklingenden Namen. Sie alle sprachen schnell und viel, verbeugten sich ungezwungen und zwinkerten auf eine nette Art mit den Augen; bei allen blitzten weiße Zähne zwischen rosigen Lippen – und wie sie zu lächeln verstanden! Ein jeder von ihnen brachte seine Freunde mit, und la belle madame de Lavretzki war bald von der Chaussée d'Antin bis zur Rue de Lille bekannt. Zu jener Zeit (es war im Jahre 1836) hatte sich das Volk der Feuilletonisten und Tageschronisten, von denen es heutzutage überall wimmelt wie von Ameisen in einem aufgewühlten Ameisenhaufen, noch nicht so vermehrt, doch tauchte schon damals in Warwara Pawlownas Salon ein gewisser Monsieur Jules auf, ein Herr von unansehnlichem Äußeren und skandalösem Ruf, frech und gemein wie alle Duellhelden und heruntergekommenen Menschen. Obwohl dieser Monsieur Jules Warwara Pawlowna sehr zuwider war, empfing sie ihn dennoch, weil er für verschiedene Zeitungen schrieb und sie darin fortwährend erwähnte, indem er sie bald Mme de L...tzki nannte, bald Mme de***, cette grande dame russe si distinguée, qui demeure rue de P... Er erzählte der ganzen Welt, das heißt einigen hundert Abonnenten, die Mme L...tzki eigentlich gar nichts anging, wie nett und liebenswürdig diese Dame sei, an Geist eine wahre Französin (une vraie française par l'esprit) – ein höheres Lob kennen die Franzosen nicht –, welch ungewöhnliches musikalisches Talent sie besitze und wie bewundernswert sie Walzer tanze (Warwara Pawlowna tanzte in der Tat so herrlich Walzer, daß sie alle Herzen am Saum ihres leichten, fliegenden Gewandes mit fortriß) – kurz gesagt, er brachte die Welt dazu, von ihr zu reden, und das ist doch, was man auch sagen mag, angenehm. Mademoiselle Mars war damals bereits von der Bühne abgetreten und Mademoiselle Rachels Stern noch nicht aufgegangen, trotzdem besuchte Warwara Pawlowna fleißig die Theater. Sie geriet bei italienischer Musik in Entzücken und lachte über die komische Häßlichkeit von Odry, sie gähnte mit Anstand in der Comédie Française und weinte, wenn Madame Dorval in irgendeinem ultraromantischen Melodrama auftrat. Was aber die Hauptsache war – Liszt spielte zweimal bei ihr und war so lieb, so schlicht – einfach hinreißend! Unter solch angenehmen Empfindungen verging der Winter, an dessen Ende Warwara Pawlowna sogar bei Hofe vorgestellt wurde. Fjodor Iwanytsch langweilte sich ebenfalls nicht, wenn auch das Leben bisweilen schwer auf seinen Schultern lastete – schwer, weil es leer war. Er las Zeitungen, hörte Vorlesungen an der Sorbonne und am Collège de France, verfolgte die Debatten in den Kammern und machte sich an die Übersetzung eines bekannten gelehrten Werkes über Bewässerungsanlagen. Ich vertrödele die Zeit nicht! dachte er. Das alles ist nützlich, aber vor dem nächsten Winter muß ich unbedingt nach Rußland zurück und dort an die Arbeit gehen. Es ist schwer zu sagen, ob er eine klare Vorstellung davon hatte, worin diese Arbeit eigentlich bestehen sollte, und Gott weiß, ob es ihm gelungen wäre, vor dem nächsten Winter nach Rußland zurückzukehren, denn zunächst war er im Begriff, mit seiner Frau nach Baden-Baden zu reisen. Da machte ein unerwarteter Vorfall alle seine Pläne zunichte.

16

Als Lawrezki eines Tages in Abwesenheit Warwara Pawlownas in deren Zimmer trat, erblickte er auf dem Fußboden einen kleinen, sorgfältig zusammengefalteten Zettel. Mechanisch hob er ihn auf, mechanisch entfaltete er ihn und las folgende, in französischer Sprache geschriebene Zeilen:

Geliebter Engel Betsy! (Ich bringe es nun einmal nicht fertig, Dich Barbara oder Warwara zu nennen.) Vergebens habe ich an der Ecke des Boulevards auf Dich gewartet. Komm morgen gegen halb zwei in unsere kleine Wohnung. Dein guter Dicker (ton gros bonhomme de mari) vergräbt sich um diese Zeit gewöhnlich in seine Bücher. Wir wollen wieder das Liedchen eures Dichters Puschkin (de votre poète Pouskine) singen, das Du mich gelehrt hast: „Alter Mann, harter Mann!" Tausend Küsse auf Deine kleinen Hände und Füße. Ich erwarte Dich.
                                                                    Ernest

Lawrezki begriff nicht gleich, was er da gelesen hatte. Er las es zum zweitenmal – in seinem Kopf drehte sich alles, und der Boden schwankte unter seinen Füßen wie das Deck eines Schiffes bei hohem Wellengang. Er schrie auf, rang nach Luft, brach in Tränen aus – alles in einem Augenblick.

Er glaubte den Verstand zu verlieren. Er hatte seiner Frau blind vertraut – die Möglichkeit, sie könnte ihn betrügen, ihm untreu sein, war ihm nie in den Sinn gekommen. Dieser Ernest, dieser Liebhaber seiner Frau, war ein blonder, hübscher Junge von dreiundzwanzig Jahren mit einer Stupsnase und einem dünnen Schnurrbart, wohl der unbedeutendste von allen ihren Bekannten. Es vergingen mehrere Minuten, es verging eine halbe Stunde – Lawrezki stand noch immer da, preßte das verhängnisvolle Briefchen in der Hand zusammen und starrte verständnislos zu Boden. In einem dunklen Wirbel sah er blasse Gesichter schweben; qualvoll krampfte sich sein Herz zusammen. Ihm war, als stürzte er, tiefer und tiefer. Das wohlbekannte leise Rauschen eines seidenen Kleides riß ihn aus seiner Erstarrung – Warwara Pawlowna, in Hut und Schal, kehrte eilig von einem Spaziergang heim. Lawrezki zitterte am ganzen Körper und stürzte hinaus; er fühlte, daß er in diesem Augenblick imstande war, sie in Stücke zu reißen, sie halbtot zu schlagen, wie ein Bauer es tun würde, sie mit eigener Hand zu erwürgen. Die erstaunte Warwara Pawlowna wollte ihn aufhalten. Er konnte nur flüstern: „Betsy", dann lief er aus dem Haus.

Lawrezki nahm einen Wagen und ließ sich vor die Stadt fahren. Den Rest des Tages und die ganze Nacht, bis zum Morgen, irrte er umher, fortwährend stehenbleibend und die Hände ringend. Bald tobte er wie ein Wahnsinniger, bald fand er alles lächerlich, ja geradezu lustig. Gegen Morgen kehrte er durchfroren in einem elenden Wirtshaus außerhalb der Stadt ein, verlangte ein Zimmer und setzte sich auf einen Stuhl am Fenster. Ein krampfhaftes Gähnen überkam ihn. Er hielt sich kaum noch auf den Beinen, sein Körper war völlig erschöpft, aber er verspürte keine Müdigkeit – trotzdem verlangte die Müdigkeit ihr Recht: Er saß da, starrte vor sich hin und begriff nichts. Er begriff nicht, was mit ihm geschehen war, weshalb er sich allein, mit erstarrten Gliedern, mit einem bitteren Geschmack im Munde und mit einem Stein auf der Brust in einem leeren, unbekannten Zimmer befand; er begriff nicht, was sie, Warja, veranlaßt haben mochte, sich diesem Franzosen hinzugeben, und wie sie, sich ihrer Untreue bewußt, zu ihm so ruhig wie früher, so zärtlich und zutraulich wie früher hatte sein können! „Ich begreife es nicht!" flüsterten seine trockenen Lippen. „Wer bürgt mir jetzt dafür, daß nicht schon in Petersburg..." Er sprach die Frage nicht zu Ende und gähnte wieder, am ganzen Leibe zitternd und sich vor Kälte krümmend. Lichte und düstere Erinnerungen peinigten ihn gleichermaßen. Plötzlich fiel ihm ein, daß sie sich vor einigen Tagen in seiner und Ernests Gegenwart ans Klavier gesetzt und „Alter Mann, harter Mann!" gesungen hatte. Er erinnerte sich ihres Gesichtsausdruckes, des eigentümlichen Glanzes ihrer Augen und der Röte auf ihren Wangen, und er stand vom Stuhl auf. Er wollte hingehen, zu ihnen sagen: „Ihr habt vergebens gemeint, euren Spott mit mir treiben zu können; mein Urgroßvater hat die Bauern an den Rippen aufgehängt, und mein Großvater war selber ein Bauer", und sie dann beide totschlagen. Da schien ihm plötzlich, als wäre alles, was mit ihm vorging, nur ein Traum, ja nicht einmal ein Traum, sondern barer Unsinn; er glaubte, er brauchte sich nur zu schütteln, nur um sich zu blicken ... Er blickte um sich, und wie ein Habicht seine Krallen in den gefangenen Vogel schlägt, so bohrte sich der Gram tiefer und tiefer in sein Herz. Zu alledem kam noch, daß Lawrezki hoffte, in einigen Monaten Vater zu werden. Die Vergangenheit, die Zukunft, das ganze Leben war vergiftet. Er kehrte schließlich nach Paris zurück, stieg in einem Hotel ab und schickte Warwara Pawlowna das Briefchen des Herrn Ernest mit folgendem Begleitschreiben zurück:

Der beiliegende Zettel wird Ihnen alles erklären. Im übrigen möchte ich Ihnen sagen, daß ich Sie nicht wiedererkenne: Sie, sonst in allem so peinlich genau, verlieren solch wichtige Papiere. (An diesem Satz hatte der arme Lawrezki mehrere Stunden lang gefeilt und sich geweidet.) Ich kann Sie nicht wiedersehen und nehme an, daß auch Sie ein Zusammentreffen mit mir nicht mehr wünschen. Ich setze Ihnen fünfzehntausend Franken jährlich aus; mehr kann ich nicht geben. Teilen Sie dem Gutsbüro Ihre Anschrift mit. Tun Sie, was Sie wollen; leben Sie, wo Sie wollen. Ich wünsche Ihnen Glück. Eine Antwort ist unnötig.

Lawrezki hatte seiner Frau geschrieben, einer Antwort bedürfe es nicht. Aber er wartete, er brannte auf eine Antwort, auf eine Erklärung dieser unbegreiflichen, unfaßbaren Angelegenheit. Warwara Pawlowna sandte ihm noch am selben Tag einen langen, französisch geschriebenen Brief. Dieser Brief gab ihm den Rest. Seine letzten Zweifel verschwanden, und er schämte sich, noch Zweifel gehegt zu haben. Warwara Pawlowna versuchte nicht, sich zu rechtfertigen, sie wünschte nur, ihn noch einmal zu sehen, und flehte ihn an, sie nicht unwiderruflich zu verdammen. Der Brief wirkte kalt und gezwungen, obgleich hier und da Tränenspuren zu sehen waren. Lawrezki lächelte bitter und ließ durch einen Boten sagen, es wäre alles in Ordnung. Drei Tage danach war er schon nicht mehr in Paris, doch er war nicht nach Rußland gefahren, sondern nach Italien. Er wußte selbst nicht, warum er gerade Italien gewählt hatte. Im Grunde war es ihm gleichgültig, wohin die Reise ging – nur nach Hause wollte er nicht. Seinen Gutsvogt wies er an, Unterhalt an seine Frau zu zahlen, und befahl ihm gleichzeitig, sich von General Korobjin unverzüglich alle Gutsgeschäfte übergeben zu lassen, ohne eine Rechnungslegung abzuwarten, und alle Anstalten für die Abreise Seiner Exzellenz aus Lawriki zu treffen. Lebhaft stellte er sich die Verwirrung des davongejagten Generals vor, den vergeblichen Versuch, seine Würde zu wahren, und empfand, bei all seinem Kummer, eine gewisse boshafte Genugtuung. Sodann bat er Glafira Petrowna brieflich, nach Lawriki zurückzukehren, und schickte ihr eine auf ihren Namen ausgestellte Vollmacht. Glafira Petrowna kehrte jedoch nicht nach Lawriki zurück und ließ sogar eine Nichtigkeitserklärung der Vollmacht in die Zeitungen setzen, was vollkommen überflüssig war. Lawrezki, der sich in einem kleinen italienischen Städtchen verborgen hielt, konnte es noch lange nicht unterlassen, seiner Frau nachzuspüren. Aus den Zeitungen erfuhr er, daß sie aus Paris, wie sie beabsichtigt hatte, nach Baden-Baden gereist war. Bald danach tauchte ihr Name in einem kurzen Artikel auf, der von eben jenem Monsieur Jules unterzeichnet war. In diesem Artikel klang durch den üblichen spielerischen Ton eine Art freundschaftlicher Beileidsbezeigung hindurch; ein Gefühl des Ekels überkam Fjodor Iwanytsch, als er diesen Artikel las. Dann erfuhr er, daß ihm eine Tochter geboren worden war; zwei Monate danach erhielt er von seinem Gutsvogt die Nachricht, daß Warwara Pawlowna sich das erste Drittel ihres jährlichen Unterhaltsgeldes habe überweisen lassen. Später kamen immer üblere Gerüchte in Umlauf; zuletzt verbreitete sich wie ein Lauffeuer durch alle Zeitungen eine tragikomische Geschichte, die viel Aufsehen machte und in der seine Frau eine nicht beneidenswerte Rolle spielte. Alles war zu Ende: Warwara Pawlowna war eine „Berühmtheit" geworden.

Lawrezki hörte auf, ihr nachzuspüren, aber noch lange konnte er nicht mit sich ins reine kommen. Manchmal packte ihn eine solche Sehnsucht nach seiner Frau, daß er, so dünkte es ihn, alles hingegeben, ja ihr vielleicht sogar verziehen hätte, nur um wieder ihre sanfte Stimme zu hören, ihre Hand in der seinen zu fühlen. Doch die Zeit verging nicht umsonst. Er war nicht zum Dulder geboren; seine gesunde Natur nahm sich ihr Recht. Vieles wurde ihm nun klar; selbst der Schlag, der ihn getroffen hatte, erschien ihm nicht mehr unvorhergesehen. Er verstand seine Frau jetzt – einen nahestehenden Menschen versteht man erst dann völlig, wenn man von ihm getrennt ist. Er vermochte wieder, sich zu betätigen, zu arbeiten, wenn auch bei weitem nicht mehr mit dem früheren Feuereifer; ein durch Lebenserfahrung und Erziehung vorbereiteter Skeptizismus nahm endgültig von ihm Besitz. Er war vollkommen gleichgültig gegen alles geworden. Vier Jahre vergingen, dann fühlte er sich stark genug, in die Heimat zurückzukehren und seinen Angehörigen wieder zu begegnen. Ohne sich in Petersburg oder in Moskau aufzuhalten, reiste er nach O..., wo wir uns von ihm getrennt haben und wohin wir jetzt den geneigten Leser bitten, uns wieder zu folgen.

17

Am Morgen nach dem von uns geschilderten Tag, in der zehnten Stunde, stieg Lawrezki die Freitreppe des Kalitinschen Hauses hinauf. Da trat Lisa heraus, in Hut und Handschuhen, und kam ihm entgegen.

„Wohin gehen Sie?" fragte er.

„Zum Gottesdienst. Heute ist Sonntag."

„Sie gehen zum Gottesdienst?"

Lisa sah ihn schweigend und verwundert an.

„Entschuldigen Sie, bitte", sagte Lawrezki, „ich ... ich wollte etwas anderes sagen, ich komme, um mich von Ihnen zu verabschieden; in einer Stunde fahre ich aufs Land."

„Das ist ja wohl nicht weit von hier?" fragte Lisa.

„Etwa fünfundzwanzig Werst."

Auf der Türschwelle erschien Lenotschka in Begleitung eines Stubenmädchens.

„Aber vergessen Sie uns nicht", sagte Lisa und ging die Treppe hinunter.

„Vergessen auch Sie mich nicht. Und hören Sie", fügte er hinzu, „Sie gehen in die Kirche: Beten Sie doch auch für mich."

Lisa blieb stehen und drehte sich zu ihm um.

„Gern", sagte sie und sah ihm gerade ins Gesicht, „ich werde auch für Sie beten. Komm, Lenotschka."

Im Salon traf Lawrezki Marja Dmitrijewna allein an. Ein Duft von Kölnischwasser und Pfefferminz ging von ihr aus. Ihr tue der Kopf weh, sagte sie, und sie habe eine unruhige Nacht verbracht. Sie empfing ihn mit ihrer gewohnten, etwas müden Liebenswürdigkeit und wurde allmählich gesprächiger.

„Nicht wahr", fragte sie ihn, „Wladimir Nikolajitsch ist doch wirklich ein sympathischer junger Mann?"

„Was für ein Wladimir Nikolajitsch?"

„Nun, Panschin, der gestern hier war. Sie haben ihm schrecklich gefallen. Ich will Ihnen im Vertrauen sagen, mon cher cousin: Er ist rasend in meine Lisa verliebt. Warum auch nicht? Er ist aus guter Familie, versieht seinen Dienst musterhaft, ist klug, obendrein Kammerjunker, und wenn es Gottes Wille ist ... Ich, als Mutter, würde mich sehr freuen. Die Verantwortung ist natürlich groß; das Glück der Kinder hängt natürlich von den Eltern ab, aber ich muß auch sagen: Ob es gut ging oder schlecht, bis jetzt habe doch stets ich, immer nur ich allein, alles getragen; ich habe die Kinder erzogen, habe sie unterrichtet, immer nur ich ... So habe ich auch jetzt von Madame Beauluce eine Gouvernante kommen lassen."

Marja Dmitrijewna erging sich in einer ausführlichen Schilderung ihrer Sorgen und Mühen und ihrer mütterlichen Gefühle. Lawrezki hörte ihr schweigend zu und drehte seinen Hut in den Händen. Sein kalter, starrer Blick verwirrte die redselig gewordene Dame.

„Und wie gefällt Ihnen Lisa?" fragte sie.

„Lisaweta Michailowna ist ein wundervolles Mädchen", erwiderte Lawrezki, stand auf, verabschiedete sich und ging zu Marfa Timofejewna.

Marja Dmitrijewna sah ihm mißvergnügt nach und dachte: So ein Bär, ein richtiger Bauer! Ja, jetzt verstehe ich, warum seine Frau ihm nicht treu bleiben konnte.

Marfa Timofejewna saß in ihrem Zimmer, umgeben von ihrem Hofstaat. Dieser bestand aus fünf Wesen, die ihrem Herzen fast gleich nahestanden: einem dickhalsigen abgerichteten Dompfaffen, den sie liebte, weil er aufgehört hatte, zu pfeifen und Wasser umherzusprudeln, einem kleinen, sehr scheuen und folgsamen Hündchen, Roska mit Namen, einem reizbaren Kater, Matrose genannt, einem brünetten lebhaften Mädchen, das neun Jahre alt sein mochte, übergroße Augen und ein spitzes Näschen hatte und Schurotschka gerufen wurde, und einer ältlichen Frau von etwa fünfundfünfzig Jahren, die Nastasja Karpowna Ogarkowa hieß und eine weiße Haube und ein braunes, kurzes, pelzbesetztes Jäckchen über dem dunklen Kleid trug. Schurotschka war ein Kleinbürgerkind und Vollwaise. Marfa Timofejewna hatte sie aus Mitleid zu sich genommen, ebenso wie Roska. Sowohl das Hündchen wie das Mädchen hatte sie auf der Straße aufgelesen; beide waren abgemagert und hungrig gewesen, beide vom Herbstregen durchnäßt. Nach Roska hatte niemand gesucht, und Schurotschka hatte ihr Onkel, ein ewig betrunkener Schuster, der selber nichts zu beißen hatte und seiner Nichte nichts zu essen gab, sie aber dafür mit dem Leisten auf den Kopf schlug, sogar gern an Marfa Timofejewna abgetreten. Mit Nastasja Karpowna hatte Marfa Timofejewna auf einer Wallfahrt, in einem Kloster, Bekanntschaft geschlossen. Marfa Timofejewna war in der Kirche zu ihr getreten (sie hatte ihr gefallen, weil sie „so geschmackvoll betete", wie sie sich ausdrückte), hatte sie angesprochen und zu einer Tasse Tee eingeladen. Seit jenem Tage hatte sie sich nicht mehr von ihr getrennt. Nastasja Karpowna war eine Frau von überaus heiterem und sanftem Gemüt, eine kinderlose Witwe aus einer armen Adelsfamilie. Sie hatte einen runden, grauhaarigen Kopf, weiche, weiße Hände, ein weiches Gesicht mit derben, gutmütigen Zügen und eine etwas komische Stupsnase. Sie vergötterte Marfa Timofejewna, und diese liebte sie sehr, wenn sie sie auch gern wegen ihres zärtlichen Herzens neckte – sie hatte nämlich eine Schwäche für alle jungen Leute und errötete unwillkürlich wie ein kleines Mädchen beim harmlosesten Scherz. Ihr ganzes Kapital bestand aus eintausendzweihundert Rubeln in Banknoten; sie lebte auf Kosten Marfa Timofejewnas, stand jedoch auf gleichem Fuß mit ihr, denn Marfa Timofejewna hätte Unterwürfigkeit nicht geduldet.

„Ah! Fedja!" begann sie, als sie ihn erblickte. „Gestern abend hast du meine Familie nicht gesehen – da, sieh sie dir an. Wir sind alle zum Tee versammelt; es ist unser zweiter, unser Feiertagstee. Du kannst sie alle streicheln; nur Schurotschka wird nicht stillhalten, und der Kater wird kratzen. Du fährst heute?"

„Ja, heute." Lawrezki ließ sich auf einem niedrigen Stuhl nieder. „Ich habe mich schon von Marja Dmitrijewna verabschiedet. Ich habe auch Lisaweta Michailowna gesehen."

„Nenne sie doch Lisa, mein Junge, für dich ist sie doch keine Michailowna! Aber sitz still, sonst zerbrichst du mir Schurotschkas Stuhl."

„Sie ging zum Gottesdienst", fuhr Lawrezki fort. „Ist sie denn so fromm?"

„Ja, Fedja, sehr fromm. Mehr als wir beide, Fedja."

„Sind Sie etwa nicht fromm?" warf, ein wenig lispelnd, Nastasja Karpowna ein. „Wenn Sie heute auch nicht zur Frühmesse gegangen sind, zur Spätmesse werden Sie bestimmt gehen."

„Ach nein! Du wirst allein gehen – ich bin ein bißchen faul geworden, meine Liebe", entgegnete Marfa Timofejewna. „Ich verwöhne mich zu sehr mit dem Teetrinken."

Sie duzte Nastasja Karpowna, obwohl sie auf gleichem Fuße mit ihr lebte; sie war nicht umsonst eine Pestowa: Drei Pestows werden schon im Seelenmessenregister des Zaren Iwan Wassiljewitsch Grosny genannt, und Marfa Timofejewna wußte das.

„Sagen Sie, bitte", begann Lawrezki wieder, „Marja Dmitrijewna sprach mir soeben von diesem ... wie heißt er gleich? ... Panschin. Was ist das für ein Herr?"

„Was ist sie doch für eine Plaudertasche, Gott verzeih mir!" murmelte Marfa Timofejewna. „Sicherlich hat sie dir unter dem Siegel der Verschwiegenheit mitgeteilt, was für ein Freier sich da heranpirscht. Sie könnte sich doch damit begnügen, mit ihrem Popensohn darüber zu tuscheln, aber nein, das ist ihr zuwenig. Dabei ist noch gar nichts an der Sache dran; Gott sei Dank! Sie aber muß schon schwatzen."

„Wieso Gott sei Dank?" fragte Lawrezki.

„Weil mir der Bursche nicht gefällt. Worüber sollte man sich da auch freuen?"

„Er gefällt Ihnen nicht?"

„Ja, er kann doch nicht alle bezaubern. Es reicht schon, daß Nastasja Karpowna hier in ihn verliebt ist."

Die arme Witwe geriet ganz außer sich.

„Was sagen Sie da, Marfa Timofejewna! Sie haben keine Gottesfurcht!" rief sie aus, und glühende Röte ergoß sich jäh über ihr Gesicht und ihren Hals.

„Er weiß ja auch, der Spitzbube, womit er sie betören kann", unterbrach Marfa Timofejewna sie. „Eine Tabakdose hat er ihr geschenkt. Fedja, bitte sie um eine Prise Tabak, und du wirst sehen, was für eine feine Dose es ist: Auf dem Deckel ist ein Husar zu Pferde abgebildet. – Es ist besser, meine Liebe, du rechtfertigst dich nicht erst."

Nastasja Karpowna wehrte nur mit den Händen ab.

„Nun, und Lisa", fragte Lawrezki, „hat sie etwas für ihn übrig?"

„Anscheinend gefällt er ihr – übrigens, der Himmel mag wissen, was in ihr vorgeht! Eine fremde Seele, du weißt ja, ist ein dunkler Wald, und eine Mädchenseele erst recht. Hier, Schurotschkas Seele zum Beispiel – da soll sich einer auskennen! Warum versteckt sie sich, seitdem du da bist, läuft aber nicht fort?"

Schurotschka prustete vor unterdrücktem Lachen und rannte hinaus; Lawrezki erhob sich von seinem Platz.

„Ja", sagte er langsam, „eine Mädchenseele ist schwer zu ergründen."

Er wollte sich verabschieden.

„Wie ist es? Sehen wir dich bald wieder?" fragte Marfa Timofejewna.

„Wie sich's ergibt, Tantchen. Es ist ja nicht weit bis hierher."

„Ja, du fährst ja nach Wassiljewskoje. Du willst nicht in Lawriki wohnen – nun, das ist deine Sache: immerhin solltest du einmal das Grab deiner Mutter besuchen und auch das der Großmutter. Du hast dir dort im Ausland allerhand Weisheiten angeeignet, aber wer weiß, vielleicht fühlen sie es doch in ihren Gräbern, daß du zu ihnen kommst. Und vergiß auch nicht, Fedja, für Glafira Petrowna eine Seelenmesse lesen zu lassen; hier hast du einen Silberrubel. Nimm nur, nimm, die Seelenmesse will doch *ich* für sie lesen lassen. Zu ihren Lebzeiten habe ich sie nie leiden können, aber Charakter hatte das alte Mädchen, das muß man ihr lassen. Klug war sie, nun, und dich hat sie ja nicht übervorteilt. Jetzt aber geh mit Gott, sonst werde ich dir noch lästig." Marfa Timofejewna umarmte ihren Neffen. „Und der Panschin wird Lisa nicht bekommen, mach dir keine Sorgen; für so einen Mann ist sie zu schade."

„Darüber mache ich mir auch gar keine Sorgen", antwortete Lawrezki und entfernte sich.

18

Vier Stunden danach war er bereits auf der Heimfahrt. Sein Reisewagen rollte auf der ungepflasterten Landstraße rasch dahin. Zwei Wochen schon herrschte Trockenheit – ein feiner, milchiger, brandig riechender Dunst erfüllte die Luft und hüllte die fernen Wälder ein. Eine Menge dunkler Wölkchen mit verschwommenen Umrissen zog über den blaßblauen Himmel; ein ziemlich heftiger, trockener Wind fegte ununterbrochen dahin, ohne die Hitze zu vertreiben. Den Kopf an das Polster gelehnt und die Arme über der Brust verschränkt, schaute Lawrezki auf die fächerförmig vorüberziehenden Akkerstreifen, auf die langsam vorbeigleitenden Weidenbüsche, auf die dummen Saat- und Nebelkrähen, die mit dumpfem Mißtrauen den vorüberfahrenden Wagen von der Seite beäugten, auf die langen, mit Beifuß, Wermut und Ebereschen überwucherten Feldraine. Er schaute – und diese frische, fruchtbare, herbe Steppeneinsamkeit, dieses Grün, diese langgestreckten Hügel, die Schluchten mit dem niedrigen Eichengebüsch, die grauen Dörfchen und spärlichen Birken, diese ganze russische Landschaft, die er so lange nicht gesehen hatte, rief in seiner Seele süße und zugleich beinahe traurige Gefühle wach, übte auf seine Brust einen eigenartigen, angenehmen Druck aus. Langsam wanderten seine Gedanken dahin; sie waren ebenso unklar und verschwommen wie die Umrisse der Wölkchen hoch über ihm, die auch so dahinzuwandern schienen. Er dachte an seine Kindheit, an seine Mutter, er erinnerte sich, wie sie starb, wie man ihn zu ihr brachte und wie sie, seinen Kopf an ihre Brust drückend, über ihm leise zu schluchzen begann, dann aber Glafira Petrowna ansah und verstummte. Er dachte an seinen Vater, den erst so regen, stets unzufriedenen Mann mit der metallischen Stimme, der dann blind und weinerlich geworden war und mit ungepflegtem grauem Bart umherging; er erinnerte sich, wie der Vater einmal bei Tisch, als er ein Glas Wein zuviel getrunken und seine Serviette mit Soße begossen hatte, plötzlich auflachte und, mit den erloschenen Augen zwinkernd und ganz rot im Gesicht, von seinen Erfolgen bei Frauen zu erzählen begann. Er dachte an Warwara Pawlowna und kniff unwillkürlich die Augen zusammen, wie man es bei einem plötzlichen inneren Schmerz tut, und schüttelte heftig den Kopf. Danach verweilten seine Gedanken bei Lisa.

Da tritt nun ein neues Wesen gerade ins Leben ein, dachte er. Ein prächtiges Mädchen – was mag wohl aus ihr werden? Sie ist auch hübsch. Das Gesicht blaß und frisch, die Augen und der Mund so ernst, der Blick ehrlich und unschuldig. Schade, sie scheint ein wenig exaltiert zu sein. Sie ist prachtvoll gewachsen, und ihr Gang ist so leicht, ihre Stimme so sanft. Ich liebe es sehr, wenn sie plötzlich stehenbleibt, aufmerksam zuhört, ohne zu lächeln, und dann nachdenklich wird und ihr Haar zurückwirft. Wahrhaftig, mir kommt es selber vor, als sei Panschin ihrer nicht wert. Aber was ist denn an ihm auszusetzen? Übrigens, wozu verliere ich mich da in Träumereien? Sie wird denselben Weg gehen, den alle gehen. Ich will lieber schlafen. Und Lawrezki schloß die Augen.

Einschlafen konnte er nicht, aber er versank in einen Dämmerzustand, wie er sich beim Fahren gern einstellt. Wieder tauchten langsam Gestalten aus der Vergangenheit in ihm auf und vermischten und verwirrten sich mit anderen Erinnerungen. Lawrezki begann, Gott weiß, warum, an Robert Peel zu denken, an die Geschichte Frankreichs, daran, wie er eine Schlacht gewinnen würde, wenn er General wäre. Er glaubte Schüsse und Schreie zu vernehmen... Sein Kopf sank zur Seite; er öffnete die Augen – die gleichen Felder, die gleichen Steppenbilder; die blankgewetzten Hufeisen der Seitenpferde blinkten abwechselnd durch die Staubwolken; das gelbe Hemd des Kutschers mit den roten Achselzwickeln bauschte sich im Wind... Schön kehre ich heim! ging es Lawrezki flüchtig durch den Kopf, und er rief: „Fahr zu!", hüllte sich fester in seinen Mantel und drückte sich dichter an das Polster. Plötzlich gab es einen Ruck. Lawrezki richtete sich auf und öffnete weit die Augen. Vor ihm zog sich auf einer Anhöhe ein kleines Dorf hin; ein wenig rechts sah man ein baufälliges kleines Herrenhaus mit geschlossenen Fensterläden und einer schiefen Freitreppe; auf dem weiträumigen Hof wucherten, schon vom Tor an, Nesseln, grün und dicht wie Hanf; und auch ein noch fester Speicher aus Eichenholz stand da. Das war Wassiljewskoje.

Der Kutscher hielt auf das Tor zu und brachte die Pferde zum Stehen. Lawrezkis Diener erhob sich ein wenig vom Bock, als wollte er hinunterspringen, und rief: „He!" Es erscholl ein heiseres, dumpfes Gebell, aber ein Hund zeigte sich nicht. Wieder sah es aus, als wollte der Diener hinunterspringen, und wieder rief er: „He!" Das altersschwache Gebell wiederholte sich, und einen Augenblick später kam, wer weiß woher, ein weißhaariger Mann in einem Nanking-Kaftan auf den Hof gelaufen. Er blickte, die Augen vor der Sonne schützend, auf den Reisewagen, schlug sich plötzlich mit beiden Händen auf die Schenkel, lief erst noch ein Weilchen ratlos hin und her und stürzte dann herbei, um das Tor zu öffnen. Der Wagen fuhr in den Hof, rauschte mit den Rädern durch die Nesseln und hielt vor der Freitreppe. Der weißhaarige, aber offenbar noch sehr behende Mann stand bereits mit weit gespreizten Beinen auf der untersten Stufe, knöpfte das Spritzleder ab, zerrte es hastig in die Höhe und küßte dem Herrn, während er ihm beim Aussteigen half, die Hand.

„Guten Tag, guten Tag, mein Freund", sagte Lawrezki. „Du heißt Anton, nicht wahr? Du lebst also noch?"

Der Alte verbeugte sich stumm und lief die Schlüssel holen. Solange er fort war, saß der Kutscher, zur Seite geneigt und auf die verschlossene Tür starrend, unbeweglich da, Lawrezkis Diener aber blieb so, wie er hinuntergesprungen war, stehen, in einer malerischen Pose, eine Hand auf den Bock gestützt. Der Alte brachte die Schlüssel und schloß die Tür auf, wobei er sich ohne jeden Anlaß wie eine Schlange wand und die Ellbogen hochhob. Darauf trat er zur Seite und verbeugte sich abermals tief.

Da bin ich also wieder zu Hause, bin heimgekehrt, dachte Lawrezki und betrat das winzige Vorzimmer, während polternd und quietschend die Fensterläden, einer nach dem andern, aufgingen und das Tageslicht in die verödeten Räume drang.

19

Das kleine Haus, in dem vor zwei Jahren Glafira Petrowna gestorben war und in das Lawrezki nun einzog, war im vorigen Jahrhundert aus dauerhaftem Fichtenholz erbaut worden. Es sah zwar äußerlich baufällig aus, konnte aber gut noch fünfzig Jahre oder mehr überdauern. Lawrezki durchschritt alle Zimmer und ließ, zur großen Beunruhigung der alten, matten Fliegen, die mit weißbestaubtem Rücken regungslos an den Türrahmen saßen, überall die Fenster öffnen: Seit dem Tode Glafira Petrownas hatte sie niemand mehr aufgemacht. Alles im Hause war geblieben wie einst: Die kleinen, dünnbeinigen weißen Diwane im Salon, mit einem grauen, glänzenden Seidenstoff überzogen, abgenutzt und durchgesessen, erinnerten lebhaft an die Zeiten Katharinas. Im Salon stand auch der Lieblingssessel der Hausherrin mit der hohen, geraden Rückenlehne, an die sie sich auch im Alter nicht angelehnt hatte. An der Hauptwand hing ein altertümliches Bildnis von Fjodors Urgroßvater, Andrej Lawrezki: Das finstere, gallige Gesicht hob sich kaum von dem nachgedunkelten und verzogenen Hintergrund ab; die kleinen bösen Augen blickten mürrisch unter schweren, gleichsam geschwollenen Lidern hervor; das schwarze, ungepuderte Haar starrte wie eine Bürste über der strengen, durchfurchten Stirn empor. An einer Ecke des Porträts hing ein Kranz aus verstaubten Immortellen. „Den haben Glafira Petrowna selbst zu flechten geruht", berichtete Anton. Im Schlafzimmer stand hinter einem Vorhang aus uraltem, aber ungemein haltbarem gestreiftem Stoff ein schmales Bett. Ein ganzer Berg verblichener Kissen und eine dünne Steppdecke lagen darauf, und am Kopfende hing ein Heiligenbild, Mariä Opfergang, dasselbe Heiligenbild, auf das die alte Jungfer, als sie einsam und von allen vergessen starb, zum letztenmal ihre schon erkaltenden Lippen gedrückt hatte. Am Fenster stand ein kleiner Toilettentisch aus Holz, der mit Einlegearbeit und Messingbeschlägen und mit einem gekrümmten Spiegel in schwarz gewordenem Goldrahmen versehen war. Neben dem Schlafzimmer befand sich das Betstübchen, eine kleine Kammer mit kahlen Wänden und einem schweren Ikonenschrein in der Ecke; auf dem Fußboden lag ein abgenutzter, mit Wachs betropfter kleiner Teppich; auf ihm hatte Glafira Petrowna kniend ihr Gebet verrichtet. Anton hatte sich mit Lawrezkis Diener entfernt, um den Pferdestall und den Schuppen aufzuschließen. An seiner Stelle erschien eine Frau, die anscheinend ebenso alt war wie er. Sie hatte das Kopftuch bis an die Augenbrauen herabgezogen; ihr Kopf wackelte; die Augen blickten stumpf, drückten jedoch Eifer, die langjährige Gewohnheit stummen Dienens und gleichzeitig ein gewisses ehrerbietiges Mitgefühl aus. Sie küßte Lawrezki die Hand und blieb in Erwartung von Befehlen an der Tür stehen. Er konnte sich beim besten Willen nicht erinnern, wie sie hieß; er wußte nicht einmal, ob er sie schon jemals gesehen hatte. Es stellte sich heraus, daß sie Apraxeja hieß; vor rund vierzig Jahren hatte Glafira Petrowna sie vom herrschaftlichen Hof verbannt und zur Geflügelwärterin gemacht. Sie sprach übrigens wenig, als sei sie schwachsinnig geworden, doch ihr Blick war unterwürfig geblieben. Außer diesen beiden Alten und drei dickbäuchigen Kindern in langen Hemden, Antons Urenkeln, lebte auf dem Herrenhof noch ein einarmiger, abgabenfreier armer Bauer, der beständig vor sich hin zischelte wie ein Birkhahn und zu nichts zu gebrauchen war. Nicht viel nützlicher als er war der altersschwache Hund, der mit seinem Gebell den heimkehrenden Lawrezki begrüßt hatte. Er lag schon an die zehn Jahre an einer schweren Kette, die auf Glafira Petrownas Geheiß gekauft worden war, und vermochte nur mit Mühe sich zu bewegen und seine Last zu tragen. Nachdem Lawrezki das Haus besichtigt hatte, ging er in den Garten hinaus, und der sagte ihm zu. Er war ganz mit hohem Unkraut, mit Kletten, Stachel- und Himbeergesträuch zugewachsen, aber es gab viele schattige Stellen darin, viele alte Linden, die durch ihre Riesengröße und die eigenartige Stellung ihrer Äste Staunen erregten; sie waren zu dicht gepflanzt und einstmals – vielleicht vor hundert Jahren – beschnitten worden. Am Ende des Gartens befand sich ein nicht sehr großer, klarer Teich, den hohes rötliches Schilf säumte. Die Spuren menschlichen Lebens verwachsen sehr schnell; Glafira Petrownas Besitztum war noch nicht eigentlich verwildert, schien aber schon in jenen leisen Schlaf gesunken, den alles auf Erden schläft, was vom unruhigen Getriebe der Menschen nicht angesteckt ist. Fjodor Iwanytsch ging auch durch das Dorf. Die Weiber, die Wange in die Hand gestützt, sahen ihn von der Schwelle ihrer Hütten an; die Bauern grüßten ihn schon von weitem; die Kinder liefen davon; die Hunde kläfften gleichgültig. Schließlich verspürte er Hunger, doch da er seine Dienerschaft und den Koch erst gegen Abend erwartete und der Wagen mit den Eßvorräten noch nicht aus Lawriki eingetroffen war, mußte er sich an Anton wenden. Anton traf sogleich seine Anstalten: Er fing ein altes Huhn ein, schlachtete und rupfte es. Apraxeja rieb und wusch es danach lange, wie ein Stück Wäsche, bevor sie es in den Kochtopf legte. Als es endlich gar war, deckte Anton umständlich den Tisch. Er stellte neben das Gedeck ein dreifüßiges plattiertes, aber schwarz angelaufenes Salzfaß und eine kleine geschliffene Karaffe mit rundem Glasstöpsel und engem Hals; dann meldete er Lawrezki in singendem Tonfall, das Essen sei angerichtet, und stellte sich selbst, eine Serviette um die rechte Faust geschlungen, hinter Lawrezkis Stuhl. Er verbreitete einen starken, altertümlichen Geruch, dem Geruch von Zypressenholz ähnlich. Lawrezki kostete von der Suppe und nahm sich das Huhn vor. Die Haut war ganz mit großen Blasen bedeckt; eine dicke Sehne zog sich durch jedes Bein, und das Fleisch schmeckte nach Holz und Waschlauge. Nach dem Essen sagte Lawrezki, er würde gern Tee trinken, falls ... „Wird im Augenblick serviert", unterbrach ihn der Alte, und er hielt sein Versprechen. Es fand sich eine Prise Tee, eingewikkelt in einen Fetzen rotes Papier, es fand sich ein kleiner hitziger und geräuschvoller Samowar, und es fand sich auch Zucker in sehr kleinen Stücken, die wie rundum abgetaut aussahen. Lawrezki trank den Tee aus einer großen Tasse. Er entsann sich dieser Tasse noch aus seiner Kindheit: Es waren Spielkarten darauf abgebildet. Nur Gäste hatten aus ihr getrunken, und nun trank er daraus, als sei er selbst ein Gast. Gegen Abend traf die Dienerschaft ein. Lawrezki wollte sich nicht in das Bett der Tante legen, er ließ sich im Eßzimmer ein Nachtlager aufschlagen. Nachdem er die Kerze ausgelöscht hatte, starrte er noch lange vor sich hin und hing unfrohen Gedanken nach. Ihn hatte das Gefühl beschlichen, das ein jeder kennt, der zum erstenmal an einem lange Zeit nicht mehr bewohnten Ort übernachten muß: Es kam ihm vor, als könnte sich die ihn umgebende Dunkelheit an den neuen Bewohner nicht gewöhnen, als seien sogar die Wände des Hauses befremdet. Endlich zog er mit einem Seufzer die Bettdecke über sich und schlief ein.

Anton blieb am längsten von allen auf den Beinen. Lange flüsterte er noch mit Apraxeja, ächzte zuweilen halblaut und bekreuzigte sich ein paarmal. Sie hatten beide nicht erwartet, daß der Herr sich bei ihnen in Wassiljewskoje niederlassen würde, da er doch ganz in der Nähe ein so prächtiges Gut mit einem vorzüglich eingerichteten Herrenhaus besaß. Sie ahnten ja nicht, daß eben jenes Herrenhaus Lawrezki zuwider war, weil es schmerzliche Erinnerungen in ihm weckte. Nachdem Anton lange genug geflüstert hatte, ergriff er einen Stock, schlug kräftig an ein Brett, das am Speicher hing, aber seit langem verstummt war, und legte sich gleich auf dem Hof zur Ruhe nieder, ohne seinen weißhaarigen Kopf zu bedecken. Die Maiennacht war still und mild, und friedlich schlummerte der Alte.

20

Am nächsten Morgen stand Lawrezki ziemlich früh auf. Er besprach sich mit dem Dorfältesten, verweilte ein bißchen auf der Tenne und ließ dem Hofhund die Kette abnehmen. Der bellte nur ein wenig, lief aber nicht von seiner Hütte fort. Als Lawrezki wieder daheim war, versank er in eine Art friedlicher Erstarrung, aus der er den ganzen Tag nicht mehr herauskam. „Da bin ich ja so richtig auf den Grund des Stromes geraten", sagte er mehr als einmal zu sich selbst. Er saß am Fenster und rührte sich nicht, als lausche er dem Dahinfließen des stillen Lebens, das ihn umgab, den spärlichen Lauten der ländlichen Abgeschiedenheit. Da singt irgendwo hinter dem Nesseldikkicht jemand mit feinem, dünnem Stimmchen vor sich hin; eine Mücke sirrt gleichsam die zweite Stimme dazu. Jetzt hört er auf, doch die Mücke sirrt noch immer. Durch das einmütige, aufdringlich klagende Summen der Fliegen tönt das Brummen einer dicken Hummel hindurch, die fortwährend mit dem Kopf an die Zimmerdecke stößt; auf der Straße kräht ein Hahn, den letzten, heiseren Ton in die Länge ziehend; ein Bauernwagen rattert vorüber; im Dorf knarrt ein Tor. „Was denn?" klirrt plötzlich eine weibliche Stimme. „Ach du, mein Liebling", sagt Anton zu einem zweijährigen Mädchen, das er auf den Armen wiegt. „Bring den Kwaß her", ruft wieder die weibliche Stimme – dann tritt auf einmal Totenstille ein. Kein Laut ist zu hören; nichts rührt sich; kein Blättchen regt sich im Wind. Die Schwalben streichen, ohne einen Schrei auszustoßen, eine nach der anderen, dicht über den Erdboden hin, und es wird einem traurig ums Herz bei ihrem stummen Flug. Da sitze ich ja so richtig auf dem Grund des Stromes, denkt Lawrezki wieder. Und immer, zu jeder Zeit, fließt das Leben hier so still und ohne Hast dahin, denkt er. Wer in seinen Kreis eintritt, muß sich fügen: Hier ist es zwecklos, sich aufzuregen, sinnlos, aufzubegehren; hier ist nur demjenigen Erfolg beschieden, der sich gemächlich seinen Weg bahnt, so, wie der Bauer mit dem Pflug die Furche zieht. Und welch eine Kraft ringsum, welche Gesundheit in dieser tatenlosen Stille! Hier, unter dem Fenster, drängt sich eine stämmige Klettenstaude aus dem dichten Gras hervor; ein Liebstöckel reckt seinen saftigen Stengel noch über sie hinaus, und noch höher hebt das Tränengras seine rosigen Löckchen. Und da draußen auf den Feldern leuchtet der Roggen; der Hafer ist schon in die Ähren geschossen, und jedes Blatt an jedem Baum, jedes Gräschen an seinem Halm macht sich breit, so breit es nur kann. Für Frauenliebe habe ich meine besten Jahre hingegeben, denkt Lawrezki weiter. Mag mich denn hier die Langeweile nüchtern machen, mag sie mich beruhigen, mich darauf vorbereiten, daß auch ich ohne Hast etwas zu tun imstande bin. Und wieder beginnt er, der Stille zu lauschen. Er erwartet nichts, und gleichzeitig ist ihm, als warte er dennoch unablässig auf etwas. Die Stille umfängt ihn von allen Seiten; die Sonne zieht am ruhigen blauen Himmel still ihre Bahn, und still wandern die Wolken darüber hin – es scheint, als wüßten sie, wohin und warum sie wandern. Zur selben Zeit brauste, hastete und lärmte an anderen Orten der Welt das Leben; hier floß das gleiche Leben unhörbar dahin, wie Wasser über Sumpfgräser. Bis in den späten Abend hinein konnte sich Lawrezki von der Betrachtung dieses vergehenden, verrinnenden Lebens nicht losreißen. Die Trauer um das Vergangene schmolz in seiner Seele wie Frühlingsschnee. Und merkwürdig – nie zuvor war in ihm das Heimatgefühl so tief und stark gewesen.

21

Im Verlaufe von zwei Wochen brachte Fjodor Iwanytsch das kleine Haus Glafira Petrownas in Ordnung und säuberte Hof und Garten; aus Lawriki wurden für ihn bequeme Möbel herbeigeschafft, aus der Stadt Wein, Bücher und Zeitschriften besorgt; im Stall standen wieder Pferde – kurz, Fjodor Iwanytsch versah sich mit allem Nötigen und begann ein Leben halb als Gutsherr, halb als Einsiedler zu führen. Seine Tage verrannen einförmig, aber er langweilte sich nicht, obwohl er niemanden sah. Fleißig und umsichtig betrieb er seine Wirtschaft, ritt in der Umgebung umher und las. Übrigens las er wenig; lieber hörte er sich die Erzählungen des alten Anton an. Gewöhnlich setzte sich Lawrezki mit einer Pfeife Tabak und einer Tasse kalten Tee ans Fenster, Anton stellte sich, die Hände auf dem Rücken, an die Tür und fing an, gemächlich von längst vergangenen Zeiten zu erzählen, von jenen sagenhaften Zeiten, da man Hafer und Roggen nicht maßweise, sondern in großen Säcken verkaufte, den Sack zu zwei oder drei Kopeken; da sich weit und breit, sogar dicht vor der Stadt, noch undurchdringliche Wälder und unberührte Steppen ausdehnten. „Aber jetzt", klagte der Alte, der bereits die Achtzig überschritten hatte, „haben sie alles so abgeholzt und aufgepflügt, daß man nirgends mehr durchkommt." Auch von seiner Herrin, Glafira Petrowna, sprach Anton viel. Er erzählte, wie besonnen und sparsam sie gewesen sei, wie ein gewisser junger Herr aus der Nachbarschaft sich an sie herangemacht und sie oft besucht habe und wie sie seinetwegen sogar ihre Festtagshaube mit den „massakafarbenen" Bändern aufgesetzt und das gelbe Kleid aus „Trü-trü-Levantine" anzulegen geruht habe, wie sie aber dann über des Herrn Nachbars unziemliche Frage: „Wie steht es, haben Sie, meine Gnädige, eigentlich Kapital?" in Zorn geraten sei und ihm das Haus verboten und damals schon befohlen habe, daß nach ihrem Ableben alles, bis auf den allerkleinsten Fetzen, Fjodor Iwanowitsch übergeben werden solle. Und in der Tat, Lawrezki fand alle Habseligkeiten der Tante vollzählig vor, einschließlich der Festtagshaube mit den „massakafarbenen" Bändern und des gelben Kleides aus „Trü-trü-Levantine". An alten Papieren und interessanten Dokumenten, auf die Lawrezki gerechnet hatte, war jedoch nichts vorhanden, außer einem abgegriffenen Büchlein, in das sein Großvater Pjotr Andrejitsch Eintragungen gemacht hatte wie: „In der Stadt Sankt Petersburg Feier aus Anlaß des Friedens, den Seine Durchlaucht Fürst Alexander Alexandrowitsch Prosorowski mit dem Türkischen Reich geschlossen haben", oder in dem ein Rezept für ein Dekokt gegen Brustkrankheiten stand mit der Anmerkung: „Dies wurde der Generalin Praskowja Fjodorowna Saltykowa vom Oberpriester der Kirche der Heiligen Dreifaltigkeit, Feodor Awxentjewitsch, verordnet", oder in dem sich eine politische Neuigkeit folgender Art fand: „Um die Tiger von Franzosen ist es etwas stiller geworden" und gleich daneben zu lesen war: „In den ,Moskowskije wedomosti' wird angezeigt, daß Herr Premiermajor Michail Petrowitsch Kolytschew verstorben ist. Ob das ein Sohn von Pjotr Wassiljewitsch Kolytschew ist?" Lawrezki fand auch einige alte Kalender und Traumbücher sowie das geheimnisvolle Werk des Herrn Ambodik vor, und die längst vergessenen, aber noch wohlbekannten „Symbole und Embleme" weckten in ihm viele Erinnerungen. In Glafira Petrownas Toilettentisch entdeckte Fjodor Iwanytsch ein kleines Päckchen, das mit einem schwarzen Band verschnürt und mit schwarzem Lack versiegelt war; es lag ganz hinten in einer Schublade versteckt. In dem Päckchen befanden sich Gesicht an Gesicht ein Pastellbildnis seines Vaters in jungen Jahren, mit weichen, in die Stirn fallenden Locken, mit länglichen träumerischen Augen und halb geöffnetem Mund, und das fast völlig verwischte Bildnis einer blassen Frau, die ein weißes Kleid und in der Hand eine weiße Rose trug – das Bildnis seiner Mutter. Sich selbst hatte Glafira Petrowna niemals porträtieren lassen. „Ich, Väterchen Fjodor Iwanytsch", pflegte Anton zu sagen, „durfte mich zwar dazumal in den herrschaftlichen Gemächern nicht aufhalten, aber an Ihren Urgroßvater Andrej Afanasjewitsch erinnere ich mich noch. Freilich, als er verschied, stand ich im achtzehnten Jahr. Einmal begegnete ich ihm im Garten – die Knie schlotterten mir nur so, aber er tat mir nichts, er fragte nur, wie ich heiße, und schickte mich in seine Gemächer, ein Schnupftuch zu holen. Ein wirklicher Herr war er, das muß man sagen, und er kannte keinen, der über ihm stand. Dann hatte Ihr Urgroßvater, sage ich Ihnen, auch so ein wundertätiges Amulett – ein Mönch vom Athosberg hatte es ihm geschenkt. Und er sagte zu ihm, dieser Mönch: ‚Für deine Freigebigkeit, Bojar, schenke ich dir dies; trag es, und du brauchst das Gericht nicht zu fürchten.' Nun, man weiß ja, Väterchen, was damals für Zeiten waren: Was der gnädige Herr wollte, das tat er auch. Es kam vor – selbst wenn einer von den anderen Herren sich's einfallen ließ, ihm zu widersprechen –, daß er den nur ansah und sagte: ‚Du schwimmst nicht tief.' Das war sein Lieblingsausspruch. Und gewohnt hat er, Ihr Urgroßvater seligen Angedenkens – in einem kleinen Herrenhaus aus Holz; und was hat er an Hab und Gut hinterlassen, an Silberzeug, an Vorräten jeder Art! Alle Keller waren voll bis oben hin. So ein Hausherr war er. Die kleine Karaffe dort, die Sie zu loben geruhten, gehörte ihm: Aus ihr trank er seinen Wodka. Was aber Ihr Großvater war, Pjotr Andrejitsch, der setzte sich einen Palast aus Stein hin, aber Hab und Gut hat er nicht angehäuft: Bei ihm ging alles flöten. Gelebt hat er schlechter als sein Vater und sich keine Vergnügungen geleistet – und doch ging alles Geld drauf; nichts erinnert mehr an ihn; nicht ein silberner Löffel ist von ihm mehr übriggeblieben, und wenn noch was da ist, so ist es Glafira Petrownas Bemühen zu danken."

„Ist es wahr", unterbrach ihn Lawrezki, „daß man sie einen alten Drachen genannt hat?"

„Wer war es denn aber, der sie so nannte!" entgegnete Anton mißbilligend.

„Wie ist es, Väterchen", wagte einmal der Alte zu fragen, „wie ist es mit unserer gnädigen Frau. Wo geruht sie sich aufzuhalten?"

„Ich habe mich von meiner Frau getrennt", brachte Lawrezki mit Anstrengung hervor. „Bitte, frage nicht nach ihr."

„Wie der Herr befehlen", erwiderte der Alte bekümmert.

Nachdem drei Wochen vergangen waren, ritt Lawrezki nach O... und verbrachte einen Abend bei den Kalitins. Lemm war bei ihnen; er gefiel Lawrezki sehr. Obwohl er, durch Verschulden seines Vaters, kein Instrument spielte, liebte er Musik doch leidenschaftlich, und zwar gehaltvolle, klassische Musik. Panschin war an diesem Abend nicht bei den Kalitins. Der Gouverneur hatte ihn nach außerhalb geschickt. Lisa spielte allein und mit tiefer Einfühlung. Lemm lebte auf, kam in Schwung, drehte ein Blatt Papier zu einem Röhrchen und dirigierte damit. Marja Dmitrijewna lachte anfangs über ihn, dann ging sie schlafen; sie behauptete, Beethoven rege ihre Nerven zu sehr auf. Um Mitternacht begleitete Lawrezki Lemm nach Hause und blieb bis drei Uhr morgens bei ihm sitzen. Lemm sprach viel; sein krummer Rücken straffte sich, seine Augen weiteten sich und bekamen Glanz; selbst sein Haar richtete sich über der Stirn auf. So lange schon hatte niemand mehr Anteil an ihm genommen, Lawrezki jedoch interessierte sich anscheinend für ihn und forschte ihn teilnehmend und aufmerksam aus. Den alten Mann rührte das, und zu guter Letzt zeigte er dem Gast seine Kompositionen und spielte und sang ihm sogar mit lebloser Stimme einige Partien aus seinen Werken vor – unter anderem auch die ganze von ihm vertonte Ballade „Fridolin" von Schiller. Lawrezki lobte ihn, veranlaßte ihn, dies und jenes zu wiederholen, und lud ihn, als er fortging, auf einige Tage zu sich ein. Lemm, der ihn bis auf die Straße geleitete, sagte sofort zu und drückte ihm kräftig die Hand; als er aber in der frischen, feuchten Luft, beim eben aufglimmenden Morgenrot, allein zurückgeblieben war, da blickte er sich um, kniff die Augen zusammen, krümmte den Rücken und schlich sich, als hätte er ein schlechtes Gewissen, in sein Stübchen hinauf. *„Ich bin wohl nicht klug"**, murmelte er vor sich hin, als er sich auf sein hartes, kurzes Bett legte. Als Lawrezki einige Tage darauf mit einer Kalesche vorfuhr, um ihn abzuholen, versuchte er, sich für krank auszugeben, doch Fjodor Iwanytsch kam zu ihm ins Zimmer und überredete ihn. Stärker als alles andere wirkte auf Lemm der Umstand, daß Lawrezki eigens für ihn ein Klavier aus der Stadt auf sein Gut hatte bringen lassen. Sie begaben sich zu zweit zu den Kalitins und verbrachten den Abend bei ihnen, jedoch nicht mehr so angenehm wie das letztemal: Panschin war zugegen. Er erzählte viel von seiner Dienstreise und ahmte die Gutsbesitzer, die er dabei gesehen hatte, in sehr spaßiger Weise nach. Lawrezki lachte, Lemm aber kam aus seinem Winkel nicht heraus; er schwieg, bewegte sich still wie eine Spinne, blickte finster und stumpf drein und lebte erst auf, als Lawrezki sich erhob, um sich zu verabschieden. Noch als er in der Kalesche saß, war der Alte befangen und in sich gekehrt, aber die stille, warme Luft, der leichte Wind, die sanften Schatten, der Duft des Grases und des frischen Birkengrüns, das friedliche Leuchten des mondlosen Sternenhimmels, der einträchtige Hufschlag und das Schnauben der Pferde – alle Zauber der Fahrt, des Frühlings, der Nacht senkten sich in die Seele des armen Deutschen, und er selbst begann ein Gespräch mit Lawrezki.

Er sprach von Musik, von Lisa, dann wieder von Musik. Wenn er von Lisa sprach, schien er die Worte langsamer zu formen. Lawrezki lenkte das Gespräch auf Lemms Kompositionen und erbot sich, halb im Scherz, ein Libretto für ihn zu schreiben.

„Hm, ein Libretto!" erwiderte Lemm. „Nein, das ist nichts für mich. Ich habe nicht mehr den Schwung, die spielende Leichtigkeit der Phantasie, die für eine Oper erforderlich sind; mir fehlt jetzt bereits die Kraft dazu ... Aber wenn ich noch etwas machen könnte, dann würde ich mich mit einer Romanze begnügen – natürlich müßte ich einen guten Text haben."

Er verstummte und saß lange unbeweglich da, die Augen gen Himmel gerichtet.

„Zum Beispiel", sagte er endlich, „etwas in dieser Art: Ihr Sterne, o ihr reinen Sterne!"

Lawrezki wandte sein Gesicht ein wenig zu ihm hin und sah ihn an.

„Ihr Sterne, ihr reinen Sterne", wiederholte Lemm. „Ihr schaut gleichermaßen auf die Gerechten und die Schuldigen herab. Aber nur die reinen Herzens sind -- oder etwas in dieser Art – verstehen euch, das heißt, nein: lieben euch. Übrigens, ich bin kein Dichter, wie käme ich dazu! Aber etwas in dieser Art, etwas Erhabenes."

Lemm schob seinen Hut in den Nacken; in dem milden Dämmerlicht der hellen Nacht erschien sein Gesicht bleicher und jünger.

„Und ihr", fuhr er mit leiser werdender Stimme fort, „ihr wißt auch, wer liebt, wer zu lieben versteht, weil ihr Reinen, ihr allein, zu trösten vermögt ... Nein, das ist alles nicht das Richtige! Ich bin kein Dichter", sagte er nochmals, „aber etwas in dieser Art ..."

„Ich bedaure, daß auch ich kein Dichter bin", bemerkte Lawrezki.

„Leere Phantastereien!" entgegnete Lemm und drückte sich tiefer in die Wagenecke. Er schloß die Augen, als wollte er schlafen. Es vergingen einige Augenblicke. Lawrezki lauschte. „Sterne, reine Sterne, Liebe", flüsterte der Alte.

„Liebe", wiederholte Lawrezki für sich. Er versank in Gedanken, und ihm wurde schwer ums Herz. „Sie haben eine herrliche Musik zum ‚Fridolin' geschrieben, Christophor Fjodorytsch", sagte er laut. „Aber was meinen Sie: Dieser Fridolin wird doch, gleich nachdem ihn der Graf zu seiner Frau gebracht hatte, ihr Liebhaber geworden sein – nicht?"

„So denken Sie", entgegnete Lemm, „weil wahrscheinlich die Erfahrung..."

Er verstummte plötzlich und wandte sich verlegen ab. Lawrezki lachte gezwungen, wandte sich ebenfalls ab und starrte auf den Weg.

Die Sterne begannen schon zu verblassen, und der Himmel wurde grau, als die Kalesche vor der Freitreppe des kleinen Hauses in Wassiljewskoje hielt. Lawrezki geleitete seinen Gast in das für ihn bestimmte Zimmer, begab sich in sein Kabinett und setzte sich ans Fenster. Im Garten sang eine Nachtigall ihr letztes Lied vor Sonnenaufgang. Lawrezki erinnerte sich, daß auch bei den Kalitins im Garten eine Nachtigall gesungen hatte; er erinnerte sich auch der leisen Bewegung von Lisas Augen, als sie sich bei den ersten Tönen auf das dunkle Fenster richteten. Er dachte an Lisa, und in seinem Herzen wurde es stiller. „Ein reines Mädchen", sagte er halblaut. „Reine Sterne", fügte er mit einem Lächeln hinzu und legte sich ruhig schlafen.

Lemm aber saß noch lange auf seinem Bett, ein Notenheft auf den Knien. Ihm war, als käme eine nie gehörte, süße Melodie auf ihn zu; er war schon entflammt und erregt, er genoß schon das erlösende, wonnige Gefühl ihres Nahens... Aber er wartete vergebens, sie kam nicht.

„Nicht Dichter und nicht Musiker!" flüsterte er schließlich, und schwer sank sein müder Kopf auf das Kissen.

23

Am nächsten Morgen tranken der Hausherr und sein Gast im Garten unter einer alten Linde ihren Tee.

„Maestro", sagte Lawrezki unter anderem, „Sie werden bald eine Festkantate zu komponieren haben."

„Aus welchem Anlaß?"

„Aus Anlaß der Vermählung des Herrn Panschin mit Lisa. Haben Sie bemerkt, wie er ihr gestern den Hof gemacht hat? Sie scheinen sich bereits einig zu sein."

„Das wird nicht geschehen!" rief Lemm.

„Warum?"

„Weil das unmöglich ist. Übrigens", fügte er nach einer Weile hinzu, „auf der Welt ist alles möglich. Besonders hier bei Ihnen, in Rußland."

„Rußland wollen wir einstweilen aus dem Spiel lassen, aber was mißfällt Ihnen denn an dieser Heirat?"

„Alles, alles. Lisaweta Michailowna ist ein gerechtes, ernstes Mädchen mit erhabenen Gefühlen, aber er ... Er ist, mit einem Wort, ein Di-let-tant."

„Aber sie liebt ihn doch?"

Lemm erhob sich von der Bank.

„Nein, sie liebt ihn nicht, das heißt, sie ist sehr reinen Herzens und weiß gar nicht, was das heißt: lieben. Madame von Kalitin sagt ihr, er sei ein guter junger Mann, und sie gehorcht Madame von Kalitin, denn sie ist noch ganz und gar Kind, trotz ihrer neunzehn Jahre. Sie betet morgens, sie betet abends, und das ist sehr lobenswert – aber sie liebt ihn nicht. Sie kann nur das Schöne lieben, und er ist nicht schön, das heißt, seine Seele ist nicht schön."

Lemm brachte das alles in einem Atemzug und voller Leidenschaft hervor, während er mit kleinen Schritten vor dem Teetisch auf und ab ging und seine Augen über den Erdboden schweifen ließ.

„Teuerster Maestro", rief Lawrezki plötzlich aus, „mir scheint, Sie sind selbst in meine Cousine verliebt."

Lemm blieb plötzlich stehen.

„Ich bitte Sie", versetzte er mit unsicherer Stimme, „treiben

Sie nicht solchen Scherz mit mir. Ich bin kein Narr: Ich blicke ins finstere Grab und nicht in eine rosige Zukunft."

Lawrezki tat der alte Mann leid; er bat ihn um Verzeihung. Nach dem Tee spielte ihm Lemm seine Kantate vor, doch beim Mittagessen kam er, von Lawrezki dazu veranlaßt, wieder auf Lisa zu sprechen. Lawrezki hörte ihm aufmerksam und interessiert zu.

„Was meinen Sie, Christophor Fjodorytsch", sagte er schließlich, „bei mir hier ist doch jetzt, wie mir scheint, alles in Ordnung; der Garten steht in voller Blüte ... Sollte ich sie nicht mit ihrer Mutter und meiner alten Tante zusammen für einen Tag hierher einladen, wie? Wäre Ihnen das angenehm?"

Lemm beugte den Kopf über seinen Teller.

„Laden Sie sie ein", sagte er kaum hörbar.

„Aber Panschin ist überflüssig?"

„Ist überflüssig", erwiderte der Alte mit einem fast kindlichen Lächeln.

Zwei Tage darauf begab sich Fjodor Iwanytsch in die Stadt, zu den Kalitins.

24

Er traf alle zu Hause an, doch er teilte ihnen seine Absicht nicht sogleich mit: Er wollte zuvor mit Lisa unter vier Augen darüber sprechen. Der Zufall half ihm; man ließ sie beide im Salon allein. Sie kamen ins Gespräch. Lisa hatte sich bereits an ihn gewöhnt, ja sie war überhaupt vor niemandem befangen. Er hörte ihr zu und sah ihr ins Gesicht; in Gedanken wiederholte er die Worte Lemms und gab ihm recht. Es geschieht zuweilen, daß zwei Menschen, die sich schon kennen, sich aber noch nicht nahestehen, unvermutet und schnell, im Verlaufe weniger Augenblicke, einander nahekommen, und das Eingeständnis dieser Annäherung drückt sich alsbald in ihren Blicken, ihrem freundschaftlichen, stillen Lächeln, ja selbst in ihren Gebärden aus. Eben das geschah mit Lawrezki und Lisa. So also ist er, dachte sie, indem sie ihn freundlich ansah. So also bist du, dachte auch er. Daher war er nicht sonderlich verwundert, als sie ihm, wenn auch nicht ohne einiges Zaudern, eröffnete, sie habe schon lange etwas auf dem Herzen, das sie ihm sagen wolle, nur fürchte sie, ihn zu erzürnen.

„Fürchten Sie sich nicht, sprechen Sie nur", sagte er und blieb vor ihr stehen.

Lisa hob ihre klaren Augen zu ihm auf.

„Sie sind so gut", begann sie und dachte dabei: Ja, er ist wirklich gut. „Verzeihen Sie mir, ich sollte vielleicht nicht mit Ihnen darüber sprechen. Aber wie konnten Sie ... Weshalb haben Sie sich von Ihrer Frau getrennt?"

Lawrezki zuckte zusammen, warf einen Blick auf Lisa und setzte sich zu ihr.

„Mein Kind", sagte er, „rühren Sie, bitte, nicht an diese Wunde. Sie haben zarte Hände, aber dennoch tun Sie mir weh."

„Ich weiß", fuhr Lisa fort, als hätte sie seine Worte nicht verstanden, „sie hat eine Schuld auf sich geladen, ich will sie nicht rechtfertigen – aber wie kann man trennen, was Gott vereinigt hat?"

„Unsere Auffassungen sind in diesem Punkt zu verschieden, Lisaweta Michailowna", versetzte Lawrezki ziemlich schroff. „Wir werden einander nicht verstehen."

Lisa erblaßte. Ihr ganzer Körper erbebte leicht, doch sie schwieg nicht.

„Sie müssen vergeben", sagte sie leise, „wenn Sie wollen, daß auch Ihnen vergeben werde."

„Vergeben!" fiel Lawrezki ein. „Müßten Sie nicht zuvor wissen, für wen Sie bitten? Dieser Frau vergeben, sie wieder aufnehmen in mein Haus, sie, dieses leere, herzlose Geschöpf! Und wer hat Ihnen gesagt, daß sie zu mir zurückkehren will? Seien Sie unbesorgt, sie ist vollkommen zufrieden mit ihrer Lage. Doch wozu noch darüber reden! Ihr Name darf nicht über Ihre Lippen kommen. Sie sind zu rein dafür, Sie sind gar nicht imstande, ein solches Wesen zu begreifen."

„Wozu so beleidigende Worte!" brachte Lisa mit Mühe hervor. Das Zittern ihrer Hände wurde sichtbar. „Sie selbst haben sie verlassen, Fjodor Iwanytsch."

„Aber ich sage Ihnen doch", entgegnete Lawrezki in einem unwillkürlichen Ausbruch von Ungeduld, „Sie wissen nicht, was für ein Geschöpf das ist!"

„Warum haben Sie sie dann geheiratet?" flüsterte Lisa und schlug die Augen nieder.

Lawrezki fuhr von seinem Stuhl auf.

„Warum ich geheiratet habe? Ich war damals jung und unerfahren; ich habe mich getäuscht; ich habe mich durch das schöne Äußere hinreißen lassen. Ich kannte die Frauen nicht, ich kannte überhaupt nichts. Gebe Gott, daß Sie eine glücklichere Ehe schließen! Aber glauben Sie mir, man kann in keinem Falle dafür bürgen."

„Ich kann ebenso unglücklich werden", flüsterte Lisa (ihre Stimme begann zu versagen), „aber dann werde ich mich darein fügen müssen. Ich kann mich nicht so ausdrücken – aber wenn wir uns nicht fügen ..."

Lawrezki preßte die Hände zusammen und stampfte mit dem Fuß auf.

„Seien Sie nicht böse, verzeihen Sie mir", sagte Lisa hastig.

In diesem Augenblick trat Marja Dmitrijewna ein. Lisa stand auf und wollte sich entfernen.

„Bitte, bleiben Sie", rief Lawrezki ihr unerwartet nach. „Ich habe eine große Bitte an Ihre Mutter und an Sie: Besuchen Sie mich in meiner neuen Wohnung. Sie wissen, ich habe mir ein Klavier angeschafft; Lemm ist bei mir zu Gast; der Flieder blüht jetzt; Sie atmen ein bißchen Landluft und können noch am selben Tag zurückkehren. Sind Sie einverstanden?"

Lisa sah ihre Mutter an. Marja Dmitrijewna setzte eine Leidensmiene auf, doch Lawrezki ließ sie nicht erst zu Wort kommen, sondern küßte ihr sogleich beide Hände. Marja Dmitrijewna, stets für Zärtlichkeiten empfänglich und auf eine solche Liebenswürdigkeit seitens „dieses Bären" gar nicht gefaßt, wurde weich gestimmt und willigte ein. Während sie überlegte, welchen Tag man festsetzen sollte, trat Lawrezki an Lisa heran und flüsterte ihr, immer noch aufgeregt, verstohlen zu: „Ich danke Ihnen, Sie sind ein gutes Mädchen; ich bin schuld ..." Ein frohes, verschämtes Lächeln huschte über ihr blasses Gesicht und überzog es mit einer feinen Röte. Auch ihre Augen lächelten – sie hatte bis zu diesem Augenblick befürchtet, ihn verletzt zu haben.

„Wladimir Nikolajewitsch kann doch mitkommen?" fragte Marja Dmitrijewna.

„Natürlich", erwiderte Lawrezki, „aber wäre es nicht besser, wir blieben in unserem Familienkreis?"

„Ja, nur scheint mir...", begann Marja Dmitrijewna. „Übrigens, wie Sie wollen", fügte sie hinzu.

Es wurde beschlossen, Lenotschka und Schurotschka mitzunehmen. Marfa Timofejewna lehnte es ab mitzufahren.

„Es fällt mir schwer, mein Herzblatt", sagte sie, „meine alten Knochen anzustrengen; und übernachten kann man bei dir wahrscheinlich nicht – außerdem finde ich in einem fremden Bett keinen Schlaf. Mag die Jugend fahren."

Lawrezki gelang es nicht mehr, mit Lisa allein zu sein, aber er schaute sie so an, daß ihr leicht ums Herz ward und sie sich zugleich ein wenig schämte und er ihr leid tat. Beim Abschied drückte er ihr kräftig die Hand, und als sie wieder allein war, versank sie in tiefes Nachdenken.

25

Zu Hause trat Lawrezki auf der Schwelle des Salons ein hochgewachsener, hagerer Mann in einem abgetragenen blauen Gehrock entgegen. Er hatte ein zerfurchtes, aber lebhaftes Gesicht, einen zerzausten grauen Backenbart, eine lange, gerade Nase und kleine, entzündete Augen. Es war Michalewitsch, sein einstiger Studiengenosse. Lawrezki erkannte ihn zuerst nicht, umarmte ihn jedoch stürmisch, als jener seinen Namen genannt hatte. Seit Moskau hatten sie sich nicht mehr gesehen. Ausrufe und Fragen überstürzten sich; längst in Vergessenheit geratene Begebenheiten wurden aufgefrischt. Während Michalewitsch hastig eine Pfeife nach der anderen rauchte und ab und zu einen Schluck Tee trank, erzählte er, mit den langen Armen fuchtelnd, Lawrezki seine Erlebnisse. Es war nicht viel Erfreuliches darunter. Er konnte sich keiner Erfolge bei seinen Unternehmungen rühmen, aber er lachte unaufhörlich ein heiseres, nervöses Lachen. Vor einem Monat hatte er eine Stellung im Privatkontor eines reichen Steuerpächters erhalten, ungefähr dreihundert Werst von O... entfernt. Da er von Lawrezkis Rückkehr aus dem Ausland gehört hatte, war er auf der Hinfahrt von der Straße abgebogen, um seinen alten Freund wiederzusehen. Michalewitsch sprach noch genauso ungestüm wie in seiner Jugend, eiferte sich und lärmte noch wie früher. Als Lawrezki von seinen eigenen Angelegenheiten sprechen wollte, unterbrach ihn Michalewitsch hastig und brummte: „Hab davon gehört, Bruder, hab davon gehört. Wer konnte das ahnen?" und lenkte das Gespräch sofort auf allgemeine Dinge.

„Ich muß morgen weiterfahren, Bruder", sagte er, „heute werden wir spät ins Bett kommen, du mußt schon entschuldigen. Ich möchte unbedingt erfahren, wo du stehst, was deine Ansichten, deine Überzeugungen sind, was aus dir geworden ist, was das Leben dich gelehrt hat." Michalewitsch hielt noch an der Phraseologie der dreißiger Jahre fest. „Was mich betrifft, so habe ich mich in vielem verändert, Bruder: Die Wogen des Lebens haben an meine Brust geschlagen – wer hat das doch gleich gesagt? –, obwohl ich mich in den wichtigen, wesentlichen Dingen nicht verändert habe. Ich glaube nach wie vor an das Gute, an die Wahrheit, aber ich glaube nicht nur so obenhin, ich glaube jetzt fest daran, ja, fest, fest. Hör mal, du weißt, ich schreibe hin und wieder Verse. Es ist zwar keine Poesie darin, aber Wahrheit. Ich werde dir mein letztes Werk vortragen; ich habe meine innersten Überzeugungen hineingelegt. Hör zu."

Michalewitsch begann seine Dichtung vorzutragen. Sie war ziemlich lang und endete mit folgenden Versen:

„Neues Fühlen das Herz mir verklärte,
Wie zum Kind ich verwandelt mich fand:
Hab verbrannt, was ich einstens verehrte,
Hab verehrt, was ich einstens verbrannt."

Als Michalewitsch die letzten zwei Verse sprach, wäre er beinahe in Tränen ausgebrochen. Seine vollen Lippen zuckten leicht – ein Zeichen, daß er stark erregt war –, sein unschönes Gesicht leuchtete auf. Lawrezki hörte ihm zu. Sein Widerspruchsgeist regte sich: Die jederzeit bereite, beständig aufschäumende Begeisterung des Moskauer Studenten reizte ihn.

Es war noch keine Viertelstunde vergangen, als zwischen ihnen bereits eine Diskussion entbrannt war, eine jener endlosen Diskussionen, zu denen nur Russen fähig sind. Nach den vielen Jahren der Trennung, die sie in zwei verschiedenen Welten verbracht hatten, stritten sie jetzt über die abstraktesten Dinge, ohne die Gedanken des anderen, ja nicht einmal die eigenen klar zu verstehen. Sie klammerten sich an Worte und fanden auch nur Worte zur Erwiderung und stritten so, als ginge es für sie beide um Leben und Tod. Sie schrien und brüllten dermaßen, daß alle Leute im Haus aufgescheucht wurden und der arme Lemm, der sich gleich nach Michalewitschs Ankunft in seinem Zimmer eingeschlossen hatte, unruhig ward und es schon mit der Angst zu tun bekam.

„Was bist du denn nun nach alledem? Ein Enttäuschter?" schrie Michalewitsch in der ersten Stunde nach Mitternacht.

„Sehen Enttäuschte etwa so aus?" erwiderte Lawrezki. „Die sind doch alle blaß und krank – wenn du aber willst, hebe ich dich mit einer Hand hoch!"

„Nun, wenn du kein *Enttäuschter* bist, so bist du ein *Skeptüker*, und das ist noch schlimmer." (Die Aussprache Michalewitschs verriet, daß er aus Kleinrußland stammte.) „Aber welches Recht hast du, Skeptüker zu sein? Du hast im Leben kein Glück gehabt, zugegeben. Das war nicht deine Schuld. Du bist mit einer leidenschaftlichen, nach Liebe dürstenden Seele geboren worden, aber man hat dich gewaltsam von den Frauen ferngehalten. Daher mußte die erste Frau, die dir in den Weg lief, dich betrügen."

„Sie hat auch dich betrogen", bemerkte Lawrezki düster.

„Zugegeben, zugegeben. Ich war dabei das Werkzeug des Schicksals. Übrigens, was schwatze ich da! Es gibt gar kein Schicksal – die alte Gewohnheit, sich ungenau auszudrücken. Aber was beweist das schon?"

„Es beweist, daß man mich von Kindheit an verrenkt hat."

„So renk dich wieder ein! Dazu bist du Mensch, bist du Mann; an Energie dazu fehlt es dir nicht! Doch wie dem auch sei, ist es denn möglich, ist es denn statthaft, einen sozusagen vereinzelten Fall zum allgemeinen Gesetz, zur unumstößlichen Regel zu erheben?"

„Was heißt hier Regel?" unterbrach ihn Lawrezki. „Ich erkenne nicht an ..."

„Nein, das ist deine Regel, deine Regel", fiel ihm Michalewitsch ins Wort.

„Du bist ein Egoist, jawohl, das bist du!" wetterte er eine Stunde später. „Du hast nach Selbstgenuß getrachtet, du hast nach Glück im Leben getrachtet, du wolltest nur für dich leben ..."

„Was ist das: Selbstgenuß?"

„Und alles hat dich betrogen; alles ist unter deinen Füßen zusammengestürzt."

„Was Selbstgenuß ist, frage ich dich."

„Und es mußte zusammenstürzen. Weil du einen Halt dort gesucht hast, wo man keinen finden kann, weil du dein Haus auf lockeren Sand gebaut hast ..."

„Drück dich klarer aus, laß die Gleichnisse – ich verstehe dich nicht."

„Weil – bitte, lach nur –, weil in dir kein Glaube ist, keine Herzenswärme, nur Verstand, einzig und allein armseliger Krämerverstand. Du bist einfach ein jämmerlicher, rückständiger Voltairianer – das bist du!"

„Wer – ich ein Voltairianer?"

„Jawohl, genauso einer wie dein Vater, und du ahnst es nicht einmal."

„Nach alledem", rief Lawrezki aus, „habe ich wohl das Recht zu sagen, daß du ein Fanatiker bist!"

„O weh!" erwiderte Michalewitsch zerknirscht. „Zu meinem Leidwesen habe ich mich einer so erhabenen Bezeichnung noch durch nichts würdig erwiesen.

Ich habe jetzt herausgefunden, wie man dich nennen muß", schrie derselbe Michalewitsch gegen drei Uhr nachts. „Du bist kein Skeptiker, kein Enttäuschter, kein Voltairianer, du bist eine Schlafmütze, und zwar eine unverbesserliche Schlafmütze, eine bewußte Schlafmütze, keine naive. Die naiven Schlafmützen liegen auf dem Ofen und tun nichts, weil sie nicht fähig sind, etwas zu tun; sie denken auch nicht – du aber bist ein denkender Mensch und liegst da. Du könntest etwas tun und tust nichts; du liegst da, mit dem vollen Wanst nach oben, und sprichst: Es gehört sich, so dazuliegen, denn alles, was die Menschen auch tun, alles ist Unsinn und Humbug, der zu nichts führt."

„Und woraus schließt du, daß ich so daliege?" fragte Lawrezki. „Warum vermutest du bei mir solche Gedanken?"

„Obendrein seid ihr alle, eure ganze Sippschaft, belesene Schlafmützen", fuhr Michalewitsch unaufhaltsam fort. „Ihr wißt, auf welchem Bein der Deutsche hinkt, wißt, was bei den Engländern und Franzosen faul ist, und euer armseliges Wissen kommt euch noch zu Hilfe; es soll eure schändliche Faulheit, eure widerliche Untätigkeit rechtfertigen. Mancher brüstet sich sogar noch damit: ‚Seht, ich bin ein kluger Kopf. Ich liege, und diese Dummköpfe da rackern sich ab.' Jawohl! Und dann gibt es bei uns noch solche Herrschaften – ich sage das übrigens nicht in Hinblick auf dich –, die ihr ganzes Leben gewissermaßen in einer tödlichen Langeweile zubringen, sich daran gewöhnen und darin sitzen wie ... wie ein Pilz in saurer Sahne", fuhr Michalewitsch fort und mußte über seinen Vergleich selber lachen. „Oh, diese tödliche Langeweile ist der Untergang des Russen! Sein ganzes Leben lang nimmt er sich vor, an die Arbeit zu gehen, die widerwärtige Schlafmütze ..."

„Aber was schimpfst du denn?" brüllte Lawrezki seinerseits. „Arbeiten, etwas tun. Sag mir lieber, was man tun soll, und schimpfe nicht, du Demosthenes aus Poltawa!"

„Sieh mal an, das möchtest du wohl gern! Das werde ich dir nicht sagen, Bruder, das muß jeder selber wissen", erwiderte ironisch der Demosthenes. „Ein Gutsbesitzer, ein Edelmann – und weiß nicht, was er tun soll! Du hast keinen Glauben, sonst wüßtest du es; wo kein Glaube ist, da gibt es auch keine Offenbarung."

„Laß mich doch wenigstens mal ausruhen, du Teufel, laß mich zur Besinnung kommen", flehte Lawrezki.

„Keine Minute Ruhe, keine Sekunde!" entgegnete Michalewitsch mit einer gebieterischen Handbewegung. „Nicht eine Sekunde! Der Tod wartet nicht, und das Leben darf auch nicht warten.

Und wann und wo sind die Menschen daraufgekommen, so ein Schlafmützendasein zu führen?" schrie er um vier Uhr morgens, allerdings schon mit etwas heiser gewordener Stimme. „Hier bei uns! Jetzt! In Rußland! Wo jeder einzelnen Persönlichkeit eine Pflicht, eine hohe Verantwortung vor Gott, vor dem Volk, vor sich selbst auferlegt ist! Wir schlafen, und die Zeit verrinnt; wir schlafen ..."

„Darf ich dich darauf aufmerksam machen", sagte Lawrezki, „daß wir zur Zeit keineswegs schlafen, sondern eher noch andere um ihren Schlaf bringen. Wir schreien uns die Kehlen wund wie die Hähne. Horch, da krähen sie wohl gar schon zum drittenmal."

Dieser Ausbruch brachte Michalewitsch zum Lachen und beruhigte ihn.

„Bis morgen", sagte er lächelnd und steckte seine Pfeife in den Tabaksbeutel.

„Bis morgen", wiederholte Lawrezki.

Aber die Freunde unterhielten sich noch länger als eine Stunde. Übrigens sprachen sie nicht mehr so laut; ihre Gespräche waren stiller, schwermütiger, guter Art.

Michalewitsch reiste am nächsten Tag ab, sosehr sich Lawrezki auch bemühte, ihn zurückzuhalten. Es gelang Fjodor Iwanowitsch nicht, ihn zum Bleiben zu überreden, aber er hatte sich mit ihm doch zur Genüge ausgesprochen. Es stellte sich heraus, daß Michalewitsch nicht einen roten Heller besaß. Schon am Vortag hatte Lawrezki mit Bedauern alle Anzeichen und Gewohnheiten eingewurzelter Armut an ihm bemerkt: Seine Stiefel waren schief getreten; am Gehrock fehlte hinten ein Knopf; seine Hände kannten keine Handschuhe; in seinen Haaren hingen Daunenfedern; bei seiner Ankunft hatte er gar nicht daran gedacht, um eine Waschgelegenheit zu bitten, und das Abendessen hatte er hinuntergeschlungen wie ein Haifisch – er hatte das Fleisch mit den Fingern auseinandergerissen und die Knochen mit seinen starken schwarzen Zähnen knirschend zernagt. Es stellte sich auch heraus, daß ihm der Dienst nichts eingebracht hatte und daß er seine ganze Hoffnung auf den Steuerpächter setzte, der ihn einzig und allein deswegen eingestellt hatte, weil er einen „gebildeten Menschen" bei sich im Kontor haben wollte. Trotz alledem ließ Michalewitsch den Kopf nicht hängen und lebte auf seine Art, als

Zyniker, Idealist und Poet, aufrichtig bemüht und bekümmert um das Schicksal der Menschheit und um seine eigene Berufung und äußerst wenig darum besorgt, nicht selber den Hungertod sterben zu müssen. Michalewitsch war nicht verheiratet, hatte sich aber unzählige Male verliebt und auf alle seine Geliebten Gedichte verfaßt; besonders feurig hatte er eine geheimnisvolle, schwarzlockige „Panna" besungen. Allerdings ging das Gerücht um, diese „Panna" sei ein einfaches, vielen Kavallerieoffizieren wohlbekanntes Judenmädchen gewesen. Doch wenn man es recht bedenkt – ist das nicht ganz einerlei?

Mit Lemm kam Michalewitsch nicht zusammen: Seine überlauten Reden, sein schroffes Benehmen hatten den Deutschen, der so etwas nicht gewöhnt war, abgeschreckt. Ein armer Teufel wittert den anderen schon von weitem, im Alter aber geht er ihm meist aus dem Wege, und das ist gar nicht verwunderlich, denn er hat nichts mit ihm zu teilen, nicht einmal die Hoffnung.

Vor seiner Abreise unterhielt sich Michalewitsch noch lange mit Lawrezki, prophezeite ihm den Untergang, wenn er nicht zur Besinnung komme, bat ihn inständig, sich ernstlich mit der Lebensweise seiner Bauern zu befassen, stellte sich selbst als Vorbild hin, indem er sagte, er sei im Schmelztiegel des Unglücks geläutert worden, und nannte sich dabei mehrmals einen glücklichen Menschen, verglich sich mit den Vögeln unter dem Himmel, mit der Lilie auf dem Feld ...

„Mit einer schwarzen Lilie allenfalls", bemerkte Lawrezki.

„Na, Bruder, kehr nicht den Aristokraten heraus", erwiderte Michalewitsch gutmütig. „Danke lieber Gott, daß auch in deinen Adern ehrliches Plebejerblut fließt. Aber ich sehe, du brauchst jetzt ein reines, überirdisches Wesen; das könnte dich aus deiner Apathie herausreißen."

„Vielen Dank, Bruder", versetzte Lawrezki, „ich habe genug von diesen überirdischen Wesen."

„Schweig, *Zünüker*!" rief Michalewitsch aus.

„Zyniker", verbesserte ihn Lawrezki.

„Nun gerade Zünüker", wiederholte Michalewitsch unbeirrt.

Selbst als er schon im Reisewagen saß, in den man seinen flachen gelben und sonderbar leichten Mantelsack gebracht hatte, sprach er noch. Eingehüllt in eine Art spanischen Mantel mit verschossenem Kragen und Löwentatzen an Stelle von Spangen, entwickelte er noch seine Ansichten über das Schicksal Rußlands und fuhr mit der gebräunten Hand durch die Luft, als streute er den Samen zukünftiger Glückseligkeit aus. Endlich zogen die Pferde an. „Denke an meine letzten drei Worte", schrie er, wobei er sich mit dem ganzen Oberkörper aus dem Wagen beugte und gerade noch das Gleichgewicht hielt. „Religion, Fortschritt, Menschlichkeit! – Leb wohl!" Sein Kopf mit der tief in die Stirn gezogenen Mütze verschwand. Lawrezki blieb allein auf der Freitreppe zurück und blickte unverwandt die Straße entlang, bis er den Wagen aus den Augen verlor. Vielleicht hat er doch recht, dachte er, ins Haus zurückkehrend. Vielleicht bin ich wirklich eine Schlafmütze. Vieles von dem, was Michalewitsch gesagt hatte, war ihm unwiderstehlich in die Seele gedrungen, obwohl er mit ihm gestritten und ihm nicht recht gegeben hatte. Wenn der Mensch nur gut ist, dann kann ihm niemand widerstehen.

26

Zwei Tage danach traf Marja Dmitrijewna, wie sie versprochen hatte, mit ihrem ganzen jungen Gefolge in Wassiljewskoje ein. Die Mädchen liefen sofort in den Garten, Marja Dmitrijewna aber ging schmachtend durch die Zimmer und lobte alles schmachtend. Sie betrachtete ihren Besuch bei Lawrezki als ein Zeichen großer Herablassung, beinahe als eine gute Tat. Sie lächelte leutselig, als Anton und Apraxeja nach altem Gesindebrauch zum Handkuß an sie herantraten, und bat dann mit matter, näselnder Stimme um eine Tasse Tee. Zum großen Ärger Antons, der seine weißen, gestrickten Handschuhe angezogen hatte, reichte nicht er der fremden Herrin den Tee, sondern der von Lawrezki gedungene Kammerdiener, der, nach des Alten Worten, keine Ahnung von guten Sitten hatte. Dafür setzte Anton beim Mittagessen seinen Kopf durch: Er stellte sich energisch hinter Marja Dmitrijewnas Sessel auf und trat niemandem mehr seinen Platz ab. Daß in Wassiljewskoje nach langer Zeit wieder Gäste erschienen waren, regte den Alten auf und erfreute ihn; es machte ihm Vergnügen, zu sehen, daß mit seinem Herrn so feine Herrschaften verkehrten. Übrigens war nicht er allein an diesem Tage aufgeregt – Lemm war es gleichfalls. Er hatte einen kurzen tabakfarbenen Frack mit spitzen Schößen angelegt und sein Halstuch straff gezogen; er räusperte sich unaufhörlich, und wenn er jemandem Platz machte, tat er es mit freundlicher, zuvorkommender Miene. Lawrezki bemerkte mit Freuden, daß er Lisa immer näherkam. Gleich als sie eintrat, hatte sie ihm freundschaftlich die Hand entgegengestreckt. Nach dem Mittagessen holte Lemm aus der Hintertasche seines Rocks, in die er fortwährend die Hand geschoben hatte, eine kleine Rolle Notenpapier hervor und legte sie schweigend, die Lippen zusammengepreßt, auf das Klavier. Es war eine Romanze, die er tags zuvor auf einen altmodischen deutschen Text, in dem von Sternen die Rede war, komponiert hatte, Lisa setzte sich sofort ans Klavier und versuchte, die Romanze zu spielen. Aber ach! Die Musik erwies sich als verworren und unangenehm gequält. Es war zu merken, daß der Komponist sich angestrengt hatte, etwas Leidenschaftliches, Tiefempfundenes auszudrücken – doch es war nichts dabei herausgekommen, es war bei der Anstrengung geblieben. Lawrezki und Lisa fühlten das, und auch Lemm begriff es. Ohne ein Wort zu sagen, steckte er seine Romanze wieder in die Tasche, und als Lisa ihm vorschlug, sie noch einmal zu spielen, schüttelte er nur den Kopf und sagte bedeutsam: „Jetzt – basta!" Darauf krümmte er wieder den Rücken, kroch in sich zusammen und trat beiseite.

Gegen Abend ging die ganze Gesellschaft angeln. Im Teich hinter dem Garten gab es viele Karauschen und Gründlinge. Für Marja Dmitrijewna wurde am Ufer, im Schatten, ein Sessel aufgestellt; unter ihre Füße breitete man einen Teppich, und man gab ihr die beste Angelrute. Anton, als alter, erfahrener Angler, bot ihr seine Dienste an. Er steckte eifrig Würmer auf den Haken, gab ihnen einen leichten Klaps, spuckte darauf und warf auch noch selbst die Angel aus, wobei er den ganzen Oberkörper graziös nach vorn beugte. Marja Dmitrijewna äußerte sich über ihn Fjodor Iwanytsch gegenüber noch am selben Tag in ihrem Pensionatsfranzösisch: „Il n'y a plus maintenant de ces gens comme ça comme autrefois." Lemm war mit den beiden kleinen Mädchen weitergegangen, bis ans Wehr; Lawrezki stand neben Lisa. Die Fische bissen unaufhörlich an; fortwährend blitzten in der Luft die aus dem Wasser gezogenen Karauschen mit ihren bald golden, bald silbern glitzernden Seiten auf. Die Freudenrufe der kleinen Mädchen rissen nicht ab; selbst Marja Dmitrijewna kreischte ein paarmal zimperlich los. Den geringsten Erfolg hatten Lawrezki und Lisa, wahrscheinlich, weil sie weniger Aufmerksamkeit auf das Angeln verwandten als die anderen und ihre Schwimmer bis dicht ans Ufer treiben ließen. Das hohe rötliche Schilf um sie herum raschelte leise; vor ihnen glänzte still das unbewegte Wasser, und still floß auch ihr Gespräch dahin. Lisa stand auf einem kleinen Floß; Lawrezki saß auf dem zum Wasser geneigten Stamm einer Weide. Lisa hatte ein weißes Kleid an, das in der Taille ein breites, ebenfalls weißes Band umschlang; an einem Arm hing ein Strohhut, und in der Hand des anderen hielt sie mit einiger Anstrengung die biegsame Angelrute. Lawrezki betrachtete ihr reines, etwas strenges Profil, das hinter die Ohren zurückgestrichene Haar, die zarten Wangen, die wie bei einem Kind glühten, und dachte: Oh, wie lieblich stehst du an meinem Teich! Lisa wandte sich nicht nach ihm um, sondern sah halb blinzelnd, halb lächelnd aufs Wasser. Der Schatten einer nahen Linde fiel auf beide.

„Wissen Sie", begann Lawrezki, „ich habe viel über unser letztes Gespräch nachgedacht und bin zu dem Schluß gekommen, daß Sie überaus gütig sind."

„Es war durchaus nicht meine Absicht...", erwiderte Lisa und wurde verlegen.

„Sie sind gütig", wiederholte Lawrezki. „Ich bin ein ungehobelter Mensch, doch ich fühle, daß jedermann Sie lieben muß. Nehmen wir zum Beispiel Lemm – er ist einfach verliebt in Sie."

Lisas Augenbrauen zogen sich zwar nicht zusammen, erzitterten aber; das war bei ihr immer der Fall, wenn sie etwas zu hören bekam, das ihr peinlich war.

„Er hat mir heute sehr leid getan mit seiner mißglückten Romanze", sprach Lawrezki weiter. „Jung sein und etwas nicht können – das ist erträglich, aber alt werden und versagen – das ist hart. Und das Schlimme dabei ist ja, daß man nicht fühlt, wenn die Kräfte schwinden. Für einen alten Mann ist es schwer, solche Schläge zu verwinden! – Geben Sie acht, bei Ihnen beißt ein Fisch an. – Man sagt", fügte Lawrezki nach kurzem Schweigen hinzu, „Wladimir Nikolajitsch habe eine sehr hübsche Romanze geschrieben."

„Ja", antwortete Lisa, „es ist nichts Überwältigendes, ist aber nicht schlecht."

„Was meinen Sie", fragte Lawrezki, „ist er ein guter Musiker?"

„Mir scheint, er besitzt ein großes musikalisches Talent; nur hat er sich bisher mit Musik nicht ernsthaft genug befaßt."

„So. Und ist er ein guter Mensch?"

Lisa lachte und warf einen flüchtigen Blick auf Fjodor Iwanytsch.

„Was für eine seltsame Frage!" rief sie, zog die Angelschnur heraus und warf sie in weitem Bogen wieder ins Wasser.

„Wieso seltsam? Ich frage Sie nach ihm als jemand, der erst vor kurzem hierhergekommen ist, und als Verwandter."

„Als Verwandter?"

„Ja. Ich bin doch, soviel ich weiß, Ihr Onkel?"

„Wladimir Nikolajitsch hat ein gutes Herz", sagte Lisa, „er ist klug; maman mag ihn sehr."

„Und Sie, mögen Sie ihn?"

„Er ist ein guter Mensch; weshalb sollte ich ihn nicht mögen?"

„Ach so!" sagte Lawrezki und verstummte. Sein Gesicht nahm einen halb traurigen, halb spöttischen Ausdruck an. Sein hartnäckig auf sie gerichteter Blick verwirrte Lisa, doch sie lächelte noch immer. „Nun, dann gebe Gott Ihnen beiden Glück!" murmelte er schließlich vor sich hin und wandte sich ab.

Lisa errötete.

„Sie irren sich, Fjodor Iwanytsch", sagte sie, „wenn Sie glauben ... Gefällt Ihnen Wladimir Nikolajitsch etwa nicht?" fragte sie plötzlich.

„Nein, er gefällt mir nicht."

„Warum denn?"

„Mir scheint, gerade an Herz fehlt es ihm."

Das Lächeln verschwand aus Lisas Gesicht.

„Sie sind es gewohnt, hart über die Menschen zu urteilen", sagte sie nach langem Schweigen.

„Ich glaube nicht. Ich bitte Sie, welches Recht hätte ich, hart über andere zu urteilen, da ich doch selbst der Nachsicht bedarf? Oder haben Sie vergessen, daß alle Welt über mich lacht? Sagen Sie", fügte er hinzu, „haben Sie Ihr Versprechen gehalten?"

„Was für ein Versprechen?"

„Haben Sie für mich gebetet?"

„Ja, ich habe für Sie gebetet und tue es jeden Tag. Sprechen Sie aber, bitte, nicht leichtfertig darüber."

Lawrezki versicherte Lisa, daß ihm das nie in den Sinn komme und daß er jedwede Überzeugung hochachte. Dann begann er von der Religion zu sprechen, von ihrer Bedeutung in der Geschichte der Menschheit, von der Bedeutung des Christentums.

„Christ muß man sein", sagte Lisa nicht ohne Überwindung, „nicht um die himmlischen Dinge zu erkennen oder ... die irdischen, sondern weil jeder Mensch sterben muß."

Mit unwillkürlichem Erstaunen hob Lawrezki die Augen zu Lisa auf und begegnete ihrem Blick.

„Was für Worte haben Sie da ausgesprochen!" sagte er.

„Diese Worte stammen nicht von mir", antwortete sie.

„Nicht von Ihnen ... Aber warum sprechen Sie vom Sterben?"

„Ich weiß nicht. Ich denke oft daran."

„Oft?"

„Ja."

„Das würde man gar nicht vermuten, wenn man Sie jetzt ansieht: Sie haben so ein frohes, heiteres Gesicht; Sie lächeln ..."

„Ja, mir ist jetzt sehr froh zumute", erwiderte Lisa naiv.

Lawrezki hätte ihre beiden Hände ergreifen und kräftig drücken mögen.

„Lisa, Lisa", rief Marja Dmitrijewna, „komm her, schau, was für eine Karausche ich gefangen habe."

„Gleich, maman", antwortete Lisa und ging zu ihr.

Lawrezki blieb auf seinem Weidenstamm sitzen. Ich rede mit ihr, als hätte ich mit dem Leben noch nicht abgeschlossen, dachte er.

Als Lisa fortging, hatte sie ihren Hut an einen Zweig gehängt; mit einem seltsamen, fast zärtlichen Gefühl betrachtete Lawrezki diesen Hut mit den langen, ein wenig zerknitterten Bändern. Lisa kehrte bald wieder zu ihm zurück und stellte sich wieder auf das Floß.

„Warum kommt es Ihnen denn so vor, als hätte Wladimir Nikolajitsch kein Herz?" fragte sie einige Augenblicke später.

„Ich habe Ihnen schon gesagt, daß ich mich irren kann; im übrigen wird es die Zeit lehren."

Lisa wurde nachdenklich. Lawrezki erzählte von seinem Leben und Treiben in Wassiljewskoje, von Michalewitsch, von Anton; er empfand das Bedürfnis, mit Lisa zu sprechen, ihr alles mitzuteilen, was ihm auf der Seele lag: Sie hörte so lieb, so aufmerksam zu, und ihre gelegentlichen Bemerkungen und Einwände erschienen ihm so einfach und klug. Er sagte ihr das sogar.

Lisa wunderte sich.

„Wirklich?" sagte sie. „Und ich meinte schon, ich hätte wie meine Kammerjungfer Nastja keine *eigenen* Worte. Sie sagte einmal zu ihrem Bräutigam: ‚Du mußt dich doch mit mir langweilen; du sagst mir immer so nette Sachen, ich aber habe keine eigenen Worte.'"

Gott sei Dank! dachte Lawrezki.

27

Unterdessen war der Abend angebrochen, und Marja Dmitrijewna äußerte den Wunsch, nach Hause zurückzukehren. Die kleinen Mädchen waren nur mit Mühe dazu zu bewegen, den Teich zu verlassen und sich für die Heimfahrt fertigzumachen. Lawrezki erklärte, er werde seine Gäste bis zur Hälfte des Weges begleiten, und ließ ein Pferd für sich satteln. Als er Marja Dmitrijewna in die Kutsche half, vermißte er Lemm, doch der Alte war nirgends zu finden. Er hatte sich gleich nach dem Angeln zurückgezogen. Anton schlug mit einer für seine Jahre bemerkenswerten Kraft den Wagenschlag zu und rief barsch: „Vorwärts, Kutscher!" Der Wagen setzte sich in Bewegung. Auf den hinteren Sitzen hatten Marja Dmitrijewna und Lisa Platz genommen, auf den vorderen die kleinen Mädchen und die Kammerjungfer. Der Abend war warm und still, und die Fenster waren auf beiden Seiten heruntergelassen. Lawrezki ritt auf Lisas Seite im Trab neben der Kutsche her, eine Hand lag auf dem Wagenschlag. Er hatte die Zügel dem ruhig dahintrabenden Pferd auf den Hals gelegt und wechselte hin und wieder ein paar Worte mit dem jungen Mädchen. Das Abendrot erlosch, die Nacht brach herein, die Luft aber wurde noch wärmer. Marja Dmitrijewna nickte bald ein, und auch die kleinen Mädchen und die Kammerjungfer sanken in Schlaf. Rasch und gleichmäßig rollte die Kutsche dahin; Lisa beugte sich vor; der eben erst aufgegangene Mond schien ihr ins Gesicht; der leichte, würzig duftende Nachtwind wehte ihr um Augen und Wangen. Ihr war wohl zumute. Ihre Hand ruhte auf dem Wagenschlag neben der Hand Lawrezkis. Auch ihm war wohl, wie er so durch die stille, warme Nacht ritt, kein Auge von dem guten jungen Antlitz wandte und der jungen, noch im Flüstern wohlklingenden Stimme lauschte, die so einfache, gute Worte sprach. Er hatte gar nicht gemerkt, daß die Hälfte des Weges schon hinter ihm lag. Er wollte Marja Dmitrijewna nicht wecken, drückte Lisa leicht die Hand und sagte: „Jetzt sind wir doch Freunde, nicht wahr?" Sie nickte, und er hielt sein Pferd an. Die Kutsche rollte sanft schaukelnd weiter. Lawrezki ritt im Schritt heimwärts. Der Zauber der Sommernacht umfing ihn; alles ringsum erschien ihm auf einmal sehr seltsam und gleichzeitig längst bekannt und süß vertraut. Nah und fern – und man konnte weithin sehen, wenn auch das Auge vieles von dem, was es sah, nicht deutlich wahrnahm – lag alles in tiefer Ruhe, aber in dieser Ruhe spürte man das junge, aufblühende Leben. Lawrezkis Pferd griff munter aus, sich gleichmäßig nach rechts und nach links wiegend. Sein großer schwarzer Schatten glitt neben ihm her; im Getrappel der Hufe lag etwas geheimnisvoll Angenehmes, etwas Heiteres und Wundersames im schallenden Schlag der Wachteln. Die Sterne verschwanden in einem hellen Dunst; der zunehmende Mond strahlte in kaltem Glanz – sein Licht ergoß sich wie ein blauer Strom über den Himmel und fiel in rauchig-goldenen Flecken auf die an ihm vorüberziehenden zarten Wolken. Die frische Luft ließ die Augen feucht werden, umschmeichelte die Glieder, strömte frei in die Brust. Lawrezki gab sich diesem Genuß hin und freute sich dieses Genusses. Nun, noch leben wir, dachte er, noch hat sie uns nicht gänzlich aufgezehrt ... Er sprach nicht aus, wen oder was er meinte. Dann dachte er an Lisa und sagte sich, daß sie Panschin wohl kaum liebe, daß – wenn er ihr unter anderen Voraussetzungen begegnet wäre – Gott weiß was hätte daraus entstehen können, daß er Lemm verstehe, obwohl sie keine „eigenen" Worte habe. Aber das ist ja gar nicht wahr: Sie hat eigene Worte. „Sprechen Sie nicht leichtfertig darüber", schoß es Lawrezki durch den Kopf. Er ritt lange mit gesenktem Kopf dahin, dann straffte er sich und sprach langsam:

„Hab verbrannt, was ich einstens verehrte,
Hab verehrt, was ich einstens verbrannt."

Aber gleich darauf gab er dem Pferd einen Schlag mit der Gerte und sprengte im Galopp nach Hause.

Als er vom Pferde stieg, blickte er zum letztenmal mit einem unwillkürlichen, dankbaren Lächeln zurück. Nacht, stille, zärtliche Nacht lag auf den Hügeln und Tälern; aus der weiten, dufterfüllten Ferne – Gott weiß woher, ob vom Himmel oder von der Erde – wehte sanfte, milde Wärme. Lawrezki sandte Lisa einen letzten Gruß nach und eilte die Freitreppe hinauf.

Der folgende Tag verlief ziemlich flau. Vom Morgen an regnete es; Lemm blickte finster drein und preßte die Lippen immer fester zusammen, als hätte er sich geschworen, den Mund nie wieder aufzutun. Als Lawrezki sich schlafen legte, nahm er einen großen Stoß französischer Zeitungen mit ins Bett, die schon über zwei Wochen unberührt auf seinem Tisch lagen. Gleichgültig machte er sich daran, die Banderolen abzureißen und die Spalten der Zeitungen zu überfliegen, in denen übrigens nichts Neues stand. Er wollte sie schon beiseite werfen – da sprang er plötzlich, wie von einer Tarantel gestochen, aus dem Bett. Im Feuilleton einer der Zeitungen teilte der uns bereits bekannte Monsieur Jules seinen Lesern eine „betrübliche Neuigkeit" mit: Die reizende, bezaubernde Moskowiterin, schrieb er, eine der Königinnen der Mode, eine Zierde der Pariser Salons, Madame de Lavretzki, sei plötzlich verschieden; diese leider nur allzu wahre Nachricht habe ihn, den Herrn Jules, soeben erreicht. Er sei, so fuhr er fort, das könne man wohl sagen, ein Freund der Verstorbenen gewesen.

Lawrezki kleidete sich an, ging in den Garten hinaus und schritt bis zum Morgen immer dieselbe Allee auf und ab.

28

Am nächsten Morgen beim Tee bat Lemm Lawrezki, für ihn anspannen zu lassen, damit er in die Stadt zurückkehren könne.

„Es wird Zeit, daß ich wieder an die Arbeit gehe, das heißt, meine Stunden gebe", meinte der Alte. „Hier vertrödle ich doch nur unnütz meine Zeit."

Lawrezki antwortete ihm nicht gleich; er schien zerstreut zu sein.

„Gut", sagte er endlich, „ich werde mit Ihnen fahren."

Ohne die Hilfe des Dieners in Anspruch zu nehmen, packte Lemm ächzend und schimpfend seinen kleinen Mantelsack und zerriß und verbrannte einige Notenblätter. Der Wagen fuhr vor. Als Lawrezki sein Kabinett verließ, steckte er sich die Zeitung vom vorhergehenden Tag in die Tasche. Die ganze Fahrt über sprachen Lemm und Lawrezki wenig miteinander;

jeder hing seinen eigenen Gedanken nach und war froh, daß ihn der andere nicht störte. Sie verabschiedeten sich auch ziemlich trocken voneinander, was übrigens in Rußland unter Freunden öfter vorkommt. Lawrezki brachte den Alten bis zu dessen Häuschen. Lemm stieg aus, ergriff seinen Mantelsack, und ohne dem Freund die Hand zu reichen – er hielt den Mantelsack mit beiden Händen vor seine Brust –, sogar ohne ihn anzusehen, sagte er auf russisch zu ihm:

„Leben Sie wohl!"

„Leben Sie wohl", wiederholte Lawrezki und befahl dem Kutscher, ihn nach seiner Wohnung zu fahren.

Lawrezki hatte für alle Fälle eine Wohnung in O... gemietet. Nachdem er einige Briefe geschrieben und in aller Eile zu Mittag gegessen hatte, begab er sich zu den Kalitins.

Er traf im Salon nur Panschin an, der ihm mitteilte, daß Marja Dmitrijewna sogleich kommen werde, und sofort mit der herzlichsten Liebenswürdigkeit eine Unterhaltung mit ihm anknüpfte. Bis zu diesem Tag hatte Panschin Lawrezki, wenn auch nicht gerade von oben herab, so doch herablassend behandelt, aber Lisa hatte, als sie Panschin von ihrem Ausflug erzählte, Lawrezki als einen prächtigen und klugen Menschen hingestellt. Das genügte – der „prächtige" Mensch mußte erobert werden. Panschin machte Lawrezki sofort Komplimente. Er schilderte, wie begeistert sich, nach seinen Worten, Marja Dmitrijewnas ganze Familie über Wassiljewskoje geäußert habe, und begann dann, indem er seiner Gewohnheit gemäß zu sich selbst überging, von seiner Tätigkeit, von seinen Anschauungen über das Leben, über die Welt und über den Staatsdienst zu sprechen, sagte ein paar Worte über die Zukunft Rußlands und darüber, wie man die Gouverneure im Zaum halten müsse, wobei er sich unbekümmert über sich selbst lustig machte, und flocht ein, daß man ihm in Petersburg unter anderem aufgetragen habe „de populariser l'idée du cadastre". Er sprach ziemlich lange, löste mit lässiger Selbstsicherheit alle Schwierigkeiten und spielte mit den wichtigsten administrativen und politischen Fragen wie ein Gaukler mit seinen Bällen. Fortwährend führte er Ausdrücke im Mund wie: „So würde ich es machen, wenn ich die Regierung wäre!" oder:

„Sie als kluger Mensch werden mir sofort recht geben." Lawrezki hörte sich das hochtrabende Geschwätz Panschins kühl an; ihm mißfiel dieser hübsche, gescheite und ungezwungen elegante junge Mann mit seinem strahlenden Lächeln, der höflichen Stimme und den forschenden Augen. Mit der ihm eigenen Gabe, die Gefühle anderer rasch zu erfassen, merkte Panschin bald, daß es seinem Gesprächspartner kein besonderes Vergnügen bereitete, mit ihm zu plaudern, und zog sich unter einem einleuchtenden Vorwand zurück, im stillen überzeugt, daß Lawrezki zwar möglicherweise ein prächtiger Mensch sei, aber unsympathisch, „aigri" und „en somme" ein bißchen lächerlich.

Marja Dmitrijewna erschien in Begleitung Gedeonowskis; dann kam Marfa Timofejewna mit Lisa; nach ihnen fanden sich die übrigen Hausgenossen ein. Darauf erschien auch die Belenizyna, die große Musikliebhaberin, eine kleine, magere Dame mit einem fast kindlichen, müden und hübschen Gesicht. Sie trug ein rauschendes schwarzes Kleid, hatte einen bunten Fächer in der Hand und dicke goldene Reifen an den Armen. Es kam auch ihr Gatte, ein rotwangiger, beleibter Mann mit großen Füßen und Händen, weißen Augenwimpern und einem starren Lächeln auf den dicken Lippen. Wenn sie beide zu Besuch waren, sprach seine Frau niemals mit ihm, daheim aber nannte sie ihn in Augenblicken der Zärtlichkeit ihr Ferkelchen. Panschin kehrte zurück; es wurde sehr voll und laut in den Zimmern. Eine solche Menge von Menschen war nicht nach Lawrezkis Geschmack – besonders ärgerte ihn die Belenizyna, die ihn unausgesetzt durch die Lorgnette musterte. Er hätte sich sofort entfernt, wäre Lisa nicht dagewesen. Er wollte ihr gern ein paar Worte unter vier Augen sagen, konnte jedoch lange keinen günstigen Augenblick erhaschen und begnügte sich damit, ihr voll heimlicher Freude mit dem Blick zu folgen. Nie war ihm ihr Gesicht edler und lieblicher erschienen. Durch die Nähe der Belenizyna gewann sie sehr. Diese befand sich auf ihrem Stuhl in ständiger Bewegung. Sie zuckte mit den schmalen Schultern und lachte geziert, kniff bald die Augen zusammen, bald riß sie sie ganz plötzlich weit auf. Lisa saß ruhig da, sah vor sich hin und lachte überhaupt nicht. Die Hausherrin nahm mit Marfa Timofejewna, Belenizyn und Gedeonowski am Kartentisch Platz; Gedeonowski spielte sehr langsam, machte fortwährend Fehler, zwinkerte mit den Augen und trocknete sich ständig das Gesicht mit dem Taschentuch ab. Panschin setzte eine melancholische Miene auf und sprach in knappen Sätzen bedeutsam und traurig – ganz und gar der unverstandene Künstler –, doch ließ er sich trotz der Bitten der Belenizyna, die sehr mit ihm kokettierte, nicht dazu herbei, seine Romanze zu singen: Die Anwesenheit Lawrezkis störte ihn. Auch Fjodor Iwanytsch sprach wenig. Der eigentümliche Ausdruck seines Gesichtes war Lisa sofort aufgefallen, als sie das Zimmer betrat; sie hatte sogleich gefühlt, daß er ihr etwas mitzuteilen hatte, scheute sich aber – ohne selbst zu wissen, warum –, ihn danach zu fragen. Als sie schließlich in den Saal hinüberging, um den Tee aufzugießen, wandte sie unwillkürlich den Kopf zu ihm hin. Er folgte ihr sofort.

„Was haben Sie?" fragte sie, während sie die Teekanne auf den Samowar stellte.

„Haben Sie denn etwas bemerkt?" erwiderte er.

„Sie sind heute anders als sonst."

Lawrezki beugte sich über den Tisch.

„Ich wollte Ihnen etwas mitteilen", begann er, „aber das ist jetzt unmöglich. Lesen Sie, was in diesem Feuilleton mit Bleistift angestrichen ist", setzte er hinzu und reichte ihr die Zeitung, die er mitgenommen hatte. „Ich bitte Sie, es geheimzuhalten, ich komme morgen früh wieder."

Lisa war betroffen. Panschin erschien auf der Türschwelle, und sie steckte die Zeitung in die Tasche.

„Haben Sie ‚Obermann' gelesen, Lisaweta Michailowna?" fragte Panschin sie tiefsinnig.

Lisa antwortete ihm flüchtig und ging aus dem Saal hinauf in ihr Zimmer. Lawrezki kehrte in den Salon zurück und näherte sich dem Spieltisch. Marfa Timofejewna, die ihre Haubenbänder gelöst hatte und ganz rot im Gesicht war, beklagte sich bei ihm über ihren Partner Gedeonowski, der, nach ihrer Meinung, nicht auszuspielen verstand.

„Man sieht eben", sagte sie, „Karten spielen ist nicht so einfach wie sich Geschichten ausdenken."

Jener fuhr fort, mit den Augen zu zwinkern und sich das Gesicht abzuwischen. Lisa kam in den Salon und setzte sich in eine Ecke. Lawrezki sah sie an, sie sah ihn an, und beiden wurde fast unheimlich zumute. Er las Verwirrung und etwas wie einen geheimen Vorwurf in ihrem Gesicht. Mit ihr sprechen, was er gern gewollt hätte, konnte er nicht; als Gast unter anderen Gästen in einem Zimmer mit ihr zu bleiben fiel ihm schwer, und so entschloß er sich denn zu gehen. Als er sich von ihr verabschiedete, sagte er nochmals, daß er morgen wiederkommen werde, und fügte hinzu, er vertraue auf ihre Freundschaft.

„Kommen Sie", antwortete sie mit demselben Ausdruck von Verwirrung im Gesicht wie zuvor.

Panschin lebte nach Lawrezkis Weggang auf. Er begann, Gedeonowski Ratschläge zu erteilen, umschmeichelte spöttisch die Belenizyna und sang schließlich seine Romanze. Sprach er aber mit Lisa und schaute er sie an, so tat er es wie vorher: bedeutsam und ein wenig traurig.

Lawrezki schlief wieder die ganze Nacht nicht. Ihm war nicht traurig zumute, er war nicht erregt, er war ganz ruhig geworden, aber schlafen konnte er nicht. Er rief sich auch nicht die Vergangenheit ins Gedächtnis zurück, er betrachtete einfach sein Leben. Sein Herz schlug schwer und gleichmäßig; die Stunden verrannen, aber er dachte nicht an Schlaf. Zuweilen nur kam ihm der Gedanke: Aber das ist ja nicht wahr, das ist ja alles Unsinn! Dann hielt er inne, ließ den Kopf hängen und begann von neuem, sein Leben zu betrachten.

29

Marja Dmitrijewna empfing Lawrezki nicht allzu freundlich, als er am nächsten Tag bei ihr erschien. Sieh mal an, er drängt sich schon auf, dachte sie. Er gefiel ihr an und für sich nicht sehr, und außerdem hatte Panschin, unter dessen Einfluß sie stand, ihn tags zuvor äußerst heimtückisch und geringschätzig gelobt. Da sie ihn nicht als Gast ansah und es nicht für nötig hielt, einem Verwandten, einem Menschen, der beinahe zum

Hause gehörte, die Zeit zu vertreiben, war noch keine halbe Stunde verflossen, als er mit Lisa bereits im Garten die Allee entlang ging. Lenotschka und Schurotschka liefen einige Schritte von ihnen entfernt durch den Blumengarten.

Lisa war so ruhig wie sonst, aber ungewöhnlich blaß. Sie zog die mehrfach zusammengefaltete Zeitung aus der Tasche und reichte sie Lawrezki.

„Das ist schrecklich!" sagte sie.

Lawrezki antwortete nichts.

„Aber vielleicht ist es gar nicht wahr", fügte Lisa hinzu.

„Aus diesem Grunde habe ich Sie auch gebeten, mit niemandem darüber zu sprechen."

Lisa ging ein Stück weiter.

„Sagen Sie", begann sie wieder, „sind Sie nicht traurig? Kein bißchen?"

„Ich weiß selbst nicht, was ich empfinde", antwortete Lawrezki.

„Aber Sie haben sie doch früher geliebt?"

„Ja, ich habe sie geliebt."

„Sehr?"

„Sehr."

„Und ihr Tod macht Sie nicht traurig?"

„Für mich ist sie nicht erst jetzt gestorben."

„Das ist Sünde, was Sie da sagen. Seien Sie mir nicht böse. Sie nennen mich Ihren Freund: Ein Freund darf alles sagen. Mir ist wirklich bange. Gestern hatten Sie gar kein gutes Gesicht. Erinnern Sie sich, wie Sie sich kürzlich über sie beklagten? Und sie war damals vielleicht schon nicht mehr auf der Welt. Das ist schrecklich. Als ob Ihnen das zur Strafe gesandt wäre."

Lawrezki lächelte bitter.

„Glauben Sie? Wenigstens bin ich jetzt frei."

Lisa zuckte leicht zusammen.

„Hören Sie auf, sprechen Sie nicht so. Was nützt Ihnen Ihre Freiheit? Nicht daran sollten Sie jetzt denken, sondern an Vergebung..."

„Ich habe ihr längst vergeben", unterbrach Lawrezki sie mit einer abwehrenden Handbewegung.

„Nein, so meine ich das nicht", entgegnete Lisa und errötete. „Sie haben mich nicht richtig verstanden. Sie müssen sich darum bemühen, daß Ihnen vergeben werde."
„Wer soll mir vergeben?"
„Wer? Gott. Wer kann uns denn vergeben außer Gott."
Lawrezki ergriff ihre Hand.
„Ach, Lisaweta Michailowna, glauben Sie mir", rief er, „ich bin auch so schon genug gestraft worden. Ich habe schon alles gesühnt, glauben Sie mir."
„Das können Sie nicht wissen", sagte Lisa halblaut. „Sie haben vergessen – noch vor kurzem, als Sie mit mir sprachen, da wollten Sie ihr nicht vergeben."
Beide gingen schweigend die Allee auf und ab.
„Und was ist mit Ihrer Tochter?" fragte Lisa plötzlich und blieb stehen.
Lawrezki fuhr zusammen.
„Oh, sorgen Sie sich nicht! Ich habe bereits überallhin geschrieben. Die Zukunft meiner Tochter, wie Sie sie ... wie Sie sagen ... ist gesichert. Sorgen Sie sich nicht."
Lisa lächelte traurig.
„Aber Sie haben recht", fuhr Lawrezki fort, „was soll ich mit meiner Freiheit anfangen? Was nützt sie mir?"
„Wann haben Sie diese Zeitung erhalten?" fragte Lisa, ohne auf seine Frage zu antworten.
„Am Tag nach Ihrem Besuch."
„Und Sie haben wirklich ... wirklich nicht einmal geweint?"
„Nein. Ich war bestürzt, aber wo hätten die Tränen herkommen sollen? Über das Vergangene weinen – aber es ist doch alles in mir erloschen! Ihr Vergehen hat mein Glück nicht zerstört, es hat mir nur bewiesen, daß dieses Glück niemals bestanden hat. Worüber hätte ich da weinen sollen? Übrigens, wer weiß – vielleicht wäre ich trauriger gewesen, wenn ich diese Nachricht zwei Wochen früher erhalten hätte."
„Zwei Wochen früher?" erwiderte Lisa. „Was ist denn in diesen zwei Wochen geschehen?"
Lawrezki antwortete nichts, Lisa aber errötete plötzlich noch mehr als zuvor.
„Ja, ja, Sie haben es erraten", nahm Lawrezki wieder das

Wort. „In diesen zwei Wochen habe ich erfahren, was eine reine weibliche Seele bedeutet, und meine Vergangenheit ist noch weiter von mir abgerückt."

Lisa geriet in Verwirrung und ging in den Blumengarten zu Lenotschka und Schurotschka.

„Ich bin doch froh, daß ich Ihnen diese Zeitung gezeigt habe", sagte Lawrezki, während er ihr folgte. „Es ist mir schon zur Gewohnheit geworden, nichts vor Ihnen zu verbergen, und ich hoffe, daß Sie mir das mit gleichem Vertrauen vergelten."

„Meinen Sie?" sagte Lisa und blieb stehen. „In diesem Falle müßte ich ... Aber nein! Das ist unmöglich."

„Was ist es denn? Sprechen Sie, sprechen Sie, Lisaweta Michailowna."

„Nein, wirklich, mir scheint, ich darf nicht ... Und doch", fügte Lisa hinzu und wandte sich lächelnd zu Lawrezki um, „was wäre eine halbe Offenheit wert? Wissen Sie, ich habe heute einen Brief erhalten."

„Von Panschin?"

„Ja, von ihm. Woher wissen Sie das?"

„Er hält um Ihre Hand an?"

„Ja", sprach Lisa und sah Lawrezki offen und ernst in die Augen.

Lawrezki sah Lisa ebenfalls sehr ernst an.

„Nun, und was haben Sie ihm geantwortet?" fragte er schließlich.

„Ich weiß nicht, was ich antworten soll", erwiderte Lisa und ließ die gefalteten Hände sinken.

„Wie? Aber Sie lieben ihn doch?"

„Ja, er gefällt mir; er scheint ein guter Mensch zu sein."

„Dasselbe haben Sie mir vor wenigen Tagen gesagt und sich dabei derselben Worte bedient. Ich möchte wissen, ob Sie ihn mit dem starken, leidenschaftlichen Gefühl lieben, das wir gewohnt sind Liebe zu nennen."

„So wie *Sie* es meinen – nein."

„Sie sind nicht in ihn verliebt?"

„Nein. Aber ist denn das nötig?"

„Wie?"

„Mama gefällt er", fuhr Lisa fort. „Er ist gut; ich habe nichts gegen ihn."

„Und doch sind Sie unschlüssig?"

„Ja. Und vielleicht sind Sie, sind Ihre Worte die Ursache. Erinnern Sie sich, was Sie vorgestern sagten? Aber das ist Schwäche..."

„O mein Kind", rief Lawrezki plötzlich aus, und seine Stimme zitterte dabei, „lassen Sie das Klügeln, nennen Sie den Schrei Ihres Herzens, das sich ohne Liebe nicht hingeben will, nicht Schwäche. Nehmen Sie nicht eine so furchtbare Verantwortung einem Mann gegenüber auf sich, den Sie nicht lieben und dem Sie dennoch angehören wollen."

„Ich gehorche ja nur, ich nehme nichts auf mich", entgegnete Lisa.

„Gehorchen Sie Ihrem Herzen; Ihr Herz allein wird Ihnen die Wahrheit sagen", unterbrach Lawrezki sie. „Erfahrung, Vernunft – alles das ist Schall und Rauch! Berauben Sie sich nicht des höchsten, einzigen Glückes auf Erden."

„Und das sagen Sie, Fjodor Iwanytsch? Sie selbst haben aus Liebe geheiratet – und waren Sie glücklich?"

Lawrezki schlug die Hände zusammen.

„Ach, sprechen Sie nicht von mir! Sie können ja gar nicht verstehen, was ein unerfahrener, grundverkehrt erzogener junger Mensch alles für Liebe halten kann! Und schließlich, weshalb soll ich mich selbst verleumden? Ich sagte Ihnen ja gerade, daß ich das Glück nicht gekannt habe. – Nein! Ich war glücklich!"

„Mir scheint, Fjodor Iwanytsch", sagte Lisa, die Stimme senkend (wenn sie mit ihrem Gesprächspartner nicht einverstanden war, senkte sie immer die Stimme; außerdem war sie sehr erregt), „das Glück auf Erden hängt nicht von uns ab..."

„Von uns, von uns, glauben Sie mir." Er ergriff ihre beiden Hände; Lisa erblaßte und sah ihn fast erschrocken, aber aufmerksam an. „Nur dürfen wir unser Leben nicht selbst zerstören. Für andere Menschen mag eine Liebesheirat ein Unglück sein, aber nicht für Sie, die Sie so ein ruhiges Gemüt, so eine klare Seele haben! Ich flehe Sie an: Heiraten Sie nicht ohne Liebe, aus Pflichtgefühl, aus Resignation oder aus was sonst auch immer. Das ist auch Unglauben, auch Berechnung – und noch Schlimmeres. Glauben Sie mir, ich habe ein Recht, so zu sprechen: Ich habe dieses Recht teuer bezahlen müssen. Und wenn Ihr Gott ..."

In diesem Augenblick bemerkte Lawrezki, daß Lenotschka und Schurotschka neben Lisa standen und ihn mit stummem Erstaunen anstarrten. Er ließ Lisas Hände los, sagte hastig: „Verzeihen Sie bitte!" und wandte sich zum Gehen.

„Um eines nur bitte ich Sie", sagte er, noch einmal zu Lisa zurückkehrend, „entscheiden Sie sich nicht sofort, warten Sie, überdenken Sie, was ich Ihnen gesagt habe. Selbst wenn Sie mir nicht glauben sollten, wenn Sie sich zu einer Vernunftehe entschlössen – auch dann dürfen Sie nicht Herrn Panschin heiraten; er darf nicht Ihr Gatte werden. Nicht wahr, Sie versprechen mir, sich nicht zu übereilen?"

Lisa wollte Lawrezki antworten, brachte aber kein Wort über die Lippen, nicht, weil sie entschlossen gewesen wäre, „sich zu übereilen", sondern weil ihr Herz zu heftig klopfte und ein Gefühl, der Angst ähnlich, ihr den Atem benahm.

30

Als Lawrezki die Kalitins verließ, begegnete er Panschin. Sie grüßten einander kühl. In seiner Wohnung angelangt, schloß sich Lawrezki ein. Ihn bewegten kaum je zuvor empfundene Gefühle. War es denn schon so lange her, daß er sich im Zustand „friedlicher Erstarrung" befunden, sich auf dem Grund des Stromes gewähnt hatte, wie er es nannte? Was hatte seine Lage denn so verändert? Was hatte ihn denn hoch, an die Oberfläche getragen? Ein ganz gewöhnlicher, unvermeidlicher, wenn auch stets unerwarteter Zufall: der Tod? Ja, aber er dachte nicht so sehr an den Tod seiner Frau, an seine Freiheit, als daran, welche Antwort Lisa Panschin geben werde. Er fühlte, daß er im Laufe der letzten drei Tage angefangen hatte, sie mit anderen Augen anzusehen. Er erinnerte sich, wie er auf dem Heimweg in der Stille der Nacht an sie gedacht und zu sich selbst gesagt hatte: Wenn doch ...! Dieses: Wenn doch ...!, das er auf Vergangenes, auf Unmögliches bezogen hatte, war in Erfüllung gegangen, wenn auch nicht so, wie er es gemeint hatte, aber seine Freiheit allein war zuwenig. Sie wird ihrer Mutter gehorchen, dachte er, sie wird Panschin heiraten. Doch selbst wenn sie ihn abweist – ist das für mich nicht einerlei? Als er an einem Spiegel vorüberging, warf er einen flüchtigen Blick auf sein Gesicht und zuckte die Achseln.

Unter solchen Betrachtungen verging der Tag wie im Fluge. Der Abend brach an. Lawrezki begab sich zu den Kalitins. Er beeilte sich, aber in der Nähe ihres Hauses verlangsamte er seinen Schritt. Vor der Freitreppe stand Panschins Wagen. Nun, ich will kein Egoist sein, dachte Lawrezki und trat ins Haus. Er begegnete niemandem; auch im Salon war es still. Er öffnete die Tür und erblickte Marja Dmitrijewna, die mit Panschin Pikett spielte. Panschin verneigte sich stumm, die Hausherrin aber rief: „So unverhofft!" und runzelte ein wenig die Stirn. Lawrezki setzte sich zu ihr und sah ihr in die Karten.

„Können Sie denn Pikett spielen?" fragte sie ihn mit verhohlenem Ärger und erklärte gleich darauf, sie habe sich vertan.

Panschin zählte neunzig und nahm höflich und ruhig seine Stiche auf, mit ernstem und würdigem Gesichtsausdruck. So mögen Diplomaten spielen, und vermutlich hatte Panschin in Petersburg so gespielt, mit irgendeinem einflußreichen Würdenträger, dem er eine günstige Meinung von seiner Solidität und Reife einzuimpfen wünschte. „Hunderteins, hundertzwei, Cœur, hundertdrei", ertönte gemessen seine Stimme, und Lawrezki vermochte nicht festzustellen, was darin mitschwang: Vorwurf oder Selbstzufriedenheit.

„Kann man Marfa Timofejewna besuchen?" fragte er, als er bemerkte, daß Panschin sich mit noch größerer Würde anschickte, die Karten zu mischen. Von einem Künstler war ihm auch nicht die Spur mehr anzumerken.

„Ich glaube schon. Sie ist oben in ihrem Zimmer", antwortete Marja Dmitrijewna. „Schauen Sie nach."

Lawrezki ging nach oben. Auch Marfa Timofejewna traf er beim Kartenspiel an: Sie spielte mit Nastasja Karpowna Schafskopf. Roska bellte ihn an, aber die beiden alten Frauen empfingen ihn freundlich; besonders Marfa Timofejewna schien guter Laune zu sein.

„Ah, Fedja! Schön willkommen", sagte sie. „Setz dich, mein Junge. Wir sind gleich fertig. Möchtest du Eingemachtes? Schurotschka, hol ihm ein Glas Erdbeeren. Du magst keine? Nun, dann bleib so sitzen, aber rauchen – das darfst du nicht; ich kann euern Knaster nicht ausstehen, und auch Matrose kriegt das Niesen davon."

Lawrezki beeilte sich zu versichern, daß er gar nicht rauchen wolle.

„Warst du unten?" fuhr die alte Dame fort. „Wen hast du dort angetroffen? Hockt Panschin immer noch dort? Und hast du Lisa gesehen? Nein? Sie wollte heraufkommen ... Da ist sie schon, wie gerufen."

Lisa trat ins Zimmer und errötete, als sie Lawrezki erblickte.

„Ich komme nur auf einen Augenblick zu Ihnen, Marfa Timofejewna", begann sie.

„Warum nur auf einen Augenblick?" entgegnete die alte Dame. „Was seid ihr jungen Mädchen doch allesamt für unruhige Geister! Du siehst, ich habe Besuch; plaudere ein bißchen mit ihm, unterhalte ihn."

Lisa setzte sich auf den Rand eines Stuhles, sah zu Lawrezki hin und fühlte, daß sie ihn wissen lassen mußte, wie ihre Zusammenkunft mit Panschin ausgegangen war. Aber wie sollte sie das tun? Sie schämte sich und war verlegen. Sie war doch noch gar nicht so lange mit ihm bekannt, mit diesem Menschen, der so selten in die Kirche ging und den Tod seiner Frau so gleichgültig hinnahm – und nun teilte sie ihm schon ihre Geheimnisse mit! Gewiß, er nahm Anteil an ihrem Schicksal; sie selbst hatte Vertrauen zu ihm und fühlte sich zu ihm hingezogen – und doch schämte sie sich, als wäre ein Fremder in ihr reines Jungmädchenzimmer eingedrungen.

Marfa Timofejewna kam ihr zu Hilfe.

„Wenn du ihn nicht unterhältst", sagte sie, „wer soll den Ärmsten dann unterhalten? Ich bin für ihn zu alt; er ist für mich zu gescheit, und für Nastasja Karpowna ist wieder er zu alt: Ihr darf man nur ganz junge Männer anbieten."

„Womit soll ich Fjodor Iwanytsch denn unterhalten?" fragte Lisa. „Wenn er will, spiele ich ihm etwas auf dem Klavier vor", fügte sie unschlüssig hinzu.

„Ausgezeichnet; du bist ein kluges Kind", erwiderte Marfa Timofejewna. „Geht hinunter, meine Lieben, und wenn ihr fertig seid, kommt ihr wieder herauf – ich bin nämlich gerade Schafskopf geblieben, das ärgert mich, ich will Revanche haben."

Lisa stand auf. Lawrezki folgte ihr. Als sie die Treppe hinunterstiegen, blieb Lisa stehen.

„Es ist wahr", begann sie, „wenn man sagt, das menschliche Herz sei voller Widersprüche. Ihr Beispiel müßte mich eigentlich abschrecken, mich mißtrauisch machen gegen Liebesheiraten, und dennoch ..."

„Sie haben ihn abgewiesen?" unterbrach Lawrezki sie.

„Nein, aber ich habe ihm auch nicht meine Einwilligung gegeben. Ich habe ihm alles gesagt, alles, was ich fühle, und habe ihn gebeten zu warten. Sind Sie zufrieden?" fügte sie mit einem flüchtigen Lächeln hinzu und lief, das Geländer leicht mit der Hand berührend, die Treppe hinunter.

„Was soll ich Ihnen vorspielen?" fragte sie, während sie den Deckel des Flügels aufklappte.

„Was Sie wollen", antwortete Lawrezki und setzte sich so, daß er sie anschauen konnte.

Lisa begann zu spielen und riß lange Zeit die Augen nicht von ihren Fingern los. Endlich warf sie einen Blick auf Lawrezki und hielt inne – so ungewöhnlich und sonderbar kam ihr sein Gesicht vor.

„Was haben Sie?" fragte sie.

„Nichts", erwiderte er. „Mir ist sehr wohl; ich bin Ihretwegen froh; ich bin froh, Sie zu sehen – spielen Sie nur weiter."

„Mir scheint", sagte Lisa einige Augenblicke später, „wenn er mich wirklich liebte, hätte er mir diesen Brief nicht geschrieben; er hätte fühlen müssen, daß ich ihm jetzt nicht antworten kann."

„Das ist nicht wichtig", sagte Lawrezki. „Wichtig ist, daß Sie ihn nicht lieben."

„Hören Sie auf; was ist das für ein Gespräch! Mir geht Ihre verstorbene Frau nicht aus dem Sinn, und Sie machen mir angst."

„Nicht wahr, Woldemar, meine Lisette spielt recht hübsch?" sagte zur selben Zeit Marja Dmitrijewna zu Panschin.

„Ja", antwortete Panschin, „sehr hübsch."

Marja Dmitrijewna betrachtete ihren jungen Partner voll Zärtlichkeit, doch dieser setzte eine noch ernstere und besorgtere Miene auf und sagte vierzehn Könige an.

31

Lawrezki war kein Jüngling mehr; er konnte sich über das Gefühl, das Lisa in ihm erweckt hatte, nicht lange im unklaren bleiben. An jenem Tage kam er endgültig zu der Überzeugung, daß er sie liebte. Diese Überzeugung stimmte ihn nicht sehr froh. Habe ich wirklich, dachte er, mit meinen fünfunddreißig Jahren nichts anderes zu tun, als mein Herz abermals in die Hände einer Frau zu legen? Allerdings ist Lisa mit *jener* gar nicht zu vergleichen: Sie würde von mir keine beschämenden Opfer verlangen, mich nicht von meiner Tätigkeit ablenken; sie würde mich vielmehr selbst zu ehrlicher, ernster Arbeit anfeuern, und wir würden gemeinsam vorwärts schreiten, einem herrlichen Ziel entgegen. Ja, beschloß er seine Überlegungen, das ist alles gut und schön, schlimm ist nur, daß sie mich überhaupt nicht wird haben wollen. Nicht umsonst hat sie mir gesagt, daß sie Angst vor mir hat. Allerdings liebt sie Panschin auch nicht ... Ein schwacher Trost!

Lawrezki fuhr nach Wassiljewskoje, doch nur vier Tage hielt er es dort aus – so langweilig kam es ihm da vor. Auch quälte ihn das Warten: Die Nachricht, die Herr Jules verbreitet hatte, bedurfte einer Bestätigung, aber er erhielt keinerlei Briefe. Er kehrte in die Stadt zurück und verbrachte einen Abend bei den Kalitins. Es fiel ihm nicht schwer, zu bemerken, daß Marja Dmitrijewna gegen ihn aufgebracht war, doch es gelang ihm, sie etwas gnädiger zu stimmen, indem er beim Pikett etwa fünfzehn Rubel an sie verlor. Außerdem gelang es ihm, wohl eine halbe Stunde fast mit Lisa allein zu sein, obwohl die Mutter ihr noch tags zuvor geraten hatte, nicht allzu familiär mit einem Menschen zu verkehren, „qui a un si grand ridicule". Er fand sie verändert: Sie schien nachdenklicher geworden zu sein, machte ihm einen leichten Vorwurf wegen seines Ausbleibens und fragte ihn, ob er nicht am nächsten Tag zur Messe gehen wolle. (Der nächste Tag war ein Sonntag.)

„Gehen Sie hin", sagte sie, ehe er zu antworten vermochte, „wir wollen gemeinsam für die Ruhe *ihrer* Seele beten." Dann fügte sie hinzu, sie wisse nicht, wie sie sich verhalten solle, wisse nicht, ob sie ein Recht habe, Panschin noch länger auf ihre Entscheidung warten zu lassen.

„Warum nicht?" fragte Lawrezki.

„Weil ich schon jetzt zu ahnen beginne, wie diese Entscheidung ausfallen wird", sagte sie.

Sie erklärte, sie habe Kopfschmerzen, und ging hinauf in ihr Zimmer, nachdem sie Lawrezki unschlüssig die Fingerspitzen hingestreckt hatte.

Am nächsten Tag besuchte Lawrezki die Messe. Lisa war bereits in der Kirche, als er kam. Sie bemerkte ihn, obwohl sie sich nicht nach ihm umwandte. Sie betete inbrünstig; sanft schimmerten ihre Augen; sanft neigte und hob sich ihr Kopf. Er fühlte, daß sie auch für ihn betete, und eine wundersame Rührung übermannte ihn. Ihm war wohl, und zugleich schämte er sich ein wenig. Die andächtig verharrende Menge, die bekannten Gesichter, der einträchtige Gesang, der Weihrauchduft, die langen, schrägen Lichtstrahlen, die durch die Fenster fielen, selbst die Dunkelheit der Wände und Gewölbe – alles sprach zu seinem Herzen. Schon lange war er nicht mehr in der Kirche gewesen, schon lange hatte er sich nicht mehr an Gott gewandt. Auch jetzt brachte er kein Gebet über die Lippen – und selbst wortlos betete er nicht –, aber wenigstens für einen Augenblick sank er, wenn auch nicht mit dem Körper, so doch mit all seinem Denken und Fühlen, zu Boden und beugte sich demütig zur Erde nieder. Er erinnerte sich, daß er als Kind in der Kirche jedesmal so lange gebetet hatte, bis er auf seiner Stirn so etwas wie eine kühle Berührung spürte. Das, so hatte er damals gedacht, ist mein Schutzengel, der mich in seine Obhut nimmt und mir das Siegel der Auserwählung aufdrückt. Er warf einen Blick auf Lisa. Du hast mich hierher geführt, dachte er, so berühre du mich denn, berühre meine Seele. Sie betete noch immer so still wie zuvor; ihr Gesicht erschien ihm froh, und von neuem überkam ihn Rührung. Er bat für eine andere Seele um Frieden, für seine eigene um Vergebung.

Sie trafen sich vor der Kirche. Sie begrüßte ihn mit heiterem und freundlichem Ernst. Die Sonne beschien hell das junge Gras auf dem Kirchhof und die bunten Kleider und Tücher der Frauen; die Glocken der benachbarten Kirchen dröhnten hoch oben, und die Spatzen zwitscherten auf den Zäunen. Lawrezki stand mit unbedecktem Kopf da und lächelte; ein leichter Wind spielte mit seinem Haar und mit den Bändern an Lisas Hut. Er half Lisa und Lenotschka, die mit ihr war, in die Kutsche, verteilte alles Geld, das er bei sich hatte, an die Bettler und ging langsam nach Hause.

32

Schwere Tage brachen für Fjodor Iwanytsch an. Er befand sich in einem Fieberzustand. Jeden Morgen begab er sich auf die Post, überflog voller Aufregung seine Briefe und Zeitungen und fand nirgends etwas, das das schicksalsschwere Gerücht bestätigt oder widerrufen hätte. Manchmal wurde er sich selbst zuwider: Wie kann ich nur, dachte er, wie ein Rabe auf Blut, auf eine zuverlässige Nachricht über den Tod meiner Frau warten! Zu den Kalitins ging er jeden Tag, aber auch dort wurde ihm nicht leichter. Die Hausherrin schmollte offensichtlich mit ihm und behandelte ihn mit Herablassung; Panschin war ihm gegenüber übertrieben höflich; Lemm trug ein menschenfeindliches Gebaren zur Schau und grüßte ihn kaum; die Hauptsache aber war: Lisa schien ihm auszuweichen. Wenn es sich dennoch ergab, daß sie mit ihm allein bleiben mußte, war sie nicht zutraulich wie früher, sondern verwirrt. Sie wußte nicht, was sie ihm sagen sollte, und auch er selbst war verlegen. Lisa hatte sich in wenigen Tagen verändert: In ihren Bewegungen, ihrer Stimme, selbst in ihrem Lachen lag eine geheime Unruhe, eine früher nicht vorhandene Unausgeglichenheit. Marja Dmitrijewna, als ausgesprochene Egoistin, merkte nichts; Marfa Timofejewna jedoch fing an, auf ihren Liebling genauer achtzugeben. Mehr als einmal machte sich Lawrezki Vorwürfe, daß er Lisa damals die Zeitung gezeigt hatte; er konnte sich nicht verhehlen, daß seine jetzige seelische Verfassung auf ein reines Gemüt empörend wirken mußte. Er nahm auch an, daß die Veränderung, die mit Lisa vorgegangen war, von ihrem Kampf mit sich selbst herrühre, von ihren Zweifeln, welche Antwort sie Panschin geben solle. Einmal brachte sie ihm ein Buch, einen Roman von Walter Scott, um den sie selbst ihn gebeten hatte.

„Haben Sie das Buch gelesen?" fragte er.

„Nein. Ich bin jetzt nicht dazu aufgelegt, Bücher zu lesen", antwortete Lisa und wollte gehen.

„Bleiben Sie einen Augenblick; ich war schon lange nicht mehr mit Ihnen allein. Sie scheinen sich vor mir zu fürchten."

„Ja."

„Weshalb denn nur, ich bitte Sie."

„Ich weiß es nicht."

Lawrezki schwieg.

„Sagen Sie", begann er wieder, „haben Sie sich noch nicht entschieden?"

„Was meinen Sie?" fragte sie, ohne die Augen zu heben.

„Sie verstehen mich."

Lisa errötete plötzlich heftig.

„Fragen Sie mich nach nichts", sagte sie rasch. „Ich weiß nichts; ich kenne mich selbst nicht mehr..."

Danach ging sie sofort weg.

Am folgenden Tag kam Lawrezki nach dem Mittagessen zu den Kalitins und fand bei ihnen alle Vorbereitungen für eine Abendandacht getroffen. In einer Ecke des Speisezimmers, auf einem viereckigen, mit einem sauberen Tafeltuch bedeckten Tisch, standen bereits, an die Wand gelehnt, die Heiligenbilder in ihren goldenen Einfassungen und mit den kleinen matten Diamanten in den Kronen. Ein alter Diener in einem grauen

Frack und Halbschuhen ging langsam und geräuschlos durch das Zimmer, stellte zwei Wachskerzen in schlanken Leuchtern vor den Heiligenbildern auf, bekreuzigte sich, verneigte sich und ging leise hinaus. Der nicht erleuchtete Salon war leer. Lawrezki schritt eine Weile im Speisezimmer auf und ab und fragte, ob etwa jemand Namenstag habe. Man antwortete ihm im Flüsterton, das sei nicht der Fall, die Abendandacht finde auf Wunsch Lisaweta Michailownas und Marfa Timofejewnas statt; man habe eigentlich eine wundertätige Ikone herbeischaffen wollen, sie sei jedoch dreißig Werst weit fort, zu einem Kranken, gebracht worden. Bald darauf kam in Begleitung seiner Küster der Priester, ein nicht mehr junger Mann mit großer Glatze. Er räusperte sich laut im Vorzimmer, und sogleich traten die Damen hintereinander aus dem Kabinett und näherten sich ihm, um seinen Segen zu empfangen. Lawrezki verbeugte sich schweigend vor ihnen, und schweigend verbeugten auch sie sich vor ihm. Der Priester wartete ein Weilchen, räusperte sich nochmals und fragte mit gedämpfter Baßstimme:

„Befehlen Sie anzufangen?"

„Fangen Sie an, lieber Vater", erwiderte Marja Dmitrijewna.

Er legte das Meßgewand an; ein Küster im Chorhemd bat unterwürfig um ein wenig glühende Kohle; es begann nach Weihrauch zu riechen. Aus dem Vorzimmer kamen die Stubenmädchen und die Lakaien herein und blieben dichtgedrängt an der Tür stehen. Auf einmal erschien Roska, die sonst nie herunterkam, im Speisezimmer. Man wollte sie hinausjagen – sie erschrak, drehte sich um sich selbst und setzte sich nieder. Ein Lakai packte sie und trug sie hinaus. Der Gottesdienst begann. Lawrezki drückte sich in eine Ecke; seltsame, fast traurige Gefühle bewegten ihn. Er konnte sich selbst nicht recht darüber klarwerden, was er empfand. Marja Dmitrijewna stand vor allen anderen, noch vor den Sesseln. Sie bekreuzigte sich geziert und lässig, ganz Herrin. Bald blickte sie sich um, bald hob sie die Augen empor: Sie langweilte sich. Marfa Timofejewna sah sorgenvoll aus; Nastasja Karpowna verneigte sich immer wieder bis zur Erde und richtete sich jedesmal mit einem leisen Geräusch wieder auf; Lisa blieb so stehen, wie sie sich zu Anfang hingestellt hatte, und rührte sich nicht; aus ihrem gesammelten Gesichtsausdruck war zu erraten, daß sie inbrünstig und leidenschaftlich betete. Als sie am Ende des Gottesdienstes mit ihren Lippen das Kreuz berührte, küßte sie auch die große rote Hand des Priesters. Marja Dmitrijewna lud ihn zum Tee ein. Er legte das Meßgewand ab, setzte eine etwas weltlichere Miene auf und ging mit den Damen in den Salon. Es entspann sich eine nicht allzu lebhafte Unterhaltung. Der Priester trank vier Tassen Tee, wobei er sich fortgesetzt mit dem Taschentuch die Glatze abwischte, erzählte unter anderem, daß der Kaufmann Awoschnikow siebenhundert Rubel für die Vergoldung der Kirchenkuppel gespendet habe, und teilte ein sicheres Mittel gegen Sommersprossen mit. Lawrezki wollte sich zu Lisa setzen, aber sie war so streng, beinahe abweisend und richtete nicht ein einziges Mal den Blick auf ihn. Sie schien ihn mit Absicht zu übersehen; eine gewisse kalte, feierliche Entrücktheit war über sie gekommen. Lawrezki hatte aus irgendeinem Grund die ganze Zeit über das Verlangen, zu lächeln und etwas Erheiterndes zu sagen, aber er war innerlich verwirrt, und so ging er schließlich, da er sich keinen Rat wußte, fort. Er fühlte, daß etwas von Lisa Besitz ergriffen hatte, das er nicht ergründen konnte.

Ein andermal, als Lawrezki im Salon saß und sich das einschmeichelnde, aber schwerfällige Geschwätz Gedeonowskis anhörte, drehte er sich plötzlich um, ohne selbst zu wissen, weshalb, und fing einen tiefen, aufmerksamen, fragenden Blick aus Lisas Augen auf. Er war auf ihn gerichtet, dieser rätselhafte Blick. Die ganze folgende Nacht mußte Lawrezki daran denken. Seine Liebe war nicht die eines Jünglings: Seufzen und Schmachten paßte nicht zu ihm, und Lisa selbst erweckte auch kein Gefühl dieser Art. Aber die Liebe hat für jedes Alter ihre Leiden, und er durchlebte sie in vollem Maße.

33

Wieder einmal saß Lawrezki, wie es ihm zur Gewohnheit geworden war, bei den Kalitins. Nach einem drückend heißen Tag war ein so herrlicher Abend angebrochen, daß Marja Dmitrijewna, trotz ihrer Abneigung gegen Zugluft, alle Fenster und Türen, die in den Garten hinausgingen, öffnen ließ und erklärte, sie werde nicht Karten spielen, bei solchem Wetter sei es Sünde, Karten zu spielen, man müsse die Natur genießen. Als Gast war nur Panschin da. Durch den Abend in Stimmung gebracht, rezitierte er Verse, da er nicht gewillt war, in Lawrezkis Gegenwart zu singen, aber künstlerische Regungen in sich verspürte. Er trug gut, allerdings etwas zu selbstbewußt und mit unnötigen Feinheiten, einige Gedichte Lermontows vor (Puschkin war damals noch nicht wieder in Mode gekommen) und begann dann mit einemmal, als schäme er sich seines Gefühlsüberschwanges, im Hinblick auf das bekannte Gedicht „Betrachtung" die jüngste Generation zu tadeln und mit Vorwürfen zu überhäufen, wobei er nicht versäumte darzulegen, wie er alles auf seine Weise verändern würde, wenn er die Macht in Händen hätte.

„Rußland", sprach er, „ist hinter Europa zurückgeblieben; es muß angetrieben werden. Man behauptet, wir seien jung – das ist Unsinn. Außerdem fehlt es uns auch an Erfindungsgabe; selbst Chomjakow gibt zu, daß wir nicht einmal die Mausefalle erfunden haben. Folglich müssen wir notgedrungen von anderen nehmen. Wir sind krank, sagt Lermontow. Ich stimme mit ihm überein, aber wir sind krank, weil wir nur zur Hälfte Europäer geworden sind. Das, was uns verwundet hat, muß uns nun zur Heilung dienen." Le cadastre, dachte Lawrezki. „Unsere besten Köpfe – les meilleures têtes – sind längst davon überzeugt", fuhr Panschin fort. „Alle Völker sind einander im Grunde gleich; man führe nur gute Einrichtungen ein – und die Sache ist erledigt. Gewiß, man kann dabei auf die bestehenden Lebensformen des Volkes Rücksicht nehmen; das ist unsere Sache, die Sache der..." (beinahe hätte er gesagt: Staatsmänner) „der Beamten. Doch sollte es einmal soweit kommen, seien Sie unbesorgt: Die Einrichtungen werden diese Lebensformen verändern."

Marja Dmitrijewna stimmte Panschin gerührt zu. Das ist doch ein kluger Mensch, dachte sie, der da bei mir das Wort führt. Lisa lehnte schweigend am Fenster; Lawrezki schwieg ebenfalls; Marfa Timofejewna, die mit ihrer Freundin in einer Ecke Karten spielte, brummte etwas vor sich hin. Panschin schritt im Zimmer auf und ab und erging sich in schönen Reden, durch die allerdings eine geheime Erbitterung durchklang. Es war, als schelte er nicht die ganze Generation, sondern einige ihm bekannte Personen. Im Garten der Kalitins nistete in einem großen Fliederbusch eine Nachtigall; wenn der Redeschwall verebbte, waren ihre ersten Abendlieder zu hören; am rosigen Himmel, über den regungslosen Wipfeln der Linden, glommen die ersten Sterne auf. Lawrezki erhob sich und begann Panschin zu widersprechen; es entspann sich ein Streit. Lawrezki verteidigte die Jugendlichkeit und Selbständigkeit Rußlands; er gab sich und seine Generation preis, trat aber für die neuen Menschen, für ihre Überzeugungen und Wünsche ein. Panschin entgegnete gereizt und scharf; er behauptete, die klugen Menschen hätten die Pflicht, alles umzugestalten, und ließ sich schließlich so weit hinreißen, daß er, seinen Kammerjunkerrang und seine Beamtenkarriere vergessend, Lawrezki einen rückständigen Konservativen nannte und sogar – allerdings nur ganz entfernt – auf dessen zweifelhafte Stellung in der Gesellschaft anspielte. Lawrezki geriet nicht in Zorn und erhob nicht die Stimme (er erinnerte sich, daß auch Michalewitsch ihn rückständig genannt hatte, nur eben einen Voltairianer), er schlug Panschin gelassen in allen Punkten. Er bewies ihm, wie unmöglich sprunghafte und selbstherrliche Umgestaltungen seien, die weder durch Kenntnis des eigenen Heimatlandes noch durch wahren Glauben an ein Ideal, selbst wenn es ein negatives wäre, gerechtfertigt werden könnten, führte als Beispiel seine eigene Erziehung an und forderte vor allem, die Rechte des Volkes anzuerkennen und ihnen mit Demut zu begegnen, jener Demut, ohne die der Kampf gegen die Lüge nicht aufgenommen werden könne, und schließlich erkannte er den seiner Meinung nach verdienten Vorwurf an, Zeit und Kraft leichtsinnig zu vergeuden.

„Das ist alles sehr schön!" rief Panschin endlich verärgert aus. „Sie sind also nach Rußland zurückgekehrt – was gedenken Sie nun zu tun?"

„Das Land zu pflügen", antwortete Lawrezki, „und mich zu bemühen, es möglichst gut zu pflügen."

„Das ist unstreitig sehr lobenswert", entgegnete Panschin, „und man hat mir erzählt, daß Sie bereits große Fortschritte auf diesem Gebiet gemacht haben, aber Sie werden zugeben, daß sich nicht jeder für diese Art von Beschäftigung eignet."

„Une nature poétique", fiel Marja Dmitrijewna ein, „kann natürlich nicht pflügen. Et puis sind Sie, Wladimir Nikolajitsch, dazu berufen, alles en grand zu tun."

Das war selbst Panschin zuviel. Er verlor den Faden und schlug ein anderes Thema an. Er versuchte, das Gespräch auf die Schönheit des Sternenhimmels, auf Schubertsche Musik zu lenken, aber es wollte keine Unterhaltung in Fluß kommen. Zu guter Letzt schlug er Marja Dmitrijewna vor, Pikett zu spielen.

„Wie! An einem solchen Abend?" wehrte sie schwach ab, ließ jedoch Karten bringen.

Panschin riß geräuschvoll ein neues Spiel Karten auf. Lisa und Lawrezki aber standen wie auf Verabredung auf und setzten sich zu Marfa Timofejewna. Es war ihnen mit einemmal so wohl zumute, daß sie sich beinahe davor fürchteten, miteinander allein zu bleiben, gleichzeitig aber fühlten, daß die Verwirrung, die in den letzten Tagen von ihnen Besitz ergriffen hatte, verschwunden war und nicht mehr wiederkehren würde. Die alte Dame tätschelte Lawrezki verstohlen die Wange, blinzelte ihm verschmitzt zu, wiegte ein paarmal den Kopf und flüsterte ihm zu: „Dem Klugschwätzer hast du's aber gegeben, vielen Dank." Im Zimmer war es still geworden; man hörte nur das leise Knistern der Wachskerzen und hin und wieder einen Ausruf, hörte, wie eine Hand auf den Tisch schlug oder wie Stiche gezählt wurden – durch die Fenster aber strömte zusammen mit der taufrischen Kühle der machtvolle, verwegen schmetternde Gesang der Nachtigall herein.

34

Lisa hatte, während sich Lawrezki und Panschin stritten, kein Wort gesagt; sie war dem Streit aber aufmerksam gefolgt und stand ganz auf Lawrezkis Seite. Politik interessierte sie herzlich wenig, doch der überhebliche Ton des weltmännischen Beamten – er hatte sich noch nie in dieser Weise geäußert – stieß sie ab; die Verachtung, die er Rußland entgegenbrachte, verletzte sie. Lisa war es nie in den Sinn gekommen, sich für eine Patriotin zu halten, aber sie fühlte sich unter den russischen Menschen zu Hause: Die russische Wesensart gefiel ihr. Sie konnte sich, wenn der Dorfälteste von ihrer Mutter Gut in die Stadt kam, stundenlang ungezwungen mit ihm unterhalten, und sie unterhielt sich mit ihm wie mit ihresgleichen – ohne jede herrschaftliche Herablassung. Lawrezki hatte das alles gespürt: Von sich aus hätte er Panschin nicht widersprochen – er sprach nur für Lisa. Sie hatten einander nichts gesagt, selbst ihre Augen waren sich nur selten begegnet, aber sie hatten beide begriffen, daß sie einander an diesem Abend sehr nahegekommen waren, daß sie beide ein und dasselbe liebten und nicht liebten. In einem nur gingen sie auseinander – doch Lisa hoffte im stillen, ihn zu Gott führen zu können.

Sie saßen neben Marfa Timofejewna und schienen ihrem Spiel zu folgen. Sie folgten ihm auch tatsächlich, aber zugleich schwoll beiden das Herz in der Brust, und nichts ging ihnen verloren: Für sie sang die Nachtigall, für sie funkelten die Sterne und raunten die Bäume, von Sommerwonne und Wärme in den Schlaf gewiegt. Lawrezki überließ sich ganz der Welle, die ihn mit sich fortzog, und empfand Freude; aber kein Wort vermag wiederzugeben, was in der reinen Seele des Mädchens vorging: Es war für sie selbst ein Geheimnis – so mag es denn auch für andere ein Geheimnis bleiben. Niemand weiß, niemand sah und wird jemals sehen, wie das zum Leben und Blühen auserkorene Samenkorn im Schoß der Erde schwillt und reift.

Es schlug zehn Uhr. Marfa Timofejewna begab sich mit Nastasja Karpowna nach oben; Lawrezki und Lisa gingen im Zimmer auf und ab, blieben vor der weit geöffneten Tür, die in den Garten führte, stehen und blickten in die dunkle Ferne. Dann sahen sie einander an und lächelten; es war, als müßten sie sich bei den Händen fassen und einander unendlich viel erzählen. Sie kehrten zu Marja Dmitrijewna und Panschin zurück, deren Pikettspiel sich in die Länge zog. Der letzte „König" war endlich gefallen, und die Hausherrin erhob sich seufzend und ächzend aus ihrem mit Kissen bepackten Sessel; Panschin nahm seinen Hut, küßte Marja Dmitrijewna die Hand und äußerte, daß manchen Glücklichen jetzt nichts daran hindere, schlafen zu gehen oder die Nacht zu genießen, während er bis zum Morgen über dummen Papieren sitzen müsse. Er verbeugte sich kühl vor Lisa (er hatte nicht erwartet, daß sie ihn als Antwort auf seinen Antrag bitten würde zu warten, und war ihr deshalb gram) und entfernte sich. Lawrezki folgte ihm. Am Tor trennten sie sich. Panschin weckte seinen Kutscher, indem er ihn mit der Spitze seines Spazierstockes in den Hals stieß, setzte sich in den Wagen und fuhr davon. Lawrezki hatte keine Lust, nach Hause zu gehen; er wanderte zur Stadt hinaus, ins Freie. Die Nacht war still und hell, obgleich der Mond nicht schien. Lawrezki schlenderte lange durch das taufeuchte Gras, dann stieß er auf einen schmalen Fußpfad und ging ihn entlang. Der Pfad führte ihn zu einem langen Zaun und zu einer kleinen Pforte. Er versuchte, sie aufzustoßen, ohne selbst zu wissen, warum: Sie öffnete sich mit einem leisen Knarren, als hätte sie nur auf die Berührung seiner Hand gewartet. Lawrezki befand sich in einem Garten. Er ging ein paar Schritte eine Lindenallee entlang und blieb vor Erstaunen plötzlich stehen: Er hatte den Garten der Kalitins erkannt.

Er trat sofort in den schwarzen Schatten eines dichten Haselnußstrauches und stand lange unbeweglich da, verwundert und achselzuckend.

Das hat etwas zu bedeuten, dachte er.

Ringsum war alles still; vom Hause drang kein Laut zu ihm. Vorsichtig schritt er weiter. An einer Biegung der Allee sah ihn plötzlich das ganze Haus mit seiner dunklen Fassade an; nur in zwei Fenstern des oberen Stockwerks schimmerte Licht: In Lisas Zimmer brannte hinter dem weißen Vorhang eine Kerze, und in Marfa Timofejewnas Schlafgemach glomm mit schwacher, rötlicher Flamme das Lämpchen vor dem Heiligenbild und spiegelte sich mit ruhigem Widerschein in der goldenen Einfassung. Unten gähnte die weit geöffnete Tür, die zur Terrasse führte. Lawrezki setzte sich auf eine Holzbank, stützte den Kopf in die Hand und blickte bald auf diese Tür, bald auf Lisas Fenster. In der Stadt schlug es Mitternacht; auch im Haus zeigte eine kleine Uhr mit dünnem Klingen an, daß es zwölf war. Der Nachtwächter hieb in kurzen Abständen auf sein Brett. Lawrezki dachte an nichts und erwartete auch nichts; es war ihm angenehm, sich in Lisas Nähe zu wissen, in ihrem Garten auf einer Bank zu sitzen, auf der auch sie wohl schon oft gesessen hatte. Das Licht in Lisas Zimmer erlosch.

„Gute Nacht, mein liebes Mädchen", flüsterte Lawrezki und blieb unbeweglich sitzen, ohne den Blick von dem nun dunklen Fenster zu wenden.

Plötzlich zeigte sich in einem der Fenster des unteren Stockwerks ein Lichtschein, wanderte in ein zweites hinüber, in ein drittes... Jemand ging mit einer Kerze durch die Zimmer. Vielleicht gar Lisa? Das konnte nicht sein! Lawrezki erhob sich. Im Kerzenlicht leuchtete ein vertrautes Gesicht auf – im Salon erschien Lisa. In einem weißen Kleid, mit ungelösten, über die Schulter herabhängenden Flechten, trat sie leise an den Tisch, beugte sich darüber, stellte die Kerze hin und suchte etwas, dann wandte sie das Gesicht dem Garten zu, näherte sich der offenen Tür und blieb, ganz weiß, leicht und schlank, auf der Schwelle stehen. Ein Beben lief durch Lawrezkis Glieder.

„Lisa!" entschlüpfte es seinem Mund kaum vernehmbar.
Sie zuckte zusammen und starrte ins Dunkel.
„Lisa!" wiederholte Lawrezki lauter und trat aus dem Schatten der Allee.

Lisa hob erschrocken den Kopf und taumelte zurück: Sie hatte ihn erkannt. Er rief zum drittenmal ihren Namen und streckte die Arme nach ihr aus. Sie löste sich von der Tür und trat in den Garten.

„Sie?" brachte sie hervor. „Sie sind hier?"
„Ich... ich... Hören Sie mich an", flüsterte Lawrezki, ihre Hand ergreifend, und führte sie zu der Bank.

Sie folgte ihm widerstandslos; ihr bleiches Gesicht, ihre starren Augen, all ihre Bewegungen zeugten von unsagbarer Bestürzung. Lawrezki zog sie sanft auf die Bank und blieb selbst vor ihr stehen.

„Ich hatte nicht die Absicht, hierher zu kommen", begann er. „Es hat mich hergezogen. Ich ... ich ... ich liebe Sie", stieß er mit unwillkürlichem Entsetzen hervor.

Lisa richtete langsam den Blick auf ihn. Sie schien erst in diesem Augenblick zu begreifen, wo sie war und was mit ihr geschah. Sie wollte aufstehen, vermochte es aber nicht und bedeckte das Gesicht mit den Händen.

„Lisa", sagte Lawrezki. „Lisa", wiederholte er und kniete vor ihr nieder.

Ihre Schultern zuckten leicht; die Finger ihrer blassen Hände preßten sich fester an das Gesicht.

„Was haben Sie?" fragte Lawrezki und vernahm ein leises Schluchzen. Er erschauerte; er hatte begriffen, was diese Tränen bedeuteten. „Sie lieben mich wirklich?" flüsterte er und berührte ihre Knie.

„Stehen Sie auf", ertönte ihre Stimme, „stehen Sie auf, Fjodor Iwanytsch. Was tun wir beide da?"

Er erhob sich und setzte sich neben sie auf die Bank. Sie weinte nicht mehr, sondern sah ihn mit ihren feuchten Augen aufmerksam an.

„Mir ist bange. Was tun wir da?" wiederholte sie.

„Ich liebe Sie", sagte er abermals. „Ich bin bereit, Ihnen mein ganzes Leben zu schenken."

Wieder zuckte sie zusammen, als hätte sie irgend etwas gebissen, und hob den Blick zum Himmel empor.

„Das liegt alles in Gottes Hand", sagte sie.

„Aber Sie lieben mich, Lisa? Wir werden glücklich sein?"

Sie schlug die Augen nieder. Er zog sie leise an sich, und ihr Kopf sank an seine Schulter. Er neigte seinen Kopf ein wenig und berührte ihre bleichen Lippen.

Eine halbe Stunde später stand Lawrezki schon an der Gartenpforte. Er fand sie verschlossen und war gezwungen, über den Zaun zu springen. Er kehrte in die Stadt zurück und ging durch die schlafenden Straßen. Eine unverhoffte große Freude erfüllte sein Herz; alle Zweifel waren in ihm erstorben. Weiche von mir, Vergangenheit, düsteres Gespenst, dachte er. Sie liebt mich, sie wird mein sein.

Plötzlich kam es ihm vor, als breiteten sich über ihm in der Luft wunderbare, feierliche Klänge aus. Er blieb stehen: Die Klänge wurden noch herrlicher; in melodischer, mächtiger Flut strömten sie dahin, und in ihnen, so glaubte er, sprach und sang sein ganzes Glück. Er blickte um sich: Die Töne drangen aus den beiden oberen Fenstern eines kleinen Hauses.

„Lemm!" rief Lawrezki und eilte auf das Haus zu. „Lemm! Lemm!" wiederholte er laut.

Die Töne erstarben, und die Gestalt des Alten zeigte sich im Schlafrock, mit entblößter Brust und zerwühltem Haar am Fenster.

„Aha!" sagte er würdevoll. „Sie sind es?"

„Christophor Fjodorytsch, was ist das für eine wunderbare Musik! Um Gottes willen, lassen Sie mich ein."

Ohne ein Wort zu sagen, warf der Alte mit majestätischer Gebärde den Hausschlüssel auf die Straße. Lawrezki stieg eilends die Treppe hinauf, trat ins Zimmer und wollte auf Lemm zustürzen, doch dieser wies gebieterisch auf einen Stuhl und sagte abgehackt auf russisch: „Setzen und zuhören!" Er selbst setzte sich ans Klavier, blickte stolz und streng um sich und begann zu spielen. Schon lange hatte Lawrezki nichts Ähnliches gehört: Die süße, leidenschaftliche Melodie nahm schon mit den ersten Tönen sein Herz gefangen; sie strahlte, sie brannte vor Begeisterung, Glück und Schönheit, sie schwoll an und schmolz dahin; sie rührte an alles, was es auf Erden Teures, Geheimnisvolles, Heiliges gibt; sie atmete unsterbliche Traurigkeit und verlor sich ersterbend in Himmelshöhen. Lawrezki hatte sich erhoben und stand starr und bleich vor Entzükken da – so tief drangen diese Töne in seine eben erst vom Glück der Liebe erschütterte Seele; sie glühten selbst vor Liebe.

„Noch einmal", flüsterte er, kaum daß der letzte Akkord verklungen war.

Der Alte warf einen Adlerblick auf ihn, schlug sich mit der

Hand an die Brust und sagte langsam in seiner Muttersprache:

„Das habe ich gemacht, denn ich bin ein großer Musiker."
Dann spielte er seine wundervolle Komposition noch einmal. Im Zimmer brannten keine Kerzen; das Licht des aufgehenden Mondes fiel schräg durch die Fenster; melodisch erzitterte die empfindsame Nachtluft; die kleine, ärmliche Stube schien ein Heiligtum zu sein, und erhaben und entrückt erschien in dem silbrigen Halbdunkel der Kopf des Alten. Lawrezki trat auf ihn zu und umarmte ihn. Anfangs erwiderte Lemm seine Umarmung nicht und wollte sich ihrer sogar mit dem Ellbogen erwehren. Lange blickte er, ohne ein Glied zu rühren, unverändert streng, fast hart drein und brummte nur ein paarmal: „Aha!" Schließlich aber wurde sein verwandeltes Gesicht ruhiger, es entspannte sich, und als Antwort auf die heißen Glückwünsche Lawrezkis lächelte er erst ein wenig, dann brach er in Tränen aus und schluchzte leise wie ein Kind.

„Es ist merkwürdig", sagte er, „daß Sie gerade jetzt gekommen sind. Aber ich weiß, ich weiß alles."

„Sie wissen alles?" fragte Lawrezki verwirrt.

„Sie haben mich gehört", erwiderte Lemm. „Haben Sie denn nicht begriffen, daß ich alles weiß?"

Lawrezki konnte bis zum Morgen nicht einschlafen. Er saß die ganze Nacht hindurch auf seinem Bett. Auch Lisa schlief nicht. Sie betete.

35

Der Leser weiß, wie Lawrezki aufwuchs und sich entwickelte. Nun wollen wir einige Worte über Lisas Erziehung sagen. Sie war zehn Jahre alt, als ihr Vater starb, doch er hatte sich wenig um sie gekümmert. Mit Geschäften überhäuft, beständig um das Anwachsen seines Vermögens besorgt, gallig, schroff und ungeduldig, gab er, ohne zu knausern, Geld für Lehrer und Erzieher, für Kleidung und sonstige Bedürfnisse der Kinder her, aber er brachte nicht die Geduld auf, „sich mit den Schreihälsen abzugeben", wie er sich ausdrückte – und er hatte auch gar keine Zeit, sich mit ihnen abzugeben: Er arbeitete, plagte sich mit Geschäften ab, schlief wenig, spielte bisweilen Karten und arbeitete wieder. Er pflegte sich selbst mit einem Pferd zu vergleichen, das in eine Dreschmaschine eingespannt ist. „Ein bißchen zu schnell ist mein Leben abgelaufen", sagte er auf seinem Sterbelager mit einem bitteren Lächeln auf den ausgedörrten Lippen. Marja Dmitrijewna hatte sich im Grunde nicht viel mehr als ihr Mann um Lisa gekümmert, obwohl sie sich vor Lawrezki rühmte, ihre Kinder allein erzogen zu haben: Sie kleidete Lisa wie eine Puppe, strich ihr, wenn Besuch da war, über den Kopf und nannte sie ein kluges Kind und Seelchen. Das war alles gewesen – jede anhaltende Fürsorge ermüdete die bequeme Dame. Zu Lebzeiten ihres Vaters befand sich Lisa in der Obhut einer Gouvernante, eines Fräuleins Moreau aus Paris; nach seinem Tode wurde sie Marfa Timofejewna anvertraut. Marfa Timofejewna kennt der Leser bereits; das Fräulein Moreau aber war ein winziges, vertrocknetes Wesen mit vogelartigen Bewegungen und einem Vogelverstand. In ihrer Jugend hatte sie ein recht lockeres Leben geführt; auf ihre alten Tage jedoch waren ihr nur zwei Leidenschaften geblieben – Näschereien und Karten. Wenn sie satt war, nicht Karten spielte und nicht schwatzte, nahm ihr Gesicht sogleich einen leichenähnlichen Ausdruck an: Sie saß dann da, starrte vor sich hin und atmete. Man sah, daß ihr kein einziger Gedanke durch den Kopf ging. Sie war nicht einmal gut zu nennen: Vögel können doch nicht gut sein. War es eine Folge ihrer leichtlebig verbrachten Jugend oder lag es an der Pariser Luft, die sie von Kindheit an eingeatmet hatte, jedenfalls hatte sich in ihr so etwas wie ein allgemeiner und ziemlich billiger Skeptizismus eingenistet, der sich gewöhnlich in den Worten „Tout ça c'est des bêtises" äußerte. Sie sprach nicht ganz korrekt, aber reinsten Pariser Jargon; sie klatschte nicht und war auch nicht launisch – was kann man von einer Gouvernante mehr verlangen? Auf Lisa hatte sie wenig Einfluß; um so stärker war der Einfluß der Kinderfrau Agafja Wlasjewna auf Lisa.

Das Schicksal dieser Frau war bemerkenswert. Sie stammte aus einer Bauernfamilie; mit sechzehn Jahren wurde sie an einen Bauern verheiratet; sie unterschied sich indessen auffallend von ihren bäuerlichen Schwestern. Ihr Vater war zwanzig

Jahre lang Dorfältester gewesen, hatte viel Geld zusammengespart und verwöhnte sie. Sie war eine außergewöhnliche Schönheit, das putzsüchtigste Mädchen in der ganzen Gegend, klug, redegewandt und keck. Ihr Gutsherr, Dmitri Pestow, der Vater Marja Dmitrijewnas, ein bescheidener und stiller Mann, erblickte sie einmal beim Dreschen, zog sie in ein Gespräch und verliebte sich leidenschaftlich in sie. Bald darauf wurde sie Witwe; Pestow nahm sie, obwohl er verheiratet war, zu sich ins Haus und kleidete sie nach der Art des Gutsgesindes. Agafja fand sich sofort in ihrer neuen Lage zurecht – als hätte sie nie anders gelebt. Ihre Haut wurde weißer, ihre Gestalt fülliger; ihre Arme wurden unter den Musselinärmeln zart wie bei einer Kaufmannsfrau; der Samowar kam nicht mehr vom Tisch herunter; außer Samt und Seide wollte sie nichts mehr tragen, und sie schlief nur noch auf Daunenpfühlen. Fünf Jahre währte dieses glückselige Leben, aber da starb Dmitri Pestow. Seine Witwe, eine gutmütige Herrin, wollte aus Rücksicht auf das Andenken des Verstorbenen mit ihrer Nebenbuhlerin nicht ungebührlich streng verfahren, zumal sich Agafja ihr gegenüber nie etwas herausgenommen hatte. Dennoch verheiratete sie sie mit einem Viehknecht und verbannte sie aus dem Haus, damit sie ihr aus den Augen kam. Es vergingen drei Jahre. Da besuchte einmal an einem heißen Sommertag die Gutsherrin ihren Viehhof. Agafja bewirtete sie mit so köstlicher kalter Sahne, war so bescheiden und sauber und ordentlich, so heiter und zufrieden, daß die Herrin ihr vergab und ihr erlaubte, das Herrenhaus wieder zu betreten; und nach sechs Monaten hatte sie ein solches Zutrauen zu ihr gefaßt, daß sie sie zur Wirtschafterin machte und ihr die gesamte Haushaltsführung übertrug. Agafja war wieder zu Macht und Ansehen gekommen. Ihre Gestalt wurde wieder füllig, ihre Haut weiß. Die Herrin vertraute ihr völlig. So vergingen weitere fünf Jahre. Da brach das Unglück zum zweitenmal über Agafja herein. Ihr Mann, dem sie den Posten eines Lakaien verschafft hatte, fing an zu trinken, war oft nicht da, wenn man ihn brauchte, und stahl zuletzt sechs herrschaftliche silberne Löffel, die er einstweilen in der Truhe seiner Frau versteckte. Das kam heraus. Er wurde wieder Viehknecht, und Agafja fiel in

Ungnade. Sie wurde zwar nicht aus dem Hause gejagt, doch ihres Amtes als Wirtschafterin enthoben und zur Näherin gemacht. Statt einer Haube mußte sie ein Kopftuch tragen. Zum Erstaunen aller nahm Agafja den Schlag, der sie getroffen hatte, mit demütiger Ergebung hin. Sie war damals schon über dreißig Jahre, ihre Kinder waren alle gestorben, und ihr Mann hatte nicht mehr lange zu leben. Es war an der Zeit für sie, in sich zu gehen, und sie ging in sich. Sie wurde sehr schweigsam und fromm, versäumte keine Frühmesse, keine Vesper und verschenkte alle ihre guten Kleider. So verbrachte sie fünfzehn Jahre still, demütig und ehrbar, zankte sich mit niemandem und gab stets nach. Sagte ihr jemand Grobheiten, so verneigte sie sich nur und dankte für die Belehrung. Die Herrin hatte ihr längst verziehen, sie wieder in Gnaden aufgenommen und ihr eine von ihren eigenen Hauben geschenkt, aber Agafja wollte ihr Kopftuch nicht ablegen und ging immer dunkel gekleidet. Nach dem Tode der Herrin wurde sie noch stiller und demütiger. Der Russe fürchtet sich leicht und faßt leicht Zutrauen, aber es ist schwer, sich seine Achtung zu erwerben: Er schenkt sie nicht so bald und nicht jedem. Agafja wurde von allen im Hause sehr geachtet, niemand gedachte ihrer früheren Sünden – als wären sie zusammen mit dem alten Gutsherrn ins Grab gesenkt worden.

Als Kalitin Marja Dmitrijewnas Gatte geworden war, wollte er eigentlich Agafja die Hauswirtschaft übertragen, doch sie lehnte „wegen der Versuchung" ab. Er schrie sie an, sie aber verbeugte sich nur tief und ging hinaus. Der kluge Kalitin verstand sich auf Menschen; er verstand auch Agafja und vergaß sie nicht. Als er in die Stadt übergesiedelt war, machte er sie mit ihrer Zustimmung zur Kinderfrau Lisas, die damals gerade vier Jahre alt geworden war.

Das ernste und strenge Gesicht der neuen Kinderfrau erschreckte Lisa anfangs, doch sie gewöhnte sich bald an sie und gewann sie sehr lieb. Sie selbst war ein ernstes Kind. Ihre Züge erinnerten an das scharfgeschnittene, regelmäßige Gesicht Kalitins; nur die Augen hatte sie nicht vom Vater – sie leuchteten vor stiller Aufmerksamkeit und Güte, wie man es bei Kindern selten findet. Sie spielte nicht gern mit Puppen; sie lachte nie laut und nie lange und benahm sich sehr artig. Sie versank nicht oft in Nachdenken, aber wenn es geschah, dann selten ohne Grund; hatte sie eine Zeitlang geschwiegen, wandte sie sich dann gewöhnlich an irgendeine ältere Person mit einer Frage, die erkennen ließ, daß ihr Kopf einen neuen Eindruck verarbeitete. Sie legte sehr bald die kindliche Sprechweise ab und sprach schon im vierten Lebensjahr die Worte vollkommen rein aus. Vor ihrem Vater fürchtete sie sich, und das Gefühl, das sie ihrer Mutter entgegenbrachte, war nicht genau zu benennen – sie fürchtete sich nicht vor ihr, umschmeichelte sie aber auch nicht; übrigens umschmeichelte sie auch Agafja nicht, obgleich sie nur diese liebhatte. Agafja wich ihr nicht von der Seite. Sie waren seltsam anzusehen. Agafja saß, ganz in Schwarz, ein dunkles Tuch um den Kopf, mit ihrem abgemagerten, wie Wachs durchsichtigen, aber immer noch schönen und ausdrucksvollen Gesicht meistens kerzengerade da und strickte an einem Strumpf; zu ihren Füßen saß auf einem Stühlchen Lisa, die sich ebenfalls mit einer Handarbeit beschäftigte oder, die klaren Augen ernst erhoben, Agafja zuhörte, die ihr etwas erzählte. Agafja erzählte ihr jedoch keine Märchen: Mit ruhiger, gleichmäßiger Stimme erzählte sie vom Leben der heiligen Jungfrau, vom Leben der Einsiedler, der Knechte Gottes, der heiligen Märtyrerinnen. Sie schilderte Lisa, wie die Heiligen in Wüsten lebten, wie sie Buße taten, Hunger und Not litten und sich vor den Herrschern nicht fürchteten, sondern sich zu Christus bekannten, wie ihnen die Vögel des Himmels Nahrung brachten und die wilden Tiere ihnen gehorchten und wie an den Orten, wo ihr Blut geflossen war, Blumen sprossen. „Goldlack?" fragte Lisa einmal, die Blumen sehr liebte. Agafja sprach mit Lisa ernst und voll Demut, als fühlte sie, daß es ihr nicht zukomme, so hohe und heilige Worte auszusprechen. Lisa hörte ihr zu, und das Bild des allgegenwärtigen, allwissenden Gottes prägte sich ihr mit sanfter Gewalt ein, erfüllte sie mit reiner, andächtiger Furcht. Christus aber kam ihr nah, wurde ihr vertraut, beinahe verwandt. Agafja hatte sie auch beten gelehrt. Manchmal weckte sie Lisa früh im Morgengrauen, kleidete sie eilig an und führte sie heimlich zur Frühmesse. Lisa ging auf den Zehenspitzen hinter ihr her und wagte kaum zu atmen. Die Kälte und das schummrige Licht des Morgens, die Kühle und Leere der Kirche, das Geheimnisvolle dieser überraschenden Ausflüge, die vorsichtige Rückkehr ins Haus, in ihr Bettchen – dieses ganze Gemisch von Verbotenem, Seltsamem, Heiligem erschütterte die Kleine und drang tief in sie ein. Agafja verurteilte niemals jemanden und schalt Lisa nie wegen einer Unart. Wenn sie mit etwas unzufrieden war, schwieg sie nur, und Lisa verstand dieses Schweigen. Mit dem Scharfblick des Kindes verstand sie ebensogut, wenn Agafja mit anderen unzufrieden war – mochte es Marja Dmitrijewna oder Kalitin selbst sein. Agafja betreute Lisa etwas mehr als drei Jahre, dann löste Fräulein Moreau sie ab. Aber die leichtfertige Französin mit ihrer nüchternen Art und ihrem Ausruf: „Tout ça c'est des bêtises" konnte die geliebte Kinderfrau nicht aus Lisas Herzen verdrängen. Der Samen, den sie gesät, hatte zu tiefe Wurzeln geschlagen. Außerdem blieb Agafja, wenn sie auch Lisa nicht mehr betreute, im Haus und begegnete oft ihrem Zögling, der ihr noch ebenso vertraute wie ehedem.

Agafja vertrug sich jedoch mit Marfa Timofejewna nicht, als diese in das Kalitinsche Haus übersiedelte. Die strenge Würde der einstigen „Bauerndirne" gefiel der unduldsamen und eigenwilligen alten Dame nicht. Agafja erbat sich die Erlaubnis, eine Wallfahrt unternehmen zu dürfen, und kehrte nicht zurück. Es gingen dunkle Gerüchte um, sie habe sich in ein Einsiedlerkloster der Raskolniki zurückgezogen. Aber die Spur, die sie in Lisas Seele zurückgelassen hatte, verwischte sich nicht. Lisa ging nach wie vor zum Gottesdienst wie zu einem Fest, betete voller Wonne, mit einer gewissen verhaltenen und schamhaften Inbrunst, worüber sich Marja Dmitrijewna im stillen nicht wenig wunderte; und selbst Marfa Timofejewna, die Lisa sonst keinerlei Beschränkungen auferlegte, bemühte sich, ihren Eifer zu dämpfen, und erlaubte ihr nicht, sich unnötig tief zu verbeugen – das seien keine herrschaftlichen Manieren. Lisa lernte gut, das heißt fleißig, denn mit besonders glänzenden Fähigkeiten und besonders scharfem Verstand hatte Gott sie nicht ausgestattet. Es flog ihr nichts mühelos zu. Sie spielte gut Klavier, doch nur Lemm wußte, was sie das gekostet hatte.

Sie las nicht viel; „eigene Worte" hatte sie nicht, aber sie hatte eigene Gedanken und ging ihren eigenen Weg. Nicht umsonst war sie ihrem Vater ähnlich; auch er hatte andere nicht gefragt, was er tun und lassen solle. So wuchs sie auf, in Ruhe und Frieden, und so erreichte sie ihr neunzehntes Lebensjahr. Sie war sehr lieblich, ohne es selbst zu wissen. Aus jeder ihrer Bewegungen sprach unbewußte, ein wenig unbeholfene Grazie; ihre Stimme besaß den Silberklang unberührter Jugend; schon die kleinste Freude lockte ein anziehendes Lächeln auf ihre Lippen und verlieh ihren aufleuchtenden Augen einen tiefen Glanz und einen gewissen verborgenen Liebreiz. Ganz von Pflichtgefühl durchdrungen und von der Furcht, jemanden, wer es auch sein mochte, zu verletzen, liebte sie mit ihrem guten und sanften Herzen einen jeden, doch niemanden im besonderen; nur Gott allein liebte sie heiß, scheu und innig. Lawrezki war der erste, der ihr die Seelenruhe geraubt hatte.

So war Lisa.

36

Am nächsten Tag begab sich Lawrezki um die Mittagsstunde zu den Kalitins. Unterwegs begegnete er Panschin, der zu Pferde an ihm vorübersprengte, den Hut tief in die Stirn gedrückt. Bei den Kalitins wurde Lawrezki nicht empfangen – zum erstenmal, seit er mit ihnen bekannt war. Marja Dmitrijewna „geruhen zu schlafen", meldete der Kammerdiener, „ihnen" tue der Kopf weh. Marfa Timofejewna und Lisaweta Michailowna seien nicht zu Hause. In der vagen Hoffnung, Lisa doch noch zu treffen, ging Lawrezki eine Zeitlang in der Nähe des Gartens auf und ab, doch er sah niemanden. Zwei Stunden später kam er wieder und erhielt die gleiche Antwort, wobei ihn der Diener etwas schief ansah. Lawrezki hielt es für unschicklich, am selben Tag ein drittes Mal vorzusprechen, und entschloß sich, nach Wassiljewskoje zu fahren, wo er ohnehin zu tun hatte. Unterwegs schmiedete er verschiedene Pläne, einen schöner als den anderen, aber auf dem Gütchen seiner Tante überkam ihn Wehmut. Er knüpfte ein Gespräch mit Anton an, doch der Alte hatte, wie zum Trotz, lauter unfrohe Gedanken im Kopf. Er erzählte Lawrezki, wie sich Glafira Petrowna vor ihrem Tode selbst in die Hand gebissen hatte, und sagte dann nach einer Weile seufzend: „Jeder Mensch, gnädiger Herr, ist sich selbst zum Auffressen ausgeliefert." Es war schon spät, als sich Lawrezki auf den Rückweg machte. Die Töne vom vorhergehenden Tag umfingen ihn wieder; vor seinen Augen erstand in seiner ganzen sanften Klarheit Lisas Bild; Rührung ergriff ihn bei dem Gedanken, daß sie ihn liebte – und ruhig und glücklich kam er bei seinem kleinen Haus in der Stadt an.

Das erste, was ihm auffiel, als er das Vorzimmer betrat, war der Duft von Patschuli, der ihm äußerst zuwider war. Auch standen große Truhen und Reisekoffer herum. Das Gesicht des Kammerdieners, der ihm entgegeneilte, kam ihm sonderbar vor. Ohne über seine Eindrücke nachzudenken, trat er über die Schwelle des Salons. Vom Diwan erhob sich eine Dame in einem schwarzseidenen Kleid mit Volants. Ein Batisttüchlein an ihr blasses Gesicht führend, machte sie einige Schritte auf ihn zu, neigte den sorgfältig frisierten und parfümierten Kopf und fiel ihm zu Füßen. Erst jetzt erkannte er sie: Diese Dame war seine Frau. Ihm stockte der Atem. Er lehnte sich an die Wand.

„Théodore, jagen Sie mich nicht fort!" sagte sie auf französisch, und ihre Stimme schnitt ihm wie ein Messer ins Herz.

Verständnislos blickte er sie an, gewahrte jedoch sofort unwillkürlich, daß sie blasser und voller geworden war.

„Théodore", fuhr sie fort, wobei sie hin und wieder rasch die Augen aufschlug und vorsichtig ihre bewundernswert schönen Hände mit den rosigen, polierten Fingernägeln rang. „Théodore, ich habe Ihnen gegenüber eine Schuld auf mich geladen, eine schwere Schuld, ja, ich sage mehr noch, ich bin eine Verbrecherin, aber hören Sie mich an. Die Reue quält mich; ich bin mir selbst zur Last geworden. Ich konnte meine Lage nicht mehr ertragen. Wie oft schon wollte ich mich an Sie wenden, doch ich fürchtete Ihren Zorn. Ich entschloß mich, alles, was mich mit der Vergangenheit verbindet, zu zerreißen. Puis, j'ai été si malade, ich war so krank", fügte sie hinzu und fuhr sich mit der Hand über Stirn und Wange. „Ich machte mir das in

Umlauf gebrachte Gerücht von meinem Tode zunutze und ließ alles im Stich. Ohne mich irgendwo aufzuhalten, bin ich Tag und Nacht hierher geeilt. Ich habe lange gezögert, vor Sie, meinen Richter, zu treten – paraître devant vous, mon juge, aber endlich entschloß ich mich, Ihrer immerwährenden Güte gedenkend, zu Ihnen zu reisen. Ihre Adresse erfuhr ich in Moskau. Glauben Sie mir", fuhr sie fort, während sie sich behutsam vom Fußboden erhob und auf den äußersten Rand eines Sessels setzte, „ich habe oft an den Tod gedacht, und ich hätte auch genügend Mut aufgebracht, mir das Leben zu nehmen – ach, das Leben ist jetzt eine unerträgliche Bürde für mich! –, aber der Gedanke an meine Tochter, an meine Adotschka, hat mich zurückgehalten. Sie ist hier, sie schläft im Zimmer nebenan, das arme Kind! Sie war so müde – Sie werden sie sehen. Sie wenigstens ist Ihnen gegenüber nicht schuldig, aber ich bin so unglücklich, so unglücklich!" rief Frau Lawrezkaja aus und zerfloß in Tränen.

Lawrezki kam endlich zu sich. Er löste sich von der Wand und ging auf die Tür zu.

„Sie wollen fort?" fragte seine Frau verzweifelt. „Oh, das ist grausam! Ohne mir ein einziges Wort zu sagen, selbst ohne einen Vorwurf... Diese Verachtung tötet mich. Das ist entsetzlich!"

Lawrezki blieb stehen.

„Was wollen Sie von mir hören?" fragte er mit tonloser Stimme.

„Nichts, nichts", fiel sie ihm lebhaft ins Wort. „Ich weiß, ich habe kein Recht, etwas zu fordern. Ich bin nicht von Sinnen, glauben Sie mir. Ich habe nicht die Hoffnung, ich wage nicht, die Hoffnung zu haben, daß Sie mir verzeihen; ich erkühne mich nur, Sie zu bitten, daß Sie mir befehlen, was ich tun und wo ich leben soll. Ich werde wie eine Sklavin Ihren Befehl ausführen, wie er auch lauten möge."

„Ich habe Ihnen nichts zu befehlen", erwiderte Lawrezki im gleichen Ton wie zuvor. „Sie wissen, zwischen uns ist alles aus – und jetzt mehr denn je. Sie können leben, wo es Ihnen beliebt; und wenn Ihnen Ihre Pension zu gering sein sollte..."

„Ach, sprechen Sie nicht so schreckliche Worte", unterbrach

ihn Warwara Pawlowna, „schonen Sie mich, sei es auch ... sei es auch nur um dieses Engels willen."

Kaum hatte Warwara Pawlowna diese Worte gesagt, lief sie hastig ins Nebenzimmer und kehrte gleich darauf mit einem sehr elegant gekleideten kleinen Mädchen auf den Armen zurück. Üppige dunkelblonde Locken fielen ihm in das hübsche, rotwangige Gesicht und über die großen, schwarzen, verschlafenen Augen. Sie lächelte, blinzelte, vom Licht geblendet, und stemmte das rundliche Händchen gegen den Hals der Mutter.

„Ada, vois, c'est ton père", sagte Warwara Pawlowna, während sie dem Kind die Locken aus den Augen strich und es heftig küßte. „Prie le avec moi."

„C'est ça, papa", lispelte das Mädchen.

„Oui, mon enfant, n'est-ce pas, que tu l'aimes?"

Da wurde es Lawrezki zuviel.

„In welchem Melodrama kommt doch gleich genauso eine Szene vor?" murmelte er und ging hinaus.

Warwara Pawlowna blieb noch einige Zeit auf demselben Fleck stehen, dann zuckte sie leicht die Achseln, trug die Kleine in das andere Zimmer zurück, kleidete sie aus und legte sie schlafen. Danach holte sie ein Buch hervor, setzte sich an die Lampe, wartete etwa eine Stunde und ging schließlich selbst zu Bett.

„Eh bien, madame?" fragte ihre Zofe, eine Französin, die sie aus Paris mitgebracht hatte, während sie ihr das Korsett aufschnürte.

„Eh bien, Justine", erwiderte sie. „Er ist sehr gealtert, aber mir scheint, er ist noch genauso gutherzig wie früher. Geben Sie mir die Nachthandschuhe und legen Sie mir für morgen das hochgeschlossene graue Kleid zurecht. Vergessen Sie auch nicht die Hammelkoteletts für Ada – sie werden hier freilich schwer zu bekommen sein, aber man muß sich eben Mühe geben."

„A la guerre comme à la guerre", meinte Justine und löschte die Kerze aus.

37

Mehr als zwei Stunden irrte Lawrezki in den Straßen der Stadt umher. Ihm kam die Nacht in den Sinn, die er in der Umgebung von Paris verbracht hatte. Das Herz wollte ihm zerspringen, und in seinem Kopf, der leer und wie betäubt war, kreisten immerfort ein und dieselben finsteren, unsinnigen, bösen Gedanken. „Sie lebt, sie ist hier", murmelte er mit ständig sich erneuernder Bestürzung. Er fühlte, daß er Lisa verloren hatte. Der Zorn würgte ihn – allzu jäh hatte ihn dieser Schlag getroffen. Wie hatte er nur einem albernen Feuilletongeschwätz, einem Fetzen Papier so leichtfertig Glauben schenken können? Nun, und wenn ich es nicht geglaubt hätte, dachte er, was wäre der Unterschied? Dann wüßte ich nicht, daß Lisa mich liebt, und sie selbst wüßte es auch nicht. Er vermochte nicht, das Bild, die Stimme, die Blicke seiner Frau von sich zu scheuchen, und er verfluchte sich, verfluchte alles auf der Welt.

Zerquält kam er gegen Morgen zu Lemm. Er mußte lange klopfen, bis sich am Fenster endlich der mit einer Schlafmütze bedeckte Kopf des Alten zeigte, ein saures, runzliges Gesicht, nicht im mindesten mehr jenem vor schöpferischer Begeisterung strengen Gesicht ähnlich, das vierundzwanzig Stunden vorher von der ganzen Höhe seiner künstlerischen Erhabenheit herab gebieterisch auf Lawrezki geblickt hatte.

„Was wollen Sie von mir?" fragte Lemm. „Ich kann nicht jede Nacht spielen; ich habe einen Absud eingenommen."

Aber offenbar sah Lawrezkis Gesicht sehr sonderbar aus, denn der Alte schirmte mit den Händen seine Augen ab, blickte sich seinen nächtlichen Besucher genauer an und ließ ihn ein.

Lawrezki trat ins Zimmer und sank auf einen Stuhl. Der Alte blieb vor ihm stehen und schlug die Schöße seines bunten, abgetragenen Schlafrockes übereinander, wobei er sich zusammenkrümmte und die Lippen kauend bewegte.

„Meine Frau ist gekommen", sagte Lawrezki, hob den Kopf und mußte plötzlich gegen seinen Willen laut auflachen.

Lemms Gesicht drückte Erstaunen aus, aber er lächelte nicht

einmal, sondern hüllte sich nur noch fester in seinen Schlafrock.

„Aber Sie wissen ja nicht", fuhr Lawrezki fort, „ich bildete mir ein... Ich hatte in der Zeitung gelesen, daß sie nicht mehr am Leben sei."

„Oh, oh, das hatten Sie vor kurzem gelesen?" fragte Lemm Lawrezki.

„Ja, vor kurzem."

„Oh, oh", wiederholte der Alte und zog die Augenbrauen hoch. „Und nun ist sie gekommen?"

„Ja, sie ist gekommen. Sie ist jetzt bei mir, und ich... ich bin ein unglücklicher Mensch."

Und wieder lachte er bitter.

„Sie sind ein unglücklicher Mensch", wiederholte Lemm langsam.

„Christophor Fjodorytsch", begann Lawrezki, „würden Sie es übernehmen, ein kurzes Briefchen zu überbringen?"

„Hm. Darf man fragen, an wen?"

„An Lisaw..."

„Ah, ja, ja, ich verstehe. Gut. Und wann soll das Briefchen überbracht werden?"

„Morgen, so früh wie möglich."

„Hm. Ich könnte Katrin schicken, meine Köchin. Nein, ich werde selbst hingehen."

„Und werden Sie mir Antwort bringen?"

„Ja, ich bringe Ihnen Antwort." Lemm seufzte. „Ja, mein armer junger Freund, Sie sind wirklich ein unglücklicher junger Mensch."

Lawrezki schrieb ein paar Worte an Lisa: Er teilte ihr die Ankunft seiner Frau mit und bat sie um ein Zusammentreffen. Dann warf er sich auf den schmalen Diwan, das Gesicht zur Wand gekehrt.

Der Alte legte sich wieder zu Bett, wälzte sich lange hin und her, hustete und trank ab und zu einige Schlucke von seinem Absud.

Der Morgen brach an. Beide erhoben sich. Mit sonderbaren Blicken beobachteten sie einander. Lawrezki hätte sich in diesem Augenblick am liebsten umgebracht. Die Köchin Katrin brachte ihnen einen abscheulichen Kaffee. Es schlug acht Uhr. Lemm setzte seinen Hut auf, sagte, daß er bei den Kalitins zwar erst um zehn Uhr eine Stunde gebe, aber schon einen passenden Vorwand finden werde, und machte sich auf den Weg. Lawrezki warf sich wieder auf den kleinen Diwan, und wieder brach aus dem Grunde seiner Seele ein schmerzliches Lachen. Er dachte daran, wie ihn seine Frau aus dem Hause vertrieben hatte, er stellte sich Lisas Lage vor, schloß die Augen und verschränkte die Hände hinter dem Kopf. Endlich kehrte Lemm zurück und brachte ihm einen Zettel, auf den Lisa mit Bleistift folgende Worte geschrieben hatte: „Wir können uns heute nicht sehen; vielleicht morgen abend. Leben Sie wohl." Trocken und zerstreut bedankte sich Lawrezki bei Lemm und ging nach Hause.

Er traf seine Frau beim Frühstück an. Ada, die den ganzen Kopf voller Löckchen hatte und ein weißes Kleid mit blauen Bändern trug, aß ein Hammelkotelett. Warwara Pawlowna stand sofort auf, als Lawrezki ins Zimmer trat, und näherte sich ihm mit demütiger Miene. Er bat sie, ihm in sein Kabinett zu folgen, schloß die Tür hinter sich und ging im Zimmer auf und ab; sie setzte sich, legte bescheiden die Hände übereinander und folgte ihm mit ihren immer noch schönen, wenn auch leicht untermalten Augen.

Lawrezki vermochte lange kein Wort hervorzubringen: Er fühlte, daß er sich nicht in der Gewalt hatte. Er erkannte deutlich, daß Warwara Pawlowna keinerlei Furcht vor ihm empfand, aber Miene machte, auf der Stelle in Ohnmacht zu fallen.

„Hören Sie, gnädige Frau", begann er endlich, schwer atmend und bisweilen die Zähne zusammenbeißend, „wir brauchen einander nichts vorzumachen. Ich glaube nicht an Ihre Reue, doch selbst wenn sie aufrichtig wäre – mich mit Ihnen wieder verbinden, wieder mit Ihnen leben, das kann ich nicht."

Warwara Pawlowna preßte die Lippen aufeinander und senkte die Lider. Das ist Abscheu, dachte sie, es ist alles aus. Ich bedeute ihm auch als Frau nichts mehr.

„Das kann ich nicht", wiederholte Lawrezki und knöpfte seinen Rock bis oben zu. „Ich weiß nicht, weshalb Sie sich hierher bemüht haben; vermutlich ist Ihnen das Geld ausgegangen."

„Oh! Sie beleidigen mich", flüsterte Warwara Pawlowna.

„Wie dem auch sei – Sie sind nun einmal, leider, meine Frau. Ich kann Sie nicht einfach davonjagen, ich mache Ihnen daher folgenden Vorschlag. Sie können noch heute, wenn Sie wünschen, nach Lawriki fahren und dort wohnen. Sie wissen, das Haus dort ist in gutem Zustand, und Sie werden über Ihre Pension hinaus alles Nötige erhalten. Sind Sie damit einverstanden?"

Warwara Pawlowna führte ein gesticktes Taschentuch an ihr Gesicht.

„Ich habe Ihnen schon gesagt", erwiderte sie, und ihre Lippen zuckten nervös, „daß ich mit allem einverstanden sein werde, was Sie auch immer mit mir zu tun belieben. Für diesmal bleibt mir nur übrig, Sie zu fragen, ob Sie mir wenigstens gestatten, Ihnen für Ihre Großmut zu danken?"

„Keinen Dank, bitte, so ist es besser", sagte Lawrezki hastig. „Also", fuhr er fort, während er sich der Tür näherte, „kann ich darauf rechnen..."

„Morgen schon werde ich in Lawriki sein", sagte Warwara Pawlowna und erhob sich ehrerbietig von ihrem Platz. „Aber, Fjodor Iwanytsch..." (Théodore nannte sie ihn nun nicht mehr.)

„Was wünschen Sie?"

„Ich weiß, ich habe noch durch nichts Ihre Verzeihung verdient; darf ich wenigstens hoffen, daß mit der Zeit..."

„Ach, Warwara Pawlowna", unterbrach Lawrezki sie, „Sie sind eine kluge Frau, und auch ich bin ja kein Dummkopf – ich weiß, daß Sie diese gar nicht brauchen. Ich habe Ihnen längst verziehen, aber zwischen uns war von jeher ein Abgrund."

„Ich werde mich zu fügen wissen", entgegnete Warwara Pawlowna und neigte den Kopf. „Ich habe nicht vergessen, daß ich schuldig bin. Ich würde mich nicht wundern, wenn ich erführe, daß Sie sich über die Nachricht von meinem Tode sogar gefreut haben", fügte sie sanft hinzu, indem sie mit der Hand leichthin auf das Zeitungsblatt deutete, das, von Lawrezki vergessen, auf dem Tisch lag.

Fjodor Iwanytsch zuckte zusammen: Das Feuilleton war mit Bleistift angestrichen. Warwara Pawlowna sah ihn noch ergebener an. Sie war sehr hübsch in diesem Augenblick. Das graue Pariser Kleid schmiegte sich eng an ihren schlanken, biegsamen Körper, der fast dem einer Siebzehnjährigen glich; ihr feiner, zarter, von einem weißen Kragen umschlossener Hals, die gleichmäßig atmende Brust, die Arme ohne Reifen und Ringe – ihre ganze Gestalt, von dem schimmernden Haar bis zur Spitze des kaum sichtbar vorgeschobenen Schuhes, war so schön ...

Lawrezki streifte sie mit einem bösen Blick – er hätte beinahe „Bravo!" gerufen, hätte sie beinahe mit der Faust auf den Scheitel geschlagen – und entfernte sich. Eine Stunde später war er bereits auf dem Weg nach Wassiljewskoje, und zwei Stunden danach ließ Warwara Pawlowna für sich die beste Kutsche mieten, die in der Stadt zu haben war, setzte einen einfachen Strohhut mit schwarzem Schleier auf, hängte sich eine bescheidene Mantille um, übergab Ada Justine und fuhr zu den Kalitins, denn bei der Dienerschaft hatte sie erfragt, daß ihr Mann diese täglich besuchte.

38

Der Tag, an dem Lawrezkis Frau in O ... ankam, dieser für ihn so unheilvolle Tag, war auch für Lisa qualvoll. Kaum war sie heruntergekommen und hatte ihrer Mutter einen guten Morgen gewünscht, da erscholl vor dem Fenster bereits Pferdegetrappel, und sie sah zu ihrem geheimen Schrecken Panschin in den Hof reiten. Er kommt so früh, um sich meine endgültige Antwort zu holen, dachte sie, und sie täuschte sich nicht. Nachdem er eine Zeitlang im Salon verweilt hatte, schlug er ihr vor, mit ihm in den Garten zu gehen, und verlangte von ihr dort die Entscheidung über sein Schicksal. Lisa faßte sich ein Herz und erklärte ihm, sie könne nicht seine Frau werden. Er hörte sie stehend und halb abgewandt, den Hut tief in die Stirn gedrückt, bis zu Ende an, dann fragte er sie höflich, doch mit veränderter Stimme, ob das ihr letztes Wort sei und ob er ihr irgendeinen Anlaß zu einer solchen Sinnesänderung gegeben habe. Dann drückte er eine Hand an die Augen, seufzte jäh auf und zog die Hand wieder vom Gesicht.

„Ich wollte nicht den ausgetretenen Weg gehen", sagte er dumpf, „ich wollte eine Gefährtin nach meinem Herzen finden, aber es soll offenbar nicht sein. Fahr denn hin, mein Traum!"

Er verbeugte sich tief vor Lisa und kehrte ins Haus zurück.

Sie hoffte, er werde sogleich fortreiten; doch er ging ins Kabinett zu Marja Dmitrijewna und blieb etwa eine Stunde bei ihr. Als er ging, sagte er zu Lisa: „Votre mère vous appelle; adieu à jamais", schwang sich aufs Pferd und ritt gleich von der Freitreppe an in vollem Galopp davon. Lisa ging zu Marja Dmitrijewna und fand sie in Tränen aufgelöst: Panschin hatte ihr sein Mißgeschick mitgeteilt.

„Warum hast du mir das angetan? Warum hast du mir das angetan?" klagte die betrübte Witwe. „Wen willst du denn sonst? Weshalb ist er denn kein Mann für dich? Ein Kammerjunker! Und gar nicht eigennützig! In Petersburg könnte er jede beliebige Hofdame heiraten. Und ich, ich hatte so darauf gehofft! Seit wann hast du dich ihm gegenüber denn so verändert? Das muß dir jemand eingeblasen haben; von allein bist du nicht darauf verfallen. Etwa gar dieser Rüpel? Da hast du dir einen feinen Ratgeber ausgesucht! – Und er, dieser liebe Mensch", fuhr Marja Dmitrijewna fort, „wie ehrerbietig, wie aufmerksam er noch in seinem Kummer war! Er hat mir versprochen, mich nicht zu verlassen. Ach, das überlebe ich nicht! Ach, mein Kopf schmerzt zum Zerspringen! Schicke Palaschka zu mir. Du bringst mich um, wenn du es dir nicht anders überlegst, hörst du?"

Und nachdem sie Lisa mehrere Male undankbar genannt hatte, schickte sie sie fort.

Lisa ging in ihr Zimmer hinauf. Aber noch hatte sie sich nicht von ihren Auseinandersetzungen mit Panschin und mit ihrer Mutter erholt, als ein neues Gewitter über sie hereinbrach, und zwar von einer Seite, von der sie es am wenigsten erwartet hätte. Marfa Timofejewna trat zu ihr ins Zimmer und schlug sogleich die Tür hinter sich zu. Das Gesicht der alten Frau war bleich; ihre Haube saß schief; ihre Augen blitzten, Hände und Lippen zitterten. Lisa war erstaunt – noch nie hatte sie ihre kluge und besonnene Tante in einem solchen Zustand gesehen.

„Vortrefflich, mein Fräulein", flüsterte Marfa Timofejewna mit bebender, stockender Stimme, „vortrefflich! Von wem hast du das nur gelernt, meine Liebe. Gib mir Wasser; ich kann nicht sprechen."

„Beruhigen Sie sich doch, Tantchen; was ist Ihnen denn?" sagte Lisa und reichte ihr ein Glas Wasser. „Sie mochten doch Herrn Panschin selber nicht leiden, wie mir schien."

Marfa Timofejewna stellte das Glas hin.

„Ich kann nicht trinken, ich schlage mir sonst noch die letzten Zähne aus. Was heißt hier Panschin? Was hat das mit Panschin zu tun? Sag mir lieber, wer dich gelehrt hat, nächtliche Stelldichein zu gewähren, wie?"

Lisa erblaßte.

„Laß dir bitte nicht einfallen, dich herauszureden", fuhr Marfa Timofejewna fort. „Schurotschka hat alles gesehen und mir alles erzählt. Ich habe ihr verboten zu schwatzen, aber lügen wird sie nicht."

„Ich will mich auch gar nicht herausreden, Tantchen", sagte Lisa kaum hörbar.

„Ah! So steht es, meine Liebe. Du hast ihm also ein Stelldichein gewährt, diesem alten Sünder, diesem Scheinheiligen?"

„Nein."

„Wieso nein?"

„Ich bin in den Salon hinuntergegangen, um mir ein Buch zu holen. Er war im Garten und hat mich gerufen."

„Und du bist gegangen? Vortrefflich. Du liebst ihn wohl gar, was?"

„Ja, ich liebe ihn", antwortete Lisa leise.

„Du meine Güte! Sie liebt ihn!" Marfa Timofejewna riß sich die Haube vom Kopf. „Einen verheirateten Mann liebt sie! Was? Jawohl, liebt sie!"

„Er hat mir gesagt...", begann Lisa.

„Was hat er dir gesagt, dein sauberer Schatz. Nun, was denn?"

„Er hat mir gesagt, seine Frau sei gestorben."

Marfa Timofejewna bekreuzigte sich.

„Das Himmelreich sei ihr beschieden", murmelte sie. „Ein hohles Frauenzimmer war sie – nun, ich will nichts gegen sie gesagt haben. So ist das: Witwer ist er also geworden. Aber ich sehe, er weiß sich zu helfen. Kaum hat er eine Frau unter die Erde gebracht, ist er schon hinter einer anderen her. Wie gefällt dir der Duckmäuser? Nur das eine will ich dir sagen, Nichte: Zu meiner Zeit, als ich jung war, mußten die Mädchen für solche Streiche hart büßen. Sei nicht böse auf mich, mein Kind – über die Wahrheit ärgern sich nur Narren. Ich habe ihn heute auch abweisen lassen. Ich habe ihn gern, aber das werde ich ihm nie verzeihen. Sieh an, Witwer! Gib mir mal das Wasser her. Daß du den Panschin mit langer Nase fortgeschickt hast, dafür bist du mein Prachtmädel; nur sitz mir nicht nachts mit diesem Bocksgeschlecht, den Männern, herum; mach mir alten Frau keinen Kummer! Denn ich kann nicht bloß lieb und nett sein – ich kann auch beißen. Witwer!"

Marfa Timofejewna ging; Lisa aber setzte sich in einen Winkel und brach in Tränen aus. Bitterkeit stieg in ihr auf – eine solche Erniedrigung hatte sie nicht verdient. Nicht als Freude offenbarte sich ihr die Liebe: Seit dem vorhergehenden Abend weinte sie schon zum zweitenmal. Eben erst war in ihrem Herzen dieses neue, ungeahnte Gefühl aufgeblüht – und wie schwer mußte sie schon dafür bezahlen, wie grob hatten fremde Hände ihr tief verborgenes Geheimnis berührt! Sie fühlte Scham, Bitterkeit und Schmerz, aber weder Zweifel noch Furcht – und Lawrezki war ihr noch teurer geworden. Sie hatte geschwankt, solange sie sich selbst nicht verstanden hatte, doch nach jenem Zusammensein, nach jenem Kuß konnte sie nicht mehr schwanken: Sie wußte, daß sie liebte, und sie liebte aufrichtig und tief. Sie hatte sich gebunden, fürs ganze Leben, und fürchtete keine Drohung. Sie spürte, daß keine Gewalt dieses Band zerreißen konnte.

39

Marja Dmitrijewna geriet in große Aufregung, als ihr Warwara Pawlowna Lawrezkaja gemeldet wurde. Sie wußte nicht einmal, ob sie sie empfangen solle: Sie fürchtete, Fjodor Iwanytsch zu beleidigen. Schließlich gewann die Neugier die Oberhand. Was ist denn dabei, dachte sie, sie ist ja auch eine Verwandte. Nachdem sie es sich in einem Sessel bequem gemacht hatte, sagte sie zu dem Diener: „Ich lasse bitten!" Es vergingen einige Augenblicke; die Tür öffnete sich; Warwara Pawlowna kam mit kaum hörbaren Schritten schnell auf Marja Dmitrijewna zu und verneigte sich, ohne ihr Zeit zu lassen, sich von ihrem Sessel zu erheben, fast kniefällig vor ihr.

„Besten Dank, liebe Tante", begann sie mit bewegter und leiser Stimme auf russisch, „besten Dank. Ich hatte auf solche Nachsicht von Ihrer Seite nicht zu hoffen gewagt. Sie sind gütig wie ein Engel."

Nach diesen Worten bemächtigte sich Warwara Pawlowna unerwartet einer Hand Marja Dmitrijewnas, umfing sie leicht mit ihren blaßlila Handschuhen und führte sie unterwürfig an ihre rosigen, vollen Lippen. Marja Dmitrijewna verlor völlig die Fassung, als sie diese schöne, entzückend gekleidete Frau fast zu ihren Füßen erblickte. Sie wußte nicht, was sie tun sollte. Sie wollte ihr die Hand entziehen, sie bitten, Platz zu nehmen, und ihr etwas Nettes sagen – schließlich erhob sie sich ein wenig und küßte Warwara Pawlowna auf die glatte, stark duftende Stirn. Warwara Pawlowna schwanden fast die Sinne bei diesem Kuß.

„Guten Tag, bonjour", sagte Marja Dmitrijewna. „Ich hatte natürlich keine Ahnung... Übrigens freue ich mich natürlich, Sie zu sehen. Sie verstehen, meine Liebe, es steht mir nicht zu, den Richter zwischen Frau und Mann zu spielen."

„Mein Mann ist voll und ganz im Recht", unterbrach Warwara Pawlowna sie. „Ich allein bin schuldig."

„Das sind sehr lobenswerte Gefühle", erwiderte Marja Dmitrijewna, „sehr lobenswerte. Sind Sie schon lange hier? Haben Sie Fjodor Iwanytsch denn schon gesehen? Aber, bitte, nehmen Sie doch Platz."

„Ich bin gestern angekommen", antwortete Warwara Pawlowna und setzte sich bescheiden auf einen Stuhl. „Ich habe Fjodor Iwanytsch gesehen, und ich habe auch mit ihm gesprochen."

„Ah! Nun, und wie verhielt er sich?"

„Ich hatte befürchtet, daß meine plötzliche Ankunft seinen Zorn erregen würde", fuhr Warwara Pawlowna fort, „aber er hat mir seine Gegenwart nicht entzogen."

„Das heißt, er hat Sie nicht ... Ja, ja, ich verstehe", meinte Marja Dmitrijewna. „Er ist nur äußerlich etwas rauh, aber er hat ein weiches Herz."

„Fjodor Iwanytsch hat mir nicht verziehen; er wollte mich nicht anhören ... Aber er war so gütig, mir Lawriki als Wohnsitz anzubieten."

„Ah! Ein herrliches Besitztum!"

„Morgen schon werde ich dorthin fahren, um seinen Willen zu erfüllen – doch ich hielt es für meine Pflicht, Ihnen vorher einen Besuch abzustatten."

„Ich bin Ihnen sehr, sehr dankbar, meine Liebe. Man soll niemals seine Verwandten vergessen. Aber wissen Sie, ich bin wirklich erstaunt, wie gut Sie Russisch sprechen. C'est étonnant."

Warwara Pawlowna seufzte.

„Ich bin allzu lange im Ausland gewesen, Marja Dmitrijewna, ich weiß es, aber mein Herz war immer ein russisches, und ich habe mein Vaterland nicht vergessen."

„Soso, ja, das ist das beste. Fjodor Iwanytsch hat Sie allerdings überhaupt nicht erwartet. Ja, glauben Sie meiner Erfahrung: La patrie avant tout. Ach, lassen Sie doch mal sehen, was Sie da für eine reizende Mantille haben."

„Gefällt sie Ihnen?" Warwara Pawlowna ließ die Mantille geschickt von ihren Schultern gleiten. „Sie ist sehr einfach, von Madame Baudran."

„Das sieht man gleich. Von Madame Baudran ... Wie nett und geschmackvoll! Ich bin überzeugt, Sie haben eine Menge entzückender Sachen mitgebracht. Ich würde sie mir gern mal ansehen."

„Meine ganze Garderobe steht zu Ihrer Verfügung, liebste

Tante. Wenn Sie erlauben, zeige ich Ihrer Kammerzofe einiges. Ich habe eine Zofe aus Paris mit, eine ganz hervorragende Schneiderin."

„Sie sind zu gütig, meine Liebe. Nein, wirklich, Sie machen mich verlegen."

„Verlegen", wiederholte Warwara Pawlowna vorwurfsvoll. „Wenn Sie mich glücklich machen wollen, so verfügen Sie über mich wie über Ihr Eigentum!"

Marja Dmitrijewna war ganz hingerissen.

„Vous êtes charmante", sagte sie. „Aber warum legen Sie Ihren Hut, Ihre Handschuhe nicht ab?"

„Ja? Sie erlauben?" fragte Warwara Pawlowna und faltete gleichsam gerührt die Hände.

„Selbstverständlich. Sie werden doch mit uns speisen, hoffe ich. Ich ... ich möchte Sie mit meiner Tochter bekannt machen." Marja Dmitrijewna geriet ein wenig in Verwirrung. Ach was! Weshalb denn nicht! dachte sie. „Sie fühlt sich aber heute nicht ganz wohl."

„Oh, ma tante, wie gütig Sie sind!" rief Warwara Pawlowna aus und führte ihr Taschentuch an die Augen.

Der Diener meldete Gedeonowski. Selbstgefällig lächelnd und mit tiefen Verbeugungen trat der alte Schwätzer ein. Marja Dmitrijewna stellte ihn ihrem Besuch vor. Er war anfangs etwas betreten, doch Warwara Pawlowna benahm sich so kokett-ehrerbietig ihm gegenüber, daß er ganz rote Ohren bekam und ihm Schwindelgeschichten, Klatschereien und Liebenswürdigkeiten wie Honig vom Munde flossen. Warwara Pawlowna hörte ihm zu, lächelte zurückhaltend und wurde allmählich selbst gesprächig. Sie erzählte bescheiden von Paris, von ihren Reisen, von Baden-Baden; ein paarmal brachte sie Marja Dmitrijewna zum Lachen, und jedesmal seufzte sie nachher leise auf, als machte sie sich in Gedanken Vorwürfe über diese unangebrachte Heiterkeit; sie erbat sich die Erlaubnis, Ada mitzubringen, zeigte, nachdem sie ihre Handschuhe abgestreift hatte, mit ihren glatten und mit Seife à la guimauve gewaschenen Händen, wie und wo man Volants, Rüschen, Spitzen und Choux trägt; sie versprach, ein Fläschchen von dem neuen englischen Parfüm Victoria's Essence mitzubringen, und freute sich wie ein Kind, als Marja Dmitrijewna einwilligte, es als Geschenk anzunehmen; dann erzählte sie, wie ihr zumute gewesen war, als sie zum erstenmal wieder russische Glocken hörte, und Tränen traten ihr dabei in die Augen. „So schnitten sie mir ins Herz", sagte sie.

In diesem Augenblick trat Lisa ins Zimmer.

Seit dem Morgen, seit jener Minute, da sie, starr vor Schrecken, Lawrezkis Briefchen las, hatte sie sich darauf gefaßt gemacht, seiner Frau zu begegnen, hatte geahnt, daß sie sie sehen werde. Sie war entschlossen, ihr nicht aus dem Wege zu gehen, schon um sich für ihre – wie sie es nannte – verbrecherischen Hoffnungen zu bestrafen. Die jähe Wendung in ihrem Schicksal hatte sie bis ins Innerste erschüttert. In wenigen Stunden war ihr Gesicht schmaler geworden, aber sie hatte keine Träne vergossen. „Das geschieht mir recht!" sprach sie zu sich selbst, während sie sich erregt bemühte, gewisse bittere, böse, sie selbst erschreckende Gedanken zu unterdrücken. Ich muß gehen, dachte sie, als sie von der Ankunft der Lawrezkaja erfuhr, und sie ging. Lange stand sie vor der Salontür, ehe sie sich entschloß, sie zu öffnen. Mit dem Gedanken: Ich habe mich vor ihr schuldig gemacht, trat sie ins Zimmer und zwang sich, sie anzusehen, zwang sich zu lächeln. Warwara Pawlowna kam ihr, sobald sie sie erblickt hatte, entgegen und verneigte sich leicht, aber dennoch achtungsvoll vor ihr. „Erlauben Sie mir, mich Ihnen vorzustellen", sagte sie in einschmeichelndem Ton, „Ihre maman ist so nachsichtig gegen mich, daß ich auch auf Ihre ... Güte hoffe." Der Gesichtsausdruck Warwara Pawlownas bei diesen letzten Worten, ihr schlaues Lächeln, ihr kalter und zugleich sanfter Blick, die Bewegungen ihrer Hände und Schultern, selbst ihr Kleid, ihr ganzes Wesen erregten in Lisa einen solchen Widerwillen, daß sie ihr nicht antworten konnte und ihr nur mit Überwindung die Hand reichte. Diese junge Dame verabscheut mich, dachte Warwara Pawlowna, während sie Lisas kalte Finger kräftig drückte, und zu Marja Dmitrijewna gewandt, sagte sie halblaut: „Mais elle est délicieuse!" Lisa errötete schwach: Sie glaubte, Hohn und Kränkung aus diesem Ausruf herauszuhören, aber sie war entschlossen, ihren Eindrücken nicht zu trauen, und setzte sich ans Fenster vor den Stickrahmen. Doch auch hier ließ Warwara Pawlowna sie nicht in Ruhe. Sie trat zu ihr und begann ihren Geschmack und ihre Kunstfertigkeit zu loben. Heftig und schmerzhaft klopfte Lisas Herz. Sie vermochte kaum, sich zu beherrschen, sitzen zu bleiben. Ihr war, als wisse Warwara Pawlowna alles und mache sich, insgeheim triumphierend, über sie lustig. Zu ihrem Glück richtete Gedeonowski das Wort an Warwara Pawlowna und lenkte ihre Aufmerksamkeit ab. Lisa beugte sich über den Stickrahmen und beobachtete sie verstohlen. Diese Frau, dachte sie, hat *er* geliebt. Aber sofort verscheuchte sie den Gedanken an Lawrezki: Sie fürchtete die Herrschaft über sich zu verlieren; sie fühlte, daß ein leichter Schwindel sie ergriff. Marja Dmitrijewna brachte das Gespräch auf Musik.

„Ich habe gehört, meine Liebe", begann sie, „Sie seien eine bewundernswerte Virtuosin."

„Ich habe lange nicht mehr gespielt", erwiderte Warwara Pawlowna, setzte sich jedoch unverzüglich an den Flügel und ließ die Finger über die Tasten huschen. „Soll ich?"

„Seien Sie so gut."

Warwara Pawlowna spielte meisterhaft eine brillante und schwierige Etüde von Herz. Ihr Spiel verriet sehr viel Kraft und Gewandtheit.

„Eine Sylphide!" rief Gedeonowski.

„Außergewöhnlich!" bestätigte Marja Dmitrijewna. „Nun, Warwara Pawlowna, ich muß gestehen", sagte sie, wobei sie sie zum erstenmal beim Namen nannte, „Sie haben mich in Erstaunen gesetzt; Sie könnten sogar Konzerte geben. Wir haben hier einen alten Musiker von deutscher Herkunft, einen Sonderling, sehr gelehrt, er gibt Lisa Stunden – den würden Sie einfach um den Verstand bringen."

„Lisaweta Michailowna musiziert auch?" fragte Warwara Pawlowna und wandte ein wenig den Kopf zu ihr um.

„Ja, sie spielt recht hübsch und liebt Musik, doch was will das im Vergleich zu Ihnen besagen? Aber es gibt hier noch einen jungen Mann – den müssen Sie kennenlernen. Er ist ein Künstler von Natur und komponiert allerliebst. Er allein vermag Sie vollkommen zu würdigen."

„Ein junger Mann?" fragte Warwara Pawlowna. „Wer ist es? Irgendein armer Schlucker?"

„Erlauben Sie, der erste Kavalier hier bei uns, und nicht nur bei uns – et à Pétersbourg. Kammerjunker ist er und verkehrt in der besten Gesellschaft. Sie haben gewiß schon von ihm gehört: Panschin, Wladimir Nikolajitsch. Er ist hier im Auftrag der Regierung. Ein zukünftiger Minister, glauben Sie mir."

„Und Künstler?"

„Künstler von Natur, und so liebenswürdig. Sie werden ihn sehen. Er war die ganze Zeit über sehr oft bei mir. Ich habe ihn für den heutigen Abend eingeladen, und ich *hoffe*, er kommt", fügte Marja Dmitrijewna mit einem Stoßseufzer und einem vielsagenden bitteren Lächeln hinzu.

Lisa verstand die Bedeutung dieses Lächelns, aber es berührte sie nicht.

„Und jung?" wiederholte Warwara Pawlowna, leise auf dem Flügel modulierend.

„Achtundzwanzig Jahre und von sehr einnehmendem Äußeren. Un jeune homme accompli, glauben Sie mir."

„Ein musterhafter junger Mann, kann man sagen", bemerkte Gedeonowski.

Warwara Pawlowna spielte plötzlich einen rauschenden Walzer von Strauß, der mit einem so kräftigen und schnellen Triller einsetzte, daß Gedeonowski sogar zusammenzuckte; mitten im Walzer ging sie mit einemmal zu einem schwermütigen Motiv über und schloß mit der Arie „Fra poco" aus „Lucia". Ihr war eingefallen, daß heitere Musik zu ihrer Lage nicht paßte. Die Arie aus „Lucia", mit besonderer Betonung der gefühlvollen Stellen vorgetragen, rührte Marja Dmitrijewna tief.

„Wieviel Seele!" sagte sie halblaut zu Gedeonowski.

„Eine Sylphide!" wiederholte Gedeonowski und hob die Augen gen Himmel.

Die Stunde des Mittagessens war gekommen. Marfa Timofejewna kam herunter, als die Suppe schon auf dem Tisch stand. Sie behandelte Warwara Pawlowna sehr kühl, antwortete auf ihre Liebenswürdigkeiten einsilbig und sah sie nicht an. Warwara Pawlowna hatte sehr bald erfaßt, daß bei dieser Alten nichts zu erreichen war, und redete sie nicht mehr an. Dafür wurde Marja Dmitrijewna noch freundlicher zu ihrem Gast – die Unhöflichkeit der Tante ärgerte sie. Übrigens würdigte Marfa Timofejewna nicht nur Warwara Pawlowna keines Blikkes, sie sah auch Lisa nicht an, obgleich ihre Augen nur so funkelten. Sie saß da wie versteinert, wachsfahl, mit zusammengepreßten Lippen, und aß nichts. Lisa erschien ruhig, und wirklich – in ihrer Seele war es stiller geworden; eine seltsame Gefühllosigkeit, die Gefühllosigkeit eines Verurteilten, war über sie gekommen. Bei Tisch sprach Warwara Pawlowna wenig: Sie schien wieder schüchtern geworden zu sein und hatte über ihr Gesicht den Ausdruck einer bescheidenen Melancholie gebreitet. Nur Gedeonowski hielt mit seinen Erzählungen die Unterhaltung in Fluß, obwohl er immer wieder ängstlich zu Marfa Timofejewna hinüberblickte und hüstelte – das Hüsteln befiel ihn jedesmal, wenn er sich in ihrem Beisein anschickte, eine Lüge aufzutischen –, aber sie hinderte ihn nicht und unterbrach ihn nicht. Nach dem Essen stellte sich heraus, daß Warwara Pawlowna eine große Liebhaberin des Preferencespiels war. Das gefiel Marja Dmitrijewna dermaßen, daß sie geradezu in Rührung geriet und bei sich dachte: Was für ein Dummkopf muß doch Fjodor Iwanytsch sein, daß er eine solche Frau nicht verstehen konnte!

Sie setzte sich mit ihr und Gedeonowski an den Kartentisch, Marfa Timofejewna aber nahm Lisa mit zu sich hinauf, nachdem sie erklärt hatte, Lisa sehe schrecklich aus, sie habe wahrscheinlich Kopfschmerzen.

„Ja, sie hat furchtbare Kopfschmerzen", meinte Marja Dmitrijewna, zu Warwara Pawlowna gewandt, und verdrehte die Augen. „Ich selbst habe manchmal eine solche Migräne."

„Was Sie nicht sagen!" erwiderte Warwara Pawlowna.

Lisa trat in das Zimmer der Tante und sank erschöpft auf einen Stuhl. Marfa Timofejewna sah sie lange schweigend an, ließ sich dann sacht vor ihr auf die Knie nieder und küßte ihr, noch immer schweigend, bald die eine, bald die andere Hand. Lisa beugte sich vor, errötete und brach in Tränen aus, hob aber Marfa Timofejewna nicht auf und zog auch ihre Hände nicht fort: Sie fühlte, daß sie nicht das Recht hatte, sie fortzuziehen, nicht das Recht hatte, die alte Frau daran zu hindern, ihrer Reue und Teilnahme Ausdruck zu geben und für den vorhergehenden Tag um Verzeihung zu bitten. Marfa Timofejewna konnte diese armen, blassen, kraftlosen Hände nicht genug mit Küssen bedecken, und stumme Tränen rannen aus ihren und aus Lisas Augen. Der Kater Matrose schnurrte in dem breiten Lehnstuhl neben dem Knäuel mit dem Strickstrumpf; die längliche Flamme des Lämpchens vor der Ikone flackerte kaum, und im Nebenzimmer, hinter der Tür, stand Nastasja Karpowna und wischte sich mit einem zerknautschten karierten Taschentuch ebenfalls verstohlen die Augen.

40

Unterdessen ging unten im Salon das Preferencespiel weiter. Marja Dmitrijewna gewann und war guter Laune. Da kam der Diener herein und meldete Panschin.

Marja Dmitrijewna ließ die Karten fallen und rückte auf ihrem Sessel unruhig hin und her. Warwara Pawlowna sah sie mit einem halb spöttischen Lächeln an, dann richtete sie den Blick auf die Tür. Panschin trat ein, in einem schwarzen, bis oben zugeknöpften Frack und hohem englischem Kragen. Es fiel mir schwer, Folge zu leisten, aber Sie sehen, ich bin gekommen, stand auf seinem frisch rasierten Gesicht zu lesen, das kein Lächeln zeigte.

„Aber ich bitte Sie, Woldemar", rief Marja Dmitrijewna aus, „früher kamen Sie stets unangemeldet herein!"

Panschin antwortete Marja Dmitrijewna nur mit einem Blick, verbeugte sich höflich vor ihr, küßte ihr aber nicht die Hand. Sie stellte ihn Warwara Pawlowna vor. Er trat einen Schritt zurück, verbeugte sich vor ihr ebenso höflich, jedoch mit einem Anflug von Eleganz und Hochachtung, und nahm am Kartentisch Platz. Die Preferencepartie war bald zu Ende. Panschin erkundigte sich nach Lisaweta Michailowna, erfuhr, daß sie sich nicht ganz wohl fühle, und drückte darüber sein Bedauern aus. Dann knüpfte er ein Gespräch mit Warwara Pawlowna an, wobei er nach Diplomatenart jedes Wort abwog und deutlich formte und sich ihre Antworten ehrerbietig bis zu Ende anhörte. Aber die Erhabenheit seines Diplomatentones machte auf Warwara Pawlowna keinen Eindruck und teilte sich ihr nicht mit. Im Gegenteil: Sie blickte ihm mit heiterer Aufmerksamkeit ins Gesicht, sprach ungezwungen, und ihre feinen Nasenflügel bebten leicht wie vor verhaltenem Lachen. Marja Dmitrijewna begann ihr Talent zu preisen. Panschin neigte höflich den Kopf, soweit es ihm der hohe Kragen erlaubte, erklärte, er sei „davon schon im voraus überzeugt gewesen", und wollte die Rede anscheinend auf Metternich bringen. Warwara Pawlowna kniff ihre Samtaugen zusammen, sagte halblaut: „Aber Sie sind ja auch ein Künstler, un confrère", fügte dann noch leiser hinzu: „Venez!" und deutete mit dem Kopf nach dem Flügel. Dieses eine hingeworfene Wort „Venez!" veränderte augenblicklich, wie durch Zauberei, Panschins ganzes Gebaren. Seine sorgenvolle Haltung war verschwunden; er lächelte, wurde lebhaft, knöpfte seinen Frack auf, und während er wiederholt versicherte: „Was bin ich schon für ein Künstler – Sie aber, habe ich gehört, sind eine wahre Künstlerin", folgte er Warwara Pawlowna zum Flügel.

„Lassen Sie ihn seine Romanze singen – wie der Mond am Himmel schwebt", rief Marja Dmitrijewna aus.

„Sie singen?" fragte Warwara Pawlowna und warf ihm einen hellen Blick zu. „Setzen Sie sich."

Panschin wollte Ausflüchte machen.

„Setzen Sie sich", wiederholte sie und klopfte energisch auf die Stuhllehne.

Er setzte sich, hüstelte, lockerte den Kragen und sang seine Romanze.

„Charmant", meinte Warwara Pawlowna, „Sie singen sehr schön, vous avez du style. Bitte, noch einmal."

Sie ging um den Flügel herum und stellte sich Panschin gerade gegenüber. Er wiederholte die Romanze, wobei er seiner Stimme ein gefühlvolles Zittern verlieh. Die Ellbogen auf den Flügel gestützt und die weißen Hände in Höhe ihrer Lippen haltend, sah Warwara Pawlowna ihn unverwandt an.

„Charmant, charmante idée", sagte sie mit der ruhigen Sicherheit einer Kennerin, als er geendet hatte. „Sagen Sie, haben Sie auch etwas für eine Frauenstimme geschrieben, für Mezzosopran?"

„Ich schreibe fast nichts", erwiderte Panschin. „Ich mache das ja nur so nebenbei. Singen Sie etwa auch?"

„Ja, ich singe."

„Oh! Singen Sie uns etwas vor", sagte Marja Dmitrijewna.

Warwara Pawlowna strich sich das Haar von den geröteten Wangen und schüttelte den Kopf.

„Unsere Stimmen müßten gut zueinander passen", sagte sie, zu Panschin gewandt. „Singen wir ein Duett. Kennen Sie ‚Son geloso' oder ‚La ci darem' oder ‚Mira la bianca luna'?"

„Ich habe früher einmal ‚Mira la bianca luna' gesungen", antwortete Panschin, „aber das ist schon lange her – ich kann es nicht mehr."

„Das tut nichts, wir wollen es leise probieren. Gestatten Sie."

Warwara Pawlowna setzte sich an den Flügel. Panschin stellte sich neben sie. Sie sangen das Duett mit halber Stimme, wobei Warwara Pawlowna ihn einige Male verbesserte. Dann sangen sie es laut und wiederholten zweimal „Mira la bianca lu ... u ... una". Warwara Pawlownas Stimme hatte ihre Frische verloren, doch sie beherrschte sie sehr geschickt. Panschin sang anfangs zaghaft und bisweilen falsch, doch dann geriet er in Feuer, und wenn er auch nicht fehlerfrei sang, so bewegte er doch die Schultern, wiegte den ganzen Oberkörper und hob hin und wieder den Arm wie ein richtiger Sänger. Warwara Pawlowna spielte noch zwei, drei Sachen von Thalberg und „rezitierte" kokett eine französische Ariette. Marja Dmitrijewna wußte schon gar nicht mehr, wie sie ihr Entzücken zum Ausdruck bringen sollte. Einige Male wollte sie Lisa rufen lassen. Gedeonowski fand ebenfalls keine Worte und wiegte nur den Kopf, doch plötzlich mußte er gähnen, und er konnte gerade noch rechtzeitig die Hand vor den Mund halten. Dieses Gähnen war Warwara Pawlowna nicht entgangen. Sie kehrte dem Flügel mit einemmal den Rücken, sagte: „Assez de musique comme ça, wir wollen lieber plaudern" und kreuzte die Arme. „Oui, assez de musique", wiederholte Panschin aufgeräumt und knüpfte mit ihr eine gewandte, leichte Unterhaltung in französischer Sprache an. Ganz wie im besten Pariser Salon, dachte Marja Dmitrijewna, während sie den wendigen, geschmeidigen Reden der beiden zuhörte. Panschin fühlte sich sehr wohl; seine Augen glänzten, er lächelte. Anfangs fuhr er sich mit der Hand übers Gesicht, runzelte die Brauen und seufzte auf, wenn er zufällig den Blicken Marja Dmitrijewnas begegnete, aber dann vergaß er sie völlig und gab sich ganz dem Genuß des halb weltmännischen, halb künstlerischen Geplauders hin. Warwara Pawlowna zeigte sich als große Philosophin: Auf alles hatte sie eine Antwort bereit; nichts machte sie schwankend; über nichts war sie sich im Zweifel – man merkte, daß sie sich oft und viel mit klugen Leuten aller Art unterhalten hatte. All ihre Gedanken und Gefühle drehten sich um Paris. Panschin brachte das Gespräch auf die Literatur, und es stellte sich heraus, daß auch sie, genau wie er, nur französische Bücher gelesen hatte: Über George Sand entrüstete sie sich, Balzac schätzte sie, obgleich er sie ermüdete, in Sue und Scribe sah sie große Herzenskenner, Dumas und Féval vergötterte sie. Insgeheim zog sie ihnen allen Paul de Kock vor, sie hütete sich jedoch begreiflicherweise, auch nur seinen Namen zu erwähnen. Im Grunde interessierte die Literatur sie nicht allzusehr. Warwara Pawlowna ging sehr geschickt allem aus dem Wege, was auch nur im entferntesten an ihre Lage erinnern konnte. Die Liebe wurde in ihren Reden überhaupt nicht erwähnt – im Gegenteil: Aus ihnen klang eher Ablehnung jeglicher Leidenschaften, Enttäuschung und Ergebung heraus. Panschin widersprach ihr. Sie gab ihm nicht recht – aber, merkwürdig!, während aus ihrem Mund Worte der Mißbilligung, und oft strenger Mißbilligung, flossen, lag im Ton dieser Worte doch zugleich etwas Zärtliches, Schmeichelndes, und aus ihren Augen sprach ... Ja, was aus diesen wunderschönen Augen eigentlich sprach, war schwer zu sagen, aber es waren keine harten, keine strengen, es waren süße Worte. Panschin bemühte sich, ihren geheimen Sinn zu erraten, er bemühte sich, seine Augen gleichfalls sprechen zu lassen, aber er spürte, daß ihm das nicht gelang. Er erkannte, daß Warwara Pawlowna, als echte ausländische Salonlöwin, ihm überlegen war, und daher fühlte er sich auch nicht völlig Herr seiner selbst. Warwara Pawlowna hatte die Gewohnheit, während eines Gesprächs ganz leicht den Ärmel ihres Partners zu berühren. Diese flüchtigen Berührungen erregten Wladimir Nikolajitsch sehr. Warwara Pawlowna besaß die Gabe, sich mit jedermann rasch anzufreunden. Es waren noch keine zwei Stunden vergangen, da kam es Panschin schon so vor, als kenne er sie sein Leben lang, Lisa aber, dieselbe Lisa, die er doch liebte und der er tags zuvor seine Hand angetragen hatte, verschwand wie in einem Nebel. Man servierte den Tee; die Unterhaltung wurde noch ungezwungener. Marja Dmitrijewna schellte nach dem Diener und ließ Lisa sagen, sie möge herunterkommen, falls ihre Kopfschmerzen nachgelassen hätten. Als Panschin Lisas Namen hörte, fing er an, sich über Selbstaufopferung auszulassen und zu erörtern, wer fähiger sei, Opfer zu bringen – der Mann oder die Frau. Marja Dmitrijewna geriet sogleich in Aufregung und behauptete, die Frau sei dazu fähiger. Sie erklärte, sie werde das mit zwei Worten beweisen, verhaspelte sich jedoch und schloß mit einem ziemlich mißlungenen Vergleich. Warwara Pawlowna ergriff ein Notenheft, verdeckte damit zur Hälfte ihr Gesicht und flüsterte, während sie sich zu Panschin beugte und an einem Biskuit knabberte, mit einem ruhigen Lächeln auf den Lippen und in den Augen: „Elle n'a pas inventé la poudre, la bonne dame." Panschin erschrak ein wenig und staunte über Warwara Pawlownas Kühnheit, aber er begriff nicht, wieviel Geringschätzung seiner selbst sich in dieser unerwarteten Gefühlsäußerung verbarg; und alle Freundlichkeiten und Gunstbeweise Marja Dmitrijewnas vergessend, alle Mahlzeiten, mit denen sie ihn bewirtet, alles Geld, das sie ihm geliehen hatte, erwiderte er mit dem gleichen Lächeln und in dem gleichen Ton (der Unglückselige!): „Je crois bien" – und nicht einmal „Je crois bien", sondern „J'crois ben"!

Warwara Pawlowna warf ihm einen freundlichen Blick zu und stand auf. Da kam Lisa herein – Marfa Timofejewna hatte sie vergebens zurückzuhalten versucht. Sie war entschlossen, sich der Prüfung bis zum Ende zu unterziehen. Warwara Pawlowna ging ihr mit Panschin entgegen, dessen Gesicht wieder die frühere Diplomatenmiene zeigte.

„Wie ist Ihr Befinden?" fragte er Lisa.

„Ich danke Ihnen, es geht mir jetzt besser", antwortete sie.

„Wir haben hier ein wenig musiziert; schade, daß Sie Warwara Pawlowna nicht gehört haben. Sie singt hervorragend, en artiste consommée."

„Kommen Sie doch mal her, ma chère", ertönte Marja Dmitrijewnas Stimme.

Warwara Pawlowna ging sofort, gehorsam wie ein Kind, zu ihr und ließ sich auf einem kleinen Taburett zu ihren Füßen nieder. Marja Dmitrijewna hatte sie gerufen, um ihre Tochter, wenn auch nur für einen Augenblick, mit Panschin allein zu lassen, denn sie hoffte im stillen immer noch, sie werde sich eines Besseren besinnen. Außerdem war ihr ein Gedanke gekommen, den sie unbedingt sofort aussprechen mußte.

„Wissen Sie", flüsterte sie Warwara Pawlowna zu, „ich will versuchen, Sie mit Ihrem Mann auszusöhnen. Ich verbürge mich nicht für den Erfolg, aber versuchen will ich es. Sie wissen, er achtet mich sehr."

Warwara Pawlowna hob langsam die Augen zu Marja Dmitrijewna auf und faltete anmutig die Hände.

„Sie wären meine Retterin, ma tante", sagte sie mit trauriger Stimme. „Ich weiß nicht, wie ich Ihnen für all Ihre Freundlichkeiten danken soll; aber ich trage Fjodor Iwanytsch gegenüber eine zu große Schuld – er kann mir nicht verzeihen."

„Ja, haben Sie denn ... tatsächlich..." begann Marja Dmitrijewna neugierig.

„Fragen Sie mich nicht", unterbrach Warwara Pawlowna sie und schlug die Augen nieder. „Ich war jung, leichtsinnig. Übrigens will ich mich nicht rechtfertigen."

„Nun, trotzdem, warum soll man es nicht versuchen? Verzweifeln Sie nicht", entgegnete Marja Dmitrijewna und wollte ihr die Wange tätscheln, sah ihr aber ins Gesicht und unterließ es aus Scheu. Bescheiden, dachte sie, und doch eine richtige Löwin.

„Sie sind krank?" fragte Panschin unterdessen Lisa.

„Ja, ich fühle mich nicht wohl."

„Ich verstehe Sie", sagte er nach längerem Schweigen. „Ja, ich verstehe Sie."

„Wie?"

„Ich verstehe Sie", wiederholte Panschin bedeutungsvoll, der einfach nicht wußte, was er sagen sollte.

Lisa wurde verlegen, aber dann dachte sie: Meinetwegen! Panschin setzte eine geheimnisvolle Miene auf, verstummte und blickte starr zur Seite.

„Ich glaube gar, es hat schon elf geschlagen", bemerkte Marja Dmitrijewna.

Die Gäste verstanden den Wink und begannen sich zu verabschieden. Warwara Pawlowna mußte versprechen, am nächsten Tag zum Mittagessen zu kommen und Ada mitzubringen; Gedeonowski, der in einer Ecke gesessen hatte und beinahe eingeschlafen war, erbot sich, sie nach Hause zu begleiten. Panschin verbeugte sich feierlich vor allen, an der Freitreppe aber drückte er Warwara Pawlowna, während er ihr in die Kutsche half, die Hand und rief ihr nach: „Au revoir!" Gedeonowski nahm neben ihr Platz. Die ganze Fahrt über belustigte sie sich damit, ihre Fußspitze scheinbar unabsichtlich auf seinen Fuß zu setzen. Er wurde verlegen und sagte ihr Komplimente; sie kicherte und machte ihm schöne Augen, wenn das Licht einer Straßenlaterne in die Kutsche fiel. Der Walzer, den sie gespielt hatte, klang ihr noch in den Ohren und erregte sie. Wo sie sich auch befinden mochte, sie brauchte sich nur brennende Kerzen, einen Ballsaal und das schnelle Herumwirbeln zu den Klängen der Musik vorzustellen – und schon war sie entflammt: Ihre Augen leuchteten seltsam, ein Lächeln spielte um ihre Lippen, etwas Graziös-Bacchantisches strömte durch ihren ganzen Körper. Vor dem Hause angelangt, sprang Warwara Pawlowna leichtfüßig aus der Kutsche – nur Löwinnen können so springen –, drehte sich zu Gedeonowski um und lachte ihm plötzlich ins Gesicht.

Eine liebenswürdige Person, dachte der Staatsrat, während er seiner Wohnung zuwanderte, wo ihn der Diener mit einem Fläschchen Opodeldok erwartete. Nur gut, daß ich ein gesetzter Mann bin. Aber worüber hat sie nur so gelacht?

Marfa Timofejewna saß die ganze Nacht am Kopfende von Lisas Bett.

41

Lawrezki verbrachte anderthalb Tage in Wassiljewskoje und irrte fast die ganze Zeit in der Umgebung umher. Er konnte nicht lange an einem Ort verweilen. Der Gram nagte an ihm; er durchlitt alle Qualen unaufhörlicher, ungestümer, aber ohnmächtiger Leidenschaftsausbrüche. Er erinnerte sich des Gefühls, das ihn am Tag nach seiner Ankunft auf dem Gut erfüllt hatte; er erinnerte sich seiner damaligen Vorsätze und war sehr aufgebracht über sich selbst. Was hatte ihn von dem, was er als seine Pflicht, als die einzige Aufgabe seines künftigen Lebens erkannt hatte, abzubringen vermocht? Das Verlangen nach Glück, wieder nur das Verlangen nach Glück! Michalewitsch hat offenbar recht, dachte er. Du wolltest zum zweitenmal in deinem Leben das Glück genießen, sprach er zu sich selbst, du hattest vergessen, daß es schon ein Luxus, eine unverdiente Gnade ist, wenn es dem Menschen nur einmal zuteil wird. Es war nicht vollkommen, es war trügerisch, wirst du sagen – nun, so weise doch dein Recht auf ein vollkommenes, wahres Glück nach! Schau dich um – wer rings um dich fühlt sich denn glücklich, wer genießt denn das Leben? Sieh, da fährt ein Bauer zur Heumahd; vielleicht ist er mit seinem Schicksal zufrieden. Nun? Möchtest du mit ihm tauschen? Denke an deine Mutter: Wie bescheiden waren ihre Ansprüche, und was für ein Los ward ihr zuteil? Du hast offenbar Panschin gegenüber nur geprahlt, als du zu ihm sagtest, du seiest nach Rußland gekommen, um das Land zu pflügen. Du bist hergekommen, um auf deine alten Tage jungen Mädchen nachzustellen. Kaum war die Nachricht eingetroffen, die dir die Freiheit zu bringen schien, so warfst du alles fort, vergaßest alles und liefst davon wie ein Knabe, der einem Schmetterling nachjagt ... Unausgesetzt erstand mitten in seinen Grübeleien Lisas Bild vor ihm; mit Gewalt suchte er es zu verscheuchen, ebenso wie ein anderes Bild, von dem er nicht loskam, andere, gelassene, verschlagene, schöne und verhaßte Züge. Der alte Anton bemerkte, daß es seinem Herrn nicht gut ging. Nachdem er seufzend mehrere Male hinter der Tür, mehrere Male auch schon auf der Schwelle gestanden hatte, faßte er sich ein Herz, trat an ihn heran und riet ihm, etwas Warmes zu trinken. Lawrezki schrie ihn an, befahl ihm hinauszugehen, entschuldigte sich jedoch dann bei ihm – aber das machte Anton nur noch trauriger. Lawrezki hielt es im Salon nicht aus: Ihm war, als blickte sein Urgroßvater Andrej von der Leinwand verächtlich auf seinen schwächlichen Nachkommen herab. Ach du! Du schwimmst nicht tief! schien der schiefgezogene Mund zu sagen. Sollte ich denn wirklich mit mir selbst nicht fertig werden, dachte er, und mich von diesem Unsinn unterkriegen lassen? (Im Kriege schwer Verwundete nennen ihre Wunden immer „Unsinn". Ohne sich selbst zu betrügen, kann der Mensch auf Erden nicht leben.) Bin ich denn tatsächlich noch ein Knabe? Freilich: Ich sah die Möglichkeit fürs ganze Leben glücklich zu werden, schon greifbar nahe vor mir, hielt das Glück schon fast in den Händen – und plötzlich entschwand es. So ist es auch in der Lotterie: Hätte sich das Rad noch ein wenig weitergedreht, wäre der arme Teufel vielleicht ein reicher Mann geworden. Was nicht sein soll, das soll eben nicht sein – Schluß damit. Ich will die Zähne zusammenbeißen und an die Arbeit gehen und mich selbst zum Schweigen zwingen, um so mehr, als es nicht das erste Mal ist, daß ich mich zusammenreißen muß. Und weshalb bin ich davongelaufen, warum sitze ich hier und stecke den Kopf in den Sand wie der Vogel Strauß? Ist es so schrecklich, dem Unglück ins Auge zu schauen – Unsinn! „Anton!" rief er laut. „Laß sofort den Reisewagen anspannen." Ja, dachte er wieder, man muß sich zum Schweigen zwingen, man muß sich selbst feste Zügel anlegen.

Mit solchen Überlegungen versuchte Lawrezki seines Kummers Herr zu werden, aber dieser war groß und heftig, und sogar Apraxeja, die das Alter weniger um das Gedächtnis als um jegliches Gefühl gebracht hatte, schüttelte den Kopf und folgte ihm traurig mit den Augen, als er in den Reisewagen stieg, um in die Stadt zu fahren. Die Pferde griffen aus; er saß regungslos und aufrecht da und blickte unverwandt vor sich hin auf den Weg.

42

Lisa hatte Lawrezki tags zuvor geschrieben, daß er abends zu ihnen kommen solle; er ging jedoch zuerst in seine Wohnung. Er traf weder seine Frau noch seine Tochter an. Von den Dienstboten erfuhr er, daß sie sich mit dem Kinde zu den Kalitins begeben habe. Diese Nachricht überraschte ihn und versetzte ihn in Wut. Warwara Pawlowna hat sich offenbar vorgenommen, mir das Leben unerträglich zu machen, dachte er mit aufwallender Erbitterung im Herzen. Er schritt im Zimmer auf und ab und stieß mit Händen und Füßen fortwährend Kinderspielzeug, Bücher und allerlei Frauensachen, die ihm in den Weg kamen, beiseite. Er rief Justine und befahl ihr, diesen ganzen „Kram" wegzuräumen. „Oui, monsieur", sagte sie mit einer Grimasse und begann das Zimmer aufzuräumen, wobei sie sich graziös bückte und durch jede ihrer Bewegungen Lawrezki zu verstehen gab, daß sie ihn für einen ungehobelten Bären hielt. Haßerfüllt betrachtete er ihr verlebtes, aber immer noch „pikantes", spöttisches Pariser Gesicht, ihre weißen Schutzärmel, die seidene Schürze und das zierliche Häubchen. Er schickte sie schließlich fort und entschloß sich nach langem Zaudern (Warwara Pawlowna war noch immer nicht zurückgekehrt), zu den Kalitins zu gehen – nicht zu Marja Dmitrijewna (um keinen Preis hätte er ihren Salon betreten, den Salon, in dem sich seine Frau aufhielt), sondern zu Marfa Timofejewna. Er entsann sich, daß eine Hintertreppe vom Dienstbotenaufgang aus unmittelbar zu ihr hinaufführte. So machte Lawrezki es denn auch. Der Zufall half ihm: Auf dem Hof begegnete er Schurotschka, und sie führte ihn zu Marfa Timofejewna. Er traf sie, gegen ihre Gewohnheit, allein an. Sie saß in einer Ecke, ohne Haube, gebeugt, mit über der Brust gekreuzten Armen. Als sie Lawrezki erblickte, wurde sie ganz unruhig, stand eilends auf und lief im Zimmer hin und her, als suche sie ihre Haube.

„Da bist du ja, da bist du ja", sagte sie, seinem Blick ausweichend und geschäftig umhertrippelnd. „Na, guten Tag. Ja, was nun? Was soll man da machen? Wo warst du gestern? Sie ist ja nun gekommen, na ja. Du mußt nun schon ... irgendwie ..."

Lawrezki sank auf einen Stuhl.

„Na, setz dich nur, setz dich", fuhr die Alte fort. „Du bist geradeswegs heraufgekommen? Na ja, versteht sich. Was nun? Du bist gekommen, um nach mir zu sehen? Ich danke dir."

Die alte Frau schwieg eine Weile; Lawrezki wußte nicht, was er ihr sagen sollte, aber sie verstand ihn.

„Lisa... ja, Lisa war eben hier", fuhr Marfa Timofejewna fort, während sie die Schnüre ihres Ridiküls auf- und zuknüpfte. „Sie fühlt sich nicht ganz wohl. Schurotschka, wo bist du? Komm her, mein Kind. Kannst du nicht ruhig sitzen? Auch mir tut der Kopf weh. Wahrscheinlich von diesem Gesinge und dieser Musik da unten."

„Von welchem Gesinge, Tantchen?"

„Ja, freilich; die haben da unten – wie heißt das doch gleich bei euch – Duette zum besten gegeben. Und alles auf italienisch – tschi-tschi und tscha-tscha, die reinsten Elstern. Sie ziehen die Noten in die Länge, daß sich einem das Herz im Leibe umdreht. Dieser Panschin und die Deinige. Und wie sich das alles so schnell ergeben hat – wie unter Verwandten, ohne alle Umstände. Übrigens muß man auch sagen: Selbst ein Hund sucht sich einen Unterschlupf; er will doch nicht zugrunde gehen, zumal wenn es Leute gibt, die ihn nicht fortjagen."

„Ich muß gestehen, das hätte ich trotzdem nicht erwartet", entgegnete Lawrezki. „Da muß man schon sehr dreist sein."

„Nein, mein lieber Junge, das ist nicht dreist, das ist berechnend. Nun, Gott steh ihr bei! Man sagt, du schickst sie nach Lawriki, ist das wahr?"

„Ja, ich stelle Warwara Pawlowna dieses Besitztum zur Verfügung."

„Hat sie Geld verlangt?"

„Vorläufig noch nicht."

„Nun, das wird nicht lange auf sich warten lassen. Aber jetzt habe ich dich erst richtig angesehen. Bist du gesund?"

„Ja, gesund bin ich."

„Schurotschka", rief Marfa Timofejewna plötzlich, „geh mal und sag Lisaweta Michailowna – das heißt, nein, frage sie... Sie ist doch unten?"

„Ja."

„Nun gut; frage sie also, wohin sie mein Buch gelegt hat. Sie weiß schon."

„Wie Sie befehlen."

Die alte Frau fing wieder an, hin und her zu laufen und die Schubladen ihrer Kommode herauszuziehen. Lawrezki saß regungslos auf seinem Stuhl.

Plötzlich waren leichte Schritte auf der Treppe zu hören, und Lisa trat ein.

Lawrezki stand auf und verbeugte sich; Lisa blieb an der Tür stehen.

„Lisa, Lisotschka", sagte Marfa Timofejewna geschäftig, „mein Buch, wo hast du mein Buch hingelegt?"

„Was für ein Buch, liebe Tante?"

„Na, das Buch, mein Gott! Ich habe dich übrigens nicht gerufen... Nun, es ist ja gleich. Was macht ihr da unten? Schau, Fjodor Iwanytsch ist gekommen. Was macht dein Kopf?"

„Es ist nicht so schlimm."

„Du sagst immer: ‚Es ist nicht so schlimm.' Was gibt's bei euch da unten, wieder Musik?"

„Nein, sie spielen Karten."

„Sie kann aber auch alles! Schurotschka, ich sehe, du möchtest gern im Garten herumlaufen. Geh nur."

„Aber nein, Marfa Timofejewna."

„Widersprich nicht, bitte, geh. Nastasja Karpowna ist allein in den Garten gegangen, leiste ihr ein bißchen Gesellschaft. Tu mir alten Frau den Gefallen." Schurotschka ging hinaus. „Wo ist denn nur meine Haube? Wo steckt sie bloß wieder?"

„Darf ich sie suchen?" fragte Lisa.

„Bleib sitzen, bleib sitzen; noch kann ich meine eigenen Beine gebrauchen. Wahrscheinlich liegt sie bei mir im Schlafzimmer."

Marfa Timofejewna warf Lawrezki einen mißtrauischen Blick zu und entfernte sich. Sie ließ die Tür hinter sich offen, kam aber plötzlich zurück und schloß sie.

Lisa lehnte sich im Sessel zurück und hob still die Hände vors Gesicht; Lawrezki verharrte in seiner Stellung.

„So also mußten wir uns wiedersehen", sagte er endlich.
Lisa nahm die Hände vom Gesicht.
„Ja", sagte sie dumpf, „wir sind schnell gestraft worden."
„Gestraft", erwiderte Lawrezki, „wofür sind denn Sie gestraft worden?"
Lisa hob ihre Augen zu ihm auf. Sie drückten weder Kummer noch Erregung aus, sie erschienen kleiner und trüber. Ihr Gesicht sah blaß aus; auch die leicht geöffneten Lippen waren blaß geworden.
Lawrezkis Herz erbebte vor Mitleid und Liebe.
„Sie haben mir geschrieben, alles sei zu Ende", flüsterte er.
„Ja, alles ist zu Ende – bevor es angefangen hat."
„Das muß man alles vergessen", sagte Lisa. „Ich bin froh, daß Sie gekommen sind; ich wollte Ihnen schreiben, aber so ist es besser. Nur müssen wir diese Minuten schnell nützen. Wir haben beide unsere Pflicht zu erfüllen. Sie, Fjodor Iwanytsch, müssen sich mit Ihrer Frau versöhnen."
„Lisa!"
„Ich bitte Sie darum; nur dadurch läßt sich alles, was gewesen ist, wiedergutmachen. Sie werden darüber nachdenken und es mir nicht abschlagen."
„Lisa, um Gottes willen, Sie verlangen Unmögliches. Ich bin bereit, alles zu tun, was Sie befehlen; aber *jetzt* mich mit ihr versöhnen! Ich bin mit allem einverstanden, ich habe alles vergessen; aber ich kann doch mein Herz nicht zwingen ... Ich bitte Sie, das ist zu hart!"
„Ich verlange ja von Ihnen nicht das, was Sie meinen; Sie brauchen nicht mit ihr zu leben, wenn Sie es nicht können; aber versöhnen Sie sich", entgegnete Lisa und bedeckte abermals die Augen mit der Hand. „Denken Sie an Ihre Tochter; tun Sie es für mich."
„Gut", stieß Lawrezki durch die Zähne hervor, „nehmen wir an, ich tue es; damit hätte ich meine Pflicht erfüllt. Nun, aber Sie – worin besteht denn Ihre Pflicht?"
„Die kenne ich."
Lawrezki fuhr jäh auf.
„Sie wollen doch nicht etwa Panschin heiraten?" fragte er.
Lisa lächelte kaum merklich.

„O nein!" sagte sie.

„Ach, Lisa, Lisa!" rief Lawrezki, „wie glücklich hätten wir sein können!"

Lisa blickte ihn wieder an.

„Jetzt sehen Sie selbst, Fjodor Iwanytsch, daß das Glück nicht von uns abhängt, sondern von Gott."

„Ja, weil Sie..."

Die Tür zum Nebenzimmer öffnete sich rasch, und Marfa Timofejewna kam mit der Haube in der Hand herein.

„Endlich habe ich sie gefunden", sagte sie und stellte sich zwischen Lawrezki und Lisa. „Ich hatte sie selbst verlegt. So ist es, wenn man alt ist – schlimm! In der Jugend hat man's übrigens auch nicht besser. Nun, fährst du selber mit deiner Frau nach Lawriki?" fügte sie hinzu, an Fjodor Iwanytsch gewandt.

„Mit ihr nach Lawriki? Ich? Ich weiß nicht", sagte er nach kurzem Zögern.

„Hinuntergehen willst du nicht?"

„Heute – nein."

„Nun gut, wie du denkst; aber du, Lisa, solltest hinuntergehen, meine ich. Ach, du lieber Himmel, ich habe ganz vergessen, dem Dompfaffen Futter zu geben. Wartet einen Augenblick, ich bin gleich..."

Und Marfa Timofejewna lief hinaus, ohne die Haube aufzusetzen.

Lawrezki trat schnell zu Lisa.

„Lisa", begann er in flehendem Ton, „wir trennen uns für immer, mir zerreißt es das Herz – geben Sie mir zum Abschied Ihre Hand."

Lisa hob den Kopf. Ihr müder, fast erloschener Blick verweilte auf ihm...

„Nein", sagte sie und zog die schon ausgestreckte Hand zurück, „nein, Lawrezki" – zum erstenmal nannte sie ihn so –, „ich gebe Ihnen meine Hand nicht. Wozu? Gehen Sie, ich bitte Sie. Sie wissen, ich liebe Sie. Ja, ich liebe Sie", wiederholte sie mit Anstrengung, „aber nein... nein."

Und sie drückte das Taschentuch an ihre Lippen.

„Geben Sie mir wenigstens dieses Tuch."

Die Tür knarrte. Das Tuch glitt von Lisas Knien. Lawrezki fing es auf, ehe es zu Boden fallen konnte, steckte es rasch in die Seitentasche, und als er sich umdrehte, begegneten seine Augen denen Marfa Timofejewnas.

„Lisotschka, ich glaube, die Mutter ruft dich", sagte die alte Frau.

Lisa stand sofort auf und ging.

Marfa Timofejewna setzte sich wieder in ihren Winkel. Lawrezki wollte sich von ihr verabschieden.

„Fedja", sagte sie auf einmal.

„Was ist, Tantchen?"

„Bist du ein ehrlicher Mensch?"

„Wie?"

„Ich frage dich, ob du ein ehrlicher Mensch bist?"

„Ich hoffe, ja."

„Hm. Gib mir dein Wort, daß du ein ehrlicher Mensch bist."

„Wie Sie wünschen. Doch wozu das?"

„Ich weiß schon, wozu. Und auch du, mein Lieber, wenn du's dir recht überlegst – du bist ja nicht dumm –, dann wirst du schon verstehen, warum ich dich das gefragt habe. Aber jetzt leb wohl, mein Junge. Vielen Dank für deinen Besuch; denk an dein Versprechen, Fedja, und gib mir einen Kuß. Ach, mein liebes Herz, du hast es schwer, ich weiß; aber es ist ja für alle nicht leicht. Wie sehr habe ich manchmal die Fliegen beneidet. Die haben's doch gut, dachte ich; doch da hörte ich einmal nachts, wie eine Fliege in den Fängen einer Spinne jammerte – nein, dachte ich, auch die haben ihre Not. Was soll man machen, Fedja; dein Wort mußt du trotzdem im Gedächtnis behalten. Und nun geh."

Lawrezki verließ das Haus über die Hintertreppe und näherte sich bereits dem Tor, als ein Lakai ihn einholte.

„Marja Dmitrijewna lassen Sie bitten, sich zu ihr zu bemühen", meldete er Lawrezki.

„Sage ihr, mein Lieber, ich könne jetzt nicht...", begann Fjodor Iwanytsch.

„Sie lassen recht sehr bitten", fuhr der Lakai fort, „und lassen sagen, daß sie allein seien."

„Sind denn die Gäste fort?" fragte Lawrezki.
„So ist es", erwiderte der Lakai und grinste.
Lawrezki zuckte die Achseln und folgte ihm.

43

Marja Dmitrijewna saß allein in ihrem Kabinett in einem Voltairesessel und roch an einem Fläschchen Eau de Cologne; neben ihr auf einem Tischchen stand ein Glas Wasser mit Fleur d'orange. Sie war aufgeregt und schien sich zu ängstigen.

Lawrezki trat ein.

„Sie wünschten mich zu sehen", sagte er und verbeugte sich kalt.

„Ja", antwortete Marja Dmitrijewna und trank ein wenig von dem Wasser. „Ich hörte, daß Sie geradeswegs zur Tante hinaufgegangen seien; ich ließ Sie zu mir bitten – ich muß mit Ihnen sprechen. Nehmen Sie bitte Platz." Marja Dmitrijewna holte tief Atem. „Sie wissen", fuhr sie fort. „Ihre Frau ist gekommen."

„Das ist mir bekannt", sagte Lawrezki.

„Nun ja, das heißt, ich wollte sagen: Sie ist zu mir gekommen, und ich habe sie empfangen; das ist es, worüber ich mich jetzt mit Ihnen aussprechen möchte, Fjodor Iwanytsch. Ich erfreue mich, Gott sei Dank, allgemeiner Achtung, das kann ich wohl sagen, und würde um nichts in der Welt etwas Unschickliches tun. Obwohl ich voraussah, daß es Ihnen nicht angenehm sein würde, konnte ich mich nicht entschließen, sie abzuweisen. Fjodor Iwanytsch; sie ist – durch Sie – meine Verwandte; versetzen Sie sich in meine Lage. Welches Recht hätte ich denn, ihr mein Haus zu verbieten – meinen Sie nicht auch?"

„Sie regen sich unnötig auf, Marja Dmitrijewna", erwiderte Lawrezki, „Sie haben sehr richtig gehandelt; ich nehme es Ihnen durchaus nicht übel. Ich habe keineswegs die Absicht, Warwara Pawlowna der Möglichkeit zu berauben, ihre Bekannten zu sehen; heute bin ich nur deswegen nicht zu Ihnen hereingekommen, weil ich nicht mit ihr zusammentreffen wollte – das ist alles."

„Ach, wie es mich freut, das von Ihnen zu hören, Fjodor Iwanytsch", rief Marja Dmitrijewna. „Ich habe übrigens von Ihrem Edelmut nichts anderes erwartet. Daß ich mich aufrege – das ist nicht verwunderlich: Ich bin Frau und Mutter. Und Ihre Gattin ... Natürlich, ich kann mich nicht zum Richter über Sie beide aufwerfen – das habe ich auch ihr selbst gesagt; aber sie ist eine so liebenswürdige Dame, daß sie einem nichts als Vergnügen bereiten kann."

Lawrezki lächelte spöttisch und spielte mit seinem Hut.

„Und auch das wollte ich Ihnen noch sagen, Fjodor Iwanytsch", fuhr Marja Dmitrijewna fort, indem sie ihm ein wenig näher rückte. „Wenn Sie gesehen hätten, wie bescheiden sie auftritt, wie ehrerbietig! Wirklich, es ist geradezu rührend. Und wenn Sie gehört hätten, wie sie von Ihnen spricht! ‚Ich allein trage die Schuld', sagt sie; ‚ich habe ihn nicht zu schätzen gewußt', sagt sie. ‚Er ist kein Mensch', sagt sie, ‚er ist ein Engel.' Wirklich, so sagt sie: ‚Ein Engel'. Ihre Reue ist so ... Eine solche Reue habe ich, weiß Gott, noch nie gesehen!"

„Erlauben Sie mir eine neugierige Frage, Marja Dmitrijewna", sagte Lawrezki. „Warwara Pawlowna soll bei Ihnen gesungen haben; hat sie während ihrer Reue gesungen, oder ..."

„Ach, daß Sie sich nicht schämen, so zu sprechen! Sie hat nur gesungen und gespielt, um mir einen Gefallen zu tun, nur weil ich sie inständig darum bat, es ihr beinahe befahl. Ich sah, ihr war schwer ums Herz, so schwer; da dachte ich: Womit könntest du sie zerstreuen? Außerdem hatte ich gehört, sie besitze ein so herrliches Talent! Ich bitte Sie, Fjodor Iwanytsch, sie ist völlig niedergeschmettert, fragen Sie nur Sergej Petrowitsch: eine gebrochene Frau, tout à fait, was sagen Sie nun?"

Lawrezki zuckte nur die Achseln.

„Und dann, was für ein Engelchen ist doch Ihre Adotschka, was für ein reizendes Geschöpf! Wie lieb sie ist, wie verständig; wie sie Französisch spricht und Russisch versteht – mich hat sie Tantchen genannt. Und, wissen Sie, daß sie schüchtern wäre, wie fast alle Kinder ihres Alters – das gibt es gar nicht. Sie sieht Ihnen so ähnlich, Fjodor Iwanytsch, furchtbar ähnlich. Die Augen, die Brauen ... Das sind Sie, ganz und gar Sie. Ich habe solche kleinen Kinder, offen gestanden, nicht sehr gern; aber in Ihr Töchterchen bin ich einfach verliebt."

„Marja Dmitrijewna", sagte Lawrezki plötzlich, „darf ich Sie fragen, weshalb Sie mir alles das zu erzählen geruhen?"

„Weshalb?" Marja Dmitrijewna schnupperte aufs neue an dem Eau de Cologne und nippte von dem Wasser. „Ich erzähle Ihnen das, Fjodor Iwanytsch, weil ich ja Ihre Verwandte bin und innigsten Anteil an Ihnen nehme. Ich weiß. Sie haben ein überaus gütiges Herz. Hören Sie auf mich, mon cousin, ich bin immerhin eine erfahrene Frau und rede nicht ins Blaue hinein: Verzeihen Sie, verzeihen Sie Ihrer Frau." Marja Dmitrijewnas Augen füllten sich plötzlich mit Tränen. „Bedenken Sie: die Jugend, die Unerfahrenheit ... vielleicht gar ein schlechtes Beispiel. Es fehlte eine Mutter, die sie auf den rechten Weg hätte bringen können. Verzeihen Sie ihr, Fjodor Iwanytsch, sie ist genug gestraft worden."

Tränen rannen über Marja Dmitrijewnas Wangen; sie wischte sie nicht fort: Sie weinte gern. Lawrezki saß wie auf Kohlen. Mein Gott, dachte er, was für eine Folter, was für einen Tag muß ich heute erleben!

„Sie antworten nicht", begann Marja Dmitrijewna von neuem, „wie soll ich Sie verstehen? Können Sie wirklich so grausam sein? Nein, ich will das nicht glauben. Ich fühle, daß meine Worte Sie überzeugt haben. Fjodor Iwanytsch, Gott wird Sie für Ihre Güte belohnen, so empfangen Sie denn jetzt aus meinen Händen Ihre Frau ..."

Lawrezki erhob sich unwillkürlich vom Stuhl; Marja Dmitrijewna war ebenfalls aufgestanden. Eilig trat sie hinter einen Wandschirm und führte Warwara Pawlowna von dort hervor. Bleich, halbtot, mit niedergeschlagenen Augen, schien diese jedem eigenen Gedanken, jedem Willen entsagt und sich ganz in Marja Dmitrijewnas Hand gegeben zu haben.

Lawrezki trat einen Schritt zurück.

„Sie waren hier!" rief er aus.

„Beschuldigen Sie sie nicht", sagte Marja Dmitrijewna hastig, „sie wollte um nichts in der Welt bleiben, aber ich gebot ihr zu bleiben, ich habe sie hinter dem Schirm versteckt. Sie beteuerte, das werde Sie noch mehr erzürnen; aber ich habe nicht auf sie gehört; ich kenne Sie besser. Empfangen Sie denn aus meinen Händen Ihre Frau; kommen Sie, Warja, fürchten Sie sich nicht, fallen Sie Ihrem Mann zu Füßen..." (Sie zog sie an der Hand herbei.) „Und mein Segen..."

„Halt, Marja Dmitrijewna", unterbrach Lawrezki sie mit dumpfer, aber bebender Stimme. „Sie lieben vermutlich rührselige Szenen." (Lawrezki irrte sich nicht: Marja Dmitrijewna hatte sich noch vom Pensionat her eine Leidenschaft für das Theatralische bewahrt.) „Ihnen bereiten sie Vergnügen; aber anderen mißfallen sie. Übrigens werde ich nicht mit Ihnen sprechen: In *dieser* Szene sind nicht Sie die Hauptperson. – Was wollen *Sie* von mir, gnädige Frau?" setzte er, an seine Frau gewandt, hinzu. „Habe ich nicht für Sie getan, was ich konnte? Erwidern Sie mir nicht, daß nicht Sie diese Zusammenkunft eingefädelt hätten; ich würde Ihnen nicht glauben – und Sie wissen, daß ich Ihnen nicht glauben kann. Was wollen Sie also? Sie sind klug – Sie tun nichts ohne bestimmten Zweck. Sie müssen begreifen, ich bin außerstande, mit Ihnen so zu leben wie früher; nicht, weil ich böse auf Sie wäre, sondern weil ich ein anderer Mensch geworden bin. Ich habe Ihnen das bereits am Tage nach Ihrer Rückkehr gesagt, und Sie selbst stimmen mir in diesem Augenblick innerlich zu. Aber Sie möchten Ihren Ruf in der öffentlichen Meinung wiederherstellen; es genügt Ihnen nicht, in meinem Hause zu wohnen, Sie möchten unter einem Dach mit mir leben – nicht wahr?"

„Ich möchte, daß Sie mir verzeihen", sagte Warwara Pawlowna, ohne die Augen zu heben.

„Sie möchte, daß Sie ihr verzeihen", wiederholte Marja Dmitrijewna.

„Und nicht meinetwegen, um Adas willen", flüsterte Warwara Pawlowna.

„Nicht ihretwegen, um Ihrer Ada willen", wiederholte Marja Dmitrijewna.

„Vortrefflich. Das wollen Sie also?" brachte Lawrezki mit Überwindung hervor. „Nun gut, ich gehe auch hierauf ein."

Warwara Pawlowna warf einen raschen Blick auf ihn, Marja Dmitrijewna aber rief: „Nun, Gott sei Dank!" und zog abermals Warwara Pawlowna an der Hand herbei. „Empfangen Sie denn nun von mir ..."

„Warten Sie, sage ich Ihnen", unterbrach Lawrezki sie. „Ich erkläre mich einverstanden, mit Ihnen zu leben, Warwara Pawlowna", fuhr er fort, „das heißt, ich werde Sie nach Lawriki bringen und mich bei Ihnen so lange aufhalten, wie ich die Kraft dazu aufbringe, dann fahre ich fort und werde von Zeit zu Zeit wiederkommen. Sie sehen, ich will Sie nicht hintergehen; aber fordern Sie weiter nichts. Sie würden selbst lachen, wenn ich den Wunsch unserer verehrten Verwandten erfüllte, Sie an mein Herz drückte und Ihnen versicherte, daß ... das Vergangene nicht gewesen sei, daß der gefällte Baum wieder blühen werde. Aber ich sehe: Man muß sich fügen. Sie werden dieses Wort nicht richtig verstehen, doch das ist ganz einerlei. Ich wiederhole, ich werde mit Ihnen leben ... oder nein, das kann ich nicht versprechen. Ich werde mit Ihnen zusammenkommen, werde Sie wieder als meine Frau betrachten ..."

„Geben Sie ihr doch wenigstens die Hand darauf", sagte Marja Dmitrijewna, deren Tränen längst versiegt waren.

„Ich habe Warwara Pawlowna bisher nicht betrogen", entgegnete Lawrezki, „sie wird mir auch so glauben. Ich werde sie nach Lawriki bringen – aber merken Sie sich, Warwara Pawlowna: Unsere Abmachung gilt als gebrochen, sobald Sie diesen Ort verlassen. Und jetzt gestatten Sie, daß ich mich empfehle."

Er verbeugte sich vor den beiden Damen und ging eilig hinaus.

„Sie nehmen sie nicht mit?" rief ihm Marja Dmitrijewna nach.

„Lassen Sie ihn", flüsterte ihr Warwara Pawlowna zu und umarmte sie sogleich, bedankte sich bei ihr, küßte ihr die Hände und nannte sie ihre Retterin.

Marja Dmitrijewna nahm ihre Liebkosungen herablassend entgegen; insgeheim war sie jedoch weder mit Lawrezki noch mit Warwara Pawlowna noch mit der ganzen von ihr vorbereiteten Szene zufrieden. Es war zuwenig Rührseligkeit dabei gewesen; Warwara Pawlowna hätte sich, nach ihrer Meinung, ihrem Mann zu Füßen werfen müssen.

„Wie kommt es, daß Sie mich nicht verstanden haben?" forschte sie. „Ich hatte Ihnen doch gesagt: Fallen Sie nieder."

„So war es besser, liebes Tantchen; machen Sie sich keine Sorgen – alles ist in bester Ordnung", versicherte Warwara Pawlowna mehrmals.

„Nun, er war ja auch kalt wie Eis", bemerkte Marja Dmitrijewna. „Sie haben zwar nicht geweint, doch dafür bin ich vor ihm in Tränen zerflossen. In Lawriki will er Sie einsperren. Ja, dann werden Sie auch zu mir nicht kommen dürfen? Die Männer sind alle gefühllos", sagte sie zum Schluß und schüttelte bedeutsam den Kopf.

„Dafür wissen Frauen Güte und Großmut zu würdigen", sagte Warwara Pawlowna, ließ sich vor Marja Dmitrijewna sacht auf die Knie nieder, umschlang ihre volle Gestalt mit den Armen und schmiegte ihr Gesicht an sie. Insgeheim lächelte dieses Gesicht, aus Marja Dmitrijewnas Augen aber rollten von neuem Tränen.

Lawrezki indessen ging nach Hause, schloß sich in dem Stübchen seines Kammerdieners ein, warf sich auf den Diwan und blieb bis zum Morgen so liegen.

44

Der folgende Tag war ein Sonntag. Das Glockenläuten zur Frühmesse weckte Lawrezki nicht – er hatte die ganze Nacht kein Auge zugetan –, aber es erinnerte ihn an einen anderen Sonntag, als er auf Lisas Wunsch in die Kirche gegangen war. Er stand eilig auf; eine geheime Stimme sagte ihm, daß er sie auch heute dort sehen werde. Geräuschlos ging er aus dem Haus, ließ Warwara Pawlowna, die noch schlief, ausrichten, er werde zum Mittagessen zurück sein, und begab sich mit großen Schritten dorthin, wohin ihn der einförmig-traurige Glokkenklang rief. Er kam sehr früh; es war noch fast niemand in der Kirche; der Küster las auf dem Chor die Horen; seine bisweilen von Husten unterbrochene Stimme schallte dumpf in eintönigem Gleichmaß, bald absinkend, bald anschwellend. Lawrezki stellte sich nicht weit vom Eingang auf. Die Kirchgänger kamen einzeln, blieben stehen, bekreuzigten sich und verneigten sich nach allen Seiten; ihre Schritte klangen in der Leere und Stille und hallten von den Wölbungen deutlich wider. Ein gebrechliches altes Mütterchen in einem abgetragenen Umhang mit Kapuze kniete neben Lawrezki und betete eifrig; ihr zahnloses, gelbes, verrunzeltes Gesicht drückte inbrünstige Ergriffenheit aus; ihre geröteten Augen blickten unverwandt empor zu den Heiligenbildern des Ikonenschreines; unaufhörlich kam ihre knochige Hand aus dem Umhang hervor und schlug langsam und fest ein großes, breites Kreuz. Ein Bauer mit dichtem Bart und düsterem Gesicht, zerzaust und zerknittert, trat in die Kirche, fiel auf beide Knie und fing sofort an, sich hastig zu bekreuzigen, wobei er nach jeder Verneigung den Kopf zurückwarf und heftig schüttelte. Aus seinem Gesicht, aus all seinen Bewegungen sprach ein so bitterer Kummer, daß sich Lawrezki entschloß, zu ihm hinzugehen und ihn zu fragen, was mit ihm sei. Erschrocken und finster fuhr der Bauer zurück und sah ihn an. „Mein Sohn ist gestorben", stieß er hastig hervor und verneigte und bekreuzigte sich aufs neue ... Was könnte ihnen die Tröstungen der Kirche ersetzen? dachte Lawrezki und versuchte selbst zu beten; aber sein Herz war zu schwer, zu verhärtet, und seine Gedanken weilten anderswo. Er wartete die ganze Zeit auf Lisa – aber Lisa kam nicht. Die Kirche füllte sich allmählich; sie war immer noch nicht da. Die Messe begann, der Diakon hatte bereits das Evangelium verlesen, es wurde zum Hochamt geläutet; Lawrezki trat ein wenig vor – und erblickte plötzlich Lisa. Sie war früher gekommen als er, aber er hatte sie nicht bemerkt; in den schmalen Zwischenraum zwischen Wand und Chor gedrückt, sah sie sich nicht um und rührte sich nicht. Lawrezki wandte bis zum Ende der Messe die Augen nicht von ihr: Er nahm Abschied. Die Leute zerstreuten sich nach und nach, sie aber stand immer noch da; es schien, als warte sie darauf, daß Lawrezki ging. Endlich bekreuzigte sie sich ein letztes Mal und verließ die Kirche, ohne sich umzudrehen; ein Stubenmädchen begleitete sie. Lawrezki folgte ihr und holte sie auf der Straße ein; sie ging sehr schnell, den Kopf gesenkt und den Schleier über das Gesicht gezogen.

„Guten Tag, Lisaweta Michailowna", sagte er laut und mit gekünstelter Unbefangenheit, „darf ich Sie begleiten?"

Sie sagte nichts; er ging an ihrer Seite weiter.

„Sind Sie mit mir zufrieden?" fragte er sie, die Stimme dämpfend. „Haben Sie gehört, was sich gestern zugetragen hat?"

„Ja, ja", sagte sie im Flüsterton, „das ist gut."

Und sie ging noch schneller.

„Sind Sie zufrieden?"

Lisa nickte nur.

„Fjodor Iwanytsch", begann sie mit ruhiger, aber schwacher Stimme, „ich wollte Sie bitten: Kommen Sie nicht mehr zu uns, fahren Sie recht bald fort; wir können uns später wiedersehen – irgendwann, übers Jahr. Doch jetzt tun Sie das für mich; erfüllen Sie meine Bitte, um Gottes willen."

„Ich bin bereit, Ihnen in allem zu gehorchen, Lisaweta Michailowna; aber müssen wir denn wirklich so auseinandergehen? Wollen Sie mir wirklich kein einziges Wort sagen?"

„Fjodor Iwanytsch, Sie gehen jetzt hier neben mir, und doch sind Sie schon so weit, weit entfernt von mir. Und nicht Sie allein, auch..."

„Sprechen Sie es aus, ich bitte Sie!" rief Lawrezki. „Was wollten Sie sagen?"

„Sie werden es vielleicht erfahren... Aber was auch kommen mag, vergessen Sie... nein, vergessen Sie mich nicht, denken Sie an mich."

„Ich Sie vergessen..."

„Genug, leben Sie wohl. Gehen Sie mir nicht nach."

„Lisa...", begann Lawrezki noch einmal.

„Leben Sie wohl, leben Sie wohl!" wiederholte sie, zog den Schleier noch tiefer herab und eilte fast im Laufschritt weiter.

Lawrezki sah ihr nach und ging dann mit gesenktem Kopf die Straße zurück. Er stieß auf Lemm, der, den Blick gleichfalls vor sich auf den Erdboden gerichtet, mit tief in die Stirn gedrücktem Hut daherkam.

Schweigend blickten sie einander an.

„Nun, was sagen Sie?" fragte endlich Lawrezki.

„Was ich sage?" erwiderte Lemm mürrisch. „Nichts sage ich.

Alles ist tot, auch wir sind tot. Sie müssen wohl nach rechts gehen?"

„Ja."

„Und ich nach links. Leben Sie wohl."

Am nächsten Morgen reiste Fjodor Iwanytsch mit seiner Frau nach Lawriki ab. Sie fuhr mit Ada und Justine in einer Kutsche voraus, er im Reisewagen hinterher. Das hübsche kleine Mädchen wich während der ganzen Fahrt nicht vom Wagenfenster; es staunte über alles: über die Bauern, die Weiber, die Hütten, die Brunnen, die Krummhölzer, die Glöckchen und die vielen Krähen. Justine teilte ihr Erstaunen; Warwara Pawlowna lachte über die Bemerkungen und Ausrufe der beiden. Sie war guter Laune; vor der Abreise aus O ... hatte sie eine Auseinandersetzung mit ihrem Mann gehabt.

„Ich begreife Ihre Lage", hatte sie zu ihm gesagt, und aus dem Ausdruck ihrer klugen Augen konnte er schließen, daß sie seine Lage voll und ganz begriff. „Aber Sie werden mir wenigstens die Gerechtigkeit widerfahren lassen, daß es sich leicht mit mir leben läßt; ich werde mich Ihnen nicht aufdrängen, Ihnen nicht lästig fallen; ich wollte Adas Zukunft sicherstellen; weiter brauche ich nichts."

„Ja, Sie haben alles erreicht, was Sie wollten", hatte Fjodor Iwanytsch erwidert.

„Ich ersehne jetzt nur eines – mich für immer in der Einöde zu vergraben; ich werde ewig Ihrer Wohltaten eingedenk sein ..."

„Pfui! Hören Sie auf", unterbrach er sie.

„Und ich werde Ihre Unabhängigkeit und Ihre Ruhe zu achten wissen", beschloß sie ihre vorher zurechtgelegte Phrase.

Lawrezki verbeugte sich tief vor ihr. Warwara Pawlowna begriff, daß ihr Mann ihr innerlich dankbar war.

Am zweiten Tag trafen sie gegen Abend in Lawriki ein; eine Woche später fuhr Lawrezki nach Moskau, nachdem er seiner Frau fünftausend Rubel für den Lebensunterhalt zurückgelassen hatte, und am Tage nach Lawrezkis Abreise erschien Panschin, den Warwara Pawlowna gebeten hatte, sie in ihrer Einsamkeit nicht zu vergessen. Sie empfing ihn aufs beste, und bis in die späte Nacht hinein hallten die hohen Zimmer des Hauses und selbst der Park von Musik, Gesang und heiteren französischen Gesprächen wider. Drei Tage war Panschin bei Warwara Pawlowna zu Gast; als er sich von ihr verabschiedete und ihr fest die schönen Hände drückte, versprach er, sehr bald wiederzukommen – und er hielt sein Versprechen.

45

Lisa hatte im oberen Stockwerk des Hauses ihrer Mutter ein eigenes Stübchen, sauber und hell, mit einem weißen Bett, Blumentöpfen in den Ecken und vor den Fenstern, einem kleinen Schreibtisch, einem Bücherbrett und einem Kruzifix an der Wand. Dieses Stübchen wurde das Kinderzimmer genannt; Lisa war darin geboren. Als sie aus der Kirche zurückgekehrt war, wo Lawrezki sie gesehen hatte, brachte sie ihr Zimmer sorgfältiger als gewöhnlich in Ordnung, wischte überall Staub, sah alle ihre Hefte und die Briefe ihrer Freundinnen durch und verschnürte sie mit Bändchen, verschloß alle Schubladen, goß die Blumen und berührte eine jede Blüte mit der Hand. All das tat sie bedächtig, lautlos, und eine innige, stille Sorgfalt lag auf ihrem Gesicht. Schließlich blieb sie mitten im Zimmer stehen und schaute sich langsam darin um; dann trat sie an den Tisch, über dem das Kruzifix hing, kniete nieder, legte den Kopf auf die gefalteten Hände und verharrte so reglos.

Marfa Timofejewna kam herein und traf sie in dieser Stellung an. Lisa bemerkte ihr Kommen nicht. Die alte Frau ging auf den Zehenspitzen wieder hinaus vor die Tür und hustete einige Male laut. Lisa erhob sich geschwind und wischte sich die Augen, in denen helle Tränen glänzten.

„Ich sehe, du hast wieder einmal deine Zelle aufgeräumt", sagte Marfa Timofejewna und beugte sich tief über einen jungen Rosenstock. „Wie herrlich das duftet!"

Lisa sah ihre Tante nachdenklich an.

„Was für ein Wort haben Sie da ausgesprochen!" flüsterte sie.

„Was für ein Wort, was denn für eins?" fiel die alte Frau lebhaft ein. „Was willst du damit sagen? Das ist entsetzlich", sagte sie, indem sie die Haube vom Kopf riß und sich auf Lisas Bett setzte, „das geht über meine Kräfte. Es ist heute der vierte Tag, daß ich wie auf glühenden Kohlen sitze; ich kann mich nicht länger so stellen, als ob ich nichts merkte, ich kann es nicht mehr mit ansehen, wie du immer blasser wirst, dahinwelkst, weinst – ich kann es nicht, ich kann es nicht!"

„Was haben Sie nur, Tantchen", sagte Lisa, „mir fehlt nichts ..."

„Nichts?" rief Marfa Timofejewna. „Erzähle das anderen, aber nicht mir! Nichts! Und wer lag eben noch auf den Knien? Wem sind die Wimpern noch feucht von Tränen? Nichts! Schau dich doch nur an, was du aus deinem Gesicht gemacht hast, wo hast du deine Augen gelassen? Nichts! Meinst du, ich wüßte nicht alles?"

„Es wird vorübergehen, Tantchen; lassen Sie mir Zeit."

„Vorübergehen, aber wann? Herr mein Gott! Liebst du ihn denn wirklich so sehr? Aber er ist doch ein alter Mann, Lisotschka. Nun, ich will es nicht bestreiten, er ist ein guter Mensch, er tut keinem weh; aber was ist das schon? Wir sind alle gute Menschen; die Welt ist so groß, Gutes von dieser Art wird es immer viel geben."

„Ich sage Ihnen, es wird alles vorübergehen, es ist schon alles vorbei."

„Höre, Lisotschka, was ich dir sage", sprach Marfa Timofejewna plötzlich, indem sie Lisa neben sich auf das Bett zog und ihr bald das Haar, bald das Halstuch zurechtstrich. „Es kommt dir nur in der ersten Aufregung so vor, als sei deinem Kummer nicht abzuhelfen. Ach, mein Liebling, einzig gegen den Tod gibt es kein Heilmittel! Du mußt nur zu dir selber sagen: Ich lasse mich nicht unterkriegen, fort mit ihm! – und du wirst dich nachher wundern, wie schnell und gut es vorübergeht. Halte nur ein wenig aus."

„Tantchen", erwiderte Lisa, „es ist schon vorbei, es ist alles vorbei."

„Vorbei! Von wegen vorbei! Sogar dein Näschen ist ganz spitz geworden, und du sagst: Es ist vorbei. Schön vorbei ist es!"

„Doch, es ist vorbei, Tantchen, wenn Sie mir nur helfen wollen", sprach Lisa in plötzlicher Begeisterung und warf sich Marfa Timofejewna an den Hals. „Liebes Tantchen, seien Sie meine Freundin, helfen Sie mir, seien Sie mir nicht böse, verstehen Sie mich ..."

„Aber was ist denn, was ist denn, mein Kind? Jage mir bitte keine Angst ein – ich fange gleich an zu schreien. Sieh mich nicht so an; sag schnell, was es ist!"

„Ich ... ich will ...", Lisa barg ihr Gesicht an Marfa Timofejewnas Brust. „Ich will ins Kloster gehen", sagte sie kaum vernehmbar.

Die alte Frau sprang vom Bett auf.

„Bekreuzige dich, mein Kind, Lisotschka, komm zur Besinnung, was sagst du da, Gott steh dir bei", stammelte sie endlich. „Leg dich hin, mein Liebling, schlaf ein Weilchen; das kommt alles von der Schlaflosigkeit, mein Seelchen."

Lisa hob den Kopf, ihre Wangen glühten.

„Nein, Tantchen", entgegnete sie, „sprechen Sie nicht so; mein Entschluß ist gefaßt, ich habe gebetet, ich habe Gott um Rat angefleht; es ist alles zu Ende, mein Leben mit Ihnen ist zu Ende. Diese Lehre war nicht umsonst; es ist auch nicht das erste Mal, daß ich daran denke. Ich bin für das Glück nicht geschaffen; selbst damals, als ich auf Glück hoffen konnte, drückte es mir das Herz ab. Ich weiß alles, ich kenne meine eigenen Sünden und die Sünden anderer, ich weiß auch, wie Papa unseren Reichtum erworben hat; ich weiß alles. Das alles muß durch Beten, durch Beten gebüßt werden. Sie tun mir leid, auch Mama und Lenotschka tun mir leid; aber es ist nicht zu ändern; ich fühle, daß ich hier nicht weiterleben kann; ich habe schon von allem Abschied genommen, habe allem, was im Hause ist, Lebewohl gesagt; es ruft mich etwas fort; mir ist das Leben hier unerträglich, ich möchte mich für immer von der Welt abschließen. Halten Sie mich nicht zurück, reden Sie es mir nicht aus, helfen Sie mir, sonst gehe ich allein fort ..."

Marfa Timofejewna hatte ihre Großnichte voll Entsetzen angehört.

Sie ist krank, sie redet irre, dachte sie, man muß nach einem Arzt schicken, aber nach welchem? Gedeonowski hat neulich einen gelobt; er lügt zwar immer – aber vielleicht hat er diesmal die Wahrheit gesagt. Als Marfa Timofejewna jedoch zu der Überzeugung gekommen war, daß Lisa nicht krank war und nicht irre redete, als Lisa auf alle ihre Einwände immerfort ein und dasselbe antwortete, da erschrak sie und war tief betrübt.

„Du weißt ja gar nicht, mein Liebling", versuchte sie Lisa umzustimmen, „wie das Leben in den Klöstern ist! Man wird dir grünes Hanföl zu essen geben und dich in ganz dicke, grobe Wäsche stecken, mein liebes Kind – in die Kälte wird man dich hinausschicken; das hältst du doch alles gar nicht aus, Lisotschka. Das hat dir die Agascha eingeredet; sie hat dir so den Kopf verdreht. Aber sie hat ja zuvor das Leben genossen und ihr Vergnügen gehabt; genieße auch du das Leben. Laß mich wenigstens ruhig sterben, dann tu, was du willst. Hat man das je erlebt: Wegen so eines Bocksbarts, Gott verzeih mir, wegen eines Mannes ins Kloster zu gehen? Wenn es dir hier so unerträglich geworden ist, nun, dann mach eine Wallfahrt, bete zu einem Heiligen, laß eine Messe lesen, aber zieh dir nicht die schwarze Kapuze über den Kopf, ach du lieber Gott..."

Und Marfa Timofejewna fing bitterlich an zu weinen.

Lisa tröstete sie, wischte ihr die Tränen ab, weinte selbst, blieb jedoch unerschütterlich. Aus Verzweiflung versuchte es Marfa Timofejwna mit der Drohung, alles der Mutter zu sagen, aber auch das half nicht. Erst auf langes, inständiges Bitten der alten Frau hin willigte Lisa ein, die Ausführung ihres Vorhabens ein halbes Jahr aufzuschieben; dafür mußte ihr Marfa Timofejewna das Wort geben, ihr zu helfen und Marja Dmitrijewnas Zustimmung zu erwirken, falls Lisa nach sechs Monaten ihren Entschluß nicht geändert haben sollte.

Mit Anbruch der ersten kalten Tage siedelte Warwara Pawlowna, ungeachtet ihres Versprechens, sich in der Einöde zu vergraben, reichlich mit Geld versehen, nach Petersburg über, wo sie eine bescheidene, aber nette Wohnung mietete, die Panschin, der das Gouvernement O... schon vor ihr verließ, für sie gesucht hatte. In der letzten Zeit seines Aufenthaltes in

O ... hatte er das Wohlwollen Marja Dmitrijewnas ganz eingebüßt; er hatte sie plötzlich nicht mehr besucht, er war aus Lawriki fast nicht herausgekommen. Warwara Pawlowna hatte ihn zu ihrem Sklaven gemacht, ja, zu ihrem Sklaven – anders läßt sich ihre schrankenlose, unwiderstehliche Macht über ihn nicht ausdrücken.

Lawrezki verbrachte den Winter in Moskau; im Frühling des folgenden Jahres erreichte ihn die Nachricht, daß Lisa im Kloster B..., in einer der entlegensten Gegenden Rußlands, den Schleier genommen habe.

Epilog

Acht Jahre waren vergangen. Wieder war der Frühling eingezogen ... Doch wir wollen zuvor einige Worte über das Schicksal Michalewitschs, Panschins und Frau Lawrezkajas sagen und von ihnen Abschied nehmen. Michalewitsch fand nach langen Irrfahrten endlich den wahren Beruf: Er erhielt die Stelle eines Oberaufsehers in einer staatlichen Erziehungsanstalt. Er ist sehr zufrieden mit seinem Schicksal, und seine Zöglinge „vergöttern" ihn, wenn sie ihn auch nachäffen. Panschin ist in der Rangliste ein gutes Stück aufgerückt und trachtet bereits nach einem Direktorposten; er geht etwas gebückt: Vermutlich zieht ihn das Wladimirkreuz, das ihm verliehen wurde und das er am Hals trägt, nach vorn. Der Beamte in ihm hat entschieden das Übergewicht über den Künstler erlangt; sein immer noch jugendliches Gesicht ist gelb geworden, sein Haar hat sich gelichtet, und er singt und zeichnet nicht mehr, beschäftigt sich aber im stillen mit Literatur: Er hat ein kleines Lustspiel in der Art der „proverbes" geschrieben, und da jetzt jeder Schreibende unbedingt irgend jemanden oder irgend etwas „herausstellen" muß, so hat er in seinem Werkchen eine Kokette „herausgestellt" und liest es in aller Heimlichkeit zwei, drei ihm wohlgesinnten Damen vor. Geheiratet hat er indessen nicht, obgleich sich ihm viele sehr günstige Gelegenheiten boten; daran ist Warwara Pawlowna schuld. Was sie betrifft, so lebt sie wie früher ständig in Paris; Fjodor Iwanytsch hat ihr

auf seinen Namen einen Wechsel ausgestellt und sich damit
von ihr und von der Möglichkeit eines nochmaligen unverhofften Überfalls losgekauft. Sie ist gealtert und dicker geworden,
wirkt aber immer noch hübsch und elegant. Jeder Mensch hat
sein Ideal; Warwara Pawlowna hat das ihre in den dramatischen Werken des Herrn Dumas-Sohn gefunden. Sie besucht
fleißig das Theater, wo auf der Bühne schwindsüchtige und gefühlvolle Kameliendamen auftreten; eine Madame Doche zu
sein, erscheint ihr als der Gipfel menschlicher Glückseligkeit:
Sie hat einmal erklärt, sie wünsche ihrer eigenen Tochter kein
besseres Los. Man kann nur hoffen, daß das Schicksal Mademoiselle Ada vor einer solchen Glückseligkeit bewahren möge.
Aus dem rotwangigen, molligen Kind ist ein schwachbrüstiges,
blasses Mädchen geworden, dessen Nerven bereits angegriffen
sind. Die Zahl der Verehrer Warwara Pawlownas hat sich verringert, doch sind sie nicht ganz verschwunden; einige wird sie
wahrscheinlich bis ans Ende ihres Lebens behalten. Der feurigste von ihnen war in letzter Zeit ein gewisser Sakurdalo-Skubyrnikow, ein schnurrbärtiger Gardehaudegen a. D., ein Mann
von etwa achtunddreißig Jahren und von ungewöhnlich kräftigem Körperbau. Die französischen Besucher des Salons der
Frau Lawrezkaja nennen ihn „le gros taureau de l'Ukraine";
Warwara Pawlowna lädt ihn nie zu ihren beliebten Abendgesellschaften ein, er erfreut sich jedoch ihrer vollen Gunst.

Also acht Jahre waren vergangen. Wieder wehte vom Himmel das strahlende Glück des Frühlings hernieder; wieder lächelte der Lenz der Erde und den Menschen zu; wieder begann unter seiner Liebkosung alles zu blühen, zu lieben und
zu singen. Die Stadt O ... hatte sich in diesen acht Jahren wenig verändert, doch das Haus Marja Dmitrijewnas war wie verjüngt: Seine vor kurzem frisch gestrichenen Wände schimmerten in freundlichem Weiß, und die Scheiben der weit
geöffneten Fenster röteten sich und funkelten im Schein der
untergehenden Sonne; aus diesen Fenstern drangen die frohen, leichten Laute heller, junger Stimmen und unaufhörliches
Lachen auf die Straße; das ganze Haus schien von Leben und
Fröhlichkeit überzuquellen. Die Hausherrin selbst hatte längst
das Zeitliche gesegnet: Marja Dmitrijewna war zwei Jahre nach

Lisas Einkleidung gestorben; und Marfa Timofejewna hatte ihre Nichte nicht lange überlebt; Seite an Seite ruhen sie auf dem Friedhof der Stadt. Auch Nastasja Karpowna war nicht mehr am Leben. Mehrere Jahre lang war die treue alte Frau allwöchentlich gekommen, um am Grab ihrer Freundin zu beten, dann schlug auch für sie die Stunde, da man ihre Gebeine in die kühle Erde bettete. Doch Marja Dmitrijewnas Haus ging nicht in fremde Hände über, es blieb im Besitz der Familie, das Nest wurde nicht zerstört. Lenotschka, die zu einem schlanken, schönen Mädchen herangewachsen war, ihr Bräutigam, ein blonder Husarenoffizier, Marja Dmitrijewnas Sohn, der erst kürzlich in Petersburg geheiratet hatte und mit seiner jungen Frau nach O ... gekommen war, um hier den Frühling zu verleben, die Schwester seiner Frau, eine sechzehnjährige Pensionatsschülerin mit rosigen Wangen und hellen Augen, und Schurotschka, die ebenfalls groß und hübsch geworden war, das war die Jugend, die mit ihrem Lachen und Geplauder die Räume des Kalitinschen Hauses erfüllte. Alles darin hatte sich verändert, alles war dem Geschmack der neuen Bewohner angepaßt worden. Beim Gesinde hatten bartlose junge Leute, die immerzu Spott und Spaß trieben, die gesetzten alten Diener von früher abgelöst; dort, wo einst das fett gewordene Hündchen Roska einherstolziert war, tollten nun zwei Jagdhunde wild herum und sprangen über die Sofas; im Pferdestall standen kräftige Paßgänger, flotte Gabelpferde, feurige Seitenpferde mit geflochtenen Mähnen und Reitpferde vom Don; die Stunden des Frühstücks, des Mittag- und des Abendessens waren heillos durcheinandergeraten; es herrschten, wie sich die Nachbarn ausdrückten, „unerhörte Zustände".

An dem Abend, von dem hier die Rede ist, vertrieben sich die Bewohner des Kalitinschen Hauses (der älteste von ihnen, Lenotschkas Bräutigam, war erst vierundzwanzig Jahre alt) die Zeit mit einem nicht gerade schwierigen, aber, nach ihrem einmütigen Gelächter zu schließen, für sie überaus lustiges Spiel: Sie rannten durch die Zimmer und haschten einander; die Hunde rannten gleichfalls mit und bellten, und die Kanarienvögel in den Käfigen an den Fenstern strengten um die Wette ihre Kehlen an und verstärkten den allgemeinen Lärm noch durch ihr schallendes Geschmetter und wütendes Gezwitscher. Gerade als diese ohrenbetäubende Lustbarkeit ihren Höhepunkt erreicht hatte, fuhr vor dem Tor ein schmutzbedeckter Reisewagen vor, und ein Mann von etwa fünfundvierzig Jahren im Reiseanzug stieg aus und blieb überrascht stehen. Er stand eine Weile reglos, betrachtete aufmerksam das Haus, trat durch das Pförtchen in den Hof und stieg langsam die Freitreppe hinauf. Im Vorzimmer begegnete ihm niemand, doch mit einemmal flog die Tür zum Saal auf – ganz rot im Gesicht, stürzte Schurotschka heraus, und dicht hinter ihr kam mit lautem Geschrei die ganze junge Schar angerannt. Als sie den Unbekannten erblickte, blieb sie plötzlich stehen und verstummte; aber die hellen Augen, die auf ihn gerichtet waren, schauten noch ebenso freundlich wie vorher, das Lachen verschwand nicht aus den frischen Gesichtern. Der Sohn Marja Dmitrijewnas ging auf den Besucher zu und fragte ihn zuvorkommend, was er wünsche.

„Ich bin Lawrezki", sagte der Besucher.

Ein einstimmiger Freudenschrei erscholl als Antwort – nicht etwa, weil die jungen Leute sich über die Ankunft des entfernten, fast vergessenen Verwandten so sehr gefreut hätten, sondern einfach, weil sie jede passende Gelegenheit, zu lärmen und fröhlich zu sein, bereitwillig wahrnahmen. Lawrezki wurde sofort umringt; Lenotschka, als alte Bekannte, nannte als erste ihren Namen und versicherte ihm, sie würde ihn einen kleinen Augenblick später ganz bestimmt erkannt haben; dann stellte sie ihm die ganze übrige Gesellschaft vor, wobei sie jeden Namen, sogar den ihres Bräutigams, in der Verkleinerungsform nannte. Die ganze Schar zog nun durch das Speisezimmer in den Salon. Die Tapeten in beiden Zimmern waren neu, doch die Möbel waren die alten. Lawrezki erkannte den Flügel wieder, und sogar der Stickrahmen stand noch am Fenster, in derselben Stellung und anscheinend auch mit derselben unvollendeten Stickerei wie vor acht Jahren. Man nötigte ihn, in dem bequemen Lehnstuhl Platz zu nehmen; alle setzten sich gesittet um ihn herum. Es hagelte ununterbrochen Fragen, Ausrufe, Erzählungen.

„Wir haben Sie lange nicht gesehen", bemerkte Lenotschka

naiv, „und Warwara Pawlowna haben wir auch nicht gesehen."

„Das ist doch ganz natürlich!" fiel ihr Bruder rasch ein. „Ich habe dich nach Petersburg gebracht, und Fjodor Iwanytsch hat immer auf dem Lande gelebt."

„Ja, und inzwischen ist auch Mama gestorben."

„Und Marfa Timofejewna", setzte Schurotschka hinzu.

„Und Nastasja Karpowna", fuhr Lenotschka fort, „und Monsieur Lemm ..."

„Wie? Auch Lemm ist tot?" fragte Lawrezki.

„Ja", antwortete der junge Kalitin, „er war von hier nach Odessa gereist; man sagt, jemand habe ihn dorthin gelockt; dort ist er auch gestorben."

„Sie wissen nicht, ob er Kompositionen hinterlassen hat?"

„Ich weiß nicht, aber ich glaube kaum."

Alle verstummten und sahen einander an. Ein Wölkchen von Traurigkeit flog über die jungen Gesichter.

„Aber Matrose lebt noch", sagte Lenotschka plötzlich.

„Auch Gedeonowski lebt noch", fügte ihr Bruder hinzu.

Bei dem Namen Gedeonowski brachen alle in ein lautes Gelächter aus.

„Ja, er lebt und lügt wie früher", fuhr Marja Dmitrijewnas Sohn fort, „und stellen Sie sich vor, dieser Wildfang da" (er wies auf die Pensionatsschülerin, die Schwester seiner Frau) „hat ihm gestern Pfeffer in die Tabaksdose geschüttet."

„Wie er geniest hat!" rief Lenotschka, und von neuem erscholl ein unbändiges Gelächter.

„Von Lisa haben wir kürzlich Nachricht erhalten", sagte der junge Kalitin, und ringsum wurde es wieder still, „es geht ihr gut, ihre Gesundheit bessert sich jetzt allmählich."

„Ist sie noch in demselben Kloster?" fragte Lawrezki nicht ohne Überwindung.

„Ja, noch in demselben."

„Schreibt sie Ihnen?"

„Nein, niemals; wir erhalten nur durch andere Leute Nachricht von ihr."

Tiefes Schweigen trat plötzlich ein. Ein Engel schwebt still vorüber, dachte jeder.

„Möchten Sie nicht in den Garten?" wandte sich Kalitin an Lawrezki. „Er ist jetzt sehr schön, obwohl wir ihn ein bißchen vernachlässigt haben."

Lawrezki ging hinaus in den Garten, und das erste, was er bemerkte, war jene Bank, auf der er einst mit Lisa einige glückliche, nie wiederkehrende Augenblicke erlebt hatte; sie war schwarz und schief geworden, aber er erkannte sie gleich wieder, und seiner Seele bemächtigte sich jenes Gefühl, dem nichts gleichkommt, weder an Süße noch an Bitterkeit, das Gefühl lebendiger Trauer um die entschwundene Jugend, um ein Glück, das man einstmals besessen. Zusammen mit den jungen Leuten schritt er durch die Alleen; die Linden waren in den letzten acht Jahren etwas gealtert und gewachsen, ihr Schatten war dichter geworden; alle Büsche aber waren in die Höhe geschossen. Die Himbeersträucher wucherten üppig, die Haselnußbüsche waren völlig verwildert, und von überallher duftete es frisch nach Waldesdickicht, Gras und Flieder.

„Hier könnte man schön ‚Vier Ecken' spielen", rief Lenotschka plötzlich und trat auf eine kleine grüne, von Linden umgebene Lichtung, „wir sind gerade fünf."

„Fjodor Iwanytsch hast du wohl vergessen?" bemerkte ihr Bruder. „Oder hast du dich selbst nicht mitgezählt?"

Lenotschka errötete leicht.

„Ja, kann denn Fjodor Iwanytsch in seinem Alter…", begann sie.

„Bitte, spielen Sie nur", warf Lawrezki rasch ein, „nehmen Sie keine Rücksicht auf mich. Mir selbst wird es angenehmer sein, wenn ich weiß, daß ich Sie nicht störe. Sie brauchen mich nicht zu unterhalten; wir alten Leute haben eine Unterhaltung, die Sie noch nicht kennen und die uns kein anderer Zeitvertreib ersetzen kann: die Erinnerung."

Die jungen Leute hörten Lawrezki mit freundlicher, aber auch ein klein wenig spöttischer Ehrerbietung an – ganz, als hätte ihnen ein Lehrer eine Lektion erteilt – und stoben auf einmal alle davon; sie rannten auf die Lichtung, vier stellten sich an Bäume, einer blieb in der Mitte stehen, und das lustige Treiben begann.

Lawrezki kehrte ins Haus zurück, trat in das Speisezimmer,

näherte sich dem Flügel und berührte eine Taste; ein schwacher, aber reiner Ton erklang und zitterte tief in seinem Herzen nach: Mit diesem Ton hatte jene hinreißende Melodie angefangen, durch die ihn vor langer Zeit in jener glücklichen Nacht Lemm, der verstorbene Lemm, in solches Entzücken versetzt hatte. Dann ging Lawrezki in den Salon hinüber und verweilte dort lange. In diesem Zimmer, wo er Lisa so oft gesehen hatte, erstand ihr Bild noch lebhafter vor ihm; es war ihm, als fühle er rings um sich die Spuren ihrer Gegenwart; aber die Trauer um sie war quälend und schwer: In ihr war nicht die Stille, die der Tod hinterläßt. Lisa lebte noch irgendwo, fern und abgeschieden; er dachte an sie als an eine Lebende und erkannte das junge Mädchen, das er einst geliebt hatte, in der undeutlichen, blassen, gespenstischen, von Weihrauchwolken umgebenen Gestalt im Nonnengewand nicht wieder. Lawrezki würde sich selbst nicht erkannt haben, hätte er sich so betrachten können, wie er in Gedanken Lisa betrachtete. Im Laufe dieser acht Jahre hatte sich in seinem Leben endlich eine Wandlung vollzogen, jene Wandlung, die viele nicht erfahren, ohne die es jedoch unmöglich ist, bis ans Ende ein anständiger Mensch zu bleiben; er hatte wirklich aufgehört, an sein eigenes Glück, an eigennützige Ziele zu denken. Er war ruhiger geworden und – wozu die Wahrheit verheimlichen? –, nicht allein im Gesicht und am Körper, sondern auch innerlich, gealtert; sich bis ins Alter ein junges Herz zu bewahren, wie manche sagen, ist schwer und beinahe lächerlich; schon der kann zufrieden sein, der den Glauben an das Gute, die Festigkeit des Willens und die Lust zum Schaffen nicht verloren hat. Lawrezki hatte ein Recht, zufrieden zu sein: Er war wirklich ein tüchtiger Landwirt geworden, er hatte wirklich gelernt, den Acker zu pflügen, und er arbeitete nicht nur für sich selbst; er sicherte und festigte, soweit er konnte, die Lage seiner Bauern.

Lawrezki ging aus dem Haus in den Garten, setzte sich auf die ihm wohlbekannte Bank, und auf diesem Platz, der ihm so teuer war, angesichts des Hauses, wo er zum letztenmal und vergebens die Hände nach dem ersehnten Becher ausgestreckt hatte, in dem der goldene Wein der Lust perlte und schäumte, hielt er, ein einsamer, heimatloser Wanderer, unter den zu ihm herüberfliegenden fröhlichen Rufen der jungen Generation, die ihn bereits abgelöst hatte, Rückschau auf sein Leben. Es wurde ihm wehmütig ums Herz, aber nicht schwer und nicht trostlos: Hatte er auch etwas zu bedauern, zu schämen brauchte er sich nicht. Spielt, seid fröhlich, wachst, ihr jungen Kräfte, dachte er, und es war keine Bitterkeit in seinen Gedanken. Das Leben liegt vor euch, und es wird für euch leichter sein zu leben: Ihr werdet nicht wie wir euren Weg erst suchen müssen, werdet nicht kämpfen, stürzen, wieder aufstehen müssen inmitten von Finsternis; wir mußten immer darauf bedacht sein, uns zu behaupten – und wie viele von uns haben sich nicht behauptet! –, ihr müßt nur arbeiten, etwas schaffen, und unser, der Alten, Segen wird mit euch sein. Mir aber bleibt, nach dem heutigen Tag, nach diesen Erlebnissen, nur eins, euch einen letzten Gruß zu widmen und, wenn auch mit Trauer, so doch ohne Neid, ohne jedes dunkle Gefühl, angesichts des Endes, angesichts Gottes, der mich erwartet, zu sagen: „Sei gegrüßt, einsames Alter! Verglimme, nutzloses Leben!"

Lawrezki stand still auf und entfernte sich still; niemand bemerkte ihn, niemand hielt ihn zurück; lauter als vorher ertönten die fröhlichen Rufe im Garten hinter der dichten grünen Wand der hohen Linden. Er stieg in den Reisewagen und befahl dem Kutscher, nach Hause zu fahren, aber die Pferde nicht anzutreiben.

Und das Ende? wird vielleicht der unbefriedigte Leser fragen. Was ist danach aus Lawrezki geworden? Und aus Lisa? Doch was soll man von Menschen sagen, die zwar noch leben, aber vom Schauplatz der Welt schon abgetreten sind? Warum zu ihnen zurückkehren? Es wird erzählt, Lawrezki habe jenes entlegene Kloster, in das sich Lisa zurückgezogen hatte, besucht und sie gesehen. Von Chor zu Chor schreitend, sei sie dicht an ihm vorübergegangen mit dem gleichmäßigen, eilig-demütigen Schritt der Nonne und habe ihn nicht angesehen; nur die Wimpern des ihm zugekehrten Auges hätten ein wenig gezuckt, nur noch tiefer habe sie ihr abgemagertes Gesicht geneigt, noch fester die vom Rosenkranz umschlungenen Finger der gefalteten Hände aneinandergepreßt. Was beide gedacht, was sie empfunden haben? Wer kann es wissen? Wer kann es sagen? Es gibt im Leben Augenblicke, Gefühle... Man kann nur auf sie hinweisen – und vorübergehen.

Anhang

Nachwort

Den Ruf, künstlerischer „Chronist" der zeitgenössischen sozialen und geistigen Strömungen Rußlands und ein Erzähler von europäischem Rang zu sein, erlangte Iwan Turgenjew (1818–1883) nicht allein durch seine realistischen Erzählungsskizzen aus dem Leben der russischen Leibeigenen und Gutsherren, die 1852 zusammengefaßt unter dem Titel „Aufzeichnungen eines Jägers" erschienen und bald weit über die Grenzen Rußlands hinaus Beachtung und Anerkennung fanden. Einen mindestens ebenso großen Anteil daran haben die zwischen 1855 und 1876 entstandenen sozialpsychologischen Romane des Dichters („Rudin", „Ein Adelsnest", „Vorabend", „Väter und Söhne", „Rauch" und „Neuland"), in denen er – wie er es formulierte – „die sich schnell verändernde Physiognomie der russischen Menschen aus der Schicht der Gebildeten" darstellte und sowohl den Verfall der „Adelsnester", den Abstieg der russischen Adelsintelligenz, als auch den Aufstieg „neuer Menschen" aus den kleinbürgerlich-demokratischen Schichten schilderte.

Begonnen hatte Turgenjew seine literarische Laufbahn als Versdichter. 1834, mit knapp sechzehn Jahren, schrieb er sein Erstlingswerk, das romantische Versdrama „Steno", das er später selbst als eine „sklavische Nachahmung des Byronschen ‚Manfred'" bezeichnete.

Auch die folgenden Gedichte aus den dreißiger Jahren – zumeist elegische Betrachtungen über die Liebe – standen noch ganz im Zeichen der damals in Rußland vorherrschenden romantischen Strömung. Im Verlaufe der vierziger Jahre überwand der Dichter allmählich seine Begeisterung für die „pseudo-erhabene Schule" – so nannte er den reaktionären Flügel der russischen Romantik – und wandte sich in seinen Werken immer häufiger der Wirklichkeit jener Zeit zu, vor allem dem Leben auf den adligen Gutshöfen. Die in den Jahren 1843 bis 1845 entstandenen Poeme „Parascha", „Das Gespräch", „Der Gutsbesitzer" und „Andrej", die dramatischen Skizzen „Unvorsichtigkeit" und „Geldmangel" sowie die Erzählung „Andrej Kolossow", die noch die literarischen Vorbilder – Puschkin, Lermontow und Gogol – erkennen lassen, bereiteten in Turgenjews Schaffen den Durchbruch zum kritischen Realismus vor, der sich dann in den „Aufzeichnungen eines Jägers" und in der Komödie „Ein Monat auf dem Lande" vollzog. Bedeutenden Einfluß auf diesen Prozeß hatte die Freundschaft mit Belinski, die bis zum Tode des Kritikers im Jahre 1848 währte.

Nicht zufällig wandte sich der Dichter in den fünfziger Jahren dem Gesellschaftsroman zu. Nachdem er fast zwanzig Jahre als Lyriker, Komödienschriftsteller und Verfasser von Vers- und Prosaerzählungen große künstlerische Erfahrungen gesammelt hatte, erkannte er die Notwendigkeit, neue Gestaltungsprinzipien anzuwenden und sich vor allem von der kleinen epischen Form zu lösen, um die soziale und politische Problematik dieses ereignisreichen Jahrzehnts vor der Aufhebung der Leibeigenschaft in Rußland umfassend darstellen zu können. In einem Brief an seinen Freund Annenkow schrieb Turgenjew 1852: „Man muß einen anderen Weg gehen und sich für immer von der alten Manier trennen. Ich habe mich redlich bemüht, aus menschlichen Charakteren die Quintessenzen (triples extraits) zu ziehen, um sie dann in kleine Fläschchen zu füllen. Genug, genug!"

Diese vielleicht etwas übertriebenen selbstkritischen Bemerkungen des Dichters bezogen sich offensichtlich auf seine „Aufzeichnungen eines Jägers", in denen er, bedingt durch den skizzenhaften Charakter der meisten dieser Werke, vorwiegend statische und sehr komprimierte literarische Gestalten geschaffen hatte. Kennzeichnend für diese in Turgenjews Erzählungen bis 1852 anzutreffende „alte Manier" war ferner der völlige oder teilweise Verzicht auf eine durchgehende Fabel. Anstelle einer

entwickelten Handlung finden wir in diesen Werken hauptsächlich Porträts, Beschreibungen, Naturbilder und Dialoge.

Turgenjews erster Versuch, in der großen epischen Form des sozialpsychologischen Romans das zu schildern, was er 1880 unter Berufung auf Shakespeare als „the body and the pressure of time" (die Gestalt und den Druck der Zeit) bezeichnete, erwies sich allerdings als Fehlschlag. Sein 1852/53 begonnener Roman „Zwei Generationen", der im Gutsbesitzermilieu spielt, blieb unvollendet, nachdem Freunde den Dichter auf bedeutende künstlerische Schwächen des Manuskripts aufmerksam gemacht hatten. In diesem Werk wollte Turgenjew das Schicksal eines armen Mädchens gestalten, das im Hause einer reichen, tyrannischen Gutsbesitzerin als Gesellschafterin lebt und das Opfer von Intrigen wird. Ein Bruchstück dieses Romanfragments veröffentlichte der Dichter 1859 unter dem Titel „Das eigene herrschaftliche Kontor".

Einige Jahre später konnte er dann mit „Rudin" sein erfolgreiches Debüt als Romanschriftsteller feiern. Die erste Fassung dieses Werkes wurde von ihm 1855 in nur knapp sieben Wochen geschrieben und nach gründlicher Überarbeitung im darauffolgenden Jahr im Petersburger „Sowremennik" (Der Zeitgenosse) veröffentlicht. Turgenjew zählte schon seit Jahren zu den prominentesten Mitarbeitern dieser damals fortschrittlichsten Zeitschrift in Rußland. Dabei teilte er keineswegs die revolutionär-demokratischen Anschauungen ihrer führenden Köpfe – Tschernyschewski, Dobroljubow und Nekrassow –, die offen für den Sturz des zaristischen Regimes eintraten; er hoffte, wie viele Liberale seiner Zeit, daß man die Befreiung der Bauern und den gesellschaftlichen Fortschritt durch friedliche Reformen „von oben" erreichen könnte. Doch ungeachtet dessen war ihm die Leibeigenschaftsordnung so verhaßt, daß er die Herausgeber dieser Zeitschrift in ihrem Kampf gegen die Reaktion längere Zeit hindurch unterstützte.

In seinem Roman „Rudin" gestaltete Turgenjew den „überflüssigen Menschen", der in der zeitgenössischen russischen Gesellschaft eine große Rolle spielte. Bei diesem sozialen Typus, der in der ersten Hälfte des 19. Jahrhunderts vor allem unter der liberalen Adelsintelligenz verbreitet war, handelte es sich um begabte Menschen, die infolge ihrer „standesgemäßen" Erziehung und Lebensweise, nicht zuletzt aber auch infolge der drückenden gesellschaftlichen Verhältnisse, keinen Platz im Leben fanden, die ihre hohen Ideale nicht in die Tat umzusetzen vermochten und entweder ihre Kräfte sinnlos vergeudeten oder aber der Resignation und dem parasitären Müßiggang verfielen. Realistische Darstellungen des „überflüssigen Menschen" finden wir in der russischen Literatur zuerst bei Puschkin, in dem Versroman „Eugen Onegin" (1823/31), und bei Lermontow, in seinem psychologischen Roman „Ein Held unserer Zeit" (1839/40). Trotz aller Unterschiede in der individuellen Charakterzeichnung ist das gemeinsame Kennzeichen Onegins und Petschorins die Verachtung, die diese begabten Naturen ihrer erbärmlichen Umwelt entgegenbringen, das Unvermögen, ihrem Leben einen Inhalt zu geben, und das seelische Erstarren infolge ihrer sozialen Isolierung und menschlichen Vereinsamung. Ihr starker Tatendrang erschöpft sich zumeist in zweifelhaften Liebesabenteuern, verhängnisvollen Duellen und anderen sinnlosen Husarenstücken. Während Puschkin und Lermontow ihre Helden einerseits als Opfer einer Gesellschaft schilderten, in der die besten Anlagen des Menschen verkümmern mußten, übten sie andererseits aber auch Kritik an der mangelnden Volksverbundenheit und dem „Egoismus wider Willen" dieser „einsamen, stolzen Persönlichkeiten". Viele Jahre später gestaltete der Schriftsteller Iwan Gontscharow in seinem Roman „Oblomow" (1859) den Abstieg des „überflüssigen Menschen" auf die Position eines degenerierten Müßiggängers, der allmählich geistig und moralisch verkümmert.

Die Gestalt des „überflüssigen Menschen", der „Hamlets" des russischen Provinzlebens, die nur zu reflektieren, nicht aber zu handeln wußten, hatte Turgenjew bereits interessiert, als er noch gar nicht daran dachte, den „Rudin" zu schreiben. So begegnen wir dieser Problematik schon in einigen Verserzählungen der vierziger Jahre, besonders aber in den Prosaerzählungen „Der Hamlet des Kreises Stschigry" (1849), „Tagebuch eines Überflüssigen" (1850) und „Ein Briefwechsel" (1850). Während Turgenjew in diesen kleineren Werken nur einzelne psychologische Züge des „überflüssigen Menschen" herausgearbeitet hatte, enthüllte er in „Rudin" ihre historische Bedingtheit und gesellschaftliche Problematik. Dabei ging es ihm vor allem um die Beantwortung der Frage, ob unter den besten Vertretern des zeitgenössischen russischen Adels, die in den dreißiger und vierziger Jahren an der Spitze der Nation gestanden hatten, noch jene Kräfte vorhanden waren, die unter den veränderten Bedingungen der fünfziger Jahre die dringend erforderliche Umgestaltung Rußlands in die Wege leiten würden. Diese Frage war um so berechtigter, als mit dem Tode des ultrareaktionären Zaren Nikolai I. (1855) und der Niederlage des zaristischen Rußlands im Krimkrieg eine neue historische Periode anbrach, in der sich die Klassengegensätze außerordentlich verschärften, die Aufstände der unzufriedenen Bauern zunahmen und die Forderung nach Aufhebung der anachronistischen Leibeigenschaft endgültig auf die Tagesordnung gesetzt wurde.

In der Gestalt Rudins schilderte Turgenjew einen typischen Vertreter der fortschrittlichen Adelsintelligenz, die sich während der dreißiger und vierziger Jahre in literarischen und philosophischen Zirkeln vereinigte, sich vor allem für die damals in Rußland verbotenen Werke der deutschen idealistischen Philosophie begeisterte und die Ideen der Freiheit, Humanität und Bildung propagierte. So fortschrittlich die Bemühungen dieser kleinen Schicht in Anbetracht des grausamen Terrors der Regierung zunächst auch waren, sie genügten nicht mehr, als es darauf ankam, unter den Bedingungen der fünfziger Jahre für die Verwirklichung dieser hohen Ideale zu arbeiten und zu kämpfen.

Turgenjew zeigte hier sehr deutlich die Grenzen solcher Charaktere wie Rudin: ihre Unfähigkeit, Schwierigkeiten zu überwinden, ihre Neigung zum schönen, etwas phrasenhaften Reden und ihre völlige Unkenntnis der russischen Wirklichkeit. So erleidet zum Beispiel Turgenjews Held nach dem Scheitern seiner Experimente als „wissenschaftlicher" Berater eines reichen Gutsbesitzers ein totales Fiasko, als er – ohne Kapital und Erfahrungen – versucht, einen Fluß schiffbar zu machen. Nicht anders ergeht es ihm, wie der Dichter nicht ohne Ironie schildert, als Literaturlehrer an einem Gymnasium: Er kennt nicht die Fakten seines Faches, redet über die Köpfe der Schüler hinweg, verfaßt große Reformpläne und wird schließlich durch Intrigen zum Abtreten gezwungen. Rudins Versagen, das sich nicht zuletzt auch in seinem wankelmütigen Verhalten gegenüber der geliebten Frau offenbart, resultiert dabei in erster Linie aus der einseitigen, lebensfremden Erziehung, die er als Adliger erhalten hatte.

In seinem berühmten Aufsatz „Was ist Oblomowtum?" (1859) stellte Dobroljubow Rudin zu Recht in eine Reihe mit den anderen „überflüssigen Menschen" wie Onegin, Petschorin und Oblomow. Sehr bildhaft verglich er diese Menschen mit Führern, die dem Volk versprechen, es durch einen dichten Wald zu führen, die jedoch angesichts der auftauchenden Schwierigkeiten schnell resignieren und sich auf einem Baum bequem niederlassen, so daß sich das Volk – von ihrer Unzuverlässigkeit und eigensüchtigen Haltung enttäuscht – von ihnen abwendet.

Turgenjew zeichnete seinen Helden aber keinesfalls nur negativ. Rudin besitzt einen scharfen Verstand und eine große Begeisterungsfähigkeit, mit der er seine jungen Zuhörer, Natalja und Bassistow, für die von ihm verkündeten, oft allerdings noch unklaren Ideale entflammt und in ihnen einen entsprechenden Tatendrang weckt. Dieser aktive, aufklärerische Zug unterscheidet Rudin grundlegend von den Individualisten Onegin und Petschorin, die weitgehend nur mit sich selbst beschäftigt sind. Tschernyschewski erblickte den historischen Fortschritt, den solche Gestalten wie Rudin darstellen, darin, daß sie als adlige Aufklärer in den dreißiger und vierziger Jahren den „neuen Menschen" der folgenden Jahrzehnte, die aus den nichtadligen Kreisen kamen, den Weg bereiteten.

Sehr aufschlußreich ist in diesem Zusammenhang auch die Entstehungsgeschichte des Romans. Die erste, im Sommer 1855 entstandene Fassung des Werkes trug bezeichnenderweise den Titel „Eine geniale Natur", obwohl darin fast ausschließlich die schwachen Seiten Rudins im Vordergrund standen. Als Vorbild für den zentralen Helden diente Turgenjews einstiger Freund Michail Bakunin. Bakunin (1814–1876), der später zu den Mitbegründern und führenden Ideologen des internationalen Anarchismus gehörte, hatte den vier Jahre jüngeren Turgenjew bei ihrem gemeinsamen Studienaufenthalt in Berlin (Anfang der vierziger Jahre) mit seinem philosophischen Idealismus und seiner feurigen Rhetorik stark beeindruckt. Bei der gründlichen Überarbeitung des Werkes im Herbst 1855 veränderte Turgenjew nicht nur den Titel und präzisierte den historischen Rahmen der Handlung, sondern er betonte auch stärker Rudins kritische Einstellung zum zaristischen Rußland und seine gesellschaftliche Bedeutung als Aufklärer. Außerdem beseitigte er die starke Ähnlichkeit mit Bakunin, wodurch die allgemeingültigen Züge Rudins deutlicher hervortraten.

Auch noch nach dem Erscheinen der ersten Ausgabe des Werkes bemühte sich der Dichter, die positiven Merkmale im Charakterbild Rudins zu verstärken. So schrieb er für die Buchausgabe von 1860 einen Epilog, der im Hinblick auf die ideelle Aussage des Werkes von großer Bedeutung ist. Nicht nur daß Leshnjow, der schärfste Kritiker des Helden im Roman, zu einer Apotheose Rudins gelangt, Turgenjew läßt Rudin an der Seite der französischen Arbeiter auf den Barrikaden der Pariser Revolution sterben und zeigt damit dessen Fähigkeit zum Heroismus, den er in seiner Heimat nicht unter Beweis stellen konnte. Allerdings zeigt sich Rudin selbst in seiner Todesstunde als ein „überflüssiger Mensch"; er greift erst in den Kampf ein, als der Aufstand bereits gescheitert ist und sein Sterben keinen Nutzen mehr bringt.

Von der zeitgenössischen russischen Literaturkritik wurde der Roman bei seinem Erscheinen sofort zum Gegenstand heftiger Diskussionen gemacht, wobei man seinen Ideengehalt recht unterschiedlich interpretierte. Die liberale Presse lehnte das Werk ab, weil sie darin eine Fortsetzung der Gogolschen Tradition sah, das Leibeigenschaftssystem anzuprangern. Die revolutionär-demokratischen Kritiker dagegen zollten ihm hohes Lob und verteidigten den Dichter gegen die Angriffe von rechts. So unterstrich zum Beispiel Tschernyschewski in einer Polemik mit dem liberalen Kritiker Dudyschkin, daß Rudin keine Wiederholung Onegins oder Petschorins bedeute, sondern daß „alles an ihm neu ist, von seinen Ideen bis zu seinen Taten, von seinem Charakter bis zu seinen Gewohnheiten". Einen großen Vorzug des Turgenjewschen Helden sah Tschernyschewski in dessen Fähigkeit, die eigene Person zu vergessen und „für die allgemeinen Interessen, für seine Ideen zu leben".

Dem zentralen Problem des Werkes, der Überprüfung des sozialen Wertes von Menschen wie Rudin, ist auch die Komposition streng untergeordnet. Mit der ebenso für den Romancier Turgenjew charakteristischen Einfachheit und Knappheit, die von der schöpferischen Verarbeitung Puschkinscher Traditionen zeugt, werden in wenigen entscheidenden Szenen die wichtigsten Kennzeichen der Romangestalten, ihre Lebensgeschichte sowie der historische Hintergrund des Geschehens herausgearbeitet. Die Nebengestalten haben dabei vor allem die Aufgabe, den Helden zu charakterisieren, sein Verhalten zu beurteilen und ihn durch sie sprechen zu lassen.

Eine besonders wichtige Rolle spielt in dieser Beziehung die Gestalt der Natalja Lassunskaja. Natalja gehört zu den bezauberndsten Mädchengestalten Turgenjews. Wie alle Turgenjewschen Frauenfiguren ist auch Natalja – obwohl fast unbewußt – bestrebt, die Enge ihrer privaten Sphäre zu überwinden und sich für ihre hohen Ideale einzusetzen. Von Rudins flammenden Reden beeindruckt, erblickt sie in ihm ihren „Lehrer und Führer". Aus einem tiefen und echten Gefühl für diesen außergewöhnlichen Menschen heraus ist sie trotz des Widerstandes ihrer Mutter und entgegen allen Vorurteilen ihres Standes bereit, ihm anzugehören. Als Rudin in der Stunde der Entscheidung kleinmütig verzagt und auf ein gemeinsames Glück verzichtet, deckt Natalja schonungslos den Widerspruch auf, der zwischen Rudins Worten und Taten besteht: „... Wie! Ich komme zu Ihnen in einer solchen Stunde um Rat, und Ihr erstes Wort ist: sich fügen, sich fügen! So also verwirklichen Sie Ihre Reden von Freiheit, von Opfern." In dieser Szene zeigt es sich, daß sie über ihr Vorbild hinausgewachsen ist. Andererseits kann sich Natalja auf die Dauer ihre Ideale nicht bewahren und sich dem Einfluß ihres Milieus nicht entziehen. Das beweist die Tatsache, daß sie später den geistig weit unter ihr stehenden Gutsbesitzer Wolynzew heiratet.

Unter den anderen Romangestalten nimmt Leshnjow einen besonderen Platz ein. Er, der einst mit dem jungen Rudin befreundet war, hat den philosophischen Idealismus längst aufgegeben und sich mit der Bewirtschaftung seines Gutes einer praktischen Tätigkeit zugewandt. Seine Kritik an der Weltanschauung und den charakterlichen Schwächen Rudins machen ihm im Werk (mit Ausnahme des Epilogs) zum Antipoden des Helden, dessen Handlungen er unter dem Gesichtspunkt des „Praktikers" kommentiert. So berechtigt Leshnjows Kritik an Rudin in vielem auch ist, sein praktizistischer Standpunkt und seine eng auf die Landwirtschaft begrenzte und ausschließlich persönlichen Interessen dienende Tätigkeit waren zu jener Zeit weitaus weniger geeignet, die notwendige Umgestaltung Rußlands herbeizuführen. Aus diesen Gründen schätzte auch Maxim Gorki den „Träumer" Rudin bedeutend höher ein als den „Praktiker" Leshnjow: „Als Träumer war er Kritiker der Wirklichkeit, pflügte er sozusagen Neuland – was aber konnte zu jener Zeit der Praktiker machen?"

Wie sehr Rudin, trotz seines problematischen Charakters, die Adelsgesellschaft seiner Zeit überragt, zeigt der Vergleich mit den Repräsentanten des Provinzadels, die im Salon der Darja Michailowna zusammentreffen und in dem prinzipienlosen Skeptiker und Zyniker Pigassow einen ihrer Hauptvertreter haben. Dessenungeachtet ist nicht zu verkennen, daß Turgenjew in Rudin nicht den positiven Helden seiner Zeit gefunden hatte, den er suchte. Die ideelle Aussage des Werkes macht deutlich, daß dieser Typ nach Ansicht des Dichters hohe gesellschaftspolitische Ideale besitzen, Rußland und das russische Volk gut kennen und gleichzeitig imstande sein muß, energische und erfolgreiche Arbeit zur Erreichung seiner hohen Ziele zu leisten.

Turgenjews zweiter Roman „Ein Adelsnest" erschien Anfang 1859 im „Sowremennik" und bald darauf auch als Buchausgabe in Moskau. Der Dichter hatte dieses Werk schon 1856 konzipiert, es aber erst 1858 (im Verlaufe weniger Monate) geschrieben.

„Ein Adelsnest" entstand zu einer Zeit, da sich in Rußland die Krisen des feudalabsolutistischen Regimes – die von Zar Alexander II. 1855 bei seiner Thronbesteigung versprochene

Befreiung der Bauern war nicht durchgeführt worden – verstärkten und der Niedergang der herrschenden Adelsschicht immer offensichtlicher wurde. In dieser politisch kritischen Situation bemühte sich der Dichter darum, eine andere Seite der fortschrittlichen Adelsintelligenz der dreißiger und vierziger Jahre zu untersuchen und ihre gesellschaftliche Bedeutung unter den Bedingungen der zeitgenössischen Gegenwart zu bestimmen.

Lawrezki, der zentrale Held des „Adelsnestes", wird im Unterschied zu Rudin nicht mehr allein als idealistischer „Träumer", sondern vor allem als „Praktiker" gezeichnet. Er führt auf seinem Gut Reformen durch, um das schwere Los der Bauern zu erleichtern, und versucht gleichzeitig, dem Volk näherzukommen; in dieser Beziehung geht er weit über Leshnjow hinaus, dessen Bestrebungen einzig und allein auf das persönliche Glück gerichtet sind. Lawrezkis Anteilnahme am Schicksal des einfachen Volkes hängt offenbar damit zusammen, daß seine Mutter eine Leibeigene war, die zwar von dem jungen Gutsbesitzer (Lawrezkis Vater) aus Trotz geheiratet, dennoch aber von der gesamten Familie bis zu ihrem frühen Tode weiterhin wie eine Sklavin behandelt wurde.

Ohne das patriarchalische Bauernleben der Vergangenheit zu idealisieren, wie es die Slawophilen in den vierziger Jahren taten, verteidigt Lawrezki als Patriot den Gedanken einer eigenständigen nationalen Entwicklung Rußlands gegen den Geist der Anbetung und Nachahmung westeuropäischer Modeströmungen, der damals in den herrschenden Kreisen weit verbreitet war und als dessen Repräsentant der kalte, innerlich leere und eitle Karrierist Panschin dargestellt wird. Auch das Verhalten von Lawrezkis Vater macht deutlich, daß die begeisterte Aufnahme westeuropäischer Sitten und Theorien diese Adligen keineswegs daran hinderte, auf ihren Gütern und selbst im Familienleben den grausamsten Despotismus auszuüben.

Daß aber auch Lawrezki noch die Züge des „überflüssigen Menschen" trägt, zeigt seine Unfähigkeit, mit der ihn umgebenden Adelsgesellschaft völlig zu brechen (wie das beispielsweise Fürst Nechljudow in Lew Tolstois Roman „Auferstehung" tut), einen energischen Kampf gegen die alte, überlebte Ordnung mit ihren Einrichtungen, Sitten und Vorstellungen zu führen und den von ihm erstrebten Zugang zum einfachen Volk tatsächlich zu finden.

Das tragische Versagen seines Helden läßt der Dichter – wie schon in „Rudin" (wo es allerdings tragikomische Züge annimmt) – vornehmlich in der Gestaltung des Liebeskonfliktes offenbar werden. Zwar erweist sich Lawrezki mit seiner idealen Denkweise und seinem aufrichtigen Bemühen, ein sinnvolles, tätiges Leben zu führen, die Lage seiner Bauern zu verbessern und damit seine gesellschaftliche „Pflicht" zu erfüllen, der Liebe Lisas durchaus würdig (hierin besteht ein wesentlicher Unterschied zu Rudin), doch resigniert er (ähnlich wie Rudin), als es darauf ankommt, sich gegen die starren Moralgesetze der Religion und der Gesellschaft aufzulehnen und sein Glück zu ertrotzen. Lawrezki, der sich kampflos unterwirft, muß im Epilog des Romans, an der Schwelle eines einsamen Alters, die Nutzlosigkeit seines Lebens bekennen. „Mir aber bleibt ... nur eines, euch einen letzten Gruß zu widmen und, wenn auch mit Trauer, so doch ohne Neid, ohne jedes dunkle Gefühl, angesichts des Endes, angesichts Gottes, der mich erwartet, zu sagen: ‚Sei gegrüßt, einsames Alter! Verglimme, nutzloses Leben!'"

Die Ursachen für das tragische Scheitern der Zentralgestalt des „Adelsnestes" enthüllte Dobroljubow mit dem Hinweis, das Dramatische der Lage Lawrezkis bestehe nicht so sehr im Kampf mit der eigenen Kraftlosigkeit als vielmehr im Zusammenprall mit Begriffen und Sitten, die „zu bekämpfen sogar einen energischen und kühnen Menschen erschrecken mußte". Gemeint sind die dogmatischen Moralbegriffe und -normen der orthodoxen Kirche, die – im Mittelalter geprägt – in jener kulturell und politisch so finsteren Zeit für viele Menschen den Charakter „göttlicher Gesetze", das heißt einer ewig gültigen Richtschnur besaßen, an deren Richtigkeit nicht gezweifelt werden durfte.

In der tragischen Liebesgeschichte zwischen Lawrezki und Lisa, die den Gedanken der „Unerreichbarkeit des Glücks" enthält, spiegelt sich auch das persönliche Schicksal des Dichters, der zeit seines Lebens auf ein eigenes Ehe- und Familienglück verzichtete. Ursache dafür war seine tiefe Zuneigung zu der mit dem französischen Schriftsteller verheirateten spanischen Sängerin Pauline Garcia, der Turgenjew, obgleich seine Liebe ohne Erfüllung blieb, 1863 in die freiwillige Emigration nach Baden-Baden folgte, um hier, und ab 1871 bis zu seinem Tode in Bougival bei Paris, in ihrer unmittelbaren Nähe zu leben. Dieses Thema der „tragischen Bedeutung der Liebe" gestaltet Turgenjew im übrigen auch in den Erzählungen „Asja" (1857) und „Faust" (1856), die er zwischen den beiden ersten Romanen schrieb und die in dieser Beziehung den Übergang von „Rudin" zum „Adelsnest" darstellen.

Mit Lisa, der weiblichen Hauptgestalt des „Adelsnestes", schuf er, wie bereits mit Natalja, eine der reizvollsten Mädchengestalten der russischen Literatur überhaupt. In manchen Zügen erinnert Lisa Kalitina an Tatjana Larina aus „Eugen Onegin". Wie bei Puschkins Heldin, so wird auch Lisas Charakter und Persönlichkeit von Menschen aus dem einfachen Volk beeinflußt. Das Vorbild der leibeigenen Kinderfrau Agafja, die eines der vielen Opfer herrschaftlicher Willkür ist, weckt in Lisa Eigenschaften wie Menschenliebe, Mitleid, Pflichtgefühl, Heimatstolz und moralische Sauberkeit. Andererseits wirkt sich die patriarchalisch-religiöse Demutsphilosophie der Agafja in verhängnisvoller Weise auf das heranwachsende Mädchen aus.

Lisas persönliche Tragik besteht darin, daß sie die starren Moralgesetze der Religion, die sie von Kindheit an in sich aufgenommen hat, als alleinige Richtschnur sittlichen Verhaltens betrachtet. Dadurch hält sie es für ihre „Pflicht", der Liebe zu Lawrezki zu entsagen, als dessen totgeglaubte Ehefrau wieder auftaucht, obwohl diese Ehe durch die Untreue Warwara Pawlownas ihren Sinn längst verloren hat. Lisas Eintritt ins Kloster, der für sie Selbstaufopferung und nicht innere Befreiung bedeutet, resultiert aber nicht allein aus einem falsch verstandenen persönlichen Schuldgefühl der Heldin. Dieser Schritt ist zugleich auch eine Reaktion ihres empfindsamen Gewissens: Sie fühlt sich mitverantwortlich für die Sünden ihres Vaters und ihres ganzen Adelsgeschlechts, das soviel Leid über seine leibeigenen Bauern gebracht hatte. Um auch diese Sünden abzubüßen, verzichtet sie auf ein Liebesglück mit Lawrezki und beschließt zu leiden wie die Märtyrer der Kirchengeschichte, von denen ihr Agafja erzählt hatte.

Die Nebengestalten im „Adelsnest" haben – ähnlich wie in Turgenjews Erstlingsroman – in der Komposition die Aufgabe, die beiden Hauptfiguren zu charakterisieren. So zeigt sich Lawrezkis und Lisas sittliche Überlegenheit besonders deutlich in der Konfrontation mit der Hohlheit des liberalen Schwätzers Panschin, der naiven Amoralität Warwara Pawlownas und dem Egoismus der sentimentalen Provinzdame Marja Dmitrijewna, Lisas Mutter.

Zugleich unterscheidet sich „Ein Adelsnest" von „Rudin" kompositorisch darin, daß eine Reihe eingefügter Episoden und Abschweifungen den Gang der Erzählung verlangsamen und die Fabel sich dadurch weniger einfach entwickelt als in „Rudin". Verschiedene Kapitel enthalten ausführliche Biographien der Haupt- und Nebengestalten sowie ihrer Familien und Vorfahren. Ganze neun Kapitel sind allein Lawrezkis unglücklicher Ehe und der Geschichte seines Adelsgeschlechts gewidmet. Auf diese Weise vermag Turgenjew, das historisch-soziale Milieu umfassender zu schildern und die Charaktere tiefer anzulegen als in seinem ersten Roman. Besonders in diesen biographisch-historischen Abschweifungen erweist sich der Dichter als vorzüglicher Kenner der Lebensweise des russischen Adels, dessen unaufhaltsamer Niedergang von ihm in höchst anschaulicher und zugleich differenzierter Art geschildert wird.

Die meisterliche Verknüpfung von sozialkritischer Darstellung, Sittenschilderung und psychologischer Menschenzeichnung bildet eine der wesentlichsten Ursachen dafür, daß dieser Roman sogleich nach seinem Erscheinen zum größten Bucherfolg des Dichters in Rußland wurde und später auch in anderen Ländern, wie Deutschland, Frankreich oder England, große Begeisterung bei den Lesern und Literaturkritikern auslöste. Die lyrische Grundstimmung des Werkes, die ihre Wirkung auch auf den heutigen Leser nicht verfehlt, ergibt sich nicht zuletzt aus der Einbeziehung von Natur- und Landschaftsbildern sowie der Musik und Verskunst in die Charakterisierung der Gestalten, ihrer Gefühle und ihrer Umwelt. So wird zum

Beispiel die glückliche Stimmung Lawrezkis nach dem Besuch Lisas und ihrer Familie in Wassiljewskoje mit der folgenden poetischen Naturbeschreibung zum Ausdruck gebracht: „Lawrezki ritt im Schritt heimwärts. Der Zauber der Sommernacht umfing ihn; alles ringsum erschien ihm auf einmal sehr seltsam und gleichzeitig längst bekannt und süß vertraut. Nah und fern – und man konnte weithin sehen, wenn auch das Auge vieles von dem, was es sah, nicht deutlich wahrnahm – lag alles in tiefer Ruhe, aber in dieser Ruhe spürte man das junge, aufblühende Leben ... Lawrezki gab sich diesem Genuß hin und freute sich dieses Genusses. Nun, noch leben wir, dachte er, noch hat sie uns nicht gänzlich aufgezehrt ..."

An dem Abend, der Lawrezki und Lisa endgültig innerlich zusammenführt, strömt „mit taufrischer Kühle, der machtvolle, verwegen schmetternde Gesang der Nachtigall herein". Dieses symbolische Bild wird kurz danach noch einmal aufgegriffen: „Für sie sang die Nachtigall, für sie funkelten die Sterne und raunten die Bäume, von Sommerwonne und Wärme in den Schlaf gewiegt."

Ebenfalls von großer emotionaler Kraft und Bildhaftigkeit ist die nächtliche Szene, in der der deutsche Musiker Lemm das von ihm komponierte „Lied der triumphierenden Liebe" (so nannte Turgenjew später auch eine seiner Altersnovellen) erklingen läßt, das Lawrezkis Seelenzustand nach der Liebeserklärung an Lisa verdeutlicht: „Schon lange hatte Lawrezki nichts Ähnliches gehört: Die süße, leidenschaftliche Melodie nahm schon mit den ersten Tönen sein Herz gefangen; sie strahlte, sie brannte vor Begeisterung, Glück und Schönheit, sie schwoll an und schmolz dahin; sie rührte an alles, was es auf Erden Teures, Geheimnisvolles, Heiliges gibt; sie atmete unsterbliche Traurigkeit und verlor sich ersterbend in Himmelshöhen. Lawrezki hatte sich erhoben und stand starr und bleich vor Entzücken da – so tief drangen diese Töne in seine eben erst vom Glück der Liebe erschütterte Seele; sie glühten selbst vor Liebe."

Die unterschiedliche Einstellung zur Musik benutzte Turgenjew als ein weiteres Mittel, seine Gestalten zu charakterisieren. Während Panschin, Marja Dmitrijewna und Warwara

Pawlowna für melodramatische Romanzen und überhaupt für leichte Salonmusik schwärmen, lieben Lawrezki und Lisa sowie der alte Sonderling Lemm, der Lisa Musikunterricht erteilt, die ernste, klassische Musik.

Die eigenartig reizvolle Atmosphäre des Romans, dessen Hintergrund der Verfall der von Turgenjew geliebten „Adelsnester" und das Abschiednehmen von einer historisch zum Untergang verurteilten Welt bilden, wird schließlich bestimmt durch jene bittersüße Mischung aus schwermütiger Resignation und optimistischer Lebensbejahung, die Turgenjews Weltbetrachtung charakterisiert. Das Werk endet aber nicht allein mit dem pessimistischen Gedanken der Unerreichbarkeit des Glücks, sondern bringt auch die Überzeugung zum Ausdruck, daß das menschliche Leben den Gesetzen ewiger Erneuerung unterworfen ist.

Klaus Dornacher

Anmerkungen

14 *Shukowski* – Wassili Andrejewitsch Shukowski (1783–1852), russischer Dichter und Übersetzer; Begründer der empfindsamen Romantik in der russischen Literatur.
Roxolan Mediarowitsch Xandryka – Hinter diesem Namen verbirgt sich die Gestalt des reaktionären Politikers und Publizisten Alexander Skarlatowitsch Sturdsa (1791–1854), dessen Verherrlichung durch die russische monarchistische Presse Turgenjew hier verschlüsselt parodiert.
15 *Thalberg* – Sigismund Thalberg (1812–1871), österreichischer Klaviervirtuose und Komponist; gastierte 1839 in Rußland.
17 *Rastrelli* – Bartolomeo Francesco (russ. Warfolomej Warfolomejewitsch) Rastrelli (um 1700–1771), italienisch-russischer Architekt; bedeutender Repräsentant des russischen Barocks; erbaute u. a. das Winterpalais in Petersburg.
22 *Mais c'est une horreur...* – (franz.) Aber das ist ja schrecklich, was Sie uns da sagen, mein Herr.
24 *Merci, c'est charmant* – (franz.) Danke, das ist ja entzückend.
Il est si distingué – (franz.) Er ist so gewählt.
Gribojedow – Alexander Sergejewitsch Gribojedow (1795–1829), russischer Komödiendichter. Der von Darja Michailowna nicht ganz korrekt zitierte Vers entstammt seinem Hauptwerk, der sozialkritischen Komödie „Verstand schafft Leiden".
25 *Schopfland* – Gemeint ist die Ukraine. Im alten Rußland hatten die Ukrainer wegen ihrer Haartracht den Spitznamen „Schöpfe".
Kleinrussisch – Ukrainisch.
26 *Duma* – Ukrainisches Volkslied.
Naliwaiko – Führer des Kosakenaufstandes von 1594 bis 1596 gegen die polnischen Fremdherren in der Ukraine.
Kurgan – Grabhügel.
27 *Le baron est aussi aimable que savant* – (franz.) Der Baron ist ebenso liebenswürdig wie gelehrt.

27 *C'est un vrai torrent ... il vous entraîne* – (franz.) Das ist ein wahrer Sturzbach ... er reißt Sie mit.
28 *Geschichte der Kreuzzüge* – Wahrscheinlich handelt es sich um die „Histoire des croisades" (1812–1822) des Franzosen Joseph-François Michaud (1767–1839), die 1841 in russischer Übersetzung erschien.
29 *Ah! La cloche du dîner!* – (franz.) Ah! Die Glocke zum Mittagessen! *Rentrons* – (franz.) Kehren wir um.
31 *C'est nerveux* – (franz.) Das ist nervös.
35 *C'est un homme comme il faut* – (franz.) Das ist ein Mann von Welt.
36 *C'est de Tocqueville, vous savez?* – (franz.) Es ist von Tocqueville, wissen Sie?
Tocqueville – Alexis-Charles de Tocqueville (1805–1859), französischer Historiker, Politiker und Publizist; gemäßigter Liberaler.
42 *Ich erinnere mich einer skandinavischen Sage* – In Wirklichkeit handelt es sich um eine angelsächsische Legende, die der angelsächsische Kirchenhistoriker Beda Venerabilis (um 673–735) in seinem Geschichtswerk „Historia ecclesiastica gentis anglorum" (Angelsächsische Kirchengeschichte) überliefert hat.
Vous êtes un poète – (franz.) Sie sind ein Dichter.
44 *madame Récamier* – Julie Récamier (1777–1849); war wegen ihrer Schönheit, ihres Geistes und ihrer Liebenswürdigkeit Königin der Pariser eleganten Gesellschaft.
45 *Voilà monsieur Pigassoff enterré* – (franz.) Da liegt Herr Pigassow begraben.
46 *Entre nous, cela a assez peu de fond* – (franz.) Unter uns, das hat ziemlich wenig Tiefe.
un parfait honnête homme – (franz.) ein durch und durch anständiger Mensch.
47 *mais c'est tout comme* – (franz.) aber das hat gar nichts auf sich.
48 *N'est-ce pas, comme il ressemble à Canning?* – (franz.) Wie er Canning ähnelt, nicht wahr?
Canning – George Canning (1770–1827), konservativer englischer Staatsmann.
vous gravez comme avec un burin – (franz.) dann gravieren Sie wie mit einem Stichel.
49 *zinspflichtig* – Im alten Rußland gab es zwei Formen der Leibeigenschaft: den Frondienst (barstschina) und die Zinspflicht (obrok). Die Zinspflicht sah jährliche Abgaben an Geld oder Naturalien an den Gutsherren vor.
50 *Vous êtes des nôtres* – (franz.) Sie sind einer der Unseren.
51 *Et de deux!* – (franz.) Nun haben wir alle beide!
52 *c'est lui qui est mon secrétaire* – (franz.) er ist nämlich mein Sekretär.

Qu'avez-vous? – (franz.) Was haben Sie?
mon honnête homme de fille – (franz.) mein braver Tochterjunge.

53 *Dumas-fils* – Alexandre Dumas der Jüngere (1824–1895), französischer Romanschriftsteller und Dramatiker; vor allem berühmt durch seine Sittenkomödien und realistischen Darstellungen der bürgerlichen Moral.

54 *Mais certainement, monsieur, avec plaisir* – (franz.) Aber gewiß, mein Herr, mit Vergnügen.

58 *Von hoher Tugend spricht* – Zitat aus Gribojedows Komödie „Verstand schafft Leiden".

59 *Petschorin* – Zentralfigur des psychologischen Romans „Ein Held unserer Zeit" von Michail Jurjewitsch Lermontow (1814–1841). Als Prototyp des „überflüssigen Menschen" fand er sowohl im Leben als auch in der Literatur des zeitgenössischen Rußlands viele Nachahmer.

62 *partie de plaisir* – (franz.) Vergnügungsausflug.

63 *Bettina* – Bettina (eigentlich Elisabeth) Brentano (1785–1859), Schriftstellerin; Verehrerin Goethes; schrieb u. a. „Goethes Briefwechsel mit einem Kinde".

70 *Pokorski* – In dieser Romangestalt verkörperte Turgenjew viele Züge seines Jugendfreundes Nikolai Wladimirowitsch Stankewitsch (1813–1840), eines der führenden Köpfe des Moskauer philosophisch-literarischen Studentenzirkels der dreißiger Jahre. Stankewitschs philosophischer Idealismus beeindruckte den Dichter während ihrer gemeinsamen Studienzeit in Berlin.

75 *„Manfred"* – Gemeint ist das Versdrama „Manfred" des englischen revolutionären Romantikers Lord Byron (1788–1824). Als „sklavische Nachahmung des Byronschen „Manfred" bezeichnete Turgenjew in seinen Erinnerungen sein literarisches Erstlingswerk, das Versdrama „Steno".

77 *Paul und Virginie* – Hauptgestalten der gleichnamigen sentimentalistischen Liebesgeschichte über zwei in der tropischen Wildnis aufgewachsene Naturkinder von Jacques-Henri Bernardin de Saint-Pierre (1737–1814), einem Vertreter der französischen Vorromantik.

82 *Jeanne d'Arc* – Jungfrau von Orleans (1412–1431), französische Nationalheldin. Im Glauben an ihre göttliche Berufung stellte sie sich während des Hundertjährigen Krieges an die Spitze der nationalen Bewegung zur Befreiung Frankreichs von den Engländern. Durch Verrat gefangengenommen, wurde sie von einem kirchlichen Gericht zur Ketzerin erklärt und 1431 in Rouen als Hexe verbrannt.

85 *La Rochefoucauld* – Francois Herzog von La Rochefoucauld (1613–1680), französischer Schriftsteller und Moralist; seine „Maximen und Reflexionen" enthalten aphoristische Sittenschilderungen der adligen Hofgesellschaft.

89 *Aibulat* – Pseudonym des russischen Dichters K. M. Rosen (1800–1860). Die zitierten Verszeilen sind aus seinem Gedicht „Zwei Fragen".

98 *Lovelace* – Typ des Verführers und Wüstlings; männliche Hauptgestalt des puritanischen Sittenromans „Clarissa" von Samuel Richardson (1689–1761), einem der bedeutendsten Vertreter des englischen Sentimentalismus.

117 *Glücklich, wer in der Jugend jung war* – Zitat aus dem Versroman „Eugen Onegin" von Alexander Sergejewitsch Puschkin (1799 bis 1837).

119 *Wer fühlt...* – Die Textstelle stammt gleichfalls aus „Eugen Onegin"; sie wird in der Übersetzung von Theodor Commichau zitiert.

120 *mais elle aura moins d'abandon* – (franz.) aber sie wird sich weniger gehenlassen.

122 *Adelsmarschall* – Im zaristischen Rußland Vorsteher der adligen Ständevertretung im Kreis- oder Bezirksmaßstab.

133 *„Der Gefangene im Kaukasus"* – Poem von Puschkin.
Georges de Germanie – Held des französischen Melodramas „Dreißig Jahre oder Das Leben eines Spielers" von Victor Du Cange (1783–1833), das in den dreißiger Jahren in Rußland sehr populär war.

146 *Kolzow* – Alexej Wassiljewitsch Kolzow (1809–1842), russischer Dichter. Die hier zitierten Verse sind aus seinem Gedicht „Der Kreuzweg".

150 *26. Juni 1848* – Der letzte Tag des revolutionären Aufstandes des Pariser Proletariats gegen die Bourgeoisie, der am 23. Juni 1848 begann und von der Soldateska des Generals Cavaignac blutig niedergeschlagen wurde.
Nationalwerkstätten – Eine der wichtigsten sozialen Errungenschaften der französischen Februarrevolution von 1848 war die Errichtung staatlicher Werkstätten zur Beseitigung der Arbeitslosigkeit. Das am 21. Juni 1848 von der bürgerlichen Regierung verfügte Dekret über die Auflösung dieser Nationalwerkstätten gab den unmittelbaren Anstoß zur Erhebung der Pariser Arbeiter.

151 *Ein Schütze aus Vincennes* – In Vincennes, einem Vorort von Paris, befand sich damals eine Schule, an der Militärschützen ausgebildet wurden.

Tiens! – (franz.) Sieh mal!
On vient de tuer la Polonais – (franz.) Soeben ist der Pole getötet worden.
Bigre! – (franz.) Teufel!
Polonais – (franz.) Pole. Rudin wird von den Aufständischen als Pole bezeichnet, da sich an den französischen revolutionären Erhebungen des Jahres 1848 viele polnische Emigranten beteiligten, die wegen ihrer Teilnahme am polnischen Aufstand (gegen das russische zaristische Regime) von 1830 in der Heimat verfolgt worden waren.

162 *Remonteur* – Offizier, der für die Beschaffung neuer Pferde verantwortlich ist.
Eh bien, eh bien, mon garçon – (franz.) Schon gut, schon gut, mein Junge.
Prenez garde, prenez garde! – (franz.) Vorsicht, Vorsicht!
163 *c'est même très chic* – (franz.) das ist sogar sehr schick.
164 *un charmant garçon* – (franz.) ein reizender Bursche.
165 „Oberon" – Oper von Carl Maria von Weber (1786–1826).
166 *Es schwebt der Mond so hoch am Himmel droben...* – Turgenjew zitiert hier den Text eines eigenen Gedichts aus dem Jahre 1840.
morendo – (ital.) in der Musik: zugleich langsam und schwächer werdend.
172 *Anch'io sono pittore* – (ital.) Auch ich bin ein Künstler.
180 *Fürst Wassili der Geblendete* – Wassili II. (1415–1462), Großfürst von Moskau; wurde von politischen Gegnern geblendet.
182 *fine fleur* – (franz.) das Feinste vom Feinen.
Ambra à la Richelieu – Der französische Kardinal Armand-Jean du Plessis, Herzog von Richelieu (1585–1642), Erster Minister Ludwigs XIII. und einer der Hauptvertreter des Absolutismus, galt in Fragen der Mode als Vorbild seiner aristokratischen Welt. Nachgeahmt wurde auch seine Angewohnheit, parfümierte Pastillen aus Ambra zu kauen.
Petitot – Jean Petitot (1607–1691), französischer Emaillemaler. Die von ihm bemalten Tabakdosen waren im 18. Jahrhundert große Mode am französischen Königshof. Nach der Revolution von 1789 gelangten viele davon durch Emigranten auch nach Rußland.
183 *Raynal* – Guillaume-Thomas Raynal (1713–1796), französischer Schriftsteller der Aufklärung.
Helvétius – Claude-Adrien Helvétius (1715–1771), französischer Aufklärungsphilosoph, Materialist und streitbarer Atheist.
Enzyklopädist – Mitarbeiter an der „Encyclopédie", dem berühmten, 35 Bände umfassenden Nachschlagewerk der französischen

Aufklärung (Paris 1751–1780). Neben dem Hauptredakteur Diderot gehörten u. a. Voltaire, Rousseau und Helvétius zu den Autoren dieses Lexikons. Die führenden „Enzyklopädisten" waren ideologische Vorbereiter der bürgerlichen Französischen Revolution von 1789 in Frankreich.

184 *kommang wu porteh wu?* – (franz. richtig: comment vous portez-vous?) wie geht es Ihnen?

187 *la Déclaration des droits de l'homme* – (franz.) die Erklärung der Menschenrechte; politisches Manifest der französischen Bourgeoisie im Kampf gegen die Feudalordnung (Hauptlosungen: Freiheit, Gleichheit, Brüderlichkeit); verkündet 1789 am Beginn der bürgerlichen Französischen Revolution und 1791 in die französische Verfassung aufgenommen.

Lepic – Karl Lepic, berühmter italienischer Ballettmeister; von Katharina II. an den russischen Zarenhof berufen.

188 *Laïs* – Name zweier wegen ihrer Schönheit gerühmter griechischer Hetären aus Korinth (5.Jh. v. u. Z.).

Friede von Tilsit – Der 1807 geschlossene Friede von Tilsit beendete den Krieg zwischen Frankreich und Preußen, das fast die Hälfte seines Territoriums verlor, und sicherte Frankreich die Unterstützung Rußlands im Kampf gegen England.

191 *Das Jahr 1812* – 1812 marschierte Napoleon in Rußland ein; der siegreiche Kampf des russischen Volkes gegen die Okkupanten ermöglichte die Befreiung Europas von der französischen Fremdherrschaft.

193 *Eroberung von Otschakow* – Die südukrainische Stadt Otschakow wurde 1788 im zweiten Russisch-Türkischen Krieg (1787–1792) von den russischen Truppen im Sturm genommen.

in recto virtus – (lat.) im Rechten liegt die Tugend.

194 *Maximowitsch-Ambodik* – Nestor Maximowitsch Ambodik (1744 bis 1812), Professor der Geburtshilfe, Verfasser medizinischer Bücher; gab u. a. 1811 den von ihm bearbeiteten Sammelband „Embleme und Symbole" heraus, der eine große Anzahl mythologischer und allegorischer Figuren nebst Erläuterungen enthält. Dieses nach westeuropäischen Quellen des 16. und 17. Jahrhunderts kompilierte Werk war zuerst 1705 auf Veranlassung Peters I. in Amsterdam erschienen, später wurde es mehrfach neu herausgegeben.

196 *nach dem Rat Jean-Jacques Rousseaus* – Gemeint ist Rousseaus Erziehungsroman „Emile", der großen Einfluß auf die zeitgenössischen pädagogischen Lehren hatte.

mon fils – (franz.) mein Sohn.

197 *Das Jahr 1825* – Im Dezember 1825 kam es in Petersburg zu einer revolutionären Erhebung adliger Offiziere und Schriftsteller gegen das zaristische Regime (Dekabristenaufstand). Nach der blutigen Niederschlagung dieser ersten organisierten Befreiungsbewegung in Rußland, die noch vom Volk isoliert war, begann eine fast dreißig Jahre dauernde Periode der finstersten Reaktion unter Nikolaus I.

200 *Motschalow* – Pawel Stepanowitsch Motschalow (1800–1848), russischer Tragöde.

204 *Depret* – Restaurant im damaligen Moskau.

206 *Alkide* – Beiname des antiken Sagenhelden Herakles.

208 *la belle madame de Lavretzki* – (franz.) die schöne Frau von Lawrezki.

von der Chaussée d'Antin bis zur Rue de Lille – Ein Gebiet in Paris, in dem damals die Villen und Vergnügungsstätten der aristokratischen Welt konzentriert waren.

Mme de***, cette grande dame russe si distinguée ... – (franz.) Frau von***, diese vornehme und so elegante russische Dame, die in der P...straße wohnt.

209 *Mademoiselle Mars* – Anna-Françoise Hippolyte Boutet Mars (1779 bis 1847), französische Schauspielerin.

Mademoiselle Rachel – Elisa-Félix Rachel (1821–1858), französische Tragödiendarstellerin; debütierte 1838.

Odry – Jacques-Charles Odry (1781–1853), französischer Possendarsteller.

Madame Dorval – Künstlername der französischen Schauspielerin Marie-Amélie Delaunay (1798–1879).

210 *Alter Mann, harter Mann!* – Lied der Zigeunerin Semfira aus Puschkins Poem „Die Zigeuner"; als Romanze vertont von A. Aljabjew (1787–1851).

217 *Iwan Wassiljewitsch* – Iwan IV. Wassiljewitsch, genannt Grosny, der Gestrenge (1530–1584); russischer Zar von 1547 bis 1584.

221 *Robert Peel* – Britischer konservativer Staatsmann (1788–1850); von 1841 bis 1846 Premierminister von Großbritannien.

222 *Katharina* – Katharina II. (1729–1798); russische Zarin von 1762 bis 1796.

228 *Frieden ... mit dem türkischen Reich* – Gemeint ist der Friede von Kütschük-Kainardshi, der den ersten Russisch-Türkischen Krieg von 1768 bis 1774 beendete.

Alexander Alexandrowitsch Prosorowski – Russischer Generalfeldmarschall (1732–1774), Teilnehmer am ersten Russisch-Türkischen Krieg.

228 *Um die Tiger von Franzosen ist es etwas stiller geworden* – Gemeint sind die Nachrichten über die revolutionären Ereignisse von 1789 in Frankreich.
229 „*Moskowskije wedomosti*" – „Moskauer Nachrichten"; alte Moskauer Tageszeitung.
Athos – Seit Jahrhunderten nur von Mönchen bewohntes Gebiet in Nordgriechenland; eine Art „Mönchsrepublik" und heilige Stätte der orthodoxen Kirche.
231 „*Fridolin*" – Schillers Ballade „Der Gang nach dem Eisenhammer" hieß in der russischen Übersetzung von F. Miller „Fridolin".
241 *Voltairianer* – Anhänger der philosophischen Lehre Voltaires; im 18. und 19. Jahrhundert auch allgemein Bezeichnung für die Verfechter antireligiöser, materialistischer und aufklärerischer Ideen.
244 *Panna* – (poln.) Fräulein.
254 *de populariser l'idée du cadastre* – (franz.) die Idee des Katasters zu popularisieren.
255 *aigri* – (franz.) sauertöpfisch.
en somme – (franz.) im ganzen.
256 „*Obermann*" – Sentimentalistischer Briefroman des französischen Schriftstellers Etienne de Sénancour (1770–1846).
267 *qui a un si grand ridicule* – (franz.) der soviel Lächerliches an sich hat.
272 *Chomjakow* – Alexej Stepanowitsch Chomjakow (1804–1860), russischer Schriftsteller; führender Vertreter der konservativen slawophilen Richtung, die in den vierziger Jahren eine eigenständige Entwicklung Rußlands unter völliger Isolierung von Westeuropa propagierten.
Le cadastre – (franz.) Der Kataster.
274 *Une nature poétique* – (franz.) Eine poetische Natur.
Et puis – (franz.) Und dann.
en grand – (franz.) im großen.
281 *Tout ça c'est des bêtises* – (franz.) Das sind alles Dummheiten.
289 *Ada, vois, c'est ton père* – (franz.) Ada, sieh, das ist dein Vater.
Prie le avec moi – (franz.) Bitte ihn mit mir.
C'est ça, papa – (franz.) So ist es, Papa.
Oui, mon enfant, n'est-ce pas, que tu l'aimes – (franz.) Ja, mein Kind, nicht wahr, du hast ihn lieb?
Eh bien, madame? – (franz.) Nun, wie war es, gnädige Frau?
A la guerre comme à la guerre – (franz.) Krieg ist Krieg.
295 *Votre mère vous appelle, adieu à jamais* – (franz.) Ihre Mutter ruft Sie; leben Sie wohl für immer.
299 *C'est étonnant* – (franz.) Das ist erstaunlich.

299 *La patrie avant tout* – (franz.) Das Vaterland über alles.
Madame Baudran – In den dreißiger Jahren des 19. Jahrhunderts Inhaberin eines Pariser Modesalons.
300 *Vous êtes charmante* – (franz.) Sie sind bezaubernd.
Seife à la guimauve – (franz.) Malvenseife.
Choux – (franz.) Schleifen.
301 *Mais elle est délicieuse!* – (franz.) Aber sie ist reizend!
303 *Un jeune homme accompli* – (franz.) Ein vollendeter junger Mann.
„*Fra poco*" *aus* „*Lucia*" – Arie aus der Oper „Lucia di Lammermoor" des italienischen Komponisten Gaetano Donizetti (1797–1848).
306 *Metternich* – Klemens Lothar Wenzel Fürst von Metternich (1773 bis 1859), österreichischer Staatsmann, führender Vertreter der europäischen Reaktion.
un confrère – (franz.) ein Kollege.
Venez! – (franz.) Kommen Sie!
vous avez du style – (franz.) Sie haben Stil.
307 *Son geloso* – (ital.) Ich bin eifersüchtig; Duett aus der Oper „Die Nachtwandlerin" des italienischen Komponisten Vincenzo Bellini (1801–1835).
La ci darem – (ital.) Reich mir die Hand; Duett aus der Oper „Don Juan" von Wolfgang Amadeus Mozart (1756–1791).
„*Mira la bianca luna*" – (ital.) „Schau, der bleiche Mond"; Anfang des Duetts „Serenada" aus dem Zyklus „Musikalische Abende" des italienischen Komponisten Gioacchino Rossini (1792–1868).
Ariette – kleine Arie.
Assez de musique comme ça – (franz.) Genug von solcher Musik.
Qui, assez de musique – (franz.) Ja, genug der Musik.
308 *George Sand* – Eigentlich Amandine Aurore-Lucie Dupin, Baronin Dudevant (1804–1876), französische Schriftstellerin; Verfasserin sozialer Romane.
Sue – Eugène Sue (1804–1857), französischer Schriftsteller; Begründer des Feuilletonromans.
Féval – Paul Féval (1817–1887), französischer Schriftsteller; Verfasser seichter Unterhaltungsromane.
Kock – Paul de Kock (1794–1871), französischer Romanschriftsteller und Dramatiker; Verfasser künstlerisch zweitrangiger Sittenbeschreibungen aus dem Leben der Pariser Gesellschaft.
309 *Elle n'a pas inventé la poudre, la bonne dame* – (franz.) Sie hat das Pulver nicht erfunden, die gute Dame.
Je crois bien – (franz.) Ich glaube es wohl.
310 *en artiste consommée* – (franz.) wie eine vollendete Künstlerin.
311 *Opodeldok* – Heilmittel gegen Rheumatismus.

320 *Fleur d'orange* – (franz.) Orangenblüte.
321 *tout à fait* – (franz.) ganz und gar.
333 *proverbes* – (franz.) Sprichwörter; eine in Frankreich gepflegte Gattung kleiner dramatischer Stücke, in denen ein Sprichwort im Mittelpunkt der Dialoghandlung steht.
334 *Madame Doche* – Maria-Charlotta-Eugénie Doche (1823–1900), französische Schauspielerin; eine ihrer größten Rollen war die „Kameliendame".

le gros taureau de l'Ukraine – (franz.) der feiste Stier aus der Ukraine.

Inhalt

Rudin 5

Ein Adelsnest 153

Anhang. 343

Nachwort 345
Anmerkungen 361

Turgenjew, Ges. Werke in Einzelb. 1–10
ISBN 3-351-02280-8
Turgenjew, Rudin
ISBN 3-351-02282-4

1. Auflage 1994
© Aufbau-Verlag Berlin und Weimar 1969 (deutsche Übersetzung)
Einbandgestaltung Ute Henkel
Druck und Binden Kösel GmbH, Kempten
Printed in Germany